新・知性と感性の心理

― 認知心理学最前線 ―

|編著|
行場次朗・箱田裕司

福村出版

JCOPY 〈出版者著作権管理機構 委託出版物〉
本書の無断複写は著作権法上での例外を除き禁じられています。複写される場合は，そのつど事前に，出版者著作権管理機構（電話 03-5244-5088，FAX 03-5244-5089, e-mail: info@jcopy.or.jp）の許諾を得てください。

はしがき

　初版の『知性と感性の心理』が最初に公刊されたのは 2000 年 10 月のことで，その「はしがき」には，「21 世紀が目前であると聞かされると，わくわくする心とともに，本当に人間は良い方向に進歩しているのだろうかといった心配な気持ちにもなる」と記した。その後，その不安は残念ながら現実のものとなった。2001 年からはじまった同時多発テロやグローバリズムに対する反感，民族主義の再興などによる紛争，そして 2010 年を過ぎてからは，未曾有の自然災害，制御不能になった人工システムの甚大な事故など，実に多難な 21 世紀初頭に私たちは直面している。

　初版の冒頭では，SF 映画『2001 年宇宙の旅』に登場する HAL という分散処理型コンピューターによる宇宙船乗組員の殺人事件をとりあげ，HAL を擬人化して考えるなら，まるで知性と感性のバランスを崩してしまった例にあたるとして解説した。実際のところ，21 世紀に入っても HAL のように高度な計算や制御を迅速かつ自律的に遂行したり，乗組員の気持ちを察して歌ってくれるようなコンピューターはまだ実現してはいない。また，今日の厳しい自然・社会環境を考えると，知性と感性をバランスよく豊かに育むことはもちろん重要であるが，両者が健全に機能するには，まず身体，そして生命そのものの保全が前提となっていることをあらためて思い知らされる。

　認知心理学の当初のアプローチは，人間の情報処理プロセスを直列型のコンピューターにたとえることが主流だった。その後，人間とコンピューターの情報処理がかなり異質なものであることが浮き彫りにされ，一見，非合理性をもつ感性や感情の問題が盛んに取り上げられた。そして，より神経回路のしくみに近い並列分散処理型のコンピューターも開発が進んできた。

　認知心理学が誕生してからそろそろ 60 年近く，人間の年齢にすれば還暦を迎えようとしている。このような時期に注目されるようになってきたのは，心を包み込む体の問題，すなわち知性も感性も人間の身体に深く根ざしており，それらはまさに体現化されているという観点である。この問題が極めて重要であることは，よく SF 映画にでてくるような人型ロボット，すなわち人間のような身体をもち，日常生活のさまざまな手伝いや介護動作を行ってくれるロボ

ットが未だに身近に現れないことからもわかる。

　今回の企画は，ここ10年以上を通して蓄積されたさまざまな知見を踏まえて初版の内容を改訂し，次世代を担う読者の方に新しい時代に対応した認知心理学を楽しんでもらうために企画された。知的情報処理の解説にかたよりがちであった従来のテキストとは異なって，感性の科学，そして身体性の科学としての認知心理学の側面とのバランスを重視し，曖昧で揺らぎを含みながらも，複雑な自然・社会・情報環境に巧みに適応していく人間の姿をできるだけ浮き彫りにしようと試みた。心理学を大学や大学院で専攻する学生の方々のみならず，人間らしさとは何か，人間と自然，テクノロジーの調和は実現可能かなど，21世紀の今後を左右するテーマに広く関心のある方にも読んでいただけたらと願っている。

　各章の執筆は，東北大学と九州大学の心理学研究室につながりのある先生方を中心に担当をお願いした。バックグラウンドの広い2つの大学にわたって執筆陣を選んだことにより，今日の認知心理学に関する幅広いテーマを，各分野で今まさに先頭に立って活躍している研究者に原稿をお願いすることができた。そして，限られた紙面の中で，わかりやすいイントロからはじめて，基礎的知見を重視しながら，各自の研究テーマも含めて最新の知見も解説するという無理難題をこなしていただいた。また，各章にはトピックスコーナーを設け，編者や各章の執筆者の知り合いで，最先端の研究をしている先生方をゲストスピーカーのような形でお招きし，ホットで面白い話題を提供していただいた。

　福村出版の方々には本書の改訂案や，わかりやすい内容にするための数々の細かな助言など，すべての段階にわたってお世話になった。記して感謝したい。

　　「認知革命」から約60年の年に

行場次朗
箱田裕司

●目 次

はしがき

序章 | 新しい認知心理学——知性と感性，そして身体性の総合理解をめざして——9
- 1節 認知心理学の誕生（9）
- 2節 知性の科学としての認知心理学（12）
- 3節 感性の科学としての認知心理学（16）
- 4節 身体性の科学としての認知心理学（19）
- 5節 本書の構成——知性・感性・身体性の科学としての認知心理学（22）

1章 | 感覚の多様性 ——24
- 1節 心の入り口（25）
- 2節 感覚のしくみと種類（26）
- 3節 感覚の範囲（30）
- 4節 感覚の一般的特性（33）
- **トピックス1** 多感覚研究と仮想現実（36）

2章 | 視覚パターンの認知 ——38
- 1節 視覚パターン認知とは（38）
- 2節 視覚パターンの入力過程（39）
- 3節 パターン認知のモデル（42）
- 4節 顔の認知（45）
- **トピックス2** 視覚パターン認知としての顔知覚と錯視（49）

3章 | 音楽の認知 ——51
- 1節 音脈分凝と音楽（52）
- 2節 倍音の錯覚（54）
- 3節 音楽とゲシュタルト原理（56）
- 4節 無限音階（58）
- 5節 時間縮小錯覚と音楽のリズム（60）
- **トピックス3** モーツァルトの天才神話（62）

| 4章 | 感性認知 ———————————————————— 64

　　1節　感性とは何か？（65）
　　2節　感性情報処理の基礎（66）
　　3節　色情報の処理と特性（68）
　　4節　絵画の空間・絵画の時間（69）
　　5節　価値と評価の次元（72）
　　6節　おわりに――今後の感性認知研究に向けて（76）
トピックス4　親しみやすい美しい橋（78）

| 5章 | 心的イメージ ———————————————————— 80

　　1節　イメージとは（81）
　　2節　心的イメージと知覚（83）
　　3節　心的イメージの機能（93）
トピックス5　スポーツとイメージ（97）

| 6章 | 注　意 ———————————————————— 99

　　1節　注意の諸機能（99）
　　2節　注意研究の歴史（101）
　　3節　空間的注意（102）
　　4節　干渉現象（107）
　　5節　課題の切り替え（108）
　　6節　注意はどの段階で処理に影響するのか――早期選択説と後期選択説（110）
　　7節　注意を支える神経機構（112）
トピックス6　バーリント症候群（118）

| 7章 | 記　憶 ———————————————————— 120

　　1節　記憶の手段（120）
　　2節　記憶へのアプローチの変遷――量から機能へ（123）
　　3節　記憶の変容（128）
　　4節　記憶システム――ネットワークとしてのとらえ方（130）
トピックス7　誰もがサヴァン症候群のような驚異的な記憶能力をもっている――感覚記憶の永続性（133）

| 8章 | 日常記憶 ———————————————————— 135

　　1節　目撃者の記憶（135）

2節　日常的事物の記憶（140）
　　　3節　自伝的記憶（143）
　　　4節　展望的記憶（146）
　トピックス 8　言語描写すると顔の記憶はダメになる？──言語陰蔽効果（150）

9章　情動の認知 ─────────────────── 152
　　　1節　情動は脳によってどのように作り出されているのか（154）
　　　2節　自分の情動を推測すること（157）
　　　3節　他者の情動を推測すること（160）
　　　4節　おわりに──今後の情動認知研究に向けて（165）
　トピックス 9　情動の変化を定量的にとらえる（167）

10章　知識と思考 ─────────────────── 169
　　　1節　知識のしくみ（169）
　　　2節　思考のしくみ（174）
　　　3節　現実の中での思考（177）
　トピックス 10　あるカテゴリーに限定した障害をもつ患者（183）

11章　言語認知 ──────────────────── 185
　　　1節　はじめに（186）
　　　2節　言語の生物学的基盤としての脳（186）
　　　3節　言語使用（191）
　　　4節　言語獲得（195）
　　　5節　言語と他の認知システム（198）
　　　6節　おわりに──今後の言語認知研究に向けて（201）
　トピックス 11　言語の語順と思考の順序（203）

12章　社会的認知 ─────────────────── 205
　　　1節　社会的認知とは（205）
　　　2節　対人認知（207）
　　　3節　対人認知と感情（213）
　　　4節　集団全体への認知（214）
　　　5節　帰属理論（216）
　トピックス 12　言い訳の心理（219）

13章　知性と感性の発達　　　　　　　　　　221

　　1節　知性発達のとらえ方（222）
　　2節　子どもの感性の発達（227）
トピックス 13　心の知能指数（235）

14章　知性と感性の脳科学的基盤　　　　　　　237

　　1節　脳の中での知性と感性の解離（237）
　　2節　知性の脳科学的基盤（239）
　　3節　感性の脳科学的基盤（241）
　　4節　社会性の脳科学的基盤（243）
　　5節　印象評価と美の脳科学的基盤（245）
　　6節　おわりに──今後の知性と感性の脳研究に向けて（247）
トピックス 14　選択と選好のあいまいな関係（249）

15章　多変量データ解析法を利用した心理測定法　　251

　　1節　イメージを測定する──SD 法と因子分析（251）
　　2節　データに潜む構造を視覚的に表現する──多次元尺度法（257）
　　3節　今話題の多変量データ解析法とは（262）
トピックス 15　ファジィ集合とラフ集合（265）

16章　ヒューマンエラーとヒューマンインタフェース　267

　　1節　認知心理学からみたヒューマンエラー（267）
　　2節　認知過程としてのヒューマンインタフェース（269）
　　3節　認知過程としてのヒューマンエラー（274）
トピックス 16　巨大技術システムとヒューマンエラー（279）

終章　これからの認知心理学　　　　　　　　　　281

　　1節　45 年前の Y2K 心理学予測（281）
　　2節　認知心理学の現状と今後の展開（283）
　　3節　おわりに──次の革命の前夜か？（286）

引用文献（288）
人名索引・事項索引（309）

序 章

新しい認知心理学
――知性と感性,そして身体性の総合理解をめざして

　ちょっと古いが,アーノルド・シュワルツェネッガー主演の映画『ターミネーター』シリーズはみなさんもよくご存じであろう。卓越した情報収集能力や言語・学習能力,そして攻撃力をもっているが,映画を見ていておやぁっと思った場面があった。強靭な身体をもつようにみえる完璧な人型ロボットであるターミネーターが,少年ジョンが泣いているのを見て,「どうした？　眼が故障したのか？」と尋ねるシーンである。ターミネーターには感性や感情は備わっていないので仕方がないことかもしれないが,何より,身体反応を心の状態と結びつけることができなかったのである。もっとも,それだからこそ自分の体がひどく破壊されようとも任務を最後まで遂行することができたわけでもあるが。

　本書にとって,このエピソードはとても示唆的に思える。「はしがき」でも書いたように,21世紀に入って10年以上もすぎた現在,認知心理学も変動を重ねてきた。知的情報処理にかたよりがちであった従来の立場から,感性の科学として,そしてさらに身体性の科学としての観点を広め,**知性・感性・身体性の相互作用をできるだけトータルにとらえようとする試みを行っている。**

1節　認知心理学の誕生

1　心理学の歴史

　認知心理学（cognitive psychology）とは何かを解説する前に,心理学自体がどのような歴史を経て今日にいたったかをざっと概観してみよう。

　心理学（psychology）は,その語源から明らかなように,心（psyche）のはたらき方や法則性を明らかにする学問（logos）である。では,心とは何かと改めて問い直すと,実はこれは非常に難しい問題であり,もっぱら哲学者が

取り上げ，議論を重ねてきたテーマだった。19世紀になると，物理学や生理学などの科学の進展は目覚しいものがあり，フェヒナー（Fechner, G.T.）は，感覚の大きさと刺激の物理量と対応関係を明らかにする**精神物理学**（psychophysics）を創始した（第1章参照）。

そのような中にあって，心の問題を科学的に分析することを前面にかかげたのは，ドイツの心理学者ヴント（Wundt, W.）で，彼がライプチヒ大学に心理学実験室を作った1879年が科学的な心理学の誕生の年とされている。だから，心理学は比較的若い学問であるといえる。科学的に研究するということは，実験と観察ができることである。高名な生理学者，ヘルムホルツ（Helmholtz, H.L.F. von）の助手であったこともあるヴントにとって，これは得意なことであり，実験と観察を意識の分析に持ち込んだ。一例を上げると「意識の範囲」に関する実験がある。これは，いろいろな速さのメトロノームの音を観察者に聞かせ，どのように聞こえたかを報告させると，主観的リズムをつけて16拍から最高40拍がひとまとめに報告されることを見出し，それらを時間に直すと，5秒間くらいが意識で直接とらえることができる範囲であると主張した。できるだけ厳密に統制された実験条件のもとに，よく訓練された観察者が自ら体験したことをできるだけ忠実に報告するこのような方法は**内観法**（introspection）とよばれた。

ところが，1913年には，内観法により意識を解明するアプローチ（**内観主義心理学**：introspective psychologyとよばれる）に反論がかかげられた。内観報告は客観的な科学データとして信用できるのか，結果の再現性や予測可能性は大丈夫なのかといったものだった。そのような批判を行った代表者は**行動主義**（behaviorism）を提唱したワトソン（Watson, J. B.）であった。彼は，科学的心理学が扱うべきものは外側から客観的に観察・測定可能な**行動**（behavior）であるべきで，心理学の目標は行動の予測とコントロールでなければならないとした。ここで問題にされる行動には，特殊な測定装置を装着することにより観察可能となる不随意的な微細反応も含まれている。

行動主義心理学でもうひとつ大切なコンセプトは**学習**（learning）である。ここでいう学習とは，経験の反復によって行動に変容が生じるケースをすべて含み，代表的なものは**条件づけ**（conditioning）があげられる。とくにスキナー（Skinner, B. F.）は，刺激によって受動的に引き起こされる反射（たと

えば唾液分泌やまばたきなど）をベースにした条件づけ（**レスポンデント条件づけ**：respondent conditioningとよばれる）とは違って，生体の随意行動（たとえば，レバーなどの操作）も条件づけ（**オペラント条件づけ**：operant conditioningとよばれる）することができ，しかも報酬の与えかた（強化スケジュール）によって，的確にコントロールできることを実験的に示した。行動主義は，心理学の学問分野だけではなく，教育現場や応用分野でも目覚しい成果をあげたので，しだいに心理学は行動の科学であって意識の科学ではない，心は行動の随伴現象にしかすぎない，といった極端な考え方が優先される風潮が強まった。

2 認知革命

　行動主義心理学の台頭にともなって，たとえば，イメージや知識，注意や期待，気分や構えなどといった心の内的状態を表す用語も，科学的に明確でないとして使用することが差し控えられることがあった。しばしば「心なき心理学」とよばれた行動主義に対する批判は，心理学内部でも根強かったが，大きなインパクトは心理学の外側からやってきた。

　それは第2次世界大戦で通信や武器の制御などを支える役割を担った**情報科学**（information science）や**サイバネティクス**（cybernetics：制御工学）の発展である。はじめ，それらに必要な計算をこなすため使われたコンピューターがしだいに発達し，数値計算以外の目的にも広く応用されるようになった。たとえば，ニューエル（Newell, A.）やサイモン（Simon, H. A.）らは，1950年代に論理学の証明問題やゲームを行うコンピューターモデルの議論を行い，**GPS**（General Problem Solver：一般問題解決器）の名前で発表した。**人工知能**（artificial intelligence）ということばが提唱されたのもこの頃である。その後，人工知能研究は機械翻訳の失敗などから一時批判を受けるが，知識をどのようにコンピューター上に表現するかなどの基礎研究が着実に進展していった。コンピューターを動かすには，入力と出力だけではなく，内部でどのような処理を行うのかを明確にしなければならない。

　一方，同じ頃，**言語学**（linguistics）の分野から行動主義に痛烈な批判を行ったのが，チョムスキー（Chomsky, N.）である。私たちは，単語や文の置き換えや省略など膨大な数の変形があることばを話し，理解しているが，それら

をすべてオペラント条件づけの繰り返しで習得することは計算上でも不可能である。チョムスキーは，それが可能なのは，言語の深層構造を把握し，それにもとづいて新しい文を創り出せる規則である**生成文法**（generative grammar）を操る能力を人間がもっているためであるとした（11章参照）。

心理学の分野でも，ブルーナー（Bruner, J.）は，硬貨の大きさを知覚する場合などに観察者のもつ要求に大きな影響を受けること（12章参照），さらに，思考や学習は，考え方の筋道やプランである方略に決定的に影響を受けることをなど示した。また，ミラー（Miller, 1967）は情報処理の考え方を記憶や思考の研究に積極的に導入し，人間が情報を他のものと比較なしに区別できる容量は小さく，7 ± 2**チャンク**（chunk：情報のまとまり）であることを示した。さらに注意や期待，構えといったテーマも情報処理の観点から再び取り上げられるようになり，それらの成果は，ナイサー（Neisser, 1967）により認知心理学という新しい名前がつけられてまとめあげられた。

行動主義と単純な学習理論を適用して人間をとらえる見方を脱却し，コンピューター科学，言語学，心理学，哲学などを統合して，情報理論を柱に人間あるいは機械のもつ知のはたらきを学際的に研究しようとする機運は高まり，1979年には**認知科学**（cognitive science）という新しい学問領域が正式に学会として創設された。これらの一連の学術動向は，**パラダイム**（paradigm, 標準的な理論的枠組み）の転換を広い学問分野にわたってもたらしたので，**認知革命**（cognitive revolution）とよばれた。このような変革を推し進めた一員として，認知心理学は重要な役割を担ってきたのである。

2節　知性の科学としての認知心理学

1　人間の情報処理プロセスを明らかにする試み

認知心理学が大きな進歩をとげた理由のひとつは，情報処理モデルを積極的に適用したことであり，コンピューターのハードウェアやソフトウェアを比較やアナロジーの対象としながら，新しい概念や用語で人間の心理過程がとらえられるようになった。

ノーマン（Norman, D. A.）は"Human information processing"という有名な本の中で，このようなアプローチを強く打ち出した研究者のひとりであった。

たとえば，コンピューターには中央処理装置（CPU）にかかる負荷を軽減するため，一時的に情報を蓄えるバッファメモリーが用意されているが，人間の感覚情報も入力された状態に近いままで約1/4秒間だけ保存されることがわかっている。この種の記憶は**感覚情報貯蔵**（sensory information storage）とよばれるが，ここに蓄えられた情報のうち，ある限界容量（チャンク数にして7±2個程度）だけが**短期記憶**（short-term memory）に転送される。短期記憶の持続時間は数十秒といわれるが，新しいものごとを覚えるときのように何度も復唱していると，やがて保持時間が長く，容量が極めて大きい**長期記憶**（long-term memory）に定着されていく。短期記憶はコンピューターでは一種の**作業メモリー**（working memory），長期記憶はデータベースとみなすことができる（第7章参照）。また，**処理資源の割り当て**（resource allocation）という考え方が導入され，注意はその役割を担うもののひとつとしてとらえられた（第6章参照）。

認知心理学のもうひとつの強みは**コンピューターシミュレーション**（computer simulation）である。人間の認知についてのモデルをプログラムの形で表して，実際にうまく動くかどうか確かめてみることは，モデルの妥当性を概念的なレベルにとどまらずにチェックする方法として強力である。また，実験参加者が問題解決などを行う際に得られる言語報告は，行動主義心理学のもとでは信頼性に乏しい内観として排除されてきたが，認知心理学では，その報告を思考や推論のプロセスの記録として積極的に利用する**プロトコル分析法**（protocol analysis）がとられる。

従来の心理学では，複雑なプロセスを**ブラックボックス**（black box）として扱い，その入力と出力のみに注目して関数化する場合が多かったが，コンピューターアナロジーやシミュレーションを使うことにより，ブラックボックスの中で実際にどのような処理がなされているのかを厳密に追究できるようになった。しかもコンピューター用語は共通性が高いので，認知心理学だけに閉じた議論ではなく，多分野にわたる研究知見の相互利用が活発になされるようになった。

2　知的処理の特質

認知心理学で明らかにされた人間の知性にはどのような特質があるのだろう

か。まず，キリアン（Quillian, M. R.）らの研究などから，長期記憶内の情報は，上位概念（たとえば動物など）の特性が下位概念（たとえば鳥，魚など）に伝播する経済的な**階層ネットワーク**（hierarchical network）を形成しており，そのネットワークをたどることにより，判断や連想がなされることが示唆された（7章参照）。このような知識のネットワーク構造に類するものは，以前から**スキーマ**（schema：Bartlett, F. C.）とか，**フレーム**（frame：Minsky, 1975）とよばれてきた。

　入力されたデータの分析がすすむと，そのデータを構造内に含むスキーマが活性化される。スキーマがひとたび活性化されると，今度はそれに適合するデータがほかにも存在していないかといった仮説演繹的な分析が駆動される。前者のようなプロセスを**ボトムアップ処理**（bottom-up processing）あるいは**データ駆動型処理**（data-driven processing），後者を**トップダウン処理**（top-down processing あるいは**概念駆動型処理**（conceptually driven processing）とよぶ。たとえば，ボトムアップ処理により視覚情報から楕円の形に近い輪郭線が抽出されると顔のスキーマが活性化され，次に目はどこか，口はあるかといったトップダウン的な分析が開始される（2章参照）。

　ボトムアップ・トップダウンの双方向的処理の考え方は，言語理解や状況推論においても重要である。たとえば，「花子はレストランに入り，たいへん満足してそこを出た」というような断片的文章を理解するためには，背景状況の文脈的知識（「レストランでメニューから選んだ料理が大変おいしかったに違いない」など）による補強が必要となる。シャンクとエイベルソン（Schank & Abelson, 1977）は，ある典型的状況で生起する一連の事象系列をフレーム構造で表現した**スクリプト**（script）を利用することにより，このような課題が遂行できるとしている（10章参照）。

　これまで述べてきた知識の表現には，「りんごは赤い」といったように事実を命題形式で表した宣言型がとられるケースが多い。ウィノグラード（Winograd, T.）によれば，**宣言的知識**（declarative knowledge）は一般性をもち，新しい知識の追加や修正が簡単であるが，個々の領域における課題解決では利用しにくく，この形式では記述しにくいものがあるという。このような場合には，「方法についての知識」である**手続き的知識**（procedural knowledge）が有効となる。この型の知識表現にもとづき，課題解決を有効に行うのが**プロダ**

クションシステム（production system）である。このシステム内には，条件部と行為部からなるルール（「もし〜ならば，〜せよ」といった形）で知識が書かれていて，入力情報が条件部と合致すると行為部が実行される。プロダクションシステムは，専門的知識を運用して人間の判断・決定を支援する**エキスパートシステム**に広く応用されきた。さらに，アンダーソン（Anderson, J. R.）は，両方の型の知識表現を組み入れ，人間の認知過程をモデル化して示すシステムである ACT（Adaptive Control of Thought）を開発し，改良を重ねてきた。この理論によると，知識の獲得は宣言的知識から手続き的知識への翻訳という流れで進行するとされる（Anderson, 1987）。

以上みてきたように，認知心理学では，条件づけを主体とした行動主義心理学とは全く異なった新しい観点から，人間の知性がとらえられた。その中には，エキスパートシステムのようにコンピューター上でも実現され，人間の知的活動を支援するものとして大いに役に立ってきたものがある。ただし，これまで

表序-1　知性と感性の相補性*

	知的処理の特質	感性処理の特質
情報の種類・質	明示的な記号が中心 抽象的 理性的，思考的 正確性，一意性 領域一般的傾向が強い 状況依存性が弱い	暗示的な生データが中心 具体的 直感的，感覚的 曖昧性，多義性 領域固有的傾向が強い 状況依存性が強い
情報量	比較的小さい 圧縮しやすい	膨大 圧縮しにくい
相性のよいコンピューター	直列逐次処理型（チューリングマシン） ノイマン型**	並列分散処理型（ニューロコンピューター） 非ノイマン型
動作原則	論理性が重んじられる 遅い 合理的である場合が多い 客観性を重視 理解，説明可能 結果が比較的予測可能 最適解が得られやすい 修正や制御が比較的容易	快不快が大切 速い 非合理的にみえる場合がある 主観性が尊重される 共感，追体験可能 予測困難な場合が多い(創発特性) 最適解かどうかわからない 望むように制御することは困難

＊上記の二分法は近年，Two minds（Kahneman, 2011）とよばれる考え方にも共通性がある。
＊＊ノイマン（Neumann, J. V.）によりプログラム内蔵式が発明されたので，**ノイマン型**といわれる。

の認知心理学で扱われてきた知的活動には，表序-1 にも示すように，以下のような共通点と制約があることに留意しなければならない。

それは，実は現在のコンピューター誕生の基礎になった理論である**チューリングマシン**の考え方から由来する問題であった。1936年にチューリング（Turing, A. M.）は，無限の長さをもつテープ記憶装置（メモリーにあたる）と，そのテープに書かれたデータをひとつずつ調べて内部状態を変える操作部（CPUに相当する），および次にどのデータを読むかを決める指令表（プログラムにあたる）を用意すれば，あらゆる記号処理が可能なことを理論的に示した。したがって，人間の知性もある種の記号処理だとしたら，それらをすべてコンピューター上で実現できることになる。これまでみてきた認知心理学のアプローチもこの流れにそっており，人間の知識をできるだけ明示的な記号として抽象化し，それをもとに論理性と合理性にもとづいた処理がなされ，結論が導き出されるプロセスとして知性をとらえる見方が強かったといえる（表序-1）。

3節　感性の科学としての認知心理学

1　心の多様性

これまでのコンピューターでは，人間でも難しいチェスだとか定理の証明のような課題はかなりうまくできるが，人間あるいは動物がいとも簡単に直感的に行うことができる表情の読み取りや，好き嫌い，快不快の判断といった基本的な認知過程の実現では，はかばかしい成果を得られなかった。その最大の理由として，チューリングマシンの原理にもとづいた考え方の限界があげられよう。そこでは明示的な記号の直列処理が前提にされているので，明確な定義をしにくい状態を含む心理過程の検討は手をつけにくかったのである（表序-1）。

ところが，1980年代後半から，生体の**神経回路網**（neural network）を手本とし，逐次的な処理手順をまったく仮定しないで，**並列分散処理**（parallel distributed processing）により情報処理をとらえる考え方である**コネクショニズム**（connectionism）が盛んになってきた。並列分散処理モデルでは，入出力情報は記号でなくともよく，画像や音声波形といった抽象度の低い信号レベルのデータが同時にネットワークに与えられる。多数の**ニューロン**（neuron）の並列的相互活動により，ある入力が与えられれば，最適でなくとも適当な出

力が得られるようにネット全体の活動が調整されていく。内部でどのような処理がなされているのかについては，ニューロン間の結合強度を示す多数の**シナプスウェイト**（synapse weight）の状態として，暗示的に分散表現されることになる。

　生体の情報処理を担う神経系を解析していくと，相互に独立した機能をもつ処理ユニットである**モジュール**（module）に分かれていることが明らかになってきた。たとえば，視覚系では，対象の形や色，動きはそれぞれ別個の大脳皮質領野で処理がなされている。モジュールには**領域固有性**（domain specificity）があるため，あるモジュールに障害が起こっても，他のモジュールの機能を損ねることがなく，情報処理に信頼性と安定性がもたらされる。モジュールには，ハードウェアとして生得的に備わっているものもあるが（Fodor, 1983），発達にともなうネットワークの形成により，種々の機能のモジュール化が新たになされると考えてもよい（Elman et al., 1996）。さらに，ミンスキー（Minsky, 1986）は，心的機能は小さな個別の作用をする**エージェント**（agent）たちが集まって実現されるとする「心の社会説」を提出している。

　また，日常の問題解決や課題遂行はむしろひとりで行うことは少なく，共同して行うことがほとんどである。身近な人やスペシャリスト，カウンセラーにアドバイスを求めるだけでなく，今日では，インターネットを通して世界中の人と同じ問題に協力して解決に取り組むことも可能になった。このように，複数の人間の社会的相互作用，あるいは環境や文化的諸条件との関わりは，認知の負荷を減らしたり，適応的な方向に導く役割を担っているので，**分散化された認知**（distributed cognition）の観点から考察を進める必要がある。

　定義がはっきりせず，抽象度が低く，記号にはなり難い情報，しかも複雑な並列的相互作用の中で暗示的に取り交わされる漠然とした情報を直感的に察知する能力は，日本語では感性とよばれてきた（表序-1）。1980年代ごろから，認知心理学はこのような感性をはじめとする心の多様性の問題にも果敢に取り組むようになった。

2　感性処理の特質

　感性を正確に定義することは困難であるし，対応することばを英語に見つけることも難しい（そのまま KANSEI と表記されてきたが，最近では affective

という訳語があてられることが多い)。哲学的には，感性は**悟性**と対比され，物事を論理的に理解するのではなく，感覚的，直感的にうけとる能力とされる。

　一方，感性ということばは，マーケティングや商品開発の分野で盛んに使われてきた。たとえば，コンピューターを買うときにでさえ，CPUやメモリーとかの基本的性能のみを考慮して選ぶのではなく，なんとなく使いやすそうとか，デザインがかわいいとか，さらには，そのメーカーやブランド名に対する思い入れに大きく左右される場合も多い。このようにユーザーの好みや価値判断を総合的にとらえる手法が必要とされ，人間の感性にうったえる製品開発を行うための方法や技術研究として**感性工学**（Kansei Engineering）が生まれた。また，人間がもっている敏感な感覚を活用して，味や臭いなどを検査する方法は**官能検査**（sensory inspection）とよばれ，古くから食品や化粧品業界で利用されてきたが，近年では，日用品や衣服，電化製品，自動車などさまざまな分野で活用されるようになった。このような動向をうけ，1993年には日本感性工学会が設立されている。感性の科学は日本が先駆けになったととらえてよい。

　感性処理の特色を，知的処理と対比する形でとらえてみよう（表序-1）。表情認知や，絵画や音楽を鑑賞する場合を考えてみると，実にさまざまな要因によって私たちの感じ方が影響を受けることがわかる（第2章，第3章，第4章参照）。たとえば，口元やまゆなどの細部の変化や，色調や音色の変化，さらに全体的な調子やバランスなどが複雑にからみあって，思いがけない印象が創り出される場合がある。このように，感性に関与する要因は，多変量でしかも情報量が多く（15章参照），複雑な相互作用により，要素には還元できない**創発特性**（emergent properties）をもっている。

　感性のはたらきは，基本的には**快不快**の原則にもとづいているといってよい。知性の働きが基本的に**合理性**の原則にもとづいていることと対比をなしている。たとえば，私たちは経済的にも健康にも何の役にも立たない無駄な，あるいはマイナスの効果をもたらすことでも，好きで楽しくてたまらず，趣味や嗜好として毎日続けている場合が多いであろう。

　感性と知性の分離を示す興味深い例を，脳炎の後遺症により健忘症になった患者の症例にみることができる（Tranel & Damasio, 1996）。彼は，主治医や看護師の顔を何度も会っていながら覚えることができないので，彼に病院で関

わった人の写真をみせても誰だかわからない。ところが，その人が良い人か，悪い人かを尋ねると，「見たこともないから判断しようもない」と言いながらも，彼にやさしく接した人を「良い人」，そうでない人を「悪い人」と的確に答えることができたという（14章も参照してほしい）。

合理性を欠いた，しかし，いかにも人間らしい判断の偏りは，記憶や思考において広くみとめられる。たとえば，気分の良いときには，何に対しても肯定的な評価や判断を行い，気分が良くないときには否定的になりやすい傾向は**気分依存効果**（mood-dependency effect）とよばれ，たくさんの研究がなされてきた。しかし，気分や感情は，常に判断を歪める方向にのみはたらくのではない。適切に喚起されれば強い動機づけがうまれ，創造的思考に導いたりする。また，それによって他人との共感がうまれ，共同作業が促進され，問題解決が容易になったりする。実社会での成功がこのような能力に裏打ちされていることを強調したのがゴールマン（Goleman, D.）の「心の知能指数（emotional IQ）」という考え方である（13章参照）。

4節　身体性の科学としての認知心理学

1　知性と感性を包み込む身体

情報科学やコンピューター科学には情報ピラミッドという考え方がある。図序-1に描かれている三角形を見てほしい。三角形の頂点に向かうほど情報の抽象度（圧縮度）が高い記号処理となり，ここには知的情報処理が位置する。横の広がりはデータ量の大きさを表すが，三角形の下部に位置するのが感性情報処理で，感覚を直接刺激する信号にもとづく処理で，データ量は膨大となる（例として，パソコンのテキストファイルと画像・音声ファイルの容量の違いを思い浮かべてほしい）。生物の進化はピラミッドの下から上方向になされるのに対し，

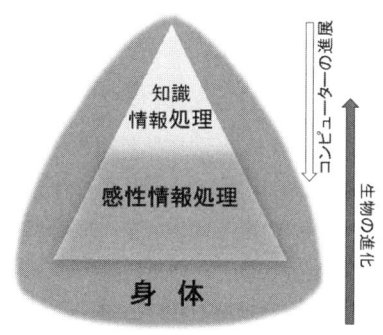

三角形の底部に向かうほど情報の抽象度は低く，データ量は大きくなる。

図序-1　情報ピラミッドを包み込む身体と，生物進化とコンピューターの進展を表す概念図

コンピューターの進歩はその逆の方向をたどっていることは興味深い。さらに，今世紀に入ってから，脳内の情報処理だけではなく，知性と感性を包み込む身体の重要性が再認識されるようになってきた（図序-1）。SF映画では，脳だけが保存され，機能している設定がよくなされるが，そもそも身体なくして，真の心の働きは存在しないのかもしれない。

2　身体性にもとづく処理の特質

先駆的な考え方は20世紀の中頃に始まるギブソン（Gibson, 1979）の生態学的アプローチであった。ギブソンは，頭の中でどのような処理がなされているかよりも，頭の外側，つまり行動する生体の身体と，それを取り囲む環境にどのような情報源が用意されているか十分に検討しなければならないとした。たとえば，開け方のわからないドアがあったとしても，突起物があればそれを手でつかんで引っ張り，窪みがあればそれに手をかけて横にスライドさせたりする。生体に特定の行動をするように促がす環境の特性は**アフォーダンス**（affordance）とよばれる。アフォーダンスの考え方は人にやさしい道具やインターフェースをデザインするときに大切である（Norman, 1988）。アフォーダンスは行動する生体の身体と相互作用をする包囲環境がもつ特性なのであり，主観的世界や客観的世界そのものがもつ特性ではないことに注意しなければならない。

一方，脳科学者のダマジオ（Damasio, 1994）は，哲学者デカルトの強力な説であった心身二元論を否定し，心のはたらきは，身体性と切り離して考えることはできない一元化されたものであると主張している。彼は，人間の意思決定や価値判断，記憶や動機づけでさえも常に身体的，内臓系の反応が付随すると考え，**ソマティック・マーカー**仮説を提唱した（9章参照）。たとえば，草の生い茂った道を歩いているときに何か細長いものが動き出てきたとき，私たちの感覚器官はその情報を素早く脳（特に扁桃体などの辺縁系）に送り，とっさに逃げる身体運動を引き起こし，心拍や血圧なども変化する。その後，それが蛇だとわかると怖いという感情が生起し，身体的・内臓系の反応ともにソマティック・マーカーとして記録される。その後，草むらの環境に再び出会うか，蛇のことなどを考えると，ソマティック・マーカーは恐怖の身体状態や感情を再現するように働き，危険を回避する意思決定がすばやくなされる。ソマティッ

ク・マーカーにはネガティブな価値づけを行う身体信号システムだけではなく，もちろんポジティブな良い方向の価値づけを行うものもある。このような考え方からすると，現在のコンピューターにはハードウェアとソフトウェアしかなく，生身の身体や内臓（ウェットウェア）をもっていないので，生存に適した柔軟な意思決定や，心が通い合うことなどはできないことになる。

　ダマジオの説で説明できる身近な例をあげれば，たとえば，重いカバンをもって出かけたときと，軽いカバンをもって出かけたときの出張の気分や緊張感はまるで違うし，固い椅子に座って面接を受けている，あるいは面接をしているときと，柔らかい椅子に座っている場合とでは，表情やそこで話す内容も異なってくるし，また人物像の印象や評価も異なってくるであろう。このように身体性と知性や感覚は一体化しているという観点は，**身体化された認知**（embodied cognition）とよばれる（第 10 章も参照）。

　心のはたらきに，身体の動きがとても大切であることを知らしめたもうひとつの重要な研究は，イタリアの神経生理学者リッツォラッティ（Rizzolatti, G.）らによって，1996 年に発見された**ミラーニューロン**である。彼らはサルの下前頭皮質（人間でいうと言語のブローカ野付近にあたる領域，11 章参照）で，サル自身が餌をとるときに活動する運動性のニューロンが，自らは体を動かさなくとも，実験者が餌を拾いあげるときの動作を見たときにも同様の活動を示すことを見出した。まさにヴァレラ（Varela, F. J.）が 1991 年に出版していた本『身体化された心』の中で主張していた知覚は行為であることを端的に表す鏡のようなはたらきをする神経基盤が見出されたのである。人間の場合，近年の fMRI などの非侵襲的脳計測法から，単一のニューロンではなく，下前頭回後部や腹側運動前野，上側頭溝，頭頂葉下部などの連結からミラーニューロンシステム（あるいはミラーシステム）が構成されていることが示されている。このネットワークはどちらかというと，自動的に他者の振る舞いを自分の中に取り込むはたらきをしているが，さらに自他の区別をした上で，他者視点に立って心のはたらき方をシミュレーションする機能（**メンタライジング**とよばれる）が背内側前頭前野や側頭・頭頂接合部，楔前部のネットワークシステムにあることが示されている（第 14 章も参照）。

　これらのシステムの発見のインパクトは大きく，人間の心のはたらきにとって重要な模倣，言語活動，同調，共感，心の理論，他者理解などのさまざまな

機能やそれらの障害（たとえば自閉症など）に広範に関与していることは，本書の随所で指摘されている。

5節　本書の構成
―― 知性・感性・身体性の科学としての認知心理学

　1981年に認知科学の創始者のひとり，ノーマンは，認知科学の課題として知覚，学習，記憶，言語，思考の他に，技能，意識，発達，感情，相互作用，信念システムなど広範なテーマをあげ，認知心理学も強力にそれらの分野の研究に邁進してきた。さらにその後，脳活動の可視化計測の目覚ましい進展とともに認知神経科学も大きく展開した。そして，現在のコンピューターとは大きく異なって，ハードウェアでもソフトウェアでもない側面であるウェットウェアのさまざまな特性が浮き彫りにされてきた。感性や身体性の問題はその代表的なものである。

　本書は知性と感性，そして身体性の科学としての心理学をできるだけ広くカバーしようとしたものである。順に列挙すると，感覚（1章），パターン認知（2章），音楽認知（3章），絵画認知（4章），イメージ（5章），注意（6章），記憶（7章），日常の記憶（8章），情動（9章），知識と思考（10章），言語（11章），社会的認知（12章），発達（13章），脳科学的基盤（14章），認知測定法（15章），ヒューマンエラー（16章）という構成になっている。

　「温かい認知」ということばがよく使われるが，この考え方も知性のみにもとづいた「冷たい認知」や，情動支配の傾向が強い「熱い認知」ではなく，両者がほどよくミックスし，ちょうどよい温かさをもつ認知が重要であることを指摘したものである（海保，1997参照）。ほどよい温かさとは，まさしく体のぬくもりのようなものであるに違いない。読者の方には，本書にはあまりに盛りだくさんの話題が含まれているように感じられるかもしれないが，本書全体として，多様性や揺らぎを含みながらも，複雑な自然・社会・情報環境に巧みに適応していく生身の人間の姿をできるだけ浮き彫りにしようとする試みであることを実感していただけたらと思う。

▶ブックガイド

大山正・梅本堯夫（編著） 1994 心理学史への招待 サイエンス社
　認知心理学だけではなく，心理学の歴史全体を知るのには絶好の参考書。

ガードナー，H. 1985 佐伯胖・海保博之（監訳） 1987 認知革命 産業図書
　パラダイムのシフトにより認知科学が誕生したことを広く深く概観した本。

リンゼイ，P. H. & ノーマン，D. A. 1976 中溝幸夫・箱田裕司・近藤倫明（共訳） 1983 情報処理心理学入門Ⅰ-Ⅲ サイエンス社
　コンピューターアナロジーを中心として，人間の情報処理を知るには最適な書。

アンダーソン，J. R. 1980 富田達彦他（訳） 1982 認知心理学概論 誠信書房
　知の科学としての認知心理学をまとめ上げた大著。

ラメルハート，D. E. 1989 麻生英樹（訳） 1991 心のアーキテクチャ──コネクショニストアプローチ M. I. ポズナー（編） 認知科学の基礎1（所収） 産業図書
　並列分散処理モデルによる心のとらえ方をわかりやすく概説したもの。

辻 三郎（編） 1997 感性の科学 サイエンス社
　感性情報処理に関する考え方や応用例を文部省重点領域研究分担研究者グループでまとめた本。

ダマジオ，A. 1994 田中三彦（訳） 2000 生存する脳──心と脳の身体の秘密 講談社
　心身二元論を唱えたデカルトの誤謬を指摘し，ソマティック・マーカー説をエキサイティングに展開した本。

ヴァレラ，F. J. 1991 田中靖夫（訳） 2001 身体化された心 工作舎
　従来の認知主義の基本仮説を論破し，心的活動においては，身体や環境の寄与が不可欠であることを主張した生物認知科学者の書。

海保博之（編） 1997 「温かい認知」の心理学 金子書房
　認知心理学の課題として，「冷たい認知」や「熱い認知」が融和した「温かい認知」の研究が必要であることを説いた書。

認知心理学会（編） 2013 認知心理学ハンドブック 有斐閣
　現代の認知心理学の広がりと深みを総合的に解説した手引書。

1章
感覚の多様性

　21世紀の日本は，もしかすると世界でもっとも多様な食文化の中にいるのかもしれない。日本独特の食材と調理法に加えて，東京などでは洋の東西を問わず世界中の食事を実際に味わうことができるし，マスコミやインターネットを介して珍しい食品や料理が絶えず紹介されている。

　たとえば中米から広まったチョコレートは世界でもっとも知られた菓子のひとつであるが，固形チョコレートの中に他の食材や空気をまぜ，食べるときの「ポキッ！」という音や「サクサク」とした舌触りの変化を取り入れた商品が販売されたのは20世紀後半の日本であった。

　その後も毎年のようにさまざまに工夫をこらした食品が現れて話題となっている。さて，味覚と嗅覚は感覚器も近く非常に密接に関係しているが，彩りもあざやかに多様な展開をみせる「あじ」に対して，「におい」の方はどうだろう？　こちらもたしかに，さまざまな新商品が開発され宣伝されている。しかし一般には，さまざまなにおいを「消臭」し，生活環境を「無臭化」する方に向かってはいないだろうか。

　現実の世界は多様なにおいや音に満ちあふれている。しかし人々は，よけいなにおいのしない，自分の選んだ特定の音楽だけが聞こえる環境を望んでいるようにみえる。

　多様性を追求する一方で極端に限定しようとする，一見矛盾するこの傾向は，人工的に統制された環境の希求という点で同じということもできる。しかし私たちの感覚は，本来，もっと多様で生々しい情報をもたらしてくれるしくみだったはずである。めまぐるしい速さで技術が変化する社会において，私たちが人間らしさを失うことなく生き生きと生活できる社会を実現するために，私たち自身の感覚をもう一度みなおしてみよう。

1節　心の入り口

　はじめて心理学を学ぶ人には，感覚・知覚は心理学にふさわしい研究領域とは思えないかもしれない。しかしここで取り上げられる問題の多くは，心とは何かという問いが歴史に登場したときから議論されてきたのである。それは「心の入り口」，つまり私たちは自分たちの生きている世界・環境をどのようにして知るのかという基本的な問題だからである。

　哲学では**認識論**という問題になる。日本でいえば江戸時代前期に活躍したイギリスのロック（Locke, J.）の，「人の心は元来白紙（ラテン語で tabula rasa）である」という有名なことばで表されるように，感覚を通した経験が私たちの心に観念を書き込んでいくという**経験説**を唱えた。ここでいう観念とは，人が考えるときその素材や対象となるもののことである。一方，ヨーロッパ大陸では，人は生まれながらに認識能力を備えているという，古くはプラトン（Plato）にまで遡ることのできる**生得説**が優勢であった。カント（Kant, I.）は，時間，空間，因果関係など，感覚から入ってきたさまざまな情報を混乱なく把握できる能力は生得的なものであると論じた。

　19世紀に入ると物理学や化学をはじめとする自然科学がめざましい発展を見せはじめた。生理学もそのひとつであり，感覚器官や神経系についての新たな発見は，自然科学の研究方法とともに科学的心理学の成立に大きな影響を与えた。現代心理学の創始者といえるヴント（Wundt, W.）が，まず手を染めたのが感覚の生理学であり心理学であった。心理学の独立当初から，感覚・知覚は取り組むべき基本的な問題だったのである（序章参照）。

　さて歴史的経緯はともかく，今日ではどうだろう？　高度情報化の技術が日々進歩する中で，人生80年といわれる長寿が現実のものとなった。私たちの眼の一番外側にある角膜と水晶体には血管が通っていない。誰しも高齢化とともに眼の調節能力は衰え（老眼），水晶体は白濁する（白内障）。高い音は聞き取りにくくなる。一方で，携帯電話やテレビ，あるいは銀行のATM装置など，日常生活に密着した機器の変革は休むことがない。便利なはずの新型機器を前に立ちすくむ老人の姿はしあわせとはみえない。私たちをとりまく環境は激しく速く変化し続けている。その中で人が人らしくいきいきと生活してい

くために，私たちと環境との接点を解明することは，ますます必要になっている。

　本章では，感覚や知覚ということばが頻繁に用いられるが，その間の区別は必ずしも明確ではない。どちらも環境と人の心との接点を表すが，とりあえず，より単純で，末梢から中枢へと流れる情報に重きをおく場合を**感覚**（sensation），環境の意味を読み取るのを**知覚**（perception）としよう。

2節　感覚のしくみと種類

　人の感覚は，古くから「五感」といわれるように，いくつか別々の種類の体験をもたらす。視覚や聴覚のような，この独自の感覚体験を**感覚様相（モダリティ）**という。色の違いは同じ視覚様相の中での現象だが，色の感覚と音の感覚は様相の異なる感覚体験である。

　このような感覚様相の違いは何から生じるのだろうか？　眼や耳など感覚器の違いだろうか？　ミュラー（Müller, J.）は，人の感覚神経には様相ごとに固有のエネルギーがあるという**特殊神経エネルギー説**（theory of specific energy of nerves）を唱えた。

　しかし今日では，人を含む動物の神経系において，情報を伝達するのは電気的信号（インパルス：impulse）であると知られている。インパルスの発生と伝導は精巧な電気化学的しくみによって成り立っており，今日，神経伝達物質などについては，その解明が急速に進んでいる。心理学では，感覚・知覚の対象となる物理化学的事象を刺激（stimulus）とよぶ。私たちが感覚を体験するためには，刺激を感知して，神経系にわかる形すなわちインパルスに変換するしくみが必要である。これを**感覚受容器**（sense recepter）という。

　上述のように一般的には，視・聴・味・嗅・皮膚感覚を総じて五感と称するが，感覚受容器および感覚神経系は表1-1のように区別できる。この表から，私たちが日常生活を送る中で，感覚神経系が多種多様な環境からの情報を適切に処理していることがわかる。逆にいえば，何らかの支障が生じてはじめて，私たちは，これらの自動的で円滑なはたらきのありがたさを知る。

　感覚受容器は，外界からの刺激エネルギーを化学的反応や機械的反応によってインパルスに変換する。ここで視覚系なら可視光線，聴覚系なら音波のよう

1章　感覚の多様性

表1-1　感覚の種類

感覚様相	適刺激	感覚受容器	感覚中枢
視　覚	電磁波（可視光線）	眼球／網膜内の錐体と桿体	大脳皮質後頭葉視覚領野
聴　覚	音波	内耳／蝸牛内の有毛細胞	大脳皮質側頭葉聴覚領野
味　覚	水溶性味覚刺激物質	舌の味蕾内の味覚細胞	大脳皮質側頭葉味覚領野
嗅　覚	揮発性嗅覚刺激物質	鼻腔上部の嗅細胞	嗅脳および嗅覚領野／大脳辺縁系
皮膚感覚 　触　覚 　圧　覚 　温　覚 　冷　覚 　痛　覚	機械的刺激 機械的刺激 電磁波 電磁波 すべての強大な刺激	皮膚内のメルケル細胞, マイスナー小体, パチニ小体, クラウゼ終棍などさまざまなタイプの感覚細胞*	頭頂葉，体性感覚野および小脳 *これらの感覚受容器は筋・腱・関節や内臓にも存在し，皮膚感覚に対して深部感覚とよばれることもある
自己受容感覚** 　平衡感覚 　運動感覚 　内臓感覚	機械的刺激 機械的刺激 機械的／化学的刺激	半規管内の有毛細胞 筋・腱・関節内の感覚細胞* 内臓に分布する感覚細胞*	頭頂葉，体性感覚野および小脳／間脳
	**これらの感覚は円滑に機能する間はあまり意識されず，むしろ機能が損なわれた時にめまいや痛みが感じられる．内臓感覚は普段は空腹・渇きや尿意のような複合した感覚として感じられる		

に，その感覚様相の受容器がもっとも効率よくエネルギー変換のできる刺激を**適刺激**（adequate stimulus）という．ただし適刺激でなくとも感覚受容器を刺激することができることは，目をつぶってまぶたを指で押すと光のようなものが見えることで確認できる．

　それならば，視覚神経と聴覚神経をつなぎかえて，色を聞き音を見ることが可能なのだろうか？　少なくとも現在は，これは不可能であると考えられている．それは，それぞれの感覚受容器から感覚中枢までの経路が様相によって非常に異なり複雑だからである．表1-1の感覚中枢に至る前にいくつかの重要なはたらきをする器官を経由するし，中枢神経系内ではさらに複雑に信号が交錯している．感覚受容器が変換したインパルスのパターンも感覚様相によって異なる．さらには，感覚受容器と中枢をつなぐ経路は，単純に末梢から中枢へと情報を伝えるだけではなく，逆に中枢から末梢へと流れる情報もあると考え

られるからである。

　まず，視覚と聴覚を例に，このエネルギー変換の様子をみてみよう。図1-1は，眼球内の模式図である。光受容器である**桿体**は約1億2500万個，**錐体**は約600万個が高密度で網膜に並んでいる。これらのもっている感光色素が光に反応してインパルスを発生する。錐体は網膜中心部に集中的に分布し，細かい形の分析と色覚のはたらきをするが，明るいところでなければ機能しない。桿体は周辺部に分布し，光や運動の検出のはたらきをする。網膜上で錐体が密集している部分は黄斑または**中心窩**とよばれるが，網膜の中心，直径1.5mmほどの狭い範囲にすぎない。だからよく見るためには，私たちは視野の中心に分析対象をとらえなければならない。つまり絶えず目を動かしていなければ適切な情報処理ができないのである。光受容器からの神経信号は，まず網膜内で複雑な情報処理と情報圧縮が施され，片方の眼で約80万本の**視神経**によって中枢に送られる。網膜中心部の情報は受容器1個の情報がほぼそのままの割合で送られるの

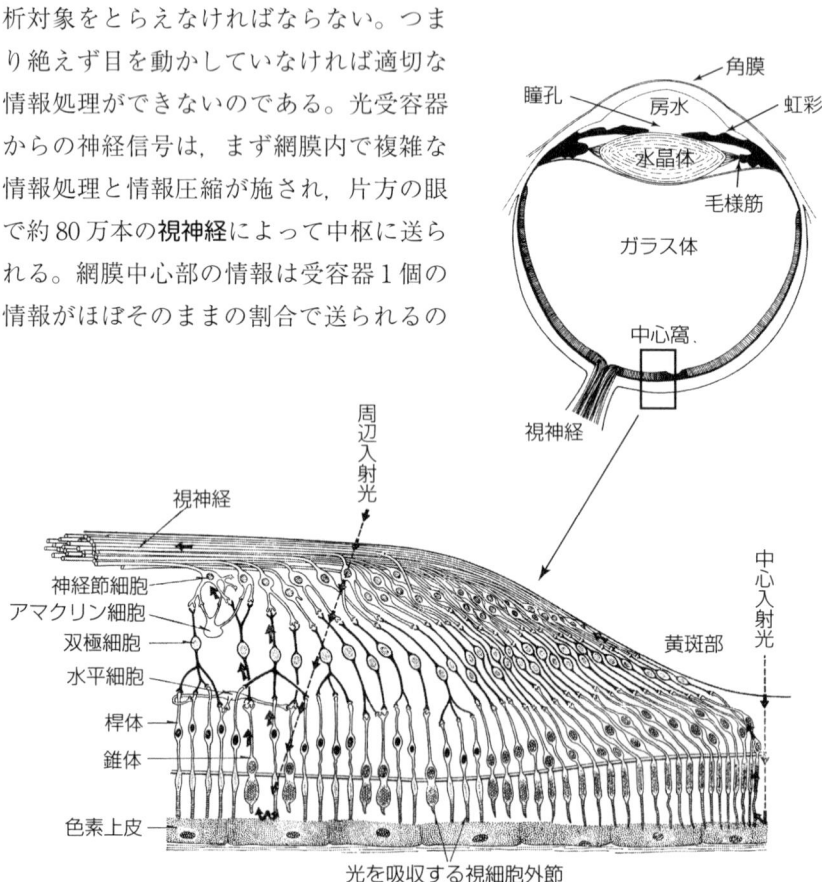

図1-1　眼球と網膜の構造（Harrington, 1964；池田，1975を一部改変）

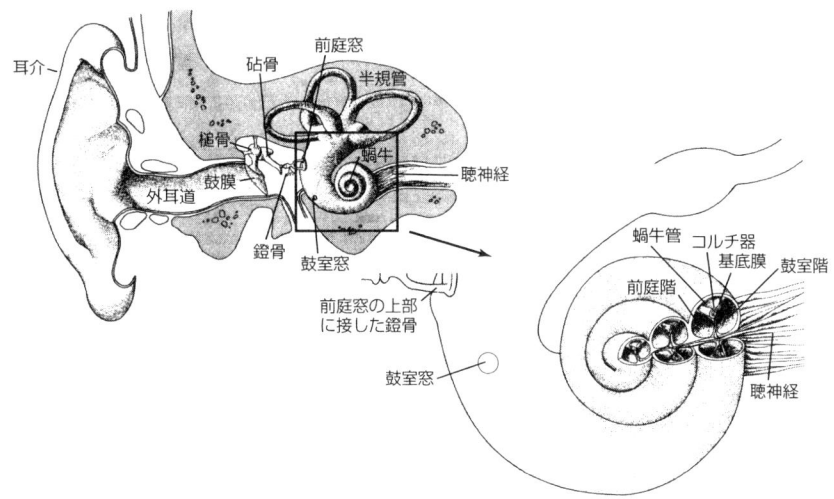

図1-2 耳と内耳の構造（Lindsay & Normam, 1977；中溝ほか訳，1983より一部改変）

に対して，網膜周辺部では数千個の受容器の情報が集約されて送り出される。

　図1-2は，耳の内部である。目とはまったく違った形で複雑な構造となっている。聴覚の適刺激である音波は空気圧の変動であり，まず鼓膜を振動させる。この振動は**中耳**の3つの小さな骨を経由して，**内耳（蝸牛(かぎゅう)）**の小さな窓に伝えられる。それが蝸牛内のリンパ液そして基底膜上の有毛細胞を刺激し，発生したインパルスは片耳で約3万本の**聴覚神経**によって中枢に伝えられる。聴覚の受容器・感覚神経の数は視覚に比べてはるかに少ない。それでも，音を構成する成分（周波数）とその強さ，そしてそれらの時間的変化についての膨大な情報が中枢に送られる。

　図1-2で蝸牛の上部に3本の輪がみえる。これが**三半規管**であり，人の**平衡感覚**を処理している。ここには有毛細胞があり，人の頭の動きや傾きをとらえる。これが眼球のほぼ真後ろで聴覚器官と密着していることは人にとって大変有利である。左右の眼球の情報で環境の奥行きと対象の3次元性をとらえる。左右の耳で音の発生源の方向と距離をとらえる。そして平衡感覚で自分の身体の位置・方向と動きをとらえるのである。これらの情報が総合的に処理されることによって，たとえば人の往来する道を適切に歩くことも可能なのである。

3節　感覚の範囲

　一般に生物は，その種の生存に適した感覚能力をもつと考えられる。私たち人間も，自分のまわりの物理化学的な環境のすべてを感知できるわけではない。図1-3のように，幅広い範囲をもつ電磁波の中で人が光として感知できるのは非常に限られた範囲である（**可視光線**）。空気の振動，つまり空気圧の疎密波である音波についても同じことがいえる。人が聞くことのできる音は約20Hzから2万Hzの周波数に限られる（**可聴範囲**：図1-4）。

　ここで，同じ周波数あるいは波長という単位を用いても（これらは逆数の関係にある），視覚と聴覚とでは異なることに注意しよう。**周波数**（波長）の違いは，音波では異なる高さの音として聞こえ，光は色の違いとして見える。2つの異なる周波数の音を混ぜた（同時に聞かせた）場合，少なくとも音楽家には，それを構成するもともとの音がわかる。波長の異なる2つの光を混ぜた場合，もともとの光には復元できない新たな色が知覚される。たとえば赤い光と緑の光を混ぜれば黄色が見えるが，黄色から赤と緑を抽出することはできない。

　刺激の強さについても感知できる限界があるが，その範囲を客観的数値で表すと驚くほど幅広い。理想的な状態の人の眼はかすかな星の明かりを見つけることができるし，耳は木の葉1枚落ちるわずかな空気の揺れを音として聞くことができる。一方，強い刺激に対しては，光も音も，最小限の強さの約1兆（10^{12}）倍まで耐えることができる。心理学では，人が50％の確率で感知でき

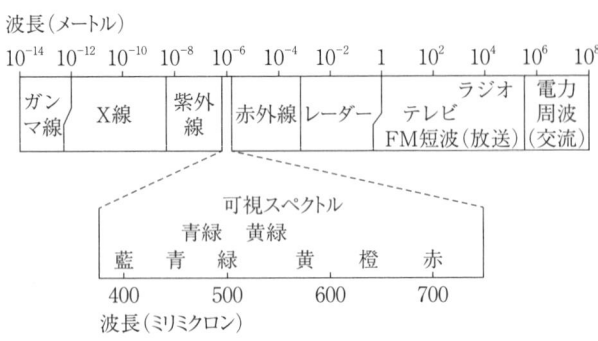

図1-3　電磁波における可視光の範囲

る最小限の刺激の強さを**刺激閾**(stimulus threshold)あるいは**絶対閾**(absolute threshold)という。刺激が強すぎて、これ以上耐えられないとして、その**感覚様相**独自の体験ではなくなり痛みなど別の感覚が生じるような刺激強度の限界を**刺激頂**(terminal stimulus)という。

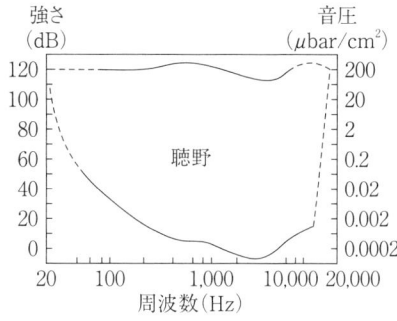

図1-4 **可聴範囲**(Fletcher, 1953)

触覚を研究した生理学者ウェーバー(Weber, E. H.)は、ある刺激の違いを感知しうる最小の差異を**弁別閾**(丁度可知差異 just noticeable difference；jnd ともいう)と名づけ、弁別閾は固定したものではなく、基準となる刺激の強さに比例するという法則(**ウェーバーの法則**：Weber's law)を見出した。

物理学者であり哲学者でもあったドイツのフェヒナー(Fechner, G. T.)は、物質の世界と精神世界をつなぐものとして**精神物理学**(psychophysics)を提唱した。フェヒナーは刺激と感覚との対応を調べるために、種々の精神物理学的測定法を開発した。そして、ウェーバーの法則にもとづいて刺激閾や弁別閾の概念を整理し、感覚量と刺激の物理量との間には以下のような関係があるとした。

$E = k \log S$ (E: 感覚量, S: 物理量, k: 定数)

ここで定数 k は、明るさや重さの感覚など、感覚様相や同一感覚様相内でも測定する対象によって異なる値である。この式は、今日では**ウェーバー・フェヒナーの法則**(Weber-Fechner's law)とよばれるが、刺激が中程度のときにのみ近似的にあてはまることが知られている。

一方、アメリカの心理学者スティーブンス(Stevens, S.S.)は、感覚量の比率を直接数値で評定させるという**マグニチュード推定法**(magnitude estimation)を開発した。この手続きによると、感覚量 E と物理量 S との関係は次のようなベキ法則に従うとした。

$E = kS^n$

ここでベキ指数 n は感覚様相や観察対象によって変わる。たとえば図1-5左のグラフで、見えの長さのベキ指数は1.0であり、見えの長さの判断は実際

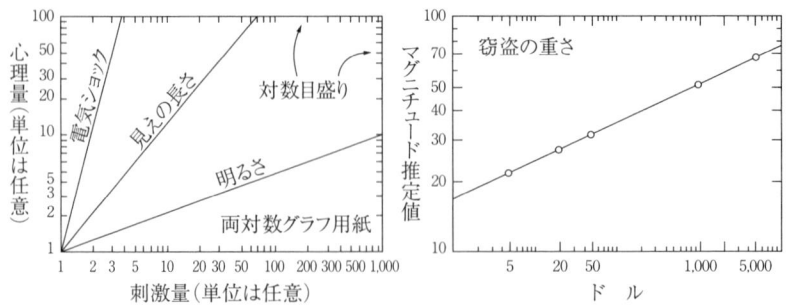

$E=kS^n$ という式は、両辺の対数をとると $\log E = n\log S + \log k$ となる。これは、縦軸も横軸も対数で表すと、直線になることを意味する。直線の傾きがベキ指数 n である。

図1-5　スティーブンスのマグニチュード推定法（Stevens, 1961, 1966 ; Lindsay & Norman, 1977 より）

の長さに比例することを示している。電気ショックのようにベキ指数が1.0より大きいということは、刺激のごくわずかな物理的変化に対して心理的判断が敏感に反応することを示し、明るさの判断のようにベキ指数が1.0より小さいことは、多少の物理的変化では心理的判断が変動しにくいことを示している。この図から、心理的に2倍明るいと感じるためには物理的には約10倍の明るさが必要なことがわかる。定数 k は、たとえばある明るさを10などと、測定の際に標準とされた刺激に被験者が与える任意の数値によって変わる値である。マグニチュード推定法は、心理的に連続的に増加（加算）していくような判断であれば感覚量以外にも適用できるとされる。たとえば図1-5右のグラフは、盗んだ金額に対する罪の重さを判断させたものである。

　さて刺激閾の定義で50%の確率で感知できる刺激の強さということを述べた。私たちの感度は常に一定したものではなく絶えず揺らいでいるから、確率的な考え方が必要なのである。ある刺激に注意を集中して信号を待っていれば、見逃す（ミス）確率は少なくなるだろう。しかしそのときは同時に、ありもしない信号に過敏に反応してしまう（**フォールス・アラーム**）確率も増えると考えられる。このときは人の感受性そのものが変わったわけではなく、反応の基準が変化したといえる。このような考え方から、人の感受性と反応しやすさを分離してとらえようとするのが**信号検出理論**（signal detection theory）である。信号検出理論では、人の感受性を d'（**d プライム**とよぶ）と表す。

感覚の範囲やその中での変化の仕方を測定したり数値化したりすることは，複雑な人間の心を数値で表そうとする無意味で乱暴な作業のようにみえるかもしれない。しかし，精神物理学的測定法は，心理学の研究を進めるうえで重要な方法を提供している。しかも人が安全快適な環境で生活することを援助できるのである。あなたの周囲の環境を考えてみよう。信号機の3色は，ほとんどの人に夜も昼も見分けのつく色と明るさでなければならない。一方，騒音計は人の聴覚を反映した音の大きさを示すことができるように工夫されている。人の心のものさし（尺度）があってはじめて人にふさわしい環境を設計できるのである。

4節　感覚の一般的特性

　感覚は，同一の受容器が同じ刺激に連続してさらされると，応答性が低下する。これを感覚の負の**順応**（adaptation）という。嗅覚や味覚そして皮膚感覚などで日常的に経験できるだろう。密閉した部屋のにおいはたちまち感じられなくなるが，新たに外から入ってきた人には敏感に感じられる。そもそも自分の体臭，部屋のにおいに気づくことが難しいのは順応による（だからといって神経症的に自分の体臭に過剰に敏感になる必要はない）。甘い菓子の後で果物を食べたのでは，その甘さはなかなか感じられない。ただし痛覚は順応しにくいので，鎮痛剤が必要となるのである。

　一方で正の順応という現象もある。視覚における**暗順応**がその例である。明るい環境から暗い所に入ると，はじめは何も見えないが，視覚閾は時間とともに低下する。つまりより弱い光も感知できるようになる。この逆は**明順応**という。映画館のような暗い環境から明るい場所に出ると，当初はまぶしくて周囲が見えにくいが，まもなく回復する。

　このように順応は，人の感覚系の限られた感知範囲全体をシフトさせて，重要な情報を取り入れるしくみということができる。環境を構成するものの変化，あるいは，それまでは存在しなかったものの登場こそが重要であり，以前と変わらないものや他と同じものはさほど重要ではあるまい。

　同じ感覚様相で対称的な刺激にさらされた場合には**対比**（contrast）という現象が生ずる。緑の草原を背景とした赤い車が非常に目立つのはその好例であ

るが，いわゆる「かくし味」も対比である。こちらは変化を強調するしくみといえる。

ところが同じ感覚様相で，刺激の強さに差があるときには，**マスキング**（masking）という遮蔽現象が生ずる。昼の雑踏の中では騒音に隠されて聞こえない会話も深夜には筒抜けになる。部屋の悪臭は香水のにおいでマスキングできる（悪臭より先に香水に順応すればなおさら感じられない）。

上述のように，私たちの感覚は，単独で，または前後の経験と独立して，はたらくわけではない。多様な感覚様相が相互に関係しあい行動を導いている。一般的にもっとも影響の大きいのは視覚である（**視覚優位**：visual dominance）。テレビのスピーカーは画面の外側にあっても，音声は映っている人の口から発せられていると感じるのは，この現象による。

感覚が複合してはたらく例として「食べる」という行動を考えてみよう。まず食べ物の色と形は，その味わいにも強く影響する。目隠しして口に入れた食べ物の味はわかりにくい。においが味覚に影響するのは周知の通りである。舌ざわり，のどごしといわれるように，舌や喉の皮膚感覚も重要である。温かくておいしいものもあれば冷たくておいしいものもある。冒頭でもふれたように，いわゆる食感には，歯で噛み砕く感覚とともに，その音も関係しよう。さらには大勢で食べればおいしいとか，日本人の好む味とか，集団や社会・文化の影響まで考えられる。

同じく感覚刺激以外の影響が大きいといわれる痛覚はどうだろう。痛みは，ある面では制御することの難しい不快な感覚であるが，この感覚がなければ人は生命の危険すら察知できないことにもなる。一方では，薬物乱用や医療の現場の問題など，現代社会にとって痛みの克服は重要な課題となっている。痛覚は身体の組織を侵害するようなすべての強大な刺激によって引き起こされる感覚である。それは機械的な刺激だったり，熱的刺激そして化学的刺激だったりするが，いずれも皮膚（組織）内に化学物質を放出させ，それが閾値の高い数種類の異なるタイプの受容器を刺激して痛覚を生じさせる。心理的経験としては，痛みには2種類ある。傷ついてすぐに起こる鋭い痛みと，その後の持続的な比較的鈍い痛みである。これらは異なる神経経路をたどると考えられている。

痛みの感覚は，モルヒネなどの薬物によって弱くできるほか，そのときの心理的状態や社会・文化的影響によって変わることが知られている。スポーツ中

のけがによる痛みは，試合中には平気と感じられたりするし，世界中のさまざまな民族に独特の痛み除去の手法がある。現在，痛覚神経には中枢性の関門があるとする説や神経系内で生産される痛覚麻痺物質の探求など，さまざまな研究が学問領域を越えて精力的に進められている。

　これまでみてきたように，人の感覚システムは，一つひとつの感覚系が巧妙なしくみをもつとともに，全体として柔軟に連携して多様に変化する環境に対処している。健康な日常では気づかれることがなくても，人が生活していくうえで基盤となる重要な情報処理を絶えず続けているのである。

▷ブックガイド

大山正・今井省吾・和気典二（編）1994　新編感覚・知覚心理学ハンドブック　誠信書房
　　初学者には難しいかもしれないが，この分野の知見が網羅的に整理してある基本的な本である。

大山正・今井省吾・和気典二・菊地正（編）2007　新編感覚・知覚心理学ハンドブック Part2　誠信書房
　　上記のハンドブック出版後に発展の著しい分野を中心に補足したもので，最近の研究動向を知るのによい。

内川憲二（総編集）2007　講座 感覚・知覚の科学　全5巻　朝倉書店
　　さまざまな感覚様相について実験法と最新の成果を詳しく解説してある。専門的に学びたい人に。

トピックス1

多感覚研究と仮想現実

　われわれは，外界と自己に関する情報を常に複数の感覚から得ている。しかし，感覚や知覚の研究の多くは**感覚モダリティ**の独立性に注目し，視覚か聴覚どちらかの単一モダリティの現象を取り上げることがほとんどで，モダリティ間の相互作用にはあまり注目してこなかった。例外的に，腹話術効果としても知られる視覚的捕捉や，会話時の視覚情報の重要性を示したマガーク効果（McGurk & MacDonald, 1976）など，視聴覚情報間の不一致がある場合の視覚優位の現象が**多感覚統合**の例として知られていたにすぎない。

　しかし，聴覚刺激が視知覚に影響することを示したセクラーらの論文がNatureに発表されると（Sekuler, Sekuler, & Lau, 1997），多感覚統合における視覚優位の考え方を再検証する研究が相次いだ。研究対象となる感覚モダリティも触覚，味覚，自己受容感覚，前庭覚へと広がりながら現在に至り，多感覚統合は知覚・認知研究の大きな枠組みのひとつとなっている。そして興味深いことに，この基礎研究領域での新しい動向には，**仮想現実**（virtual reality）という応用技術の進展が深くかかわっている。

　仮想現実とは，コンピューターで生成した3次元空間に観察者が没入し，その中の対象を直接手で掴んで動かす，あるいは空間内を自由に歩き回るといった，能動的操作による相互作用が可能な人工的環境をさす（図1）。以前は映画やテレビドラマの中で未来の技術として登場することも多かったが，現在では通信や医療，建築の世界で実用化されつつある。最初の仮想現実はユタ大学で開発された頭部搭載型ディスプレイ（HMD）によ

図1　仮想空間内を歩行できる仮想現実装置：透明な球体の中の観察者が歩くと球体が回転し，仮想空間が続く限りどこまでも移動することができる。（Virtualsphere社 HPより転載：http://www.virtusphere.com/view.html）

図 2　力覚ディスプレイを利用した心理物理学実験の様子
（写真提供：東北大学電気通信研究所　松宮一道氏）

るものとされているが，1980年代になるとNASAの宇宙開発プロジェクトで同様のアイデアが実現され，また同時期にロボットの遠隔操縦技術から派生した**テレイグジスタンス**や**テレプレゼンス**とよばれるアイデアが登場した。現在の仮想現実は，これらの技術による人工的環境の総称である。

この仮想現実では，視覚・聴覚・触覚・前庭覚・力覚など，さまざまな感覚モダリティへの刺激呈示装置と観察者の身体運動の検出技術が組み合わされて，人工的に作り出された環境を体験することが可能となる（櫻井，1995）。たとえば，部屋の中のどこかで電話が鳴っている仮想環境を考えよう。部屋の3次元映像と音響は，頭部の位置と方向を検出する装置の情報に対応して変化するため，観察者が音のする方向を向けば，電話のある方向の風景が表示され，ベルの音もその電話から聞こえるという具合である。また，視覚と聴覚に力覚を加えた仮想環境では，力覚ディスプレイのアームに指を入れて動かすと，仮想物体の表面の凹凸や表面をこすった際の音を体験することが可能である（図2）。

このように仮想現実は複数の感覚を同時に刺激するため，その実現技術は多感覚研究において利用しやすい特徴がある。同時に，仮想現実は多感覚研究の成果を反映させやすい応用領域であるといえる。実際，多感覚統合の研究では仮想現実の装置を用いることが多い。基礎領域としての多感覚研究と応用領域としての仮想現実の研究開発は，今後も相補的かつ密接な関係を保ちながら進展していくと予想される。

2 章
視覚パターンの認知

　向こうから人が歩いてくる。顔を見ると友人の A 君だった。
　顔からその人物が誰であるかわかる。あまりに当たり前のことで何の不思議もないように思うかもしれない。しかし，眼に映る画像としての A 君の顔はひとつではない。顔向きによって画像は変化するし，会話時の口の動きや表情によっても画像としての顔は変化する。さらに数年ぶりに会うような場合，髪型や顔の経年変化があってもその人が誰であるかわかる。
　人間の視覚パターン認知のしくみは現在のところ十分解明されているわけではないが，視覚パターンの認知が巧妙で複雑な働きであることを説明する。

1節　視覚パターン認知とは

　視覚パターン認知は，眼に映った画像から形の特徴を抽出し，類似性等に基づいて何らかのカテゴリーに対応づける認知機能とまとめることができる。眼に映った画像が何であるかわかることと単純化することもできよう。
　視覚パターンを認知するためには，輪郭や面の知覚といった視覚機能が**入力過程**として必要であり，視野中の背景からパターンを分離することが必要である。またカテゴリーに対応づけるためには脳内に貯蔵されたパターンについての表現（representation）と入力処理によって得られたパターンとの**照合・決定過程**が必要である。脳内の表現と照合するのであるから視覚パターン認知の問題は，物体がどのように記憶されているのかといった記憶の問題とも不可分なものである。
　また決定過程にしても，同一の物体であっても見る位置によって画像が変化することなどを考えると，入力画像と脳内の表現が完全に一致した場合にのみ判断されるようなことは考えにくい。何年ぶりかで会った友人の顔は，経年変

化があったとしても友人と認知できる。また，よく行く店の店員はその店内であれば既知の顔として容易に判断できるが，他の場所で会った場合には誰であったかわからないということもしばしば経験する。照合・決定過程に文脈が影響しているわけである。

何であるかわかることも，たとえば顔を対象とした場合，顔であることがわかる，誰であるかわかる，表情がわかる，といったさまざまなレベルがあることにも注意が必要である。

2節　視覚パターンの入力過程

1　図と地の分離

図2-1を見てほしい。何が見えるだろうか。最初は白と黒のランダムな模様にしか見えないかもしれない。中央の上部にキリストに似た人の顔が見えないだろうか。少々時間がかかるかもしれないが見えるはずである。人の顔が見えると，その下の領域はからだの一部として見え，人物領域以外の白と黒の模様部分は，その人物の背景のように見える。同一平面上の白黒画像であるが，人物部分は手前に，背景の部分は後ろにあるようにさえ見えるだろう。

背景（地）からパターン（図）を切り出す**図地分化**（figure-ground segregation）が視覚パターン認知の初期段階で必要となる。**ゲシュタルト心理学**的研究から，より明るい領域，より面積の小さい領域，閉じた領域，規則的な領域，視野の中央にある領域などが図になりやすいことが知られている。対象の形状についての知識も図の分離に影響を及ぼす。また周波数チャンネルという視点からも図と地の問題は検討されている。図の処理には空間解像度は高いがスピードの遅い視覚チャンネル（**持続型チャンネル**）が，地の処理には空間解像度は低いがスピードの速い視覚チャンネル（**一過型チャンネル**）が関与していることが示されている（Weisstein *et*

図2-1　隠された顔（Porter, 1954）

al., 1992)。

2 遮蔽と補完

認知すべき対象の全体が見えているとは限らない。対象の一部が他の対象によって**遮蔽**（occlusion）されていることもある。図2-2のaのようなパターンは，図2-2のbのように完全な円形を正方形が遮蔽しているものとして認知される。つまり正方形に遮蔽された部分を**補完**して円形を認知する。図2-2のように実際には見えない部分を補完によって認知することを**非感覚的補完**（amodal completion）とよぶ。

ナカヤマ（Nakayama, K.）と下條信輔の**一般像抽出原則**（the principle of generic image sampling）では，視覚系は与えられた網膜像に対して，その像を一般的にもたらすであろう外界構造を選定する作業を行っていると考えている。つまり図2-2のcのような関係はめったに生じないのに対し，bのような関係がaの画像を作り出すことは一般に生じることから，bのような補完がなされると考えるのである。

しかし，カニッツァ（Kanizsa, K）の図2-3のようなパターンでは，一般には存在しないであろう胴の長い馬が見える。このように補完がどのようにしてなされるのかはまだ十分に解明されているわけではない。

また，図2-4のように対象が遮蔽されて見えるパターンと，対象が分割されて見えるパターンでは，対象についての情報は同じであると考えられるのに，認知の容易さには違いが生じる。

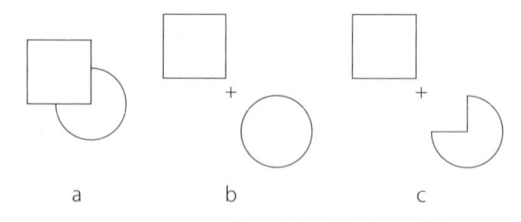

aのパターンは，bのように正方形と円から構成されたパターンとして認知され，cのように正方形と一部が欠けた円から構成されたパターンとは認知されにくい。

図2-2　正方形と円による遮蔽パターンの認知

図2-3　黒く遮断された部分に，存在しないような「胴の長い馬」が見える（Kanizsa, 1979）

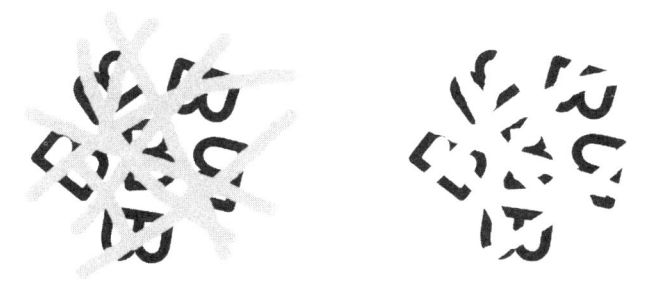

図 2-4　遮断されて見えるパターン（左）の方が B の文字が読み取りやすい

　フォリー（Foley, M. A.）らは，くつなどの日常の物体の線画で全体が見える画像と黒い四角などで遮蔽した画像とを作成し，それらを提示した後で被験者に先に見た画像が完全なものであったか，一部が遮蔽された画像であったかの判断を求めた。その結果，遮蔽された画像を完全なものであったとする反応はしばしば生じるが，その逆はめったに生じないことを明らかにした（Foley et al., 2007）。このことから非感覚的補完のプロセスは強力なものであると考えられる。

3　エッジ情報と表面情報

　われわれの視覚系は，明暗差を誇張してその境界に**輪郭**を知覚するようにできている。多くの対象は輪郭だけでなく，肌目や色，照明条件に依存した陰影といった**表面情報**も有している。

　輪郭だけの線画とカラー写真での認知成績を比較すると，生物か非生物かというような分類課題では両者で差がみられないが，物体の名称を答える課題では表面情報を含むカラー写真での成績の方が優れている。顔の認知においても，顔であるかどうかの判断は写真顔をトレースした線画でも可能であるが，誰の顔であるかの判断は線画では困難である。物体の表面情報は物体の構造や意味についての脳内表現には含まれて，表面情報は物体の名前を保存している**語彙システム**（lexical system）において表現されている可能性が指摘されている（Davidoff & Ostergaard, 1988）。

3節　パターン認知のモデル

1　鋳型照合モデルと特徴分析モデル

　パターン認知の最も単純なモデルが**鋳型照合モデル**（template matching model）である。脳内にパターンの原型が**鋳型**（template）として貯蔵されていて，入力パターンはそれと照合されて認知が成立すると考える。比較的種類の少ないアルファベット文字のようなパターンだけを考えても，手書き文字の形は千差万別であり，それらがすべて鋳型として貯蔵されているとは考え難く，鋳型モデルはそのままでは人間のパターン認知モデルとしての妥当性は低い。照合の前に大きさや傾きなどについて入力画像への何らかの前処理が必要となろう。

　鋳型照合モデルではパターンを全体として扱っているが，**特徴分析モデル**（feature analysis model）では，パターンをいくつかの特徴によって構成されたものと考える。アルファベット文字の認知を目的としたセルフリッジ（Selfridge, O. G.）の**パンデモニアムモデル**（pandemonium model）では，垂直線分，水平線分，斜め線分，閉曲線，交点などが特徴として考えられており，各特徴の個数が表にまとめられている（表2-1）。文字を瞬間提示すると見間違いが

表2-1　アルファベット文字の特徴と個数 （Lindsay & Norman, 1977 より改変）

	垂直線分	水平線分	斜め線分	直角	鋭角	連続曲線	不連続曲線
A		1	2		3		
B	1	3		4			2
C							1
D	1	2		2			1
E	1	3		4			
F	1	2		3			
G	1	1		1			1
H	2	1		4			
O						1	

生じるが,特徴の個数が似ている文字間で見間違いが生じやすいことが知られている。

特徴分析モデルは要素から全体を構成する**ボトムアップ**の処理モデルであるが,人間のパターン認知では**トップダウン**の処理も生じている。図2-5のように物理的形状は同じであっても,文脈によって認知が変化することもある。

図2-5 同じ形状の文字でも文脈によって,Hに読めたり,Aに読めたりする

また特徴分析モデルでは特徴の数だけが扱われるため,同一特徴から構成されるが,結合の仕方で異なるパターンを区別できない。そこで特徴の数だけでなく特徴間の結合関係である構造についても扱う**構造記述モデル**(structural description model)が提案された。例えば┬を「や」「⊥」と区別するために,垂直線分は水平線分を「支え」,「2等分する」という構造を記述する。構造に関する情報は命題やグラフで表現することが多い。

2　3次元物体認知のモデル

3次元物体の認知に関しては,物体までの距離や視点などの違いによる網膜像の変化にどのように対応するかという大きな問題がある。網膜上の3次元物体の景観(view)の変化にかかわらず安定した物体の認知が可能であることを**物体恒常性**(object constancy)とよぶ。とくに視点の変化に対しては同一物体であっても網膜上の2次元形状は大きく変化するにもかかわらず同一物体として認知することができる。このような不変性を**視点不変性**(viewpoint invariance)とよぶ。

a　視点非依存アプローチ

視点不変性に対応するひとつのアプローチは,視点が移動しても不変性が保たれる**物体中心座標系**(object-centered coordinate frame)で3次元モデルを表現することである。視点に依存しない物体の3次元表現を脳内表現として想定する立場を視点非依存アプローチ(view independent approach)とよぶ。マー(Marr, D.)は,3次元モデルとして**一般円筒**(generalized cylinder,一般円錐:generalized cones ともいう)を想定した(図2-6)。円筒の定義を拡大し,底面の形状は円形でなくてもよく,円筒の軸は底面と直交していなくて

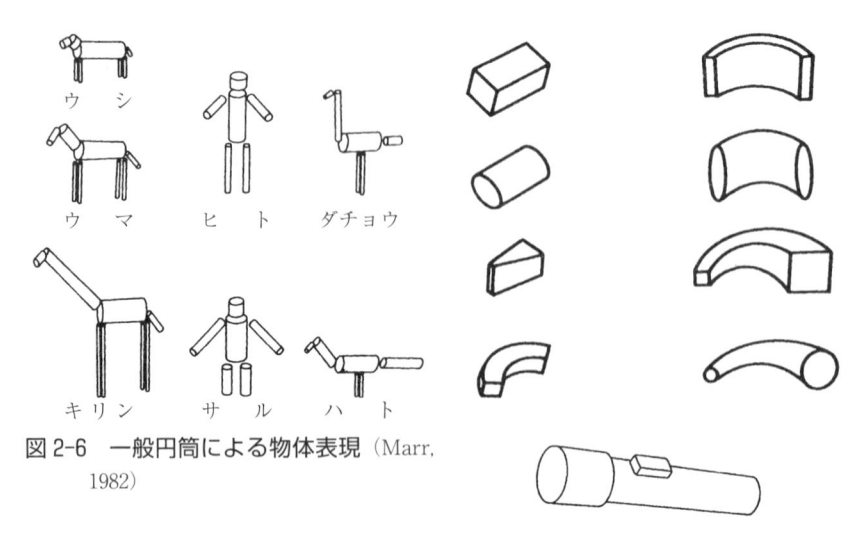

図 2-6　一般円筒による物体表現（Marr, 1982）

図 2-7　ジオンの例。懐中電灯は 3 つのジオンによって表現できる（Biederman, 1987 より改変）

もいいし，直線でなくてもいいとしたものが一般円筒であるが，どのような 3 次元物体であっても一般円筒の組み合わせで表現できると考えた。

一方，ビーダーマン（Biederman, I.）は，**ジオン**（geon, geometrical ion）とよぶ限られた種類の共通部品（図 2-7）に基づいた**構造記述**（GSD : geon structural description）によって物体の認知がなされるとする GSD 理論を提案した。ジオン自体が視点の移動に対して頑健性をもつ非偶然的特徴（もし 2 次元画像にそれが存在すれば高い確率で 3 次元空間内にも同様の構造が存在するような特徴）によって決定されるので，視点が移動しても同一の GSD が活性化されるかぎり，物体認知の視点不変性が保持されるとビーダーマンは考えている。

一般円筒モデルも GSD 理論も 3 次元物体の構造記述モデルである。そのため物体を構成するパーツが多くなると記述すべき構造が爆発的に多くなるという問題をかかえている。しかしビーダーマンによれば，基本ジオンの数は比較的少数で，数個のジオンの結合関係がわかれば日常物体の認知は可能であるという。

b 視点依存アプローチ

視点に依存しない物体中心の表象が記憶されているとする視点非依存アプローチの考えに反して，心理物理的研究や神経生理学的研究では人間の物体認知成績が強い視点依存性を示すという結果が得られている。たとえば，馬などの動物では斜め前方向から見た画像がもっとも馬らしく見えるように，物体にはもっともその物体らしい**典型的な景観**（canonical view）があり，それと異なる景観ではその物体の認知成績が低下する。このような結果を踏まえて，2次元的表現である特定の視点からの物体の景観がそのまま記憶されていると考える**視点依存アプローチ**（view dependent approach）が提案された。

物体の景観が視点の移動に応じてすべて記憶されているとしたら，ひとつの物体についてだけでも膨大な記憶容量が必要となる。しかし，視点の変化による景観の変化に対して**補間**（interpolation）することができれば，比較的少数の景観を記憶するだけであらゆる視点からの物体の認知が可能になる。ビュルトフ（Bülthoff, H. H.）とエーデルマン（Edelman, S.）は，人間はひとつの視点からの景観の記憶からその近傍の景観を認識可能であることや，新奇物体の複数の視点からの景観の提示によって新奇物体の典型的景観が生じることを報告した。

視点依存アプローチについて活発な研究がなされているが，ター（Tarr, J. M.）とビュルトフは視点依存アプローチと構造記述アプローチの統合の必要性を主張している（Tarr & Bülthoff, 1998）。視点依存アプローチと視点非依存アプローチでは，実験に用いられる物体や課題に違いがみられる。行場（1995）が指摘しているように，物体認知の異なったプロセスを両アプローチが扱っている可能性もある。今後，2つのアプローチを統合したモデルの構築が期待される。

4節 顔の認知

1 顔の認知の特色

大脳の損傷によって対象を認知することができない**失認症**（agnosia）という障害が生じることがある。顔の認知の障害を**相貌失認症**（prosopagnosia）といい，物体認知の障害を**物体失認症**（visual object agnosia）という。視覚

的に提示された単語の認知の障害である**失読症**（alexia）も報告されている。顔の認知に障害がみられるのに，物体の認知には障害がみられない患者や，その逆の症状を示す患者も報告されている。ファラー（Farah, M. J.）によれば，これらの認知障害には複雑な関連性や無関連性がみられ，純粋な相貌失認症や単語失認症はみられるが，純粋な物体失認症はみられないという。

相貌失認症では，対象が顔であるということは認知できるが，それが誰の顔であるかがわからない。このように視覚パターンの認知には，対象のカテゴリーを知るレベルとそのカテゴリーの中で対象を区別するレベルとがある。

顔は目や口といった部品の形や数，その配置についても比較的同一であり，比較的均質な視覚パターンといえる。それにもかかわらず多くの顔を容易に識別・記憶・再認できるところに**顔認知**の特色がある。また，顔からは表情やおおまかな年齢，健康状態，ステレオタイプ的な性格など，さまざまな情報が引き出され，それらは対人コミュニケーションにも用いられる。

また顔の認知は他の対象に比べて**全体処理**がより重要なものであることが知られている。倒立提示によって著しく認知が困難になることや，発達の初期の段階においても顔を好んで見ることがみられるなど，顔に特異的と考えられる現象もみられる。これらのことから顔の認知に関心がもたれるのである。

2 顔の認知モデル

ブルース（Bruce, V.）とヤング（Young, A. W.）は，既知の顔の認知過程を示すモデルを提案した（図2-8）。このモデルでは顔の同定だけでなく，顔から

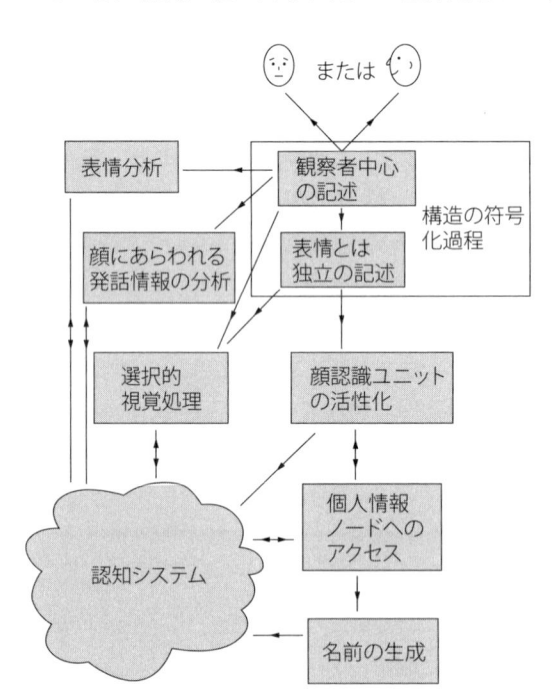

図2-8 顔の認知モデル（Bruce & Young, 1986）

意味情報を抽出する過程との関係も示されている。

　顔を知覚するとまず画像処理がなされる。そこでは顔向きや表情の変化に対して不変性を示す視覚表現が抽出される。そしてその表現は記憶されている顔表現と照合され，顔認知ユニットの活性化がある水準を越えると既知な顔であると判断されると考える。そしてその人物についての意味情報がアクセスされ，最終的に名前情報が引き出される。また，顔の同定過程とは独立に，表情の認知過程や発話情報の分析過程が存在すると考えられている。

　彼らのモデルは，顔認知過程を複数の処理モジュールから構成されたものであると考えるものである。各モジュールの性質やモジュール間の関係については必ずしも十分明らかにされているわけではない。彼らのモデルを発展させたものとして，バートン（Burton, A. M.）の **IAC モデル**（interactive activation competition model）が提案されている。ブルースとヤングのモデルは古典的モデルといえるが，顔の認知過程の概略をうまく示すことができるモデルである。

3　多次元顔空間モデル

　相互に近似したパターンである顔は，どのようにして効率的に識別・再認できるのであろうか。ひとつの手がかりが**特異性効果**（distinctiveness effect）である。周囲にあまりいないような特異な顔は，識別も容易であり，記憶・再認も容易である。また，見慣れた人種の顔は認知が容易であるのに対して，接触の機会の少ない他人種の顔では認知が困難であるという**自人種優位効果**（own race bias effect）も手掛かりとなる。ローズ（Rhodes, G.）らは，線画では平均顔と入力顔の差異を誇張した画像で認知が容易になり，差異を目立たなくした画像では認知が困難になることを示している（Rhodes *et al.*, 1987）。これらのことから，顔の認知ではこれまで出会った顔についての情報が重要な手掛かりになっていると考えられる。

　ヴァレンタイン（Valentine, T.）は顔の記憶表現に関するモデルとして**多次元顔空間モデル**（multidimensional face space model: MDFS model）を提案した。鼻の長さや目の大きさといった顔の物理属性を各次元とした多次元空間中に個々の顔が符号化されていると考えるモデルである。このモデルはさらに規準に基づいたモデル（norm-based model）と事例に基づいたモデル（exemplar-based model）に区別できる。規準に基づいたモデルでは多次元空間の中心となる規準顔（平均顔）と結びつけて個々の顔が符号化されていると考える。一方，事例に基づいたモデルでは規準とは関係なく個々の顔は多次元空間中に布置していると考える。

両モデルは顔認知について同じような予測をもたらすため，どちらがより妥当的かを決定することは困難である。ヴァレンタインは，説明の簡便さから事例に基づいたモデルがより好ましいと考えた。しかしターゲットとなる顔の顔空間的に反対の位置に布置される顔に対して順応させた場合，ターゲット顔への感度が高まるという**顔順応効果**（face adaptation effect）が報告されているが，この現象は事例に基づいたモデルでは説明が困難であることから，規準にもとづいた多次元空間モデルがより妥当である可能性が高いことが指摘されている。

▷ブックガイド

キャンベル，R.（編）1992　本田仁視（訳）1995　認知障害者の心の風景　福村出版
　相貌失認や視覚失認をはじめとしたさまざまなタイプの認知障害の具体的な症例が紹介されている。

行場次朗（編）1995　認知心理学重要研究集——視覚認知　誠信書房
　視覚認知に関する重要研究の原著を手短にまとめ，解説してある。

乾　敏郎（編）1995　知覚と運動（認知心理学1）　東京大学出版会
　初学者にはやや難しい内容だが，研究動向がコンパクトにまとめられており，じっくりと読む価値がある。

乾　敏郎（監修）2012　感覚・知覚・認知の基礎　オーム社
　情報工学研究者向けに書かれた本で，初学者にはやや難しい内容だが，感覚・知覚・認知領域についてまとまった解説がなされている。

横澤一彦　2010　視覚科学　勁草書房
　視覚の基礎機能から高次機能まで体系的な解説がなされている。視覚認知の全体像を知る上で初学者に向いた本といえる。

トピックス2

視覚パターン認知としての顔知覚と錯視

　視覚パターン認知という脳による情報処理において，一般物体の認知と顔の認知とは分けて考える必要がある。その1つの理由は，一般物体の場合はその物体の名称や用途を識別できれば十分な場合が多いが，顔では「人間の顔である」と認識するだけでは不十分であり，ほとんどの場合その顔の人種・性別・何歳くらいか・既知の顔か未知の顔か・既知であれば自分との関係は何か・さらに姓名まで認識する必要がある（顔の同定）。

　もう1つの理由は，多くの物体の認知においては，それがどういう部品や特徴から成り立っているかを認識できれば十分である。しかし，顔の同定の場合は部分特徴（たとえば目・鼻・口）の知覚だけでは不十分であり，部分特徴間の空間的配置や相互距離などの知覚が必要になる。後者の知覚を**全体処理**（holistic processing，または**配置処理** configural processing）とよぶ。顔の知覚・認識においては全体処理がとくに重要である（たとえばFarah et al., 1998）。このことは**サッチャー錯視**（Thompson, 1980）のモナリザ版（図1）で実証できる。図1を倒立顔のまま見ればモナリザだと瞬時に認知でき，何の違和感もないが，紙面を逆さにして正立顔を見ると目と口の上下反転により大きな違和感を感じる。この**錯視**は，顔の倒立により主に全体処理が阻害され全体と部分の関係の知覚が困難になるために生じるという説が有力である。

　主観的現実と客観的事実の間のズレがとくに顕著に現れたものが錯視である。サッチャー錯視のほかにも，全体処理に起因すると考えられる顔特有の錯視がいくつか研究されている。

　筆者は最近，顔の内部特徴がまったく同じでも顔の下半分（頬・顎）が太い（あるいは細い）と頭の上半分（つまり帽子サイズ）も太く（あるいは細く）見えるという「頭の大きさ」錯視を発見した（図2）。これは頭部の下半分の形状が頭部の上半分の知覚にまで波及するという現象であり，顔の一部の形状だけを知覚しようとしても他の部分に影響されてしまうという意味で，全体処理の一例である。この錯視量を心理物理学的方法で測定した結果，太った顔では頭の幅が約4％過大視され，痩せた顔では頭の幅が約3％過小視されることが見出された（Morikawa, Okumura, & Matsushita,

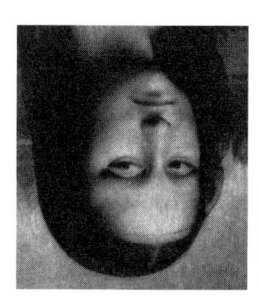

図1　サッチャー錯視のモナリザ版
（森川，2012）

図2　頭の大きさ錯視　左右の顔において顔の内部特徴（眉，目，鼻，口）およびこめかみから上の頭の形状は全く同じであるが，左の顔に比べ右の顔の上半分は幅が広く見える。

2012）。

また，図3では右の女性に比べて，左の女性の頬から顎にかけての顔幅が細く見えるが，実は左右とも全く同じ顔であり，唯一異なるのは首の形である。首が細長いほうが顔も細く見え，首が太いほうが顔も太く見える（森川，2012）。通常の幾何学的錯視であれば首が太いと対比効果により顔は細く見えそうなものだが，逆の現象が起きている。これも，一部（首）の特徴が隣接する領域（顎・頬）にまで波及するという錯視である。

全体処理とは別に，部分特徴知覚のレベルでも錯視は生じる。たとえば，一般に二重まぶたは「目がパッチリ大きく見える」として女性に好まれるが，その原因は同化の**デルブーフ**（同心円）**錯視**であろう。

さらに化粧で顔が変わって見える事実は錯視にほかならない。たとえばアイラインやマスカラ（まつ毛を強調するメイク）も目の過大視を起こす。心理物理学的測定方法を用いた森川・藤井（2009）と松下ら（2013）の実験では最大6〜7％（長さ次元）の過大視量が得られた（面積では12〜15％）。

その他にも顔におけるさまざまな錯視が存在する。たとえば眉の位置も目の大きさ知覚に影響する。松下ら（2012）は上下法を用いた測定実験で，眉と目の距離が増すと目が小さく見えることを実証した。さらに松下ら（2012）は眉の傾きを変えると目も同じ方向にやや傾いて見えることを実証した。彼らの上下法を用いた測定実験では，眉の角度を16度変化させると目の傾きも最大で約3度変化して見えた。また，顔の輪郭を髪で部分的に隠すと小顔に見えるという錯視もある（奥村・森川，2010）。

以上のように，顔は錯視の宝庫であると言っても過言ではない。パターン認知のメカニズム解明の面からも，化粧で魅力を増す実用性の面からも，顔における錯視は極めて興味深く有意義な研究テーマであると思われる。

図3　首の形状による顔の錯覚　左の女性の頬から顎にかけての顔幅が細く見えるが，実は左右とも全く同じ顔である。異なるのは首の形だけである（森川，2012）。

3 章
音楽の認知

　錯覚の研究は，長い間，視覚に関するいわゆる錯視を中心に進められてきた。その大きな理由として，錯視は作成と再現が容易であることがあげられる。視覚に比べると，聴覚の刺激は，作成のために特別の装置が必要であり，本に収録することも難しかった。しかし，最近は，コンピューターなどの技術の発展によって，聴覚刺激の作成が格段に容易となり，**錯聴**の研究も盛んに行われるようになってきた。この章では，音楽作品やその演奏に観察される錯聴の例を紹介して，聴覚の知覚処理特性との関連を説明する。

　レヴィティン（Levitin, 2008）は，"top five music illusions"として，身近な音楽に観察できる錯聴現象を紹介している。彼は，次のように書いている。

①ショパン（Frederic Chopin）の「幻想即興曲」（嬰ハ短調，作品66）やシンディング（Christian Sinding）の「春のささやき」のような曲では，一つひとつの音符が極めて速く演奏されるため，錯覚によるメロディが聞こえてくる。音どうしが時間的に十分に近ければ，知覚系がそれらを結びつけ，メロディが突然浮かび上がってくる。曲のテンポを遅くしてみると，このメロディは消えてしまうのである。

②サルデーニャ風のアカペラ音楽を研究したパリ人類博物館のベルナール・ロルタ－ジャコブ（Bernard Lortat-Jacob）は，四部の男声コーラスのハーモニーと音色がぴったり合ったとき，quintina（サルデーニャ語を直訳すると「5番目のもの」）とよばれる5番目の女声が聞こえてくるという現象を報告した。この声は，聖母マリアが歌手たちの信心に応えるために現れたものといわれるが，実際は，和音と倍音に生ずる知覚現象である。

③イーグルス（The Eagles）の「呪われた夜（One of These Nights）」の冒頭で，ベースとギターで演奏されるパターンは，ひとつの楽器のように聞

こえる。ベースが単音を演奏した直後にギターがグリッサンドを演奏すると，ベースの音が動いたかのように聞こえる。これは，**ゲシュタルト**原理のよい連続の要因によって，一方の軌道の延長上に他方の軌道があるときには，知覚的まとまりが生ずることによる。

④ジョージ・シアリング（George Shearing）は，自分の演奏するピアノに，ギター（ときにはビブラフォン）の音をぴったりと重ねあわせることによって，新たな音色の効果を生み出した。実際には2つの別々の楽器の音が知覚的に融合したにもかかわらず，聴き手は，「この音はどんな新しい楽器のものなんだろう」と不思議に思うのである。

⑤ビートルズの「レディ・マドンナ」では，間奏部分で，手をお椀のような形にして口に当てて歌うことによって，サキソフォンの音が聞こえる。この知覚現象は，聞いたことのない音色が，このジャンルの曲にはサキソフォンが使われるという期待と相まって生じたものである（ただし，曲中の実際のサキソフォンソロと混同してはいけない）。

本章では，レヴィティンが紹介した錯聴の中の最初の3つを取り上げて聴覚の処理特性との関連を論ずるとともに，古くから知られている錯聴である無限音階，そして，最近報告された錯覚として時間縮小錯覚を取り上げて，音楽作品や演奏の例を紹介する。

1節　音脈分凝と音楽

レヴィティン（2008）が紹介したショパンの「幻想即興曲」の例は，聴覚系の知覚処理にみられる**音脈分凝**（auditory stream segregation）と関連している。救急車の音のように，2つの離れたピッチ領域にまたがって交替する音の系列が，さらに速いテンポで提示されると，ひとつのつながった系列ではなく，ピッチ領域ごとに分かれて聞こえる。この現象は，ブレグマン（Bregman, 1990）によって音脈分凝と名づけられ，組織的な研究が行われている。

ショパンの「幻想即興曲」の13小節目と14小節目の右手パートだけを図3-1に示した。これを，早いテンポで演奏したときの音のつながりを図式的に示したのが図3-2である。このような表示の仕方を，ピアノロールといい，縦

3章　音楽の認知

図 3-1　ショパン作曲「幻想即興曲」（嬰ハ短調，作品 66）の 13 小節目および 14 小節目の右手の音符のみを表示した。

方向にピアノの鍵盤，横方向に時間が配置されている。この図の中で，ピアノの各音は黒い四角形で表されているが，ゲシュタルト原理の近接の要因によって上，中，下の3つのグループに分かれてみえる。この群化は，視覚的に生ずるのと同じように，音楽のきこえについても生じ，それぞれのグループを**音脈**とよぶのである。

　このような聴覚系のしくみを利用した音楽技法は，**疑似ポリフォニー**（pseudo-polyphony）とよばれ，バロック音楽の時代から使われている。とくに，フルートやリコーダーのような管楽器は，一度に出せる音に制限があるため，演奏に変化をつける目的でこの技法が使われる。

　音楽技法としての歴史は古いが，その知覚処理のしくみに関する研究はずっと遅れて始まった。ミラーとハイゼ（Miller & Heise）が**トリル閾**（trill threshold）として，ピッチごとのグループに分かれる知覚が生ずることを研究したのは 1950 年のことである。ファン・ノールデン（van Noorden, 1975）は，ピッチの異なる2音（AおよびB）が，ABA—ABA—のような音列として繰り返し提示されたとき，系列がひとつながりに聞こえる（**一連性**：temporal coherence）か，ピッチごとに分かれて聞こえる（**分裂**：fission）かを調べた。彼の実験の結果，音楽に用いられる最も早いパッセージのテンポに近い毎秒 10 音（1音あたり 100 ms）の場合，2音のピッチ間

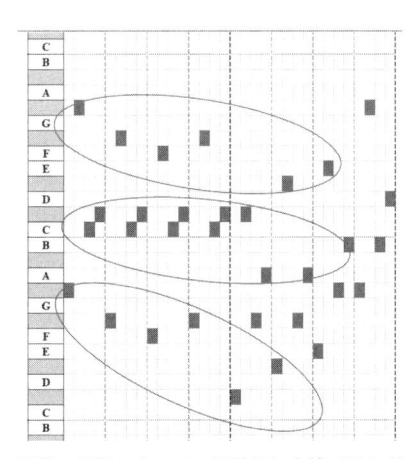

近接の要因によって，視覚的にも線で囲んだ3つの領域に分かれて見える。

図 3-2　ショパン作曲「幻想即興曲」，13 〜 14 小節目のピアノロール

隔がおおよそ3半音以下（音階のミとソの関係）のときには分裂が聞こえることはなく，ピッチ間隔が約6半音（音階のファとシの関係）を超えると常に分裂して聞こえることが明らかとなった。また，ピッチの関係が3半音以上6半音以下のときには，聞こうと思えば，分裂，一連性のどちらにも聞こえる，すなわち，知覚的多義性が生ずるのである。

ショパンの「幻想即興曲」の例では，それぞれのピッチ領域の間隔が3半音を超えており，アクセントを組み合わせることによって，メロディが分裂して浮き出して聞こえるのである。図に示した13小節目では，各拍の頭，すなわち第1音，第5音，第9音，第13音にアクセントがついているため，下のグループ，すなわち，低い音のグループが図として浮き出して聞こえる。一方，その後の17小節目では，音形はまったく同じであるが，拍の裏，すなわち，第2音，第6音，第10音，第14音にアクセントがつけられるため，高い音のグループが浮き出して聞こえる。

2節　倍音の錯覚

レヴィティンのquintinaの錯覚現象は，イタリアのサルデーニャ島に伝わる「カント・ア・テノーレ」（Canto a Tenore）というア・カペラ（無伴奏）の男声コーラスに観察される。このコーラスは，2000年以上の歴史をもつといわれ，2008年にユネスコの無形文化遺産に登録された（遺産名：The Canto a Tenore, Sardinian Pastoral Songs）。

「カント・ア・テノーレ」のコーラスを聞いてみると，歌い方が独特であることがわかる。とくに低音は，よく通る倍音の多い声を出している。スペクトログラムを見てみると，図3-3のように，倍音が多く含まれている。図の中央より少し下の1500 Hz付近に倍音が集中している箇所があり，そこに架空の女声（quintina）が聞こえることがあるものと考えられる。

このような倍音の多い歌い方で，特定の倍音を強く響かせてメロディを奏でる唱法として有名なのがモンゴルの「**ホーミー**」（Xöömii）である。「ホーミー」の場合，独唱であることがほとんどで，倍音の多いだみ声のような発声に加え，口の形を変えて特定の倍音が強くなるように歌う。強く共鳴する倍音を変えることにより，メロディが聞こえるようにするという歌い方である。図

3-4は,「ホーミー」のスペクトログラムであるが,きれいに並んだ倍音成分の一部が共鳴によって強調されていることがわかる。この成分が口笛のような音色の旋律を構成するのである。「ホーミー」の旋律を聞くためには,通常の音声の聴き方とは異なり,倍音成分に注意を向けなければならない。そのため,旋律に気づくまでに時間がかかる聴き手もいる。

「ホーミー」の場合には,倍音成分を多く含むような発声法で歌うひとりの声について,口の形を変えて強く共鳴させているのに対し,「カント・ア・テノーレ」の場合は,倍音を多く含む声を重ねて,特定の倍音を強く聞かせてい

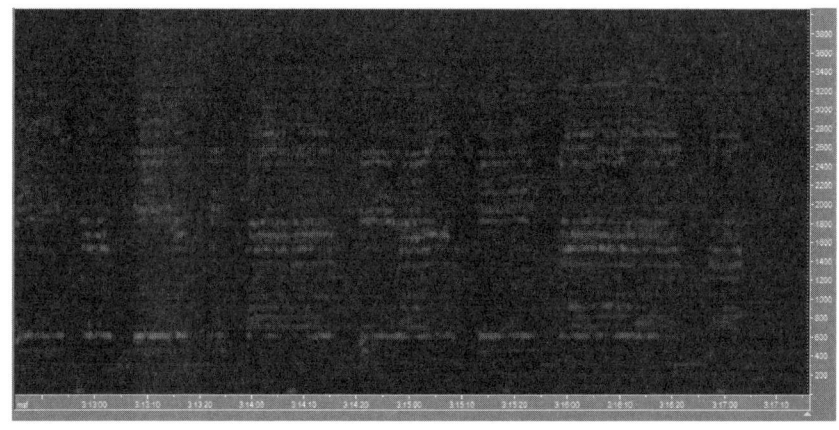

図3-3 「カント・ア・テノーレ」のスペクトログラム

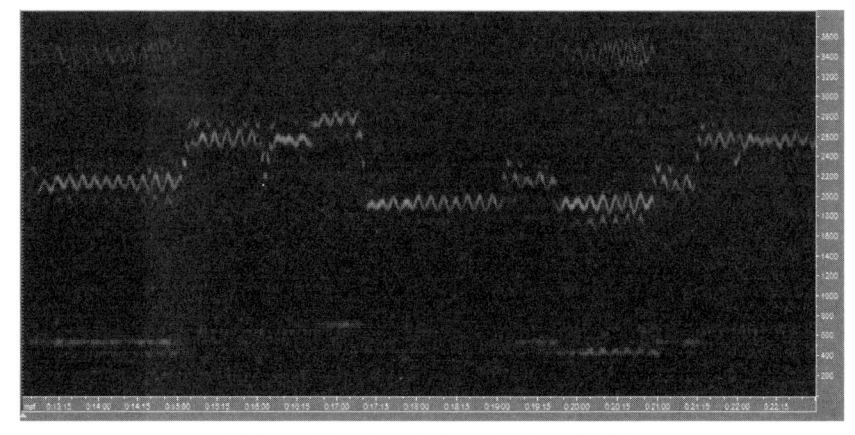

図3-4 「ホーミー」のスペクトログラム

る。声の倍音成分を利用して存在しない声を聞かせるという点で似てはいるが，そのメカニズムは異なるものである。

3節　音楽とゲシュタルト原理

　イーグルス「呪われた夜」の冒頭は，ベースの音の間にギターの音が挿入されているというパターンである。スペクトログラムの形で表すと，図3-5のようになる。図のBの部分はベースギターの音で，その間のほんの一部，Gで示した部分にギターのグリッサンドが入っている。ギターの音は，スペクトルが右上がりになっていることからわかるように，上向のグリッサンドである。それに続くベースの音は，その開始部にいわゆる「しゃくり」のようなピッチの遷移部分が見られる。このベースのピッチ変化は，図を見るとわかるように，ギターのピッチ上昇に連続するように続いている。これが，ゲシュタルト原理のよい連続の要因を構成し，音がつながってひとつの楽器のように聞こえると解釈できる。

　このような複数の楽器，声部のつながりによるメロディの構成は，**ホケット**あるいは**網目細工**として，西洋のクラシック音楽をはじめ，多くの民族音楽に

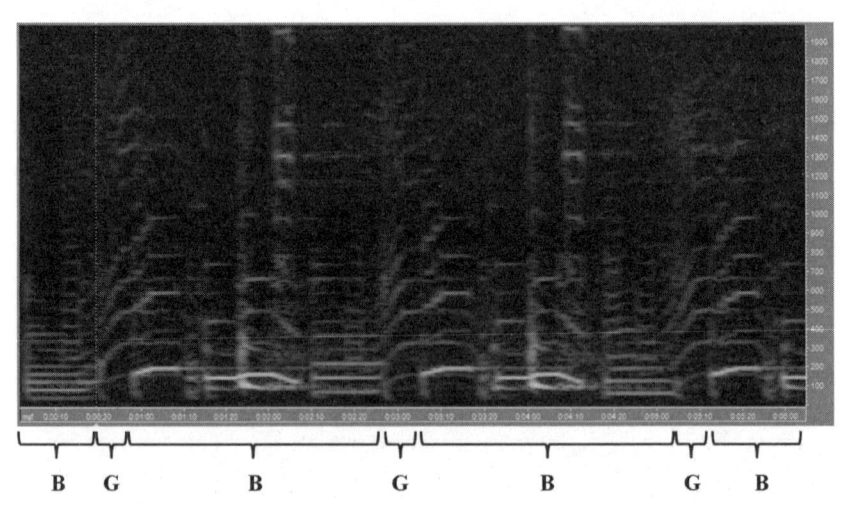

図3-5　イーグルス「呪われた夜」の冒頭部分のスペクトログラム。Bはベースで，Gはギターで演奏している。

も用いられている演奏技法である。たとえば，スメタナ作曲「わが祖国」の第2曲である交響詩「モルダウ」の冒頭は，フルートが図3-6のように演奏している。ここでは，2本のフルートが交替でメロディを受けもち，絶え間ない流れを表現している。ブラームスの交響曲第1番の終楽章で，24小節目のヴァイオリンパートをみると，図3-7（a）のような記譜となっている。第1ヴァイオリンと第2ヴァイオリンの休符の位置は異なっているが，一緒に演奏すると，図3-7（b）のように均等に刻むパターンが聞こえてくる。

　民族音楽では，バリ島の**ケチャ**（Kecak）の例が有名である。ケチャでは，四拍子の中に，5〜7回の「チャ」という発声をパートごとに異なるタイミングで入れ，全体として16ビートの刻みを聞かせている。メロディではないが，リズムを分担するという意味で，ホケットの一種とみなすことができる。同じ

図3-6　スメタナ作曲交響詩「モルダウ」の冒頭のフルートの主題

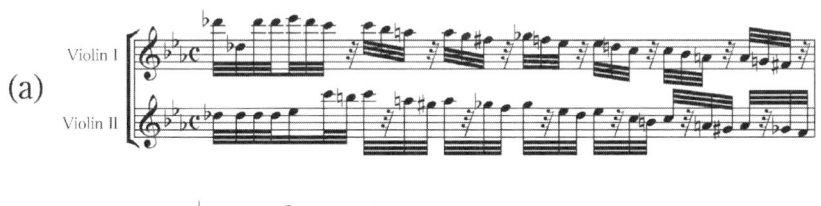

図3-7　ブラームス作曲交響曲第1番第1楽章，24小節目のヴァイオリンパート。音符のみを表示した。

図3-8 チャイコフスキー作曲交響曲第6番「悲愴」終楽章の冒頭の弦楽器パート。音符のみを示した。

ようなリズムのホケットは，1994年にオフブロードウェイで公開された「ストンプ」(stomp) にもみることができる。「ストンプ」は，ホウキや工具，棒やラバーカップ，ライターやマッチ箱といったどこにでもある道具を使って，刻むリズムの面白さを表現している。集団の調和的な行動は魅力的であり，洗練された集団パフォーマンスショーとして人気を博したストンプは，さまざまな形で模倣され，世界中に広まった。

　チャイコフスキーの交響曲やバレエ音楽には，ホケットの技法が多く使われている。さらに，チャイコフスキーの交響曲第6番「悲愴」の終楽章の冒頭は，網目細工という技法が用いられており，音脈分凝の例として多くの教科書に紹介されている。図3-8に楽譜を示したが，ホケットとは異なり，メロディではない場所でもハーモニーとなる音を演奏している。たとえば，第2ヴァイオリンは，最初の音からひとつおきにメロディの音を担当しているが，メロディではない場所では，ハーモニーとなる音を奏でている。表に出たり裏に隠れたりすることから，網目細工とよばれるのである。

4節　無限音階

　無限音階は，シェパード (Shepard, 1964) によって最初に発表された錯聴である。複合音による音階を，緩やかな傾斜のフィルタを通すことによって作

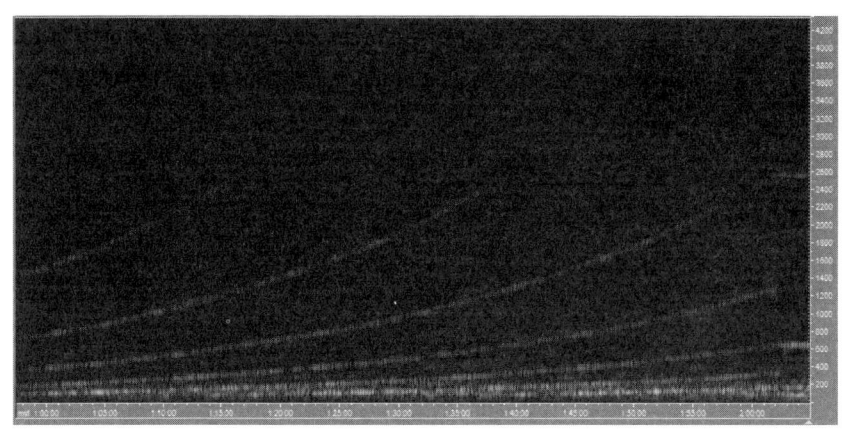

図3-9 YMOの「LOOM／来たるべきもの」のスペクトログラム

成するが，繰り返される音階の中の特定の周波数範囲だけが聞こえるため，音階が無限に上昇（あるいは下降）し続けるように聞こえる。視覚における「無限階段」のパターンを聴覚で表現したものとして紹介されることが多い。

　イエロー・マジック・オーケストラ（YMO）が1981年に発表したアルバム『BGM』に収録されている「LOOM／来たるべきもの」という作品では，音階ではなく，連続的に周波数が変化するグライド音を用いて，無限の上昇の印象を生み出している。「LOOM」の無限上昇部分のスペクトログラムが図3-9である。ここでは，上昇する音の成分が重ねられていることがわかる。この成分は，縦軸を対数周波数として描けば平行の直線となる。弱い下降成分も見えるが，これは成分音間の干渉によって生じた結合音である。

　この連続して無限に上昇あるいは下降するパターンは，リセ（Jean-Claud Risset）の「Mutations」（1969）において最初に用いられたため，シェパード－リセ・グリッサンド（Shepard-Risset glissando）ともよばれている。この連続的な上昇の動きの印象は，エッシャーの絵にみられるような無限階段よりは，理髪店の看板にみられるサインポール錯覚（sign pole illusion）に近いものである。

5節　時間縮小錯覚と音楽のリズム

　ナカジマら（Nakajima *et al.*, 1991, 1992）は，3つのクリックで区切られた2つの隣接する空虚時間に生ずる錯覚を報告した。第1空虚時間（t1）より第2空虚時間（t2）がわずかに長いとき，t2が実際よりも短く知覚されるという錯覚である。彼らは，この錯覚現象を「**時間縮小錯覚**」（time-shrinking）と名づけた。錯覚量は，t2－t1が60 msから100 msのときに最大となり，100 msを超えると生じなくなる。また，時間縮小錯覚は速い時間パターンについてのみ生じ，t1が200 msを超えると生じない。テン・ホーペンら（ten Hoopen, G. *et al.*, 2006）は，この時間縮小錯覚によって，1：1の時間比をもつリズムカテゴリに偏りが生ずることを示した。すなわち，3つの短い音からなる時間パターンにおいて，真ん中の音が後方にずれたときには敏感に検出できるが，前方へのずれに対しては鈍感だというのである。

　このような知覚現象は，音楽の演奏にも影響があるものと考え，佐々木ら（2002）は，フルートの三連音のタイミングについて調べた。図3-10は，フルートで演奏した3連音の典型的な波形を示したものである。「ターカータ」と発音するダブルタンギングの演奏では，5人のフルート奏者の平均のt1は103.48 ms，t2は119.46 msであり，t2の方が長く演奏されていた。また，「ターータ」というシングルタンギングでも，t1が125.38 ms，t2が134.70 msであり，t2が長くなっていた。奏者が均等なリズムで演奏できていると感じていただけでなく，聴き手にとっても均等なリズムであると聞こえているにもかかわらず，実際には均等ではなかったのである。

　同様のリズムのずれは，「時間縮小錯覚」が発見される前のガブリエルソン（Gabielsson, 1974）やスタンバーグ，ノル，ズーコフスキー（Sternberg, Knoll, & Zukofsky, 1982）の研究にもみられるものであり，演奏に生ずる一

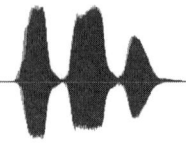

図3-10　フルートで演奏した3連音の時間波形の例

般的な傾向であると考えることができる．このようなことが演奏に何らかの問題を引き起こしているわけではなく，むしろ，この錯覚のおかげで，多少舌が回らなくても気づかれずにすんでいることになる．

　この章で紹介した錯聴以外にも，最近新たな錯聴現象の発見が続いている（柏野，2010；中島ら，2014）．また，これからも新たな錯聴の発見が期待されるが，その中の多くは，音楽や音声の知覚，生成に関わっているものと考えられる．

Discography
○ Antologia Della Musica Sarda-CD2: 07 Serenada（Retro, 2x722, 2009）
○ World Music Library04: Mongolian Xöömii-06 故郷（King Record, KICW1004, 1999）
○ Eagles: One of These Nights／呪われた夜（ワーナー，WPCR-13618, 2009）
○ YMO『BGM』：10「LOOM／来たるべきもの」（SONY MUSIC HOUSE, MHCL 208, 1981）

▷ブックガイド

Bregman, A. S. 1990 *Auditory Scene Analysis*. MIT Press, MA
　　聴覚の情景分析に関する研究の集大成で，聴覚の知覚的体制化のメカニズムについて幅広く扱っている．聴覚研究者にとってバイブルともいうべき歴史的大著．

Deutsch, D. (Ed.) 2013 The psychology of Music, 3rd edition. Academoc Press, Amsterdam
　　音楽の心理学に関する最近の研究を，各分野の第一人者が分担執筆した本の第3版．第1版のみ，日本語に翻訳されて西村書店から出版されている．

中島祥好，佐々木隆之，上田和夫，レメイン，G. 2014 音響サイエンスシリーズ 6：聴覚の文法　コロナ社
　　聴覚に関わる知覚現象を，単純な文法で解釈し，音楽や音声など，広い範囲に適用可能であることを示した．最新の錯聴現象も紹介されている．

トピックス3

モーツァルトの天才神話

モーツァルト（1756-1791）が稀にみる天才であることに異議を唱える人は少ないだろう。彼が幼い頃から並外れた才能を発揮したことを示す多くの逸話が語り伝えられている。しかし同時代人の証言資料がどの程度まで信頼できるのかという問題が残る。今日まで語り伝えられている逸話には、語り手自身やその後の人々が加えた誇張が含まれている可能性を否定することはできない。

モーツァルトの神童ぶりを伝える逸話として、父レオポルトの親しい友人であったアンドレ・シャハトナー（1731-1795）が伝えているものがよく知られている（Deutsch, 1965）。

○ 4歳の頃、モーツァルトはペンもうまく使えないのに、五線紙に向かって一生懸命に楽譜を書いていた。父が尋ねるとクラヴィア協奏曲を書いているのだという。楽譜は正確に規則通りに書かれていた。モーツァルトはその場でそれを演奏し始めた。

○ 7歳の頃のある日、モーツァルトはシャハトナーがもっているヴァイオリンを借りて弾いた。別の日にシャハトナーが再び訪れると、モーツァルトは自分のヴァイオリンを弾いて遊んでいたが、前に弾いたシャハトナーのヴァイオリンが自分のものよりも1/8音ほど低いことを指摘した。シャハトナーがすぐにそのヴァイオリンをもってきて弾いてみるとその通りだった。

○ 7歳の頃、モーツァルトはおとなたちの弦楽トリオの演奏に自分も加わりたいとせがんだ。父はとても弾けるはずがないと思いはねつけたが、泣き出すほどにせがむので、第2ヴァイオリンをシャハトナーと一緒に弾くことを許した。シャハトナーはモーツァルトが上手に弾くのに驚いて、自分は余分な存在のように感じてヴァイオリンを置いた。モーツァルトは図に乗って次は第1ヴァイオリンを弾くと言いだした。今度はうまくいかなかったが、それでも最後まで弾き通した。

しかしこれらはモーツァルトの死後間もないときに、60歳を過ぎたシャハトナーがモーツァルトの姉ナンネルに宛てた手紙の中で語った、幼い頃のモーツァルトとのできごとの記憶にもとづいた思い出話である。この老音楽家の30年以上も前の記憶がどこまで確かなものかはわからない。その上、この思い出が語られたときには、モーツァルトは多くの優れた作品を残して短い生涯を終えた直後のことである。モーツァルトが音楽家として史上類のないほどの活躍をしたという事実が、シャハトナーの記憶にもとづいた思い出話に歪みを加えた可能性は大いにある。事後の情報が、当人が気づかないうちに、それ以前の記憶に影響を与えたり、実際にはなかったことをあった

ことであるかのような記憶を作り上げてしまうことがあることは，現在の記憶研究ではよく知られていることである（Schacter, 1995）。

　幼いモーツァルトは父親に連れられてヨーロッパ各地を旅し，行く先々でクラヴィア演奏を披露して人々を驚嘆させた（Jahn, 1882）。その様子は数多くの記録で伝えられていることから，モーツァルトが神童とよばれるにふさわしいことは確かなことである。しかし神童とよばれた音楽家は音楽史の中に数多く存在する。また早熟の才能を発揮しても，その後音楽家として大成しなかった例はもっと多くあったはずだが，それらに注目が集まることはない。モーツァルトは後に音楽家として成熟し，人類の宝ともいうべき作品群を残すまでになったが故に，その子どものころの神童ぶりに人々の注目が集まるようになったのである。モーツァルトの神童ぶりだけが特別なわけではないというべきだろう。

　モーツァルトの天才の逸話として最も有名なものに，父レオポルトが母アンナ・マリアに宛てた手紙で伝えている話がある（Anderson, 1938）。14歳のモーツァルトが，ヴァチカンのシスティナ礼拝堂でアントニオ・アレグリ（1489頃-1534）作の9声部のミゼレーレを聴いて，記憶に基づいて楽譜に起こしてしまったというのである。この曲は法王の礼拝堂でしか演奏されない秘曲とされ，楽譜を持ち出すと破門に処せられるとまでいわれていた。9声部の二重合唱のために書かれた約12分ほどの曲である。これを一度聞いただけで楽譜に書いてしまったという逸話は，モーツァルトが驚くべき記憶力と音楽的な耳をもっていたことを示す話として知られている。

　しかし実はこの曲は，5声部の第1合唱と4声部の第2合唱が14小節ほどのパッセージを交互に歌い交わすようになっていて，それが5回繰り返されるという構造をしており，9声部になるのは結びの部分の6小節だけである。しかも典型的なルネサンス期のポリフォニー様式で書かれていて，定型的な和声進行に従っている。この頃までにモーツァルトはヨーロッパ各地を旅して，当時の著名な作曲家たちに直接教えを受けており，時代の音楽様式を完全にマスターしていた。しかも記憶力が最も高まっている年齢である。だから規則通りに書かれた定型的パッセージを5回繰り返し聞いて正確に記憶することは，モーツァルトには苦もないことだっただろう。曲の構成（スキーマ）を知っていれば，記憶の負担が大幅に軽くなるというのは，現在の認知心理学が教えているところである（Reisberg, 2013）。この有名なモーツァルト神話も，それほど驚嘆するほどのことではないように思われる。

　モーツァルトが天才であることにけちをつけるつもりは毛頭ないが，その神童ぶりを伝える数々の逸話は興味をそそるものではあるが，証拠としての価値はあまりない。モーツァルトの天才を示す証拠として，彼が残した優れた作品以上のものはないといえるだろう。

4 章
感性認知

　チェスを学んだコンピューターが人間のチャンピオンに勝った話は有名だが，絵を描くコンピューターに芸術作品を創造させることは可能だろうか？
　興味深い試みが60年代後半から現在に至るまで，イギリス出身の画家ハロルド・コーエン（Cohen, H.）によって行われている。彼は当時，すでに国際的な名声を得た画家であったが，招聘に応じて渡米し，そこでコンピューターと出会う。彼はさまざまな困難を克服して，自律的に絵を描くコンピューター，アーロンを生み出す。アーロンは人の手を借りずに（電源を入れるのは別として），自分で主題を選び，配置を決め，描画し，描き終える時点を決定する。アーロンの描く作品はどれひとつとして同じものはなく（文字通り機械的でなく），しかもどれもがアーロンの作品だとわかるスタイルをもっている。20世紀によく描いた人物画から21世紀に入って再び描き始めた抽象画まで，その作品は確かに芸術的といってよい。さて，アーロンは芸術を生み出すに足る，あるいは自らの作品を評価できる「感性」をもっているのだろうか？
　注目されるのは，アーロンが対象についての「知識情報」をもとに絵画制作を行っている点である。たとえば人を描く場合，アーロンは「腕は肩において胴とつながり，何度曲がる」といった身体構造に関する一連の論理文を使用する。つまり，アーロンが利用しているのは物体や空間配置に関する知識情報であって，その作品が美的か，芸術的かという感性判断ではない。そうした評価を行うのは作品を描くアーロンではなく，鑑賞する私たちなのである。地理学者のオギュスタン・ベルク（Berque, A.）は，風景はもともとそこにあるのではなく，人間が働きかけることによって誕生すると指摘した。景色も芸術作品も鑑賞者によって発見されるというべきだろう。それでは，美しい風景を見出し，芸術に感動を覚えることのできる人間の感性とはいったい何だろうか。その基礎にはどのような処理過程が関与しているのだろうか。

1節 感性とは何か？

1 感性の定義

哲学者の佐々木健一は感性を「感じることの性質もしくは能力」と定義し，生理学者の久野節二は「瞬間的あるいは直感的に物事を判断する能力」と定義している。心理学者の三浦佳世は「ものやことに対して，無自覚的，直感的，情報統合的に下す印象評価能力。創造や表現などの心的活動にも関わる」と定義していたが（三浦，2006），最近では「包括的，直感的に行われる心的活動およびその能力」と再定義している（三浦，2013）。これらの定義に共通するのは，感性を心の働きのひとつ，あるいはその能力として捉えていることである。また，日常生活で用いられるような美的判断やセンスの意味に限っていない点も注目される。ただし，瞬間的，包括的な判断は，感性に限らず知覚にも当てはまる。したがって，感性を「印象評価を伴う知覚」と位置づけることもできるだろう。

2 感性情報処理と知性情報処理

河内（1997）は両側頭葉後下部の血腫によって，知性情報処理はできるのに感性情報処理ができなくなった男性患者の事例を紹介している。この患者は市の建設計画に関わっていたが，疾病後は建築や女性の美的評価ができなくなったという。この症例は感性情報処理と知性情報処理とが独立して行われていることを示すものと考えられてきた。しかし，数理モデルの美しさに感動したり，知識を得て骨董の美がわかったりするように，実際には感性情報処理と知性情報処理は対極にあるものでも，また，まったく関わりなく行われているものでもない。

思想家のスーザン・ソンタグ（Sontag, S.）は，知性もまた趣味（感性）の一種，つまり観念についての趣味だと述べている。知性か感性か，理性か情動かといった2分法では落ちてしまうものの中に，感性の本質があるように思われる。

2節　感性情報処理の基礎

　感性は内的に生起する想像力やイメージにも関わるが，第一義的には外部の刺激に触発されて生まれる印象や評価を指す。外部の刺激をどのようにとらえるかは知覚の問題であるが，知覚の特性やしくみに対する理解は，感性評価をともなう芸術や景観の理解にもつながる。

1　図と地

　視覚に限らず，何が**図**（figure）として意識の中心になり，何が**地**（ground）としてその背景になるかは，芸術でも景観でも指摘されてきた観点である。図になりやすい知覚特徴を研究したのはゲシュタルト心理学であった（2章参照）。ジャン・コクトー（Cocteau, J.）の描いた絵（図4-1）では，すぐには何が描かれているかが分からないことがある。図になりやすい狭小で閉じた領域が，地になっているからである。

　街並みの評価に関して，***D/H***という発想がある。これは建物の高さ（*H*）と道路の幅（*D*）の比であり，この比が大きければバロック的，1ならルネサンス的，それ以下なら中世的な印象を喚起するといわれている（芦原，1979）。この発想も，図としての建物より，地としての空間に注目を置いたものである。地に関する比率が景観の印象を左右するということは，感性評価が意識にのぼらないものによっても行われていることを示している。日本画では伝統的に余白が重視されてきた。意識にのぼりにくい地の効果に注目してきたともいえるだろう。

図になりやすい狭小と閉合の要因を満たしているのは背景領域（地）である。

図4-1　何が描かれているのだろう？　（ジャン・コクトー「二人」）

2　主観的輪郭

　図として浮かび上がるために，必ずしもそれが明示されている必要はない。輪郭線

がなくても知覚することができるとき，**主観的輪郭**（subjective contour）とよぶ。主観的輪郭によって囲まれた領域は実輪郭によって囲まれた場合以上に明るく，くっきりと，前面に知覚されるので（図4-2），影文字をはじめ，多くのデザインに適用されている。完全に情報を与えられ

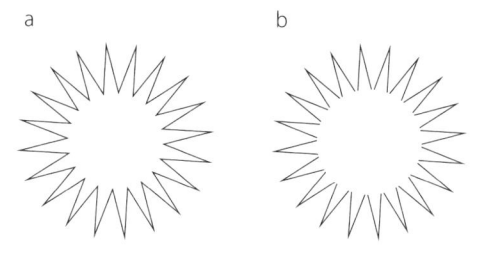

(b)では線が切れているので，その部分を補って主観的輪郭が形成され，完全な明るい円が知覚される。

図4-2　どちらの図に明るい円が知覚されるだろう？（Parks, 1982 より改変）

ないことにより，受け取る側でそれを補って見る能動的な働きが生じ，かえって意識の中心に浮かび上がってくるのだろう。鷲見（1991）は不完全であるがゆえに得られる豊かさを指摘し，「**未完の完**」という芸術の真髄を語っている。制作者と鑑賞者との関係性の中で作品が完成に至るのは，何もインタラクティブ・アートに限ったことではない。

3　ポップアウト

ゲシュタルト心理学によると，よい形も図になりやすい。よい形とは規則的，対称的などの特徴をもつ簡潔（**プレグナンツ**：Prägnanz）な形だとされている。さまざまな変換に頑強な形といってもよい。しかし，図4-3で目立つのは，

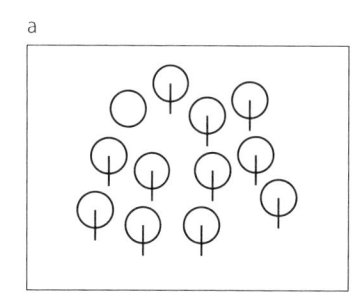

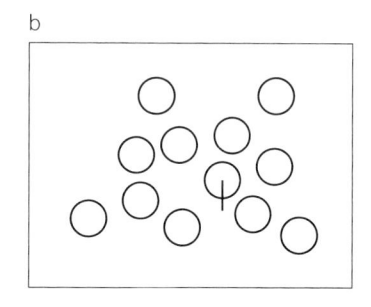

ポップアウトしやすいのは(a)の基準となる図形（円）より，(b)の基準から少し逸脱した図形（短線のついた円）である（**探索非対称性**）。

図4-3　仲間はずれを見つけやすいのはどちらの図だろう？（Treisman & Souther, 1985 より改変）

ただの円だろうか，それとも短線のついた円の方だろうか？ **視覚探索**（visual search）の研究では，基準から少し逸脱したものの方が**ポップアウト**（popout）することが示されている。どういう視覚要因がポップアウトするのかは，視覚情報処理の基本単位に関わっている（6章参照）。

標識やディスプレイのデザインを行うに当たっては，視野の中で何が図となり，何が目立つかということを積極的に考えていくことが必要となる。ひとつの看板の中での文字と背景との**対比効果**だけではなく，周辺の看板と競合する中で何が検出されやすいのかという視覚探索の文脈から考えていくことも必要であろう（三浦，1993b）。

3節　色情報の処理と特性

1　大脳でのモジュール処理

網膜から外側膝状体を経て大脳へ送られた視覚情報は，色彩・形態・空間（運動・奥行き）の各次元に関し，異なる神経経路を通って別の場所に伝達され，独立して処理されることがわかってきた。形態や奥行きの情報が色情報とは別の**モジュール**（module：情報処理プロセスやメカニズムにおいて独立してはたらく機能単位，序章参照）で処理されるため，**色相**は異なるが同じ明るさをもつ**等輝度刺激**では輪郭が不明瞭になり，また，奥行きが定まらなくなる。プーンズ（Poons, L.）の描いた赤地に青いドットの抽象画「強制するもの」ではこの現象によって，ドットが浮遊して見える。点描画による並置混色が可能なのも，色処理系の解像度が形態処理系に比べて低いからだとされる。このように，芸術作品の中に大脳での色覚処理のあり方を見出すこともできるが（三浦，1993a），ここではデザインへの応用を念頭に，色の特性に触れておこう。

2　色の諸特性

色には**視認性**（検出のしやすさ），**誘目性**（目の引きやすさ），**識別性**（区別のしやすさ），連想性，記憶性など，情報伝達に関わる諸特性が指摘されている（柳瀬，1989）。また，膨張色—収縮色，重い色—軽い色，暖色—寒色，進出色—後退色など，色刺激の印象に関わる性質や，興奮色—沈静色のように，情動に影響を与える性質も指摘されている。いずれの場合も色相だけではなく，

表 4-1 安全色 (JIS Z 9103 より作成)

色材 A はものの色(表面色,蛍光色,透過色光など),B は光の色に適用。詳しい色指定は JIS 規格の JIS Z9103 参照。

安全色	色材の種類	表 示 事 項
赤	A	(a)防火,(b)禁止,(c)停止,(d)高度の危険
	B	(a)停止,(b)防火,(c)禁止,(d)危険,(e)緊急
黄赤	A	(a)危険,(b)航海の保安施設
黄	A	(a)注意
	B	(a)注意,(b)明示
緑	A	(a)安全,(b)避難,(c)衛生・救護・保護,(d)進行
	B	(a)安全,(b)進行,(c)衛生・救護・保護
青	A	(a)指示,(b)用心
	B	(a)誘導
赤紫	A	(a)放射能

彩度(色の鮮やかさ)や明度(色の明るさ)が影響するとされている。

なお,物体の色で明らかにされた結果が,TV やモニターのような光の色には当てはまらないこともある。たとえば,物体色では長波長の赤が近くに見える(**進出色**)とされるが,光源色では中波長の緑が進出するという報告もある。

3 色のイメージと利用

色は色相に対応して,直接的(たとえば火),間接的(たとえば情熱)にイメージが付与され,時には象徴的に使用される(たとえば,団結旗)。明度や彩度によっても印象は変わり,光沢色,透明色,光源色など**色の様相**(mode of appearance,**カラーモード** color mode)によっても影響を受ける。

安全色では視認性や誘目性に加えて,色のイメージや印象を考慮して規格が定められている(表 4-1)。これは,後述するように,知覚の枠組み(スキーマ)にあった情報は処理が流暢で,すばやく知覚でき,見落とされにくいからだろう。

4 節 絵画の空間・絵画の時間

1 奥行きと立体の平面表現

私たちは 3 次元世界,つまり奥行きのある空間や立体感のある物体を,網膜

ひとつの視点からではテーブルの上面がこの絵のように知覚されることはないが、日常知覚では異なる視点からの情報が統合されて、ひとつの場の知覚が形成される。

図4-4 多視点的・非線遠近法的表現 (「晩餐会」パリ国会図書館蔵)

という2次元平面に投ぜられた情報をもとに復元している。一方、具象絵画では3次元空間を2次元平面であるキャンバスに定着させ、視覚世界を再現している。したがって、絵画で使用される奥行きや立体の表現手段と、視覚系が利用している3次元空間や物体の復元手掛かりには共通性がみられるはずである。単眼視における奥行き手掛かりは**「絵画的手掛かり**（pictorial cue）」とよばれている。

絵画における奥行き表現法のひとつに**線遠近法**（linear perspective）があり、視覚系もこの情報を利用している。しかし、表現技法としての遠近法がルネサンス期に至るまで気づかれなかったのは、ひとつには私たちが網膜上の線遠近法的投影像のままではなく、**恒常性**（constancy）によって修正を受けた情報を知覚しているからだろう。また、私たちは眼球運動によって注視点の移動を行い、あるいは意識を移動させて外界を知覚している。線遠近法のようにひとつの視点から静止した空間を眺めているわけではないからでもある。東洋や中世、あるいは立体派の絵画のように、多視点的な表現の方が（図4-4）、空間や対象に対する素朴な認識のあり方を示しているのかもしれない。大きさや**きめの勾配**（texture gradient）も遠近感や立体感を感知するのに役立っている。

レオナルド・ダ・ダビンチ（Leonard da Vinci）は、遠くのものが霞んで見えたり（**大気遠近法**）、青く見えたりすること（色彩遠近法）に言及する一方、立体感を与える物体の陰影についても語っている。**陰影による形状知覚**（shape from shading）は視覚系が行っている**無意識的推論**（unconscious inference）の一端を示していて興味深い（図4-5）。上部が明るく下部が暗いものを膨らんでいると知覚するには、光が上方から射しているという照明方向の

仮説が必要である。

　重なりあるいは**遮蔽**は，途中で切れたものは後ろにあると仮定する単純な手掛かりである。しかし，その制約違反は強い違和感を引き起こす。遮蔽を利用した**不可能図形**（impossible figure）は3次元空間の2次元平面への投射にともなう情報の欠落とそれに対する視覚系の解決方法をかいまみせてくれる（図4-6）。空間の認識と表現の問題は，知覚と創造の両面に興味深い示唆を与えてくれる。

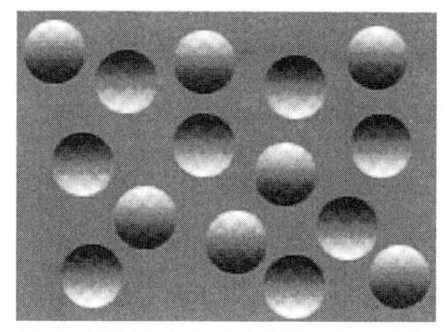

凸型図形を確認したら，本を天地逆にしてみよう。同じ図形が凹んで見えるだろう。凹凸感は，上からの光を仮定して，陰影情報にもとづいて決定されている。

図 4-5　膨らんで見えるのはどれだろう？

　なお近年，奥行き手掛かりとしての**ぼけ**（blur）が注目されている。実写なのにミニチュアを写したように見える写真や（三浦，2009），ぼけの勾配を利用して奥行き感を増幅させる映像にも利用されている（岡谷・石澤・出口，2009）。

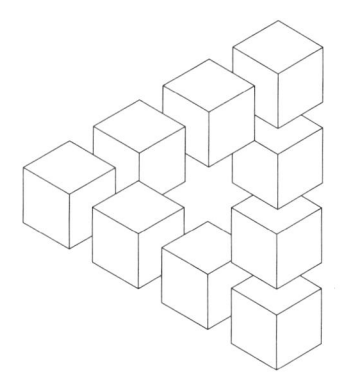

2　左右の構図

　絵画は左から右に読まれるといわれる。美学者のヴェルフリン（Wölfflin, H.）やガフロン（Gaffron, M.）はグランスパスあるいは

図 4-6　不可能図形（オスカル・レウテルシュヴェド「作品1 No.293aa 1934）

グランスカーブ（glance curve）と名づけ，実際の絵画にあてはめて検討した。もっとも，これらは実際に絵を見る際の眼球の**走査経路**（scan path）を意味するものではない。絵画に限らず，眼はその人にとって情報価が高いと判断されたところに移動する。このため，走査経路は鑑賞する人の関心や経験によっても変化し，読み取るものやその際の速度も違ってくる。注視点周辺のどのあたりまで意識がおよび情報を収集できるかは，経験のみならず処理の深さとも関係し，その範囲は**有効視野**（useful field of view）とよばれている。モル

ナール（Molnar, 1981）は複雑な絵画ほど**注視時間**が短くなることを実験的に示し，有効視野の広さと処理速度のトレードオフを指摘した。一方，Miura（2012）はそうした有効視野の広さが専門家と一般の人で異なることを，盆栽，楽譜の読み取りなど，さまざまな鑑賞や表現の場面を用いて示している。

　グランスカーブ理論にもとづき，絵の重要部分は右半分にあるという指摘も，美学者によって行われている。心理学ではこの指摘を，大脳の**ラテラリティ**（laterality）の観点から考察してきた。すなわち，直感的・全体的にすばやく空間を把握する右脳（＝左視野）と，分析的・論理的にじっくり内容を理解する左脳（＝右視野）に対応づけた説明である。しかし，人はスキャナーのように左から右へ一定方向に情報を取り込むわけではない。むしろ，人は自身の利き手側の対象を肯定的に評価し，非利き手側の対象を否定的に評価するという**身体特異性仮説**（Casasanto, 2009）から説明されるべきかもしれない。ただし，絵画の左右を逆転させたフロップ画研究での原画の正答率は高くない（菊池, 1993）。

3　絵画の中の時間

　映画とちがって，絵画は静止した表現方法である。そこに時間の要因は入ってこないはずである。それにもかかわらず，絵画や写真に速度感や時間印象を感じることがある。それでは一体どのような時間を作品から読みとり，それはどのような視覚要因によってもたらされるのだろうか？　三浦（1999, 2011）は一連の実験結果から，静止した作品に過去，現在，未来だけでなく，停止，持続，変化や動き・速度感の3種類の時間印象が感じられ，それぞれ余白，構図，高空間周波数といった異なる視覚要因が関係している可能性を指摘した。これらの要因は表現時に制作者によって無自覚的に選択される場合もあるが，同様にその要因を意識しない鑑賞者によって正確に理解されるところがおもしろい。感性による情報伝達の特徴が示されているからである。

5節　価値と評価の次元

　よさ，快さ，美しさ，おもしろさ，好みなどの感性評価は「蓼食う虫も好きずき」ということばがあるように，個人によって，また，状況によって異なっ

てくる。しかし，その中にも一般的な傾向や，根底にある普遍的な法則を探す試みが行われている。

1 よい形・美しい形

ゲシュタルト心理学では，もっとも簡潔でエネルギーの低いものを「よい」と考えた。その後，アトニーヴ（Attneave, 1954）は，プレグナンツを情報量の少ない冗長なパターンと再定義し，ガーナーら（Garner & Clement, 1963）らはその**冗長度**（redundancy）を変換によって得られるパターンの数で規定した。これらの研究でも，よい形（パターン）は変換によって形状の変化しにくい安定したものであることが示されている。

よさ（goodness）は図形の特性であると同時に，感性評価の判断結果でもある。大山ら（1993）は色，音楽，象徴語，図形など多様な素材に関し，同じ形容語対を用いてSD法による評定を行わせ，因子分析の結果から，モダリティーを越えて共通してみられる4つの因子，価値，活動性，軽明性，鈍さを指摘した。この研究に限らず，印象評価においては多くの場合，価値あるいは評価の因子が独立して抽出される。この**評価性因子**には，良い―悪い，好き―嫌い，美しい―汚いなどの尺度が含まれるが，しかし，美しいものが常に良いものとは限らず，良いものが常に好きなものとも限らない。

数学者マンデルブロー（Mandelbrot, B. B.）は海岸線や雲の形などを示す幾何学として**フラクタル理論**を提案した。この発想の基本は，部分の特徴が，異なるスケールにおいても繰り返しみられることにある（図4-7）。彼は美しいと感じるものには，小さなスケールから大きなスケールまで，相似した構造が存在すると指摘した。一見しただけでは規則性に気づかない複雑な形の中に，われわれは直感的に「隠れた秩序」を

図4-7　ジュリア集合によるフラクタル図形（幸村真佐男「ジュリア空間飛行」1986部分；原画はカラーの動画像）

感じ，そこに美をみているということになる。タイラーら（Taylor, Micolich & Jonas, 2000）は，でたらめに描いたようにみえるポロック（Pollock, J.）のアクション・ペインティングに，フラクタル構造を見出した。「美しさ」は「よさ」とは関与因が異なるようである。

今井ら（1995）は並んだ楕円の評定結果から，「よさ」と「複雑さ（単純さ）」の判断にそれぞれ別の感性が想定できると指摘している。また，ウォーカー（Walker, 1973）は「おもしろさ」を感じるものは「快さ」を感じるものよりも複雑度が高いことを指摘している。評価性次元の各々の評価尺度は，対象の異なった側面を異なった基準で判断しているのだろう。

2 快感と覚醒ポテンシャル

バーライン（Berlyne, 1970）はヴント（Wundt, W.）の考えをもとに，私たちは単純過ぎるものには快感を感じないが，複雑過ぎるものには不快感を感じ，その中間に快感を最大にする**覚醒ポテンシャル**（arousal potential）が存在するという理論を提案した（図4-8）。彼は，覚醒の低減と増大に関わる2つのメカニズムを仮定し，脳幹網様体の快中枢・不快中枢と関係づけた。さらに彼は快感を高める変数として，複雑性の他，新奇性，不明瞭性，曖昧性，驚愕性，不協和性，変化性などの刺激特性を挙げたが，これらはいずれも情報が不十分な場合や，すでに有している情報と一致しない場合の反応である。したがって，補完知覚（たとえば主観的輪郭）に示されるような主体の能動的な関

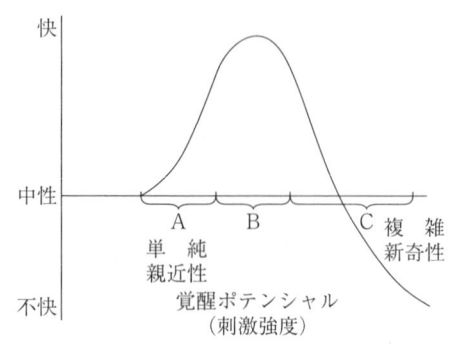

図4-8 バーラインによる快感と覚醒ポテンシャルの関係を示すモデル図（近江, 1984）

わりや，すでにもっている知識の枠組み（**スキーマ**）との照合の観点からも検討することができるだろう。

3　個人差

フェヒナー（Fechner, G. T.）は心理物理学のみならず**実験美学**の祖ともいわれる。彼は古来から美の基準とされてきた**黄金比**（黄金分割）を実証的に検討し，「下からの美学」を提唱した。黄金比とは，a：b ＝ b：(a ＋ b) を満たす比のことで，近似値は 1.618 になる。この比がなぜ美しく感じるかについては，いまだ明快な説明はなく，そもそも美しく感じる比率かどうかについても議論がある。優れた彫刻や建築，デザインや絵画の構図には黄金比が見いだせると主張する者もいる。しかし，美しい作品に黄金比が見いだせたとしても，黄金比をもった作品が美しいとは限らない。フェヒナーの実験結果でも，美しいと判断される最頻値は黄金比にあったが，異なる比の矩形を美しく感じていた人もいた。個人の好みは，集団の平均値に還元できるとは限らない。

何を美しい，あるいは好ましいと判断するかに関しては，対象が何であれ，万人に共通する一般因子と**個人差**の因子とが存在するともいわれる。アイゼンク（Eysenck, 1981）はそれを性格特性と結びつけるとともに，大脳の覚醒水準の観点から考察した。芸術志向群とそうでない人々の間に美的判断に違いがみられることは，仲谷・藤本（1984）や山下・古澤（1993）によっても報告されている（図 4-9）。

好みの違いが個人の見方の違いによることを示した研究もある。児玉・三浦（2011）はランダムドットのよさ評価において，パターンをどのようなまとまりとして知覚するかには個人差があり，それが評価の個人差につながっていることを示している。一方，中嶋・一川（2008）はドット配置において，幾何学パターンではなく自然画像では右寄りの構図が好まれることから，利き手の影響を示唆している。さらに，典型的な対象（プロトタイプ）や典型的な視点からの見え（**典型的景観**：Canonical view）は高い評価を得ることも指摘されている（Palmer, Rosch, & Chase, 1981 ; Ramachandran & Hirstein, 1999）。4 節で紹介した身体特異性仮説も含め，これらの知見はいずれも，**処理流暢性**（processing fluency）の観点から議論できるだろう。逆に，流暢に処理ができず負荷がかかると，不気味さを感じる事例も報告されている（Yamada,

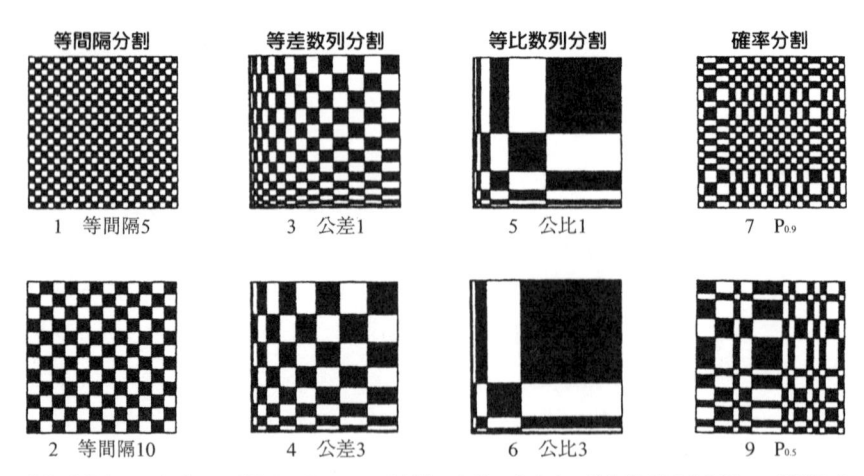

等間隔分割	等差数列分割	等比数列分割	確率分割
1 等間隔5	3 公差1	5 公比1	7 P$_{0.9}$
2 等間隔10	4 公差3	6 公比3	9 P$_{0.5}$

美術系学生は，文系・理系学生に比べて，分割線が急激に変化する等比数列図形を好み，刺激欲求特性の高い学生は，複雑で動的な図形を好む傾向が示されている．

図 4-9　図柄嗜好の個人差　（山下・古澤，1993）

Kawabe, & Ihaya, 2013)．

　処理流暢性は経験量と関係する．数多く接触することで好ましく思うようになる現象は**単純接触効果**（mere exposure effect）とよばれ，多くの研究が重ねられている（松田，2010）．一方，環境に対する印象評価が，子ども時代に過ごした環境の影響を受けることも指摘されている（久，1988）．嗜好の個人差に関しては，感性判断の基盤となる情報ネットワークの形成とその活性化の枠組みで考えていくことも今後の課題であろう（子どもの感性発達については12章参照）．

6節　おわりに——今後の感性認知研究に向けて

　フェヒナーの実験美学に出発点を求めるなら，感性に関する実証的研究は実験心理学の歴史とともに歩んできたといえる．造形心理学や音楽心理学，創造性心理学や官能検査，人間工学など，個々の分野で研究が積み重ねられ，発達あるいは教育的見地からも議論されてきた．しかし，認知科学の方法論や理論にもとづき，感性認知の処理過程を解明しようという試みは，緒についたばかりともいえる．

ロボット画家アーロンをはじめ人間の創作活動を模した機械や，PDFモデル（序章，2章参照）を基礎とする学習型人工知能（たとえば愛玩用ロボット犬）はすでに私たちの感性生活にいろどりを与えつつある．また，曖昧な表現にもとづいて消費者のニーズに合った情報を提供するシステムも実用化されてきた．しかし，それらの多くは，知性情報処理にもとづく設計であり，必ずしも人間の感性認知過程を前提としたものではない．とはいえ，それらの「なぞり機械」を通して，人間の感性情報処理の特徴もみえてくる．

芸術作品や自然美を通して感性を実証的に考察することは，それらの**アウラ**を解体させるためではない．アウラを感じる人間に対する理解を深めるためである．感性研究に求められているのは，美しさや好みに限らず，たとえば明示されていない情報や**暗黙知**にもとづいて人間の採る適切な処置（たとえば**ヒューリスティック**：heuristic）や，感情・印象をともない，個人差・状況差を含んで行われる直感的な感性判断など，人間の多様な情報処理のあり方に目を向けることであり，それらの背後にあるメカニズムの検討を通して，人間の認知のあり方の理解を深め，豊かで暮らしやすい社会のあり方を考えていくことにあるだろう．

▷**ブックガイド**
仲谷洋平・藤本浩一（編著）1993　美と造形の心理学　北大路書房
　　造形活動や芸術作品の鑑賞に関わる心理学領域の知見を，知覚心理学から深層心理学まで幅広く紹介した本で，初版以来，版を重ねている．
野口　薫（編著）2007　美と感性の心理学——ゲシュタルト知覚の新しい地平
冨山房インターナショナル
　　ゲシュタルト心理学の観点に立った知覚と美の基礎研究を中心に，寄稿者による絵画やデザインに関する言及を掲載した著
三浦佳世　2007　知覚と感性の心理学　岩波書店
　　感性と分かちがたい知覚・認知を，視覚を中心に幅広く論じるとともに，芸術や感性評価に関しても随所に言及したテキスト
三浦佳世（編著）2010　現代の認知心理学1　知覚と感性　北大路書房
　　感性の定義，感性研究の方法論，多感覚統合，脳内基盤などの基礎から，絵画，間，オノマトペ，身体知，単純接触効果，デザインへの展開まで，多様な感性研究を紹介した著
近江源太郎　1984　造形心理学　福村出版
　　美と造形に関し，実験美学や知覚心理学の知見や方法論を紹介した古典

親しみやすい美しい橋

「幼い頃に測量士だった叔父から習った」と言いながら世界的建築家サンチャゴ・カラトラバ（Calatrava, S.）が私の手から小さなスケッチブックを受け取り，メモを取っていたページをめくって，まっさらな紙の上にペンで5つの点を打った。「この5つの点を使って，さまざまなポーズの人体を描くというトレーニングです。頭，右手，左手，右足，左足という具合に，割り当てるのです。少ない自由度の中で，いかに多くのバリエーションを生み出すかということなのです」と，彼は5つの点を同じ位置に打った2ページに，異なるポーズの男性の裸体画を描いた。

力学および建設に関わる条件に支配され，いわゆる造形の余地がほとんどないと考えられていた橋梁の形態に新鮮なバリエーションを加え，橋梁デザインをアートに高めたといっても過言ではないカラトラバの作品には，重力をはじめとする構造物に関わる力が表現されている。

そのような彼の橋梁デザインに触発されて，橋梁美を評価するひとつの切り口である「力の流れ」を，認知科学の知見により説明する**構造物力動性認知モデル**を提案した（石井，1998）。このモデルは，「視覚的力学」（岡本ほか，1998）と「構造物プロトタイプ」から成り立っている。前者は構造物の形態的特徴とそれらを視覚的に認知することにより得られる「力動性」（構造物に内在する力や動き）との関係を表しており，後者は観察者が構造物についてもっている，「これは橋である」という構造物の属性に関する構造物の認識と，バランスの保ち方など構造物を成立させている力学的関係（構造システム）に関する認識の組み合わせを意味している。

組み合わせにより次の3種類の**プロトタイプ**を仮定している。1つめは対象とする構造物とその構造システムを認識している「物システムプロトタイプ」，2つめは対象とする構造物のみを認識している「物プロトタイプ」，そして3つめは対象とする構造システムのみを認識している「システムプロトタイプ」である。

カラトラバが「**結晶化した動き**」と表現している彼の橋梁の造形を構造物力動性認知モデルにより分析してみると，次のような特徴をもっていることが分かった。それは，多くの観察者がプロトタイプをもっていると期待できる，一般になじみの深い橋梁の形態を操作し，何らかのズレを与え，しかもそのズレは人が空間を把握する際に基準とする鉛直や水平からのズレになっていることである。同定に際して，基本となるプロトタイプが明確であるほどズレによる矛盾が大きく感じられること，またそれが空間の基準からのズレであれば，ズレていることを認知しやすいことから，観察者の意識を

図1 カラトラバがデザインしたアラメダ橋　普通は鉛直のアーチ面が傾いている。

図2 モチーフが繰り返されるアラメダ橋の橋面

より引きつけることが期待できるという彼の造形に対する計算があるといえる。

　次に構造物力動性認知モデルを用いて，観察者の橋梁に対するなじみの違いによる橋梁形態のとらえ方の差異を実験によって見てみた。実験は，CADで作成した吊り橋と斜張橋の3D画像を基に，構造物プロトタイプに従いそれらの形態や画像鮮明度を操作した実験試料を用いて，橋梁エンジニアと一般の人を被験者として橋梁形式の認知にかかる時間と認知結果を分析した。吊り橋と斜張橋を選んだのは，両方とも長大橋梁を代表する橋梁形式でありながら，ときどきテレビ番組などでも吊り橋と誤って紹介されてしまう斜張橋は一般の人に認知されていないので，なじみの違いが現れやすいと考えられるからである。なお，明石海峡大橋やレインボーブリッジは吊り橋で，横浜ベイブリッジが斜張橋である。橋梁形式実験では橋梁形式名を回答するのではなく，直前に両方の形式の基本画像を呈示し，どちらの形式に属するか，またはどちらでもないかを回答してもらった。その結果は，なじみの度合いが高い橋梁エンジニアのグループは橋梁の見方の差が小さく，共通して構造を全体から詳細部分まで階層的に理解した上で判断しようとしていること，一般の人のグループは見方の差が大きく，詳細部分を理解しないまま判断していることが示された（石井ほか，2004）。

　このことから，なじみの度合いの低い人から高い人までの幅広い対象に特別なイメージを与えるデザインは，全体の形態が橋梁として分かりやすく，それを構成する各構造要素が看取でき，その全体形の表すイメージに整合する形態・配置となっていることであるといえる。一般人から専門家までを魅了するカラトラバの橋梁は，全体の形と似た形状の構造要素が階層的に繰り返し用いられており，この造形の考え方に合致していることが分かる。カラトラバ自身のモチーフへのこだわりがその造形を生んだと考えられるが，認知科学的視点からも，その橋梁デザインが幅広く受け入れられるものであることが分かった。

5 章
心的イメージ

　1994年，人類が3万2000年前に描いたとされる洞窟壁画がフランスのショーヴェ洞窟で発見された。世界最古にして高度に発達した技法と表現で描かれた壁画は世界的な発見として注目され，この洞窟を3D撮影した映画も公開され話題となった。こうした洞窟壁画の存在は，旧石器時代，太古の人類がすでに豊かな内的な感覚的イメージを体験していたこと，その体験はおそらく他者と共有され，生活の中で重要な意味をもっていたことを物語っている。太古の時代から人類は心的イメージの体験とともに暮らしてきたといえるだろう。旧石器時代の一時期，人類が残したこうした洞窟壁画が，何を目的に，どのようにして描かれたかについては多くの議論がある。本章でも扱う直観像や回帰像あるいは幻覚のように外部空間に投射された脳内イメージを壁画創作の起源と考える研究者もいる（ルイス＝ウィリアムズ，2012；Kubler, 1985）。こうした議論は心的イメージの認知考古学的な研究テーマにもつながってくる。

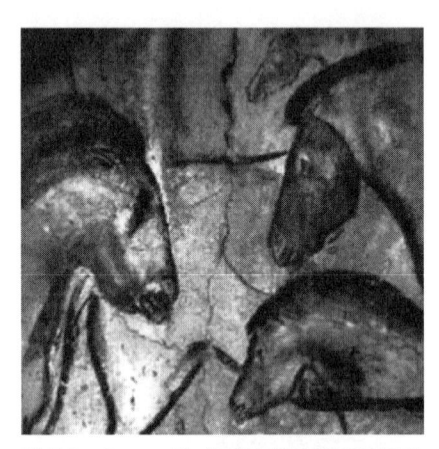

図5-1　ショーヴェ洞窟の馬の壁画の写真
（港千尋『洞窟へ』せりか書房（2001）より）

　心的イメージは感覚的な印象を保ちつつ「いま，ここ」の時間と空間の制約を超えた仮想経験を可能にする。いわば現実体験の**シミュレーション機能**をもつ。こうした能力を人類は進化のある時点で獲得したのであり，洞窟壁画はその具体的な現れといえるだろう。さて，イメージを操る現代人の能力とそれを活用する知識は，洞窟壁画の時代と比べてどれほどすすんだのだろうか。本章では近年進展が著しい認知心理学にお

ける心的イメージの研究成果についてみていくことにする。

1節　イメージとは

1　心的イメージの定義とさまざまなタイプの心的イメージ

心的イメージ（mental imagery, imagery）は，**内的表現**（表象 representation）のひとつの形態であり，**心像**あるいは単に**イメージ**ともよばれる。「イメージ」ということばは，日常生活においてはきわめて多義的な意味で使われている。たとえば，商品のイメージとか企業のイメージといったように印象や全体的な評価の意味で使われたり，ディスプレイに写る映像やビジュアルな印刷物など人工的な感覚的世界を意味したり，知覚イメージといったように知覚体験そのものを意味する，などさまざまである。ここではこうしたイメージとの区別を明確にするため，心的イメージという用語を用いることにする。

認知心理学において，心的イメージは一般に「現実に刺激対象がないときに生じる疑似知覚的経験」と定義される（たとえば，リチャードソン，1969）。しばしば「心の中の絵や映像のようなもの」とたとえられるが，心的イメージは視覚的経験に限定されるものではない。人の声や音楽を思い浮かべたり，料理の味や匂いを反芻したり，テニスやスキーのフォームをベッドの上で確認したりなど，視覚以外にもそれぞれの感覚モダリティに対応したイメージが存在すると考えられる。そうした感覚モダリティに特異的なイメージはそれぞれ視覚イメージや聴覚イメージなどとよばれる。さらに，そうしたすべての感覚をともなう体験そのものの再現やシミュレーションとしての「イメージ体験」がある。これはある意味で，電脳装置を必要としない「自発的なバーチャル・リアリティ」の体験ともいえるだろう。

以上の定義にはきわめて多様なタイプの心的イメージが含まれる。**残像**，**回帰像**，**直観像**，**幻覚**，**夢**，**空想・白昼夢**，**入・出眠時像**，**記憶イメージ**および**想像イメージ**など，多種多様なイメージ現象がある。表 5-1 には，そうしたイメージ現象の種類とその特性の一覧をあげてある。この中で認知心理学で主として取り上げられるのは，日常生活の中で誰もが経験する記憶イメージと想像イメージである。両者は合わせて**思考イメージ**ともよばれることもある。

表 5-1 さまざまなイメージ現象

分類	イメージ名	イメージの特徴	体験の一般性	定位	鮮明性	現実性吟味
意識的な認知活動において生じるイメージ	思考イメージ (thought imagery)	日常生活の中で最も一般的に経験されるイメージ。記憶の想起として浮かび上がる場合は記憶イメージ、新たに創出された内容を含む場合は想像イメージとして区別される。	誰にでも一般的に経験される	通常内的	多様	○
	空想 (fantasy)・白昼夢 (day dream)	意図的統御が比較的弱い状態で進行するイメージ。とくに夢様に展開されるとき白昼夢とよばれることがあるが両者の区別はそれほど明確ではない。	誰にでも一般的に経験される	通常内的	多様	ある程度○
知覚と密接に結びついたイメージ	残像 (after image)	ある刺激を凝視した後で他の面に視線を移したり、眼を閉じたりしたときに生じる感覚興奮の一時的残存。知覚した刺激からだけでなく想像された刺激からも生起する。	誰にでも一般的に経験される	外的	多様	○
	回帰像 (recurrent imagery)	長時間にわたって繰り返し強い刺激が眼に与え続けられた結果、その感覚印象の再現として生じる鮮明なイメージ。	少数の人に稀に	外的	鮮明	○
	直観像 (eidetic imagery)	過去の視覚的な印象が外部空間の一定の位置に定位され、実際に対象を知覚しているように見ることができ、ときには細部にわたって明瞭に現れるイメージ。	ごく少数の人に	外的	鮮明	○
幻覚性イメージ	入眠時像 (hypnagogic imagery)・出眠時像 (hypnopompic imagery)	覚醒と睡眠のあいだのまどろみの中で出現する鮮明なイメージ。光斑や閃光、幾何学模様の無意味イメージのほかに、顔や風景などの有意味イメージが現れる場合がある。	少数の人に稀に	外的	鮮明	○
	幻覚 (hallucination)	客観的実在性が当然のこととして想定されている知覚様のイメージ。精神疾患の兆候として現れることがあるが、催眠、薬物摂取、感覚遮断などの条件下では健常人でも経験する。	特殊	内的にも外的にも定位	鮮明	×
	夢 (dream)	睡眠状態において体験されるイメージ。	誰にでも一般的に経験される	外的	多様	×
その他	幻肢 (phamtom limb)	腕や脚などが切断されたあとでもそれがまだあるように感じたり、すでにない手足の指先に痛みを感じたりする現象。	特殊	外的	鮮明	○
	共感覚 (synaesthesia)	ひとつの感覚モダリティを刺激すると刺激されていない他の感覚モダリティでの感覚印象が生じる現象。	ごく少数の人に	内的にも外的にも定位	多様	○
	想像上の遊び友達 (imaginary playmates)	実際には存在しない想像上の友達。リアルな存在としてコミュニケーションの対象になる。	少数の人に	内的にも外的にも定位	多様	○

2 心的イメージ研究の変遷

　心的イメージの研究は，古くは心理学の中心テーマであった。しかし，行動主義の台頭とともに，極めて内的で主観的な現象である心的イメージは意識と同様，心理学の研究対象からは排除されることになる（序章参照）。心的イメージの研究が「追放されたものの帰還」（Holt, 1964）として心理学の研究に再登場するのは，1960年代に入り，主観的な現象も積極的に研究対象として取り上げる認知心理学の研究が盛んになってからである。

　近年，心的イメージの研究はいちじるしい発展をとげている。「帰還」後のイメージ研究は大きく3つの時期に区分することができる。第1の時期は，記憶や学習に果たすイメージの役割が研究され，その成果をもとにペイビオ（Paivio, A.）が，言語とイメージの**二重コード化説**を提出した時期。第2の時期は，イメージと知覚の共通性に関して，シェパード（Shepard, R. N.）の心的回転やコスリン（Kosslyn, S. M.）の心的走査などさまざまなイメージ課題を用いた実験的研究が行われた時期である。この時期には，イメージを感覚的特性をもつ内的表現と考えるアナログ派と，イメージは抽象的・命題的な内的表現からのみなるものであって感覚的なイメージの機能をまったく認めない命題派との間で，いわゆる**イメージ論争**が行われた。その論争を通して，心的イメージは両方の表象から成立すると考えるコスリンのイメージモデルへと集約されていく。第3の時期に入った現在，中心的な関心がイメージの神経生理学的基盤の解明へと向かうとともに，日常生活や文化におけるイメージの機能や心理臨床面への応用研究にも目が向けられるなど，心的イメージ研究はさらに大きな広がりをみせるようになっている。

2節　心的イメージと知覚

1　心的イメージと知覚の共通性に関する実験心理学的研究

　心的イメージは主観的には知覚しているときの感覚モダリティ（感覚の種別）に対応する感覚印象をともなう現象である。視覚イメージでは心の中で「見える」印象が起こるし，聴覚イメージでは「聞こえる」印象が，運動イメージでは身体を「動かした」印象が生じる。すなわち，心的イメージは主観的には知覚と類似した経験として意識される。たとえば，「ダビンチのモナリザはどん

な表情をしているか」「バナナとレモンの黄色はどちらが濃いか」という問いに答えるとき，ほとんどの人は視覚的な映像を頭の中に浮かべ，それを「見ている」ような感覚的印象をもつことだろう。このことから，心的イメージは知覚と共通した感覚的成分を含むアナログ的な内的表現あるいは過程ではないかと仮定されてきた。そして，心的イメージに関する認知心理学的研究は，とくに視覚モダリティにおいて，こうした仮定がある程度正しいことを数多くの興味深い実験的研究によって明らかにしてきたのである。そうした実験の代表的なものを以下にいくつか紹介することにしよう。

a 心的イメージと知覚の類同性

最も有名なものは**心的回転**（mental rotation）の実験であろう。この実験は心的イメージの特性を反応時間を用いて精神物理学的に客観的に測定可能であることを示し，イメージ研究に新たな道を開いたという点でも重要である。シェパードとメッツラー（Shepard & Metzler, 1971）が最初に発表した実験では，図5-2のようなコンピューターグラフィックスによって作成された3次元立体の線画が刺激図形として使われた。被験者にこれら角度差の異なる2つの図形を同時に呈示し，それが同じ形かどうかを判断するように求めると，判断に要する時間は刺激図形間のなす角度差に比例して増加した。この結果から，被験者は一方の立体のイメージをもう一方の立体に重なるところまで心の中で回転させ，両者が一致するかどうか判断していると解釈された。つまり，私たちは実空間内の物体の回転を知覚するのと同様に，イメージされた物体も心の中で回転させることができ，その回

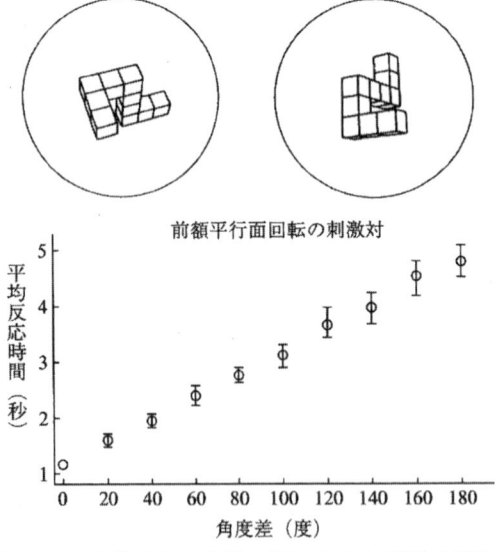

図5-2 心的回転の実験で用いられた刺激の例と平均反応時間（Shepard & Metzler, 1971）

転というイメージ操作には物理空間内の事象と同様に一定の時間がかかることが明らかにされた。

イメージと知覚の類似性を示すもうひとつのよく知られた実験は，イメージされた対象の**心的走査**（mental scanning）に関するものであろう。コスリンら（Kosslyn *et al.*, 1978）は，被験者に小屋や井戸など7つのランドマークが描かれた架空の島の地図（図5-3）を十分に覚えさせ，その島の地図をはっきりとイメージできるまで練習させた。その後でその地図のイメージを思い

図5-3 心的走査の実験で用いられた架空の島の地図（Kosslyn *et al.*, 1978）

浮かべてもらい，その中に描かれているいくつかのランドマーク間を視覚的に走査（scanning）させ，ある地点から別の地点へ走査してたどり着くまでの時間を測定した。その結果，ランドマーク間の距離が長いほど，走査の時間も長くなるという結果が得られた。イメージした対象を走査する場合も，実際の対象を視覚的に走査するのと同様に，物理的距離に応じて時間がかかったのである。この実験に対しては，この実験結果が視線の移動には距離の長さに応じた時間がかかるという暗黙の知識によるバイアス（要求特性）を反映したにすぎず，必ずしも知覚との類同性を客観的に示すものではないとする指摘がなされた（Pylyshyn, 1981）。フィンケとピンカー（Finke, & Pinker, 1982）は，こうした要求特性を回避する実験設定をさらに工夫し，点と矢印を用いた課題

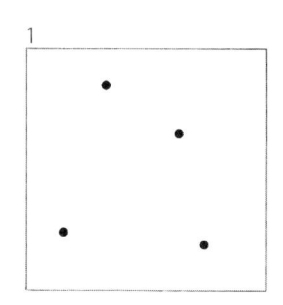

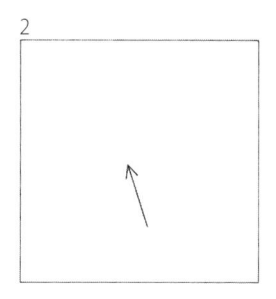

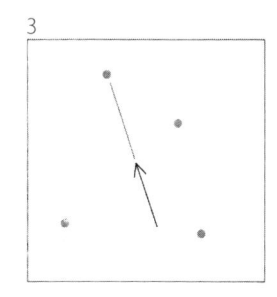

実験の手続き：(1) ドット刺激を呈示，(2) ドットが消失し矢印が呈示，(3) イメージ上で矢印の方向にドットが存在するかどうかをスキャンして判断する。

図5-4 心的走査実験の改良版（フィンケ，1986 より改変）

でも，同じようにこうしたイメージの視覚的な走査が起こることを確認した（図5-4）。

b　心的イメージと知覚の相互作用

　心的イメージと知覚との相互作用を検討した研究からも，同一モダリティにおける心像と知覚の共通性を示す実験結果が得られている。シーガルとフッセラ（Segal & Fusella, 1970）は，イメージの生成が外部刺激の検出感度にどのような影響を与えるかを調べている。この実験では，被験者は視覚的イメージ（たとえば樹木や机）あるいは聴覚的イメージ（たとえば，電話の鳴る音や楽器音）を思い浮かべ，その状態で認知閾値すれすれの強度で呈示される色刺激や純音の信号検出課題を行った。その結果，視覚刺激の検出成績は視覚的イメージを浮かべているときには大きく低下したのに対して，聴覚的イメージを浮かべているときにはそれほど低下しなかった。逆に，聴覚刺激の検出は聴覚的イメージを浮かべているときに大きく損なわれたのに対し，視覚的イメージを浮かべているときにはわずかしか低下しなかったのである。これは同じ感覚モダリティ内ではイメージと知覚が競合し干渉し合い，イメージ想起が知覚の情報処理に妨害的に働くためと考えられる。

　ブルックス（Brooks, 1968）の実験でも，同じような選択的干渉が報告されている。課題のひとつでは，被験者は，図5-5のような図形をイメージして，頭の中で線にそって走査しながらそれぞれの角が図形の上側にあるか下側にあるかを分類していく。そのとき，分類を紙の上に書かれている選択肢を指でさすという視覚課題で行うと，同じことを音声で答える場合よりもずっと時間がかかってしまうのである。ここでもイメージと知覚は同一感覚モダリティにおいて処理過程を共有していることが示唆されている。

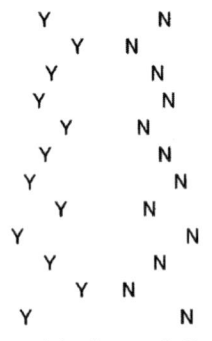

図5-5　ブルックスの図形課題の例と指さし条件の回答用紙（Brooks, 1968）

輪郭をたどるための出発点（＊印）と，方向（矢印）が示してある。

2 知覚システムとイメージモデル

このように多くの実験的研究によって心的イメージと知覚の共通性が明らかにされる中で，心的イメージを知覚システムの中に位置づけ，イメージと知覚を包括的な枠組みで理解しようとする理論モデルが提出されてきた（Hebb, 1968；Finke, 1980；Shepard, 1984）。ここでは最近の心的イメージ研究に大きな影響を与えているコスリンのモデルについて紹介する。

a 視覚イメージの CRT メタファーモデル

コスリン（Kosslyn, 1980）の初期のモデルは**ブラウン管（CRT）メタファーモデル**とよばれる。このモデルでは，視覚イメージは，**長期視覚記憶**に貯蔵されている対象についての命題的な意味情報が**視覚バッファ**（visual buffer）に呼び出されることによって生成されると考えている（図5-6）。それはちょうどパソコンのディスプレイ上に映し出される画像とコンピュータープログラムにたとえられる。視覚バッファは視知覚の入力処理にも使われ，視覚的短期記憶の役割も担っている。視覚バッファにおいて視覚イメージは視知覚と同じように再処理され，そのイメージの「視覚的」特性はこの視覚バッファの活性化パターンや情報量の程度によってきまってくる。このようにコスリンらのモデルは，表層構造におけるアナログ表現と深層構造における命題表現を想定した二重構造からなり，先に述べた**イメージ論争**が集約されたモデルになっている。またイメージの生成，視察，変換，保存などイメージ想起にかかわるさまざまな処理モジュールが想定されており，コンピューター・シミュレーションが可能なモデルになっている（Kosslyn & Shwartz, 1977）。

b 視覚イメージ処理の下位システム

90年代に入るとコスリンのイメージ研究は，情報モデルから脳モデルへと大きくシフトし，**認知神経科学**（cognitive neuroscience）の枠組み

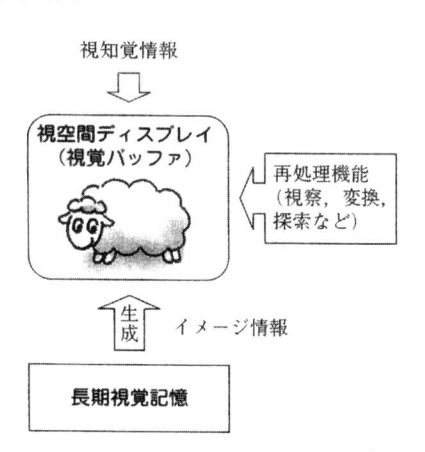

図5-6 コスリンの CRT メタファーモデルの概念図（Kosslyn, 1980 より改変）

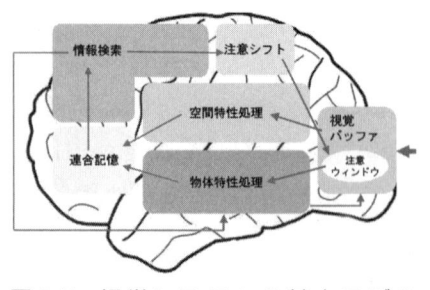

図 5-7 視覚システムの基本モデル
（Kosslyn, 1994. コスリンら, 2009 をもとに改編）

で行われるようになった。それにともないコスリンのイメージモデルは，脳損傷の症例研究や脳機能画像法による豊富な研究データに基づき，脳部位との関係を視野に入れたより精緻なものに発展した（Kosslyn, 1994；コスリンら, 2009）。そこでは外部からの感覚入力のボトムアップ的な処理に基づく知覚過程と，内的な賦活に起因しトップダウン的に駆動されるイメージ過程が，双方向性をもつ表裏一体の視覚システムとして説明されている。図5-7は，コスリンの視覚システムの基本モデルにおいて仮定されている下位システムを示している。**視覚バッファ**は対象のトポグラフィカルな活性化パタンが保持される場所であり，脳内部位として後頭葉1次視覚野が想定されている。**注意ウィンドウ**は視覚バッファ内でさらに処理を必要とする情報を選択する。視覚バッファに入った情報は，形や色など物体の外観情報を担当する**物体特性処理**（object properties processing）と位置や方向，動きなどの空間情報を担当する**空間特性処理**（spatial properties processing）の2つの経路にわかれて処理される。前者は腹側系 **WHAT 経路**，後者は背側系 **WHERE 経路**に対応する。**連合記憶**は視覚対象の物理的・概念的情報の貯蔵と入出力および対象の同定を行う。**情報検索**は入力情報が不明瞭なときに，仮説にもとづいたトップダウン処理を駆動させ，注意の焦点をシフトさせたり，対象同定や連合記憶のアクセスを促進し，イメージの意図的な喚起や制御にもかかわっている。**注意シフト**は情報検索の司令により，頭や目，注意ウィンドウなどを動かして，注意の焦点の移動や対象探索を促進する。連合記憶，情報検索，注意シフトの各下位システムは，視覚情報のトップダウン的な処理を担っており，処理内容に応じて，前頭葉を中心に広汎な部位が複雑に関わってくる。このモデルにおいて，各下位システムはイメージと知覚の両過程に共通したものである。心的イメージは，直接的な感覚入力なしに視覚バッファをふくむ下位システムがはたらくことで説明される。

　このモデルで注目されるのは，物体特性処理と空間特性処理の下位システム

にもとづいて，映像の細部の様子を鮮明に想起するような**物体イメージ**と心的回転など空間関係の分析や空間操作に関わるような**空間イメージ**という2つの分離，独立したイメージ処理系の存在が考えられている点である。この2つのイメージは処理に関わる神経基盤が異なっているだけなく，2つの異なるイメージ能力の基盤にもなっている（Kozhevnikov *et al*., 2005；Kawahara & Matsuoka, 2012, 2013）。風景や映画のイメージを詳細かつ鮮明に想起するのが得意な人が，一方で空間図形の課題や方向感覚がまったく苦手であるといった能力間のトレードオフが起こりうるのである（Kozhevnikov *et al*., 2010）。

3　心的イメージの大脳生理学的基盤

もしイメージと視覚に共通のメカニズムがあるなら，脳内の同じ場所が関与しているはずである。最近の**認知神経科学**（cognitive neuroscience）の急速な進展によって，心的イメージ過程と知覚過程との共通性を大脳レベルで直接確認するような研究成果が蓄積されている。

a　視覚障害と心的イメージ

脳損傷の患者の症例研究においては，ある損傷によって生じる視覚障害が心的イメージでもパラレルに生起することが知られている。たとえば，色覚の異常とともに，色を思い浮かべることができなくなったり，よく知っている人の顔を見ても誰か分からなくなる**相貌失認**（prosopagnosia）の障害をもった患者が，顔の視覚イメージもまったく想起できなくなる症例が報告されている（Shuttleworth *et al*., 1982）。

大脳左右両半球の一方に受けた損傷によって視野の片側半分がまったく無視される**半側性空間無視**（unilateral spatial neglect）という視覚障害がある。ビジアキとラザッティ（Bisiach & Luzzatti, 1978）は，視覚においてみられる半側性空間無視が心的イメージでも同様に生じる症例を報告している。彼らは，この患者がよく知っているミラノの大聖堂前の大通りを大聖堂を背にしてイメージさせ，その位置から見えるものを報告させたところ，右側にある建物や通りだけを答えた。また反対に大聖堂の方を向いた視点でイメージを報告させると，やはり右側にある建物や通りだけを答え，左側にある対象は，先ほど見えると答えたばかりなのにまったく無視したのである。つまり，この患者は知覚において視野の左半分が欠落しているだけではなく，イメージにおいても

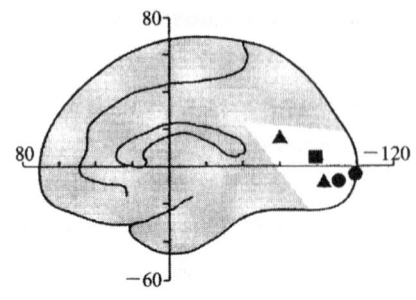

図5-8 PETによって観測された心的イメージ想起時の活性部位（Kosslyn et al., 1995）

小さいイメージ（●），中位のイメージ（■），大きいイメージ（▲）を想起したときのそれぞれの活性部位

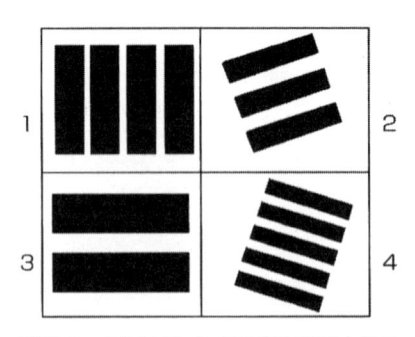

図5-9 コスリンらの実験で用いられた刺激パターン（Kosslyn et al., 1999）

左半分が欠落していたのである。このことは，損傷を受けている大脳構造が知覚だけでなくイメージにも関わっているということを意味するものである。

b 視覚野と視覚イメージ

最近ではPETや機能的MRIなどの脳機能画像法を用いて，心的イメージ，とくに視覚イメージ形成時にかかわる大脳活動部位を，健常被験者で直接確認することができるようになってきた。たとえば，コスリンら（Kosslyn et al., 1995）は，PET（ポジトロン断層法）を用いて，目を閉じて大きさのさまざまな対象の心的イメージを浮かべているときの脳内の血流量を測定した。その結果，浮かべるイメージの大きさによって活動部位が変化し，小さなイメージを浮かべたときには1次視覚野後部の活動が，大きなイメージを浮かべたときには1次視覚野前部の活動が増大することを確認した（図5-8）。これはまさに大きさの異なる対象を見ているときの1次視覚野の活動部位とほぼ一致するものであった。

コスリンら（Kosslyn et al., 1999）の別の実験では，図5-9のような4つの縞パタンの中から2つずつを指定し，目を閉じて心的イメージ上で，縞の太さ，長さ，方向の比較判断を行わせて，そのときの脳内活動部位をPETによって観測した。その結果，この課題の遂行時においても1次視覚野，とくに17野の活性化が明瞭に認められた。また，彼らは，被験者が同様の課題を行う直前に，後頭葉の17野付近をターゲットに，**反復経頭蓋磁気刺激**（rTMS：repetitive transcranial magnetic stimulation）を与えることによって，実際に刺激が呈示された場合でも，また心的イメージを用いた場合でも，課題の遂行が同様に損なわれることを明らかにした。これらの研究は心的イメージが生成されているときに大脳皮質における感覚レベルの自発的な興奮が実際に起こっていることを直接確認したものといえる。コスリンモデルが想定したように，視覚イメージの想起には視覚野，特に1次視覚野が確かに関与しており，それがいわばスクリーンのようなはたらきをして「視覚的」経験を形成していることを示すものであろう。

最近では，**脳神経デコーディング**の技術を用いて，fMRI により計測されたイメージ想起時の視覚野の賦活情報のデータから視覚的な情報を映像的に再現したり，イメージの内容を推定できることを示す研究も行われている（たとえば，Reddy et al., 2010 ; Lee et al., 2012 ; Radoslaw et al., 2012）。なかでも，この技術を使って睡眠中の視覚野の脳活動から夢に現れる物体や風景の情報を高い精度で解読できることを示した堀川らの研究は，視覚野における視覚イメージの働きを理解するうえでも注目に値する（Horikawa et al., 2013）。こうした脳神経デコーディングを応用したイメージ研究は今後急速にすすむことが予想される。

c　イメージの内容による賦活部位の違い

視覚イメージの生起にともなう脳の賦活部位は1次視覚野に限定されるものではない。オクラバンとカンウィッシャー（O'Craven & Kanwisher, 2000）は，顔と場所をイメージするときに，脳の腹側経路の別々の部位が活動することを fMRI を使って確認した。これまでの視知覚の研究から，顔写真を見ると後頭側頭葉の**紡錘状回顔領域**（fusiform face area, **FFA**），室内や屋外の風景の写真を見ると腹側内側部のいわゆる**海馬傍回場所領域**（parahipocampal place area, **PPA**）がそれぞれ特異的に賦活することが知られている。彼らは有名人の名前やよく知られている地名を聴覚呈示して視覚イメージを想起させる条件（イメージ条件）と実際の写真を視覚呈示して見せる条件（視知覚条件）を交互に行い，FFA と PPA それぞれにおける fMRI のシグナル変化を検討した。その結果，知覚した場合と同様に，顔をイメージした場合には FFA の活動が，場所をイメージした場合には PPA の活動がそれぞれ上昇した。ただしイメージ条件の賦活の程度は知覚条件とくらべると一貫して低いものであった。この

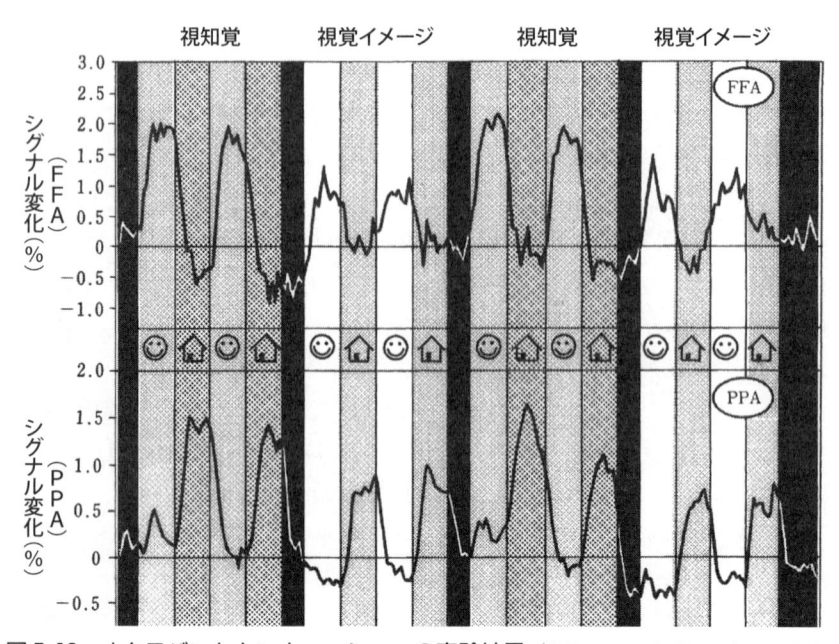

図5-10 オクラバンとカンウィッシャーの実験結果 (O'Cravern & Kanwisher, 2000 より改変)

　実験では，視覚対象の内容にかかわらず，イメージ条件ではとくに前頭葉と頭頂葉の活動が大きくなることも確認された。イメージを想起したときのこうした前頭および頭頂部位の賦活は，イメージ想起にトップダウン的な処理様式がより強く関与することを示すものであろう。
　その他，多くの研究で，知覚とイメージが活動内容に応じて共通した賦活部位をもつことが確認されている。たとえば，色イメージでは色知覚を司る V4 (Howard *et al.*, 1998)，メンタルナビゲーション課題では場所に関わる PPA (Ghaem *et al.*, 1997)，対象物の動きのイメージでは運動視に関与する MT 野 (Goebel *et al.*, 1998) の賦活がそれぞれ報告されている。また身体運動イメージを作るときには，実運動を司る脳の運動関連分野がはたらくことも多くの脳機能画像研究から明らかになっている（本田，2001；乾，2009）。このように現実世界での実際の活動とイメージ上での活動が共通の脳内基盤をもつという知見が確立されつつあるといえるだろう。

3節 心的イメージの機能

1 心的イメージの現実シミュレーション機能

イメージは私たちの実生活において大きな役割を果たしている。近年のイメージ研究では，こうした日常生活におけるイメージの機能が注目されるようになっている。イメージは実体験あるいは実行為の代替となり得るのであり，ある対象物を視覚的にイメージしたり，ある行為を想像することは，実際に見たり行ったりするのと同じような効果が期待できる。その意味で心的イメージは現実経験のシミュレーション機能をもち実際の経験の代替となり得るのである。コスリン（Kosslyn, 2002）は，これをイメージの「**現実シミュレーション原理**（Reality Simulation Principle）」とよび，その具体的な表れとして，記憶，創造性や問題解決，イメージトレーニング，自己理解，感情制御などにおけるイメージのはたらきをあげている。以下では創造性と感情制御における心的イメージの機能に関する最近の研究について紹介する。

2 創造性と心的イメージ

心的イメージは創造的な思考に極めて重要な役割を果たすと考えられている（Shepard, 1978）。ケクレのベンゼン環の発見，ワトソンとクリックのDNA二重螺旋構造の発見は，いずれも夢うつつの中で見た視覚イメージがもとになって生まれたという。アインシュタインの相対性理論の基本構想は，自分が光線にのって旅をするところを視覚化する思考実験を繰り返していく中で直観的に思いついたといわれている。

フィンケ（Finke, 1990）は，このような**創造的発見**（creative discovery）における心的イメージの機能をユニークな方法を用いて実験的に検討している。被験者は15個の単純な物体（図5-11）の中から指定された（または自由に選んだ）3つを使って，それらを組み合わせて何か「おもしろくて役に立ちそうなもの」を目を閉じて視覚的イメージを思い浮かべながら作るよう教示された。2分間が与えられた後，被験者は自分の「発明品」を紙に描いて，さらにそれについての説明を求められた。こうして被験者が作成した発明品の創造性は，2人の判定者によって実用性と独創性の2つの側面から得点化され評価される。

球　半球　立方体　円すい　円柱

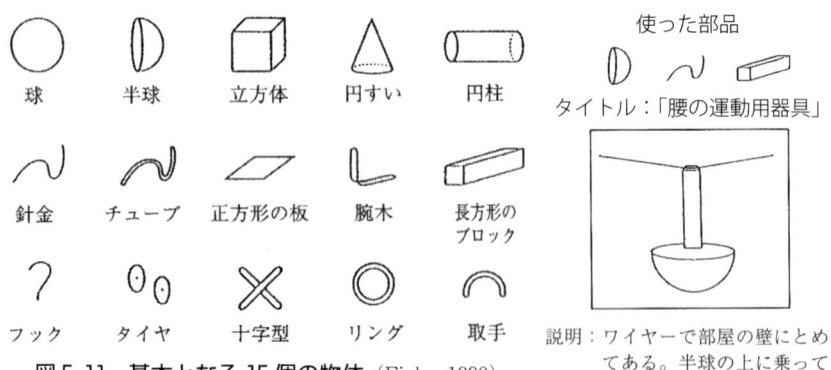

針金　チューブ　正方形の板　腕木　長方形のブロック

フック　タイヤ　十字型　リング　取手

図 5-11　基本となる 15 個の物体（Finke, 1990）

使った部品

タイトル：「腰の運動用器具」

説明：ワイヤーで部屋の壁にとめてある。半球の上に乗ってバランスをとり、腰を左右に動かして使う。

図 5-12　創造的発明品の具体例（Finke, 1990）

図 5-12 は創造的アイディアとして評価された発明品の具体例である。ごく短時間の実験室的な状況のもとで、初めて行った課題であるにもかかわらず、被験者は創造性に富んだ多くのアイディアを比較的容易に生み出すことができることが明らかにされた。被験者は組み合わされた結果として創り出された新たな対象のイメージにあれこれと操作・変換を加えたり、イメージ上で探査・解釈を行ったりする中で、それまでにない意味と機能に直観的に気がつくのである。フィンケたちは、こうしたイメージを用いた心的合成課題が、商品開発における新しいアイディアの発掘や芸術や科学における創造的発想力の訓練にも役立つと考えている（Finke, 1990）。

3　イメージを用いた感情の制御

　感情を制御するのに心的イメージはきわめて有効なツールとなる。嫌な気分を変えるために、楽しいことを想像することは日常よく行われることである。最近、ホームズ（Holmes, E. A.）を中心とする研究グループは、イメージの心理臨床応用の観点から、感情制御におけるイメージの働きについて実験的な検証を組織的・系統的に行っている。そこでは、①イメージがポジティブ感情とネガティブ感情の両方に対して**感情増幅器**（emotional amplifier）としての機能を果たすこと、②イメージは言語よりも直接的にかつ効果的な感情制御を可能にすること、③イメージは抑うつや **PTSD（心的外傷後ストレス障害）** などの治療に有効な臨床的なツールとなりうることが示されている（Holmes &

Mathews, 2010)。彼女たちが行っている研究の中で，イメージを用いる際の**視点**（perspective）と感情との関わりに関する研究はイメージの臨床応用を考えるうえで重要だろう。ホームズらは，イメージを用いた感情制御に関する実験的な研究にもとづいて，ネガティブ感情を緩和するには他者視点（観察者の視点）から，ポジティブ感情を高めるには自己視点（行為者の視点）からイメージするのが有効であることを指摘している（Holmes *et al.*, 2008 ; Holmes & Mathews, 2010）。たとえば，人と言い争っている場面をイメージするなら他者の視点から客観的に想起するほうが不快な感情を上手に低減させることができ，一方で，テーマパークの楽しい思い出なら自分自身が目にした視点からイメージするほうが楽しい気分を高めるのにより効果的というわけである。

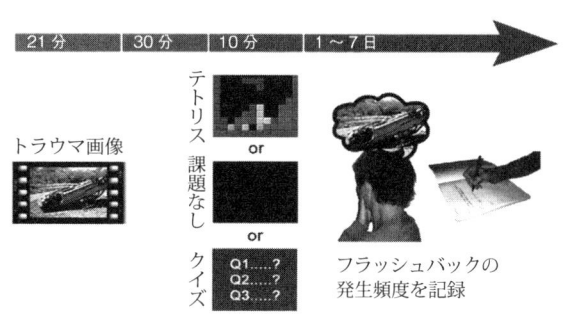

ホームズの実験手続き：トラウマ映像刺激の提示後にテトリスゲーム，文章題のクイズ，課題なしの3条件を設定，その後1週間記憶のフラッシュバックの発生頻度を記録させる

図 5-13 ホームズの実験（Holmes *et al.*, 2010 より改変）

また，ホームズらは，被験者に不快なトラウマ場面の映像を見せた後でテレビゲームのテトリスを行わせたところ（図5-13），その後1週間のフラッシュバックの発生頻度が抑制されることを見出した（Holmes *et al.*, 2009, 2010）。これは視空間的なイメージ課題が不快な視覚記憶の処理過程と干渉するためと考えられるが，こうした干渉効果により不快で不随意的な視覚イメージ想起をある程度コントロールできることを示している。彼女たちは，イメージ課題を利用した初期的な介入が，事故や災害後に起こるPTSDを予防，緩和する「**認知的ワクチン**」としての効果が期待できるという。こうしたイメージを用いた感情制御や心理臨床技法への応用を目的とした実証研究は，今後ますます重要なものになってくるだろう。

▷ブックガイド

北村晴朗　心像表象の心理　誠信書房　1982
　　心的イメージのすべての領域にわたり，心理学の黎明期から現代のイメージ研究まで懇切丁寧に解説されている。イメージ研究においては，まず第一に目を通すべき基礎文献だろう。

菱谷晋介（編著）　イメージの世界　ナカニシヤ出版　2000
　　認知分野を中心にイメージに関するさまざまな領域の学術研究が一冊にまとめられている。

リチャードソン，J. T. E.　西本武彦（監訳）　2002　イメージの心理学——心の働きと脳の働き　早稲田大学出版会
　　イメージを現象体験，内的表象，刺激属性，記憶方略の4つのアプローチに分類して解説。実験データや脳機能画像法にもとづいた数多くの具体的な研究例が紹介されている。

コスリン，S. M., トンプソン，W. L., & ガニス，G.　武田克彦（監訳）　2009　心的イメージとは何か　北大路書房
　　認知神経科学の枠組みからのコスリンらの心的イメージ研究の集大成。およそ30年にわたるイメージ論争の経過が詳述されている。脳機能画像法を用いたこれまでの研究成果のレビューおよびメタ分析の結果も示されている。

乾　敏郎　2009　イメージ脳　岩波書店
　　心的イメージと脳機能に関する最新研究がわかりやすくまとめられている。認知神経科学における身体運動と自己にかかわるイメージ機能の研究成果が紹介されている。

岡田　斉　2011　「夢」の認知心理学　勁草書房
　　近年，進展いちじるしい夢研究の成果が認知心理学分野の研究を中心に詳しく紹介されている。

トピックス5

スポーツとイメージ

　今やスポーツ界では，**イメージトレーニング**を知らない人はいないだろう。しかし，実際の練習や試合の中で系統的・組織的に行っている人は少ない。ここでは実践的な活用法を紹介してみたい。なお，くわしくは徳永（1991，1997）を参照されたい。

1　具体的なイメージトレーニング

（1）**イメージの基礎練習**　好きな色や風景のイメージ，スポーツ用具のイメージ，試合場全体のイメージ，「見ている」イメージ，「している」イメージ，ベストプレイ（成功）イメージを練習する。とくにベストプレイのイメージは過去の大会でのもっとも良いプレイを思い出し，そのときの会場，プレイの状況，終わったときの喜んでいる姿や感情などを描けるようにする。

（2）**技術練習のイメージ**　自分が上手にできるようになりたい動き，演技，技術などをイメージで**リハーサル（予行演習）**する。上手な人のプレイを実際に見たり，ビデオで見たりして，自分がしているイメージを描く。そのとき，ポイントとなる動きをことばでメモに書いたり，絵や図にカラーで描いておくとよい。

（3）**作戦練習のイメージ**　少なくとも試合前1週間くらいから，試合用の作戦をイメージに描く。作戦は技術的なこと，体力的なこと，心理的なことに分けてメモに書く。また，その大会で起きそうないろいろな条件を想定して，それに対応する作戦を考えておく。逆転の作戦もその1からその3くらいまで作っておく。さらに，時間が関係するスポーツではタイムトライアルをするとよい。イメージの中で目標タイムに合うように100mを泳いだり，走ったりするなどの練習である。

（4）**イメージの描き方**　イメージは視覚的に描くだけでなく，感情（気持ち），音，筋感覚が反応するように描く。また，静かな部屋で椅子にリラックスして座り，目を閉じて，「1分間イメージ→1～2分休憩→1分間イメージ→1～2分休憩→1分間イメージ（合計10分間くらい）」をする。慣れてきたら，イメージの時間を2～3分間に延ばし（合計20分くらい），自宅や練習の前後で1日に1～2回行う。

2　イメージと本番（試合）を近づける

　パフォーマンスを高めるためには，イメージしただけでは十分ではない。イメージしたことを実際の動きやプレイとして表現できるようにしておくことが大切である。

　ここでは図1のようなコートや競技場をカラーで描いたイメージカード（30cm×40cmくらい）を作り，自分の部屋などに貼っておくことを奨めたい。

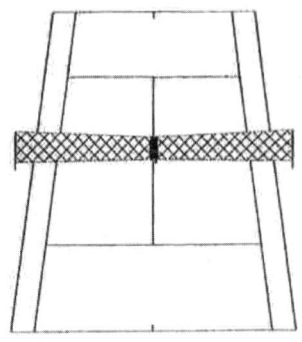

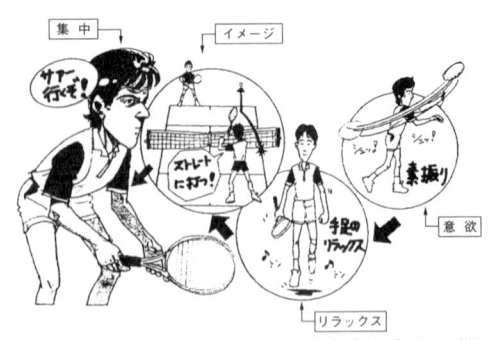

図1　イメージカード　　図2　セレモニー（儀式）化して集中力を高める（徳永，1995）

自分がイメージすることをカードの中で確認する。そして，カードを見ながら素振りをしたり，実際の動きやプレイをリハーサルするのである。そして，イメージしたことを練習場でリハーサルするのは当然である。

3　試合中のイメージ

試合直前には，自分の目標とした作戦を描くし，試合中には状況に応じて作戦を切り換えたり，図2のようにプレイ直前にイメージを利用する。また，試合後には良かったプレイ，悪かったプレイをイメージで確認する。単にイメージするだけでなく，スポーツ日誌の中にことばや絵，図を用いて記入することが大切である。とくに，試合中のイメージは図2のようにプレイを始める直前には，素振りをして意欲を高め，手足を動かしリラックスして，次にすることをイメージし，集中するといった一連のセレモニー（儀式）を行いながら集中力を高めていくことになる。試合はこのような動作の連続であり，イメージが随所に利用される。

4　試合後のイメージ

スポーツ選手のイメージの利用で，もうひとつ大切なことは，試合後に試合中のパフォーマンスをイメージで振り返ることである。試合中の技術的失敗，消極的なことば，思い切りのない動きなどを，指導者を交えて詳細に分析し，理想的な技術，積極的な態度や感情などに置き換えることを確認することである。

そして，試合における自分の理想的なパフォーマンスを作り上げ，パフォーマンス発揮度の確率を上げることに努力する。

6章 注意

　日常生活で**注意**が関係する状況にはどのようなものがあるだろうか。たとえば，大きな音がすると，びっくりしてその音がした方を向くという経験は誰にでもあるだろう。これは，音が注意を強制的にその音源の位置に引きつけるために起こる反応である。また，子どもに人気の絵本に『ウォーリーをさがせ！』というのがある。この絵本のように，特定の対象を探すという行動は，**視覚探索**とよばれ，注意の選択機能を反映している。また別の例としては，ガード下のような騒音のひどい環境で会話をしているときには相手の話に「耳を傾ける」必要があることやおもしろいマンガやテレビ番組に夢中になっていると，あっという間に時間がたってしまい，その間の周囲の出来事にはまったく気がつかないことがある。これらは，注意の集中を反映している。時のたつのを忘れるという後者の結果は，無関係の情報が行動の制御に関わる機能（**執行機能**：executive functionとよばれている）から遮断されて起こる現象である。また，講義中にふと気がつくと，講義とは関係のないことを考えている自分がいたりする。これは，注意の集中が途切れたときに起こる現象である。この章では，日常生活でもよく経験する上記の例のような注意が関係する多様な現象に関わる実験の成果について紹介した上で，そこから導かれた注意のさまざまな機能に関わる脳のメカニズムについて概説する。

1節　注意の諸機能

　上記のように，注意の機能はさまざまな行動に反映されている。それを整理すると，①選択，②集中と維持，③切り替えに分けられる。

1　選択

大きな音に対して，そちらを向くのは，注意の選択機能が外部の刺激によって強制的に制御されたために起こる現象である。これは，以下に述べる**空間的注意**研究では，**注意の捕捉**（attentional capture）とよばれており，自動的な選択機能の現れである。また，特定の対象を探す視覚探索は，能動的な選択の働きである。この2つの行動は，いずれも**選択的注意**（selective attention）機能を反映している。

2　維持と集中

注意の維持とは，特定の対象に持続的に注意を向ける働きであり，古典的な研究としては，**ビジランス**（vigilance）課題を用いたものがある。注意が特定の対象に対して維持された状態では，注意はその対象に（程度の違いはあっても）集中しているといえる。この場合，それ以外の対象に対する処理は集中の程度に応じて抑制されている。そのため，後述する**両耳分離聴**（dichotic listening）実験で明らかになったように，注意を向けなかった対象に対する処理の結果はほとんど記憶に残らない。また，ビジランスの研究が明らかにしたように，注意を長く特定の対象に向け続けることはできず，時間とともに集中が低下してくる。このことは，既にウィリアム・ジェームズ（William James）も気がついていて，「持続的な能動的注意とは，実際には注意を向けた対象に繰り返し注意を向け直すことだ」と述べている（James, 1950）。

3　切り替え

仕事をしているときに電話が鳴ったり，誰かが部屋を訪ねてきたりすると，それまでの仕事を中断して，電話に出たり，来た人と応談したりする。こうした日常ありふれた一連の行動にも注意が関係している。これを実験室で再現したのが，**課題の切り替え**（task switching）とよばれている課題である。このような状況では，課題の変化にともなって適切な情報を選択する必要があるので，選択と集中・維持の機能が関わっているが，それに加えて，課題が異なることにともないそれに必要な処理を準備しなければいけない。そのための余分な処理が必要となる。たとえば，いきなり予想もしないことを尋ねられると，「えーと」と間をとってから，それはこうこうだと答えるというような経験は

誰にでもあるだろう。この際の「間をとる」という行動は，課題を切り替えるために時間を要することから生ずる行動である。

2節　注意研究の歴史

　注意は，心理学の歴史とともに古い研究テーマ（LaBerge, 1990）であるが，行動主義の時代には，他の多くの高次精神機能と同様，日陰に追いやられていた。しかし，行動主義から認知心理学へとパラダイムシフトが起こるとともに，再び盛んに追究されるようになってきており，今では認知心理学の主要な実験対象となっている。さらに**機能的イメージング**研究が盛んになった1990年以降は，注意は，「脳がどのように情報処理を制御しているかに関わるあらゆるものを含んだ用語となっている（Chun, Golomb, & Turk-Browne, 2011）」。

　現在の注意研究につながる研究は，第2次世界大戦後にスタートした。その1つは，注意の維持・集中に関わる機能を調べるためのビジランスとよばれる課題を用いた研究である。この研究は，第2次大戦中の索敵監視作業中に観察された信号の見落としがきっかけとなって大戦後に始まった（Mackworth, 1968）。ビジランスでは，たとえば，メーターの針の振れのような単純な監視作業を実験参加者に行わせる。この監視作業の特徴は，反応すべき信号はそれほど頻繁ではなく，かつ予期しないタイミングで起こることである。上記の実験では，信号はたまに起こる通常の振れに比べて倍の振幅の振れであり，普通なら容易に気がつくものであった。ところが監視作業を開始してから30分ほど経過すると，検出成績は顕著に低下しだし，その後もゆっくりとではあるがさらに低下した。これがビジランスの低下として知られるようになった現象である。

　第2次大戦後に始まったもう1つの研究は，両耳分離聴課題を用いた選択的注意の研究（Moray, 1969）である。この課題は，複数の音源のうち，特定の音源に注意を向けた場合に，他の音源の情報がどのように処理されるかを調べたもので，パーティ会場のようなたくさんの話し声が飛び交う人混みの中でも，特定の話を聞き分けることができるという現象（**カクテルパーティ効果**とよばれている）を実験室で再現したものとなっている。

　その後，1970年代に入ると，オレゴン大学のポズナー（Posner, M. I.）に

よる空間的注意の研究やイギリス出身で現在はアメリカで研究を行っているトリースマン（Treisman, A.）による視覚探索課題を用いた研究などがこの分野を代表する研究となり，現在までこうした課題を用いた研究が盛んに行われている。

1980年代以降は，それまでの主としてサルを用いた神経生理学的研究や脳に損傷を被った患者での**神経心理学**（neuropsychology）的研究に加え，現在，脳科学と通称されているような非侵襲的な機能的イメージング法を用いた研究が盛んになってきている。これには，放射性同位元素が発する陽電子の崩壊を利用した**ポジトロンエミッショントモグラフィー**（PET）と**機能的核磁気共鳴画像**（fMRI）がある。機能的イメージング研究は，人間を対象に生身の脳でその機能を解析することを可能にした。これにより，それ以前は純粋に心理学的実験にもとづいた理念的なモデルが並立する状態であったものが，脳の特定部位の関与という物理的制約が加わることで，モデルの優劣を明確にできるようになった。このため，注意を含む人の高次精神機能に関わる研究は飛躍的に進歩した。

3節　空間的注意

1970年代頃から盛んになった選択的注意の研究には，ポズナーにより考案された空間的手掛かりを用いた**損益分析法**（cost-benefit analysis）とトリースマンのグループによる視覚探索課題がこの分野の実験パラダイムとして盛んに用いられた。これに加えて，後述のような**干渉**（interference）を利用した研究が行われるようになった。

1　空間的注意の損益分析法

通常，視野のあるところに注意したいと思うと，人は目をそちらに向ける。このことからも分かるように，注意の機能は眼球運動の制御と密接な関係がある。しかし，パーティで誰かと立ち話をしているときに，隣の会話が気になった場合のように，目の前の相手に目を向けておきながら注意を別の方向に向けることも可能である。目を動かして注意した場合を，**行動に表れた注意**（overt attention）とよぶことがある。これに対し，目を動かさないで注意の

み移動した場合には，**隠れた注意**（covert attention）とよばれる（Posner, 1980）。視覚探索課題では，通常被験者は，ターゲットを検出するために目をその位置に移動させるので，この課題での注意は，行動に表れた注意を反映している。これに対し，空間的注意の実験では，被験者は目を凝視点に固定するようにと要請されるのが一般的なので，この課題ではたらいている注意は，隠れた注意である。

空間的注意の実験では，注意を視野の特定の場所へと誘導する目的で，その付近に手掛かりとなる刺激を事前に提示するやり方が昔からひろく行われてきた（たとえば，Eriksen & Hoffman, 1972）。こうした実験では，しばしば手掛かり刺激を事前にターゲットの近傍に提示し，そうしなかった場合と比較してそれによる反応の促進がみられることを示した。このやり方では，注意を向けることによる促進については情報を得ることはできるが，注意を向けなかった場合の影響を知ることができなかった。この点を考慮した巧みな工夫をすることで，視野の特定の部位に注意を向けることが，処理にどのような影響を与えるかをより詳細に検討できるようにしたのが，ポズナーが考案した**損益分析法**である（Posner, 1978）。この方法では，手掛かり刺激によりターゲットの位置を予告するときに，手掛かりの有効性（validity）をこれまでのように100％としないで，75-80％程度にした。こうすることで，手掛かりが指示した場所とは異なる場所にターゲットが出現する試行を導入できた。そのとき得られたターゲットに対する反応は，注意は（多くの場合，実際にターゲットが提示される位置を指し示しているのでターゲットが提示された時点では）手掛かりの指示した位置に移動していると考えられることから，注意が向けられなかった場合の反応であると考えられる。ただし，空間手掛かり法を用いた実験では，ターゲットは多くの場合単独提示されるので，手掛かりとは異なる位置にターゲットが提示されたときには，被験者は素早く注意をターゲットの位置に向け直すものと想定されている。この注意の再配置には一定の時間を要し，そのため反応時間は遅延することになる。典型的な実験例（Warner, Juola, & Koshino, 1990）を図6-1に示した。損益分析法では，手掛かりが正しくターゲットの位置を指示した試行を有効な（valid）試行とよび，別の位置を示した試行を無効な（invalid）試行とよんだ。この2つの手掛かりの操作に加え，手掛かりがターゲットの位置に関して情報を与えない中立条件が設けられた。

この条件を入れたことで，注意を向けなかったことが引き起こす損失（中立条件と無効条件の差）と注意を向けたことによる利益（有効条件と中立条件の差）を分けて検討することが可能となった。ただし，中立条件の使用に関しては異論（Jonides & Mack, 1984）もあり，最近では有効と無効の 2 条件のみを用いる研究も多い。

この方法を用いた一連の研究により，ポズナーのグループ（Posner, Petersen, Fox, & Raichle, 1988）は，注意が移動する過程を，①注意を既に向けた場所から注意を引き剝がし（**disengagement**），②それを別の場所に移動し（**shift**），さらに③移動した先にある対象に対し注意を作用させる（**engagement**），という 3 つの段階からなると主張した。損益分析法を用いることで，空間的注意の成り立ちをより細かく検討することが可能になった。一例をあげると，ポズナーら（Posner, Walker, Friedrich, & Rafal, 1984）は，空間的注意に関係することが知られている頭頂葉の損傷患者では，注意の引き剝がしに障害があることを見いだしている。

以上のような空間的注意実験では，手掛かりは，多くの場合正しくターゲットの位置を指し示していたが，ターゲットの近傍に手掛かりを突然提示したり，

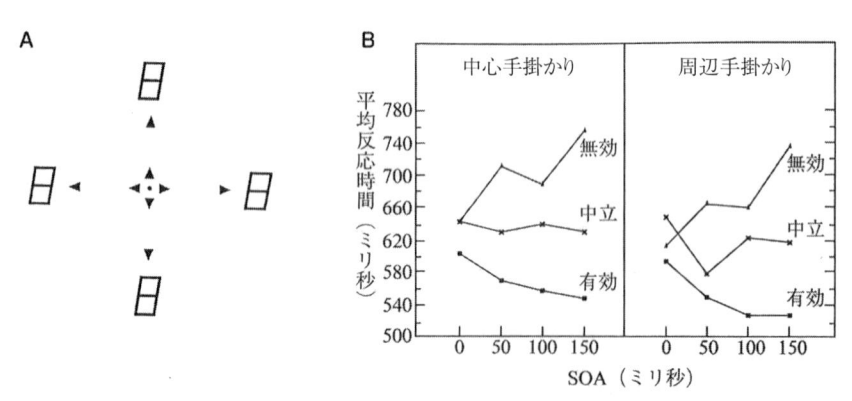

A）は，実験で用いられた刺激。凝視点付近に提示した手掛かり（central cue）とターゲットの付近に提示した手掛かり（peripheral cue）をターゲット刺激とともに示した。この実験での被験者の課題は，瞬間的に提示された数字が何であったかを判断することであった。B）は，得られた結果を示す。どちらの手掛かりでも，SOA（stimulus onset asynchrony：手掛かり提示からターゲット提示までの時間間隔）が長くなるにつれ有効な試行の反応時間は短くなり，無効な試行の反応時間は長くなっている。これに対し，中立条件では反応時間は手掛かりの SOA に関わりなくほぼ一定である。

図 6-1　典型的な損益分析法の実験例（Warner *et al.*, 1990）

ターゲットを囲む枠の輝度を増加させるという手掛かり提示方法（これは**周辺手掛かり**といわれ，注意を**外発的**（exogenous）に制御すると表現されている。これに対し，矢印のようなシンボルを凝視点付近に提示することで，注意を特定の部位に誘導する場合は，意図的に注意を指示された部位に向けることから，**内発的**（endogenous）制御という）を用いると，手掛かりとターゲットとの間に対応関係がなくても，つまりターゲットの位置についてでたらめな情報しか与えられない場合でも，有効な試行では無効な試行に比べ，処理が促進されることが知られている（Posner & Cohen, 1984）。ただし，この場合には，手掛かりが反応遂行に対しどのように影響するかについては，手掛かりとターゲットの提示間隔（**SOA**: stimulus onset asynchrony とよばれている）が重要で，それが長くなるにつれて注意の効果は促進から抑制へと反転することが知られている。具体的には，SOAがおよそ300ミリ秒よりも短い場合には，注意は反応を促進し，それ以上長くなると逆に抑制的に作用する。手掛かりがでたらめにターゲットの位置を示したにもかかわらず促進が起こることから，輝度変化をともなう手掛かり提示は，強制的に注意をその変化が起こった位置に引きつけると考えられている。これは，**注意の捕捉**とよばれている。一方，手掛かりとターゲットのSOAが長くなった場合の抑制的な作用は，**復帰抑制**（inhibition of return）とよばれている。復帰抑制は，注意には，いったんある場所に向けられると，そこには戻りにくくなるという性質があるために起こるとされている。復帰抑制があることで同じ場所を何度も探さなくてすみ，結果として視覚探索が効率的になるとされている（Klein, 2000）。

2　視覚探索

『ウォーリーをさがせ！』のように，多くの対象の中から特定の対象を探すときには，探すべき対象が見つかるまでそれらしい対象を一つひとつ見ていくだろう。これは**視覚探索**（visual search）課題とよばれており，トリースマン（Treisman, 1988）が中心となって研究が展開した。視覚探索では，複数の刺激が画面上に提示され，実験参加者はその中に指定されたターゲットがあるかどうかをなるべく早く判断する。したがってこの課題では，ターゲットの有無を判断するのに要した時間が指標となる。多くの場合，視覚探索実験では探索の対象となる刺激の総数と探索に要する時間との関係を求める。通常，この関

係は線形（1次関数）になる。つまり，探すべき対象の数が1つ増えるにつれ，一定の割合で探索時間が増加する。この時，探索対象が1つ増えるごとに増加する探索時間（これは直線の傾きに対応する）を，**探索の効率性**を表す指標とする。つまり，直線の傾きが小さければ小さいほどより効率的な探索だとされている。

多くの場合，ターゲットかどうかの判断は，対象を処理してはじめて可能となるので，視覚探索では，実験参加者は，ターゲットが見つかるまで探すべき対象を順番に注意し，それがターゲットかどうかを一つひとつ確認する必要がある。したがって，探索時間は，探索すべき対象の数に比例して長くなる。しかし，場合によっては対象の数によらないで探索時間が一定になることがある。それは，「紅一点」という表現が当てはまるような刺激布置である。この状況では，ターゲットのみが特定の刺激属性を有している（**singleton**と称される）。そのため，それがパッと目に飛び込んでくる（英語では，**pop-out**と表現されている）という印象を与える。この場合には，他に探すべき対象がいくつあっても，探索に要する時間は，探すべき対象の数に依存せず一定となる。つまり，対象の数と探索時間の関係は，傾きがほぼゼロの（X軸に平行な）直線となる。これに対し，そうした特別な特徴を有しない通常の探索では，上記のように傾きが正の直線となり，探すべき対象の数に比例して探索に時間がかかる場合は，**直列探索**（serial search）とよばれ，傾きがゼロに近い（1項目当たり10ミリ秒以内の増加）場合は，**並列探索**（parallel search）とよばれている。

a 探索の非対称性

探すべきターゲットとそれ以外の刺激（これは妨害刺激とよばれる）の関係を逆にすると，探索の効率が変化することがある。たとえば，図6-2を見ると実感できるように，O（オー）の中にQを探す場合にはその逆（Qの中にOを探す）に比べ，ターゲットを見つけやすいことが分かる。このようなターゲットと妨害刺激との関係を入れ替えると探索効率が変化する現象を**探索の非対称性**（search asymmetry）とよぶ。なぜ，このような現象が生ずるのかは完全には分かっていないが，背景となる妨害刺激がある刺激布置を構成し，それとの対比が明瞭に生ずる場合により効率的な探索となるようである（Treisman, 1986）。

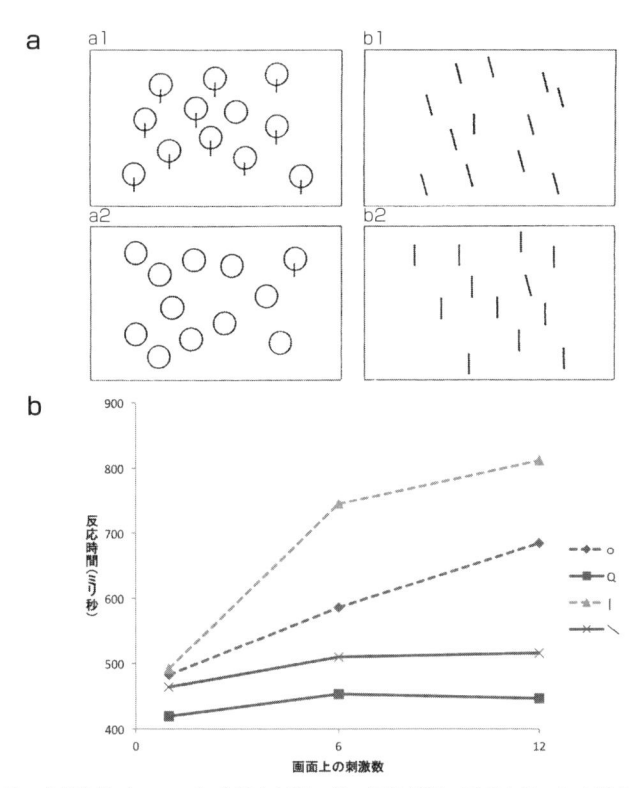

(a) 探索の非対称性（pop-out）を示す刺激の組。同じ刺激の要素を組にした場合，そのどちらをターゲットにし，どちらを妨害刺激とするかにより，探索効率に違いが出る（探す対象が増えても，探索に要する時間の増加の程度が小さいときに探索の効率がよいという）。これを探索の非対称性という。この図では，aとbのいずれも下の方（a2, b2）が上の場合（a1, b1）より探索の効率がよい（b）。

図 6-2　Pop-out の例（Treisman, 1986 より）

4 節　干渉現象

注意研究で，古くから知られており，今でも盛んに研究されている現象に，干渉がある。これには，さまざまなバリエーションがあるが，よく知られているものに，**ストループ効果**（Stroop, 1935）とよばれている色と色の名前の間の干渉，**フランカー効果**とよばれているターゲットの両脇に置かれた非ターゲット刺激による干渉（Eriksen & Eriksen, 1974），それに**サイモン効果**とよば

れている刺激とその提示位置の対応関係の有無に基づく干渉（Simon, 1990）がある。このうち，ストループ干渉は，ストループが1935年に発表したもので，干渉現象の中では最も古くから知られているだけでなく，未だに最もよく用いられている干渉課題である（MacLeod, 1991）。

干渉が生ずるメカニズムとしては，一般に感覚器官が入力を受け取ると注意がそれに向けられたかどうかに関わりなく，処理が自動的に進行し，（文字を読むなどのように）学習により自動化した刺激—反応の対応関係がある場合，刺激に対する反応傾向が自動的に活性化し，これが本来要求されている反応（ストループ課題では，色の名前をいう）と競合する。この競合を抑えようとすることで余分な時間がかかり，反応時間が遅延するとされている。

注意は，空間の特定の場所に向けることができるだけでなく，その影響の及ぶ範囲を広げたり狭めたりすることもできるとされている（後述の注意のスポットライト）。フランカー干渉を利用してこの注意の広がり方について調べたのはエリクセンとエリクセン（Eriksen & Eriksen, 1974）である。この2人の研究では，凝視点にターゲットを，その両脇に複数の文字を並べて提示し，これに対する弁別反応時間を計測した。両脇の文字列とターゲットが同じ反応キーに対応していた場合（一致）と別の反応キーに対応していた場合（不一致），それに無関係の場合を設け，一致条件との比較で不一致の場合に反応の遅れがあるかどうかを検討した。不一致条件の反応時間から一致条件のそれを引いた差分が干渉の程度を示す指標となる。さらに，エリクセンたちは，両脇の文字列の影響がどこまで広がっているかを調べる目的で，文字列とターゲットの間のスペースを狭いものから広いものまで3段階で変化させた。その結果，干渉の程度は，両脇の文字列とターゲットの文字との間隔が広くなるにつれ小さくなっていき，文字の間隔が視角で1°以上では干渉は見られなくなった。この結果から，エリクセンたちは，注意は一定の限界以下には絞ることができないと結論づけるとともに，それを舞台で主役を浮かび上がらせる**スポットライト**に喩えた。この喩えは現在でも使われることがある。

5節　課題の切り替え

課題の切り替えに関する研究は古くから行われていたものの，1990年代以降，

再び取り上げられるまでは，注意の課題としてはあまり注目されていなかった（Monsell, 2003）。課題の切り替えでは，選択的注意だけでなく，課題が変わることにともなって，一連の処理のために必要なルーチン（習い覚えた行動習慣）群を別のルーチン群に切り替える必要がある。そのためには新たなルーチン群を長期記憶から呼び出すことやそれまで使っていた以前の課題のためのルーチン群が反応を支配しないように抑制する必要があり，こうした処理のためには，執行機能が関わってくる。

　課題にそったルーチン群を準備する行動は，**構え**（set）とよばれている。通常，何かをする際には，その「何か」があらかじめ指定されていることが多い。しかし，実験的には何をすべきかを，その操作を受ける対象を提示した後から指定することも可能である。こうすることで，「何か」をするために必要な準備，つまり構えに一定の時間が必要かどうかを調べることができる。

　ビーダーマン（Biederman, 1973）は，この目的で，1から9の数字からランダムに選んで2つの数字を与え，それに対し，足し算，引き算，あるいはかけ算をやらせ，その答えが出るまでの時間を測定する実験を行っている。この実験でビーダーマンは，演算子を2つの数字の前に与える条件と，最初に数字を与えてから最後に演算子を指定する条件を比較した。実験参加者の内省を聞いたところ，演算子が後から与えられると，2つの数字が与えられた段階で，どの演算子が来るかを予想して計算を済ませておくというやり方がとられた。演算子が2種類の場合には，半々の確率で予想が的中するので，数字が与えられてから演算子が与えられるまでの待ち時間に計算を済ませておくことで，演算子が先に与えられた場合よりも反応が早くなった。ところが，演算子が3種類の場合には，逆に予想が当たるより外れることが2倍多くなるため，演算子が先に与えられた場合の方が早く答えられた。この実験から分かるように，あらかじめどのようなことをすればよいかが分からないと，選択肢が少なくて予想が可能な場合を除いては，反応が遅くなる。これが，突然予想もしないことを聞かれると，一瞬答えにとまどう理由である。質問がくることをあらかじめ予想できていれば，答えることに備えておけるが，そうでなければ，まず答えるための準備をする必要があり，そのために余分な時間を要することになる。

　最近の課題の切り替え実験では，多くの場合，1つの刺激（たとえば数字）あるいは刺激セット（文字と数字）に対して，2つの異なる判断を求める課題

を用いる。たとえば，数字が偶数か奇数かを判断する場合と，ある数との大小判断を求める場合とがあり，そのどちらの課題を行うかを，手掛かりにより切り替える。こうした実験の結果，数試行ごとに課題が変わる場合には，とくに切り替え直後の試行で反応に顕著な遅れが出ることが知られている。しかも，切り替えを指示してから反応刺激が提示されるまでの時間間隔を十分長くとっても切り替え直後の反応が遅くなることから，切り替えには前の課題からの何らかの干渉があることが想定されている（Monsell, 2003）。

6節　注意はどの段階で処理に影響するのか
――早期選択説と後期選択説

　選択的注意の研究では，注意が処理のどの段階で作用しているかが，長く主要な論争点であった（Lambert, 1985）。初期には，両耳分離聴を用いた研究で得られた注意を向けなかったチャンネルの内容がほとんど理解できなかったという発見から，ちょうどテレビのチャンネルをある局に合わせたときのように，注意を向けなかったチャンネルの情報は，入力の（まだ，刺激の物理的処理しか終了していない）早期の段階で失われてしまうと考えられた。これがブロードベント（Broadbent, 1958）の唱えた**早期選択説**（early selection theory）である。これに対し，その後の研究では，注意を向けなかったチャンネルについて，高次の処理（たとえば，意味内容に関わる処理）が行われていることを間接的に示す証拠がいろいろ得られたことで，**後期選択説**（late selection theory）（代表的な初期の論文にドイッチュとドイッチュ（Deutsch & Deutsch, 1960）がある）が唱えられ，一時は，後者の説が有力となった。

　カーネマンとトリースマン（Kahneman & Treisman, 1984）は，早期選択説と後期選択説の両方ともに支持する証拠があるのは，実験で用いた課題の違いによるとしている。早期選択説の基になった知見は，主として両耳分離聴実験により得られたものである。この実験では注意を向けた耳に提示された情報をオウム返しにする**シャドーイング**（shadowing）とよばれる作業が課されるが，これは処理に対する負担が大きい作業である。これに対し，干渉課題や空間的注意課題では，比較的単純な刺激布置が用いられ，反応は検出や文字などの弁別で，反応に要する負荷はそれほど大きくない。彼らによれば，こうした

処理に対する要求度（認知負荷とよばれることがある）の違いが，無関連情報の遮断（フィルタリング）の程度を決めている．

この考えに触発されて，ラビィー（Lavie, 1995）は，中心部にターゲットを提示し，周辺部（上か下）に大きな干渉刺激を配置したフランカー様課題を用いて実験を行った．この研究では，ターゲットの提示方法に2通りがあった．それは，ターゲットが視野の中心部に単独で提示された低負荷条件と6つの文字列中の1文字として提示された高負荷条件である．低負荷条件に比べ高負荷条件では，ターゲットを含む文字列の処理により大きな処理容量を配分する必要があるので，結果的に周辺に置かれた干渉刺激に対して配分される処理容量が減少することになる．その結果，低負荷条件では40ミリ秒の干渉効果が得られたが，高負荷条件では4ミリ秒と，干渉はほぼ消滅した．この結果からラビィーは，カーネマンとトリースマン（Kahneman & Treisman, 1984）が主張したように，後期選択説が成り立つのは，知覚処理の負荷が軽く，余った処理容量が干渉刺激にも配分される場合だと結論づけた．

こうした心理学的研究とは別に，動物を対象とした神経生理学的実験（Desimon et al., 1990）や1990年代以降盛んになった機能的イメージング研究（Shulman et al., 1997）によって，視覚系では，網膜からの情報が最初に到達する後頭葉の部位であるV1を含む初期段階での注意の作用を示す証拠（比較的初期の研究としては，Corbetta et al., 1990 がある）が積み上がってきたことで，現在では注意が視覚情報処理の初期段階から処理に影響していることは疑えなくなっている．しかし，それと同時に，バックワードマスキングにより自覚できなくした単語であってもその同定に関わる処理を行っている下位側頭葉で神経細胞の活動が起こることが機能的イメージング研究（Dehaene et al., 2001）から明らかになっている．この結果は，刺激を自覚できなくてもそれに対し脳は反応していることを示しており，そうした刺激に対して選択的に注意することは（複数の箇所に刺激が提示されるような状況では）難しいことを考えると，後期選択説が主張するように，注意がなくても処理は高次の段階まで進むこともまた疑いえない．このように，注意の作用部位と注意による選択の関係は，単純にどの処理段階で選択が起こるのかという問いから，どの段階で注意がどのように作用し，それが選択にどう影響しているのかという問題になっている．

7節　注意を支える神経機構

以上のように，注意は複数の機能からなりたっている。ここでは，それぞれの機能に対応する神経機構について，神経心理学的研究と機能的イメージング研究から得られた知見を基に紹介する。

1　半側空間無視

神経心理学的研究の結果，注意に関わる脳の部位としては，頭頂葉が重要であることが，**半側空間無視**（hemineglect）や頭頂葉の両側損傷で起こる**同時失認**（simultanagnosia）の症例研究（トピックス6）から明らかになっている。

半側空間無視は，右頭頂葉の **TPJ**（頭頂葉と側頭葉の接合部）の損傷で起こる注意の障害である。この部位が損傷を受けると，患者は視野の左半分にあるものに対し注意を払うことができなくなる。その結果，患者は，お皿の左半分を食べ残したり，パジャマの左袖を通し忘れたりする。さらに，半側空間無視の神経心理学的検査として，患者にものの形を思い出して描くように言うと，左半分を描かないまま絵を完成させる。また，直線を等分させると，中心から右にずれたところで分割する。これも，左端の一部が無視されることで，患者にとって，線分が全体のうち右寄りの部分からなると受け取られたためだと考えられている（Milner & McIntosh, 2005）。

機能的イメージング技法を用いた研究からは，脳が特定の課題を遂行するとき，相対的に活動が高まっている複数の領域と逆に活動が低下している領域があることが明らかとなる。これは，刺激を知覚しそれがどのような刺激であるかを判断し，課題にあった反応を選択するという一連の作業は，時間を追って脳の複数の領域での処理を経て，最終的な出力が得られるからである。機能的イメージング法は，血流変化に依存して変化する指標を用いていることから時間分解能がよくない。そのため，反応時間課題のような短時間で反応まで至る課題では，一連の作業がどのような順序で進行するかを明らかにすることはできず，全体としてある活動に脳のどの部位が関わっているかについてのみデータを与えてくれる。

2 注意機能を担う脳の領域

神経心理学的研究と機能的イメージング研究で得られた知見から，注意の機能ごとに関与する脳の領域が明らかになってきている。ここでは，注意の機能を，①選択，②割り込み制御，③課題の切り替え，それに④執行機能に分け，そのそれぞれに関わる神経機構をみてみよう。

a 選択

選択という機能は，特定の対象に注意を向けることでその処理を優先することで実現されている。この注意による選択は，**半側空間無視**や**同時失認**のような障害に関係する部位が頭頂葉であることからも分かるように，頭頂葉が重要な役割を担っている。さらに，機能的イメージング研究からは，頭頂葉，とくに**頭頂間溝**（IPS: intraparietal sulcus）は，空間的選択以外にも，さまざまな選択で共通した活動がみられることが明らかになっている（Wager, Jonides, & Reading, 2004）。具体的な選択としては，たとえば，特定の対象に注意する，あるいは対象の特定の特徴に注意する場合（対象が何色かを判断するような場合），さらに反応のルールが変わる場合や課題の切り替えでも共通して頭頂葉のこの部位が活動する。

さらに，選択の駆動源がどこにあるかにより，選択的注意の働きに関係する頭頂葉内の領域が違ってくる（Corbetta & Shulman, 2002）。注意が**トップダウン**（top-down: 能動的に注意を特定の対象に向けること）に駆動される場合には，眼球運動の制御を担っている頭頂間溝と両側前頭葉の前頭眼野で形成される回路が関わっている。空間的注意は，眼球運動制御系の働きを反映していることからも，この系がどこに注意を向けるかという空間的選択のトップダウン制御に関わっているのはうなずけることである。これに対し，注意の捕捉が起こる事態，言い換えれば外部の事象が**ボトムアップ**（bottom-up）に注意を駆動する場合には，右半球の TPJ と右前頭葉の腹側部で形成される回路が関わっている。

b 割り込み制御

割り込みという注意の作用は，注意を最適に制御するにはどうしたらよいか，という問題に対する答えである。もし，能動的に（自分の意思で）注意を制御するだけしかできないとすると，当面する課題を処理するには不都合はなくても，外界の事象に対しては的確に対応できないことになる。実際，古代ギリシ

ャの数学者アルキメデスは，シラクサで地面に円を描いて計算していたときにそこに侵入してきたローマ兵に対し「円を壊すな」と言ったために殺されてしまったという逸話が残っている。

　ある課題を遂行している当人にとって予期できない外部の事象にはどのようなものがあるだろうか。1つは，空間的注意で取り上げた外部に起こった何らかの変化である。Posner タイプの空間的注意課題の研究から，こうした変化は注意の捕捉（つまりボトムアップの注意制御）を生じることが知られている。これに加えて別のタイプの予期できない事象として，処理の途中で生じた予想外の出来事がある。たとえば，予想しないタイミングで反応を求められたり，言い間違いのように本来するべきものと違った反応をしたり，干渉のところで取り上げたような複数の競合する処理結果が異なる反応を要求したりする事態などがそれである。この2つのタイプの事象は，いずれも当人が予想しないタイミングで起こり，対処することが必要な事象であり，そのためには注意の切り替えが必要となる。この要求は，その性質上，ことが生じてから注意をその事象に向け，対処するしかない。コンピューターでもこうした予想外の事象に対応するために「割り込み」というしくみを備えている。

　このような場合に，処理を切り替える信号を注意の能動的制御を行っている前頭前野の背外側部に伝え，処理を切り替えるように促すために重要な部位として，**TPJ**と**前部帯状回**（anterior cingulate：とくにその後部の背側）がある。TPJ（とくに右半球）は，既に半側空間無視に関連して紹介した部位で，外部の事象を検出して注意をその事象に向ける処理に関わっている。たとえば，機能的イメージングを用いた研究（Shulman, Astafiev, McAvoy, d'Avossa, & Corbetta, 2007）から，右のTPJの活動は注意を別のターゲットに集中すると抑制されることが見出されている。この結果は，TPJによる割り込み機能が能動的に抑制可能なことを実証したものといえる。これに対し前部帯状回は，予期しない事態が起こったときに適切に注意を切り替える働きを担っている。予想しない事態には，反応エラーやStroop課題での干渉があり，こうした事態では，前部帯状回のこの部位の活動が高まることが機能的イメージング研究から明らかになっている。なお，帯状回とは，大脳半球内側面の脳梁の上部に前頭部から後頭部にかけて広がっている領域で，前部帯状回はそのうちの前頭葉部分をいう。

c 課題の切り替え

　課題の切り替えには複数の注意機能が関係しており，それに応じて関係する脳の領野も複数の部位にわたっている。課題に対する構えを準備するためには，課題に必要なルーチン群を呼び出して，反応に備えた状態で保持しておく必要がある。これは執行機能の制御により行われる。これに加えて，課題が切り替わると刺激—反応の対応が変わるので，新たな対応関係を保持しておく必要がある。そのためには，作業記憶の執行機能に加えて反応対応関係を保持する機構が必要である。課題の切り替えが前もって分かっているため，適切な刺激—反応対応をあらかじめ準備しておける場合には，前運動野の活動が昂進することから，この部位が前頭前野の背外側部と協同して刺激—反応対応を短期的に保持していると考えられる（Sohn, Ursu, Anderson, Stenger, & Carter, 2000）。

　課題の切り替えに問題があると思われる臨床症状として**強迫性障害**（obsessive-compulsive disorder）がある。この障害をもつ患者では，特定の観念が何度も何度も頭に浮かぶ（強迫観念）とか繰り返し手を洗うというような症状（強迫行動）がみられ，そのために日常生活に支障が出るようになる。このような患者を対象に，課題の切り替え実験を行い，その時の脳活動を調べた最近の研究（Gu, Park, Kang, Lee, Yoo, Jo, Choi, Lee, & Kwon, 2008）では，こうした患者では健常な人に比べ，切り替え後にエラーが増加し，切り替えに困難がともなうことが明らかになった。さらに，健常者では課題遂行中に活動が昂進していた前頭葉と視床，それに大脳基底核での活動が患者ではほとんどみられなかった。これらの部位は，大脳基底核から視床を経て前頭葉に戻る反応制御に関係する5つの閉回路（Alexander, DeLong, & Strick, 1986）の1つであり，そのうち前頭前野の外側部から発する回路は，執行機能に関わっていることから，課題の構えを能動的に保持し，それに基づき反応の執行を制御していると推定される。

d 執行機能

　執行機能は，元々は**作業記憶**（working memory）での情報の操作を制御するしくみとしてバッドリー（1988）が提案したものである。作業記憶は，**短期記憶**（short-term memory）の機能を含んでいるが，短期記憶が情報の保持に焦点を当てた概念であるのに対し，作業記憶は，暗算をしたり，何かを思い出したり，アイデアを思いつこうとしたり，イメージを操作したり，などわれ

われが日常行っているさまざまな精神作業に際し，必要な情報を一時的に保持し，それを必要に応じて利用する点に重点を置いている。バッドリーは，この作業を遂行するには，具体的に情報を保持するしくみと必要に応じてその情報を読み書きする制御が組み合わされて働く必要があるとし，後者を執行機能とよんだ。

執行機能は，能動的な注意制御において要の役割を果たしている。たとえば，課題を切り替える際には，それまでの課題で使われていたルーチン群の利用を止め新しい課題に必要な別のルーチン群に切り替える必要がある。そのためには，長期記憶を操作したり，それまでのルーチン群の働きを抑制したりするなどの制御を行う必要がある。このように，執行機能を中心とした能動的な注意制御では，課題に応じた柔軟な反応制御を行うために，注意を切り替えるだけでなく，割り込みを抑制したり，反応を抑えたりする必要がある。こうした抑制の働きによって注意集中が可能になり，その結果として，周囲が騒がしくても周囲の状況に注意を奪われることなしに課題を遂行することができるようになる。

機能的イメージング研究などから，この執行機能で中心的な役割を果たしているのは**前頭前野の背外側部**（DLPFC：dorsolateral prefrontal cortex）であることが明らかになっている（Kane & Engle, 2002）。この部位は，作業記憶課題を行っているときに働くだけでなく，Stroop課題のような干渉場面や課題の切り替え，さらに**二重課題**（dual task：会話をしながら運転するというように2つの作業を同時に行うこと）などでもその活動が昂進しており，注意を能動的に制御する際に他の注意に関係する部位と連携して課題の遂行を制御している部位である。

▷ブックガイド

原田悦子・篠原一光（編）　2011　現代の認知心理学4　注意と安全　北大路書房
　　注意の基礎から応用まで幅広く紹介している。
ポスナー, M. I. & レイクル, M. E.　1994　養老孟司ほか（訳）　1997　脳を観る——認知神経科学が明かす心の謎　日経サイエンス社
　　心のはたらきと脳のはたらきを結びつける好著。注意に関しては7章にポスナーの考えが詳しく紹介されている。是非，全体を一読してほしい。
リンゼイ, P. H. & ノーマン, D. A.　1977　中溝幸夫ほか（訳）　1984　情報処理

心理学入門Ⅱ——注意と記憶　サイエンス社
　情報処理という観点から認知をみた古典的名著。注意の古い研究について知るのには有用である。

トピックス6

バーリント症候群

1 バーリント症候群とは？

以下の3つの症状の組み合わせを，バーリント症候群とよぶ。①視覚性注意障害：一度に限られた数のものしか見えない。②視覚失調：見たものに正確に手を伸ばすことができない。③精神性注視麻痺：見えるものに正しく眼を向けることができない。バーリント（Bálint, 1909）の報告などをもとに作られた概念である。以下，個々の症状について述べる。

2 視覚性注意障害

十分な視野が保たれているのに，一度に限られた数（典型的には1つ）の対象しか見ることができなくなる（バーリント，1909）。たとえば，検者の指を注視させると，その脇に近づけたライターの火にさえ気づかない。視覚に限らずどの感覚を通しても病巣と反対側にある対象の存在が意識にのぼらなくなる半側空間無視とは異なり，音を聴いたり触ったりすれば，複数の対象を意識するのに問題はない。

見ることができる範囲は視野で決まるのではなく，対象の数で決まる。重症の場合でも，1つの図形なら，小さく描かれていても大きく描かれていても見える。しかし，図形が2つになると，いくら小さく描いてあっても一方の図形しか見えない。ある患者は，図1Aのように青い正三角形と赤い正三角形で作られたダビデの星を見せられるたびに，「青い三角形が見える」とか「赤い三角形が見える」と答え，「ダビデの星」とは答えられなかった（Luria, 1959）。ほぼ同じ視野の中にあってさえ，一方の対象しか見えなかったのである。1つのものの全体を一度に把握することには問題がない。しかし，患者が何を1つのものと考えたかで，見ることのできる範囲が変わってしまう。自験例の反応の例（図1B）を示す。

3 視覚失調

見た対象に対し正確に手を伸ばす到達動作の障害である。視覚や運動，体性感覚の障害はないのに，ここぞと伸ばした手の先が対象から前後左右上下にずれる。検者が触った患者の体の部分を本人がつかむ場合には位置のずれがない。すなわち，到達すべき場所の情報が体性感覚を介して与えられれば問題がない（Jax et al., 2009）。

4 精神性注視麻痺

眼球運動そのものには障害がない。しかし，視野の周辺に見えたものに視線を向けようとしても，眼を動かし始めることが困難で，眼の動きが遅く，動かす方

向や距離がずれるために，なかなか標的に到達しない。一方，患者の体の部分に検者が触って視線を向けさせた場合は，すばやく正確に行える。すなわち，注視すべき場所の情報が体性感覚を介して与えられれば問題がない（Holmes & Horrax, 1919）。

5　各症状の責任病巣

バーリント（1909）の症例は脳梗塞により両側の頭頂葉後部が損傷されていた。病変は，側頭頭頂後頭接合部と頭頂間溝後部を中心とするものであった。1次視覚皮質以降の大脳における視覚情報処理の流れは，上下3つに区別される（Rizzolatti & Matelli, 2003）。側頭葉へ向かう腹側の流れは，対象の形や色の情報を意識にのぼる形で処理し，それが何であるかを認識することに関わる。頭頂葉の下部へ向かう腹背側の流れは，見たものの位置や運動を意識にのぼる形で処理し，対象の存在を意識することと関わる。視覚性注意障害の責任病巣として重視される両側の側頭頭頂後頭接合部（ルリア，1959）は，この流れに属する。頭頂葉の上部へ向かう背背側の流れは，対象の位置や運動，形の情報をあまり意識にのぼらない形で処理して行為を直接コントロールする。その機能の多くが頭頂間溝の中に存在する（Grefkes & Fink, 2005）。内側頭頂間溝領域は到達動作に際し活動する。見たものへ手を伸ばすことの障害である視覚失調はこの部位の損傷で生じると考えられる。外側頭頂間溝領域は，視覚刺激に対する衝動性眼球運動に関与する。筆者は，ここが本症候群の精神性注視麻痺の責任病巣ではないかと考えている。

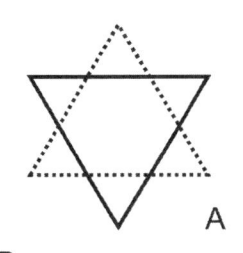

図1　**A：視覚性注意障害症例に対して提示されたダビデの星**
実線と破線で示したが，実際には，いずれも実線の青い正三角形と赤い正三角形で形作られている。**B：視覚性注意障害症例の反応の例**　左：病院の窓から見た実際の光景。円で囲った物体のみを知覚して，「黄色い小屋」と述べた。木やタクシーは見えなかった。中央：図のような絵を見て，角砂糖の部分のみを知覚し「豆腐」と答えた。右：情景画の説明では，図のような木の一部（破線の四角内）のみを水の流れと考え，「滝」と答えた。

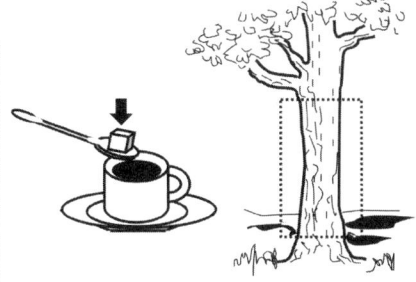

7章
記憶

　私たちの日常生活では，覚えているという経験とともに，思い出せないという経験も数しれない。また，ある時には思い出せなかったものが，突然思い出せるようになるには，何かのきっかけがあることがしばしばである。それは，25年という長い時を経た場所の記憶であっても生じることがある。

　父が25年ほど前に住んでいた都市を久しぶりに訪れることになったときのことである。父は住んでいた家がどこにあったかはまったく覚えていなかったが，その頃通っていた大学から家に向かってまっすぐの道を帰ったということだけを覚えていた。大学からその町にいく途中でも，「もうすっかり忘れてしまった。何も覚えていない」と何度も繰り返していたが，大きな池の辺りに着いた途端，「そこそこ，その次の角を右に曲がって」と，たちまち住んでいた場所を思い出したのである。幸いにも町があまり変わっていなかったために，その後次々と思い出されたランドマークは25年の時を隔てても確認することができた。

1節　記憶の手段

　記憶はどのようにして思い出すのであろう。

1　検索手がかり

　私たちは，何かを思い出す（想起・検索）ときには，記憶の何らかの手掛かりがあることが多い。とくに空間的な記憶は風景の中に手掛かりが存在する事が多く，記憶を呼び起こしやすい。これは，**文脈依存効果**とよばれているものである。記憶するときには，そのものだけでなく一緒に提示されている（近くに存在している）さまざまなものを一緒に記憶している。そのため思い出すと

きにその手掛かりが手元にあるために思い出しやすい。たとえば文脈依存学習の実験では水中で学習したあとに，同じ場所で想起した方が異なる場所において想起したよりも結果がよいという（Goodee & Baddeley, 1975　図7-1参照）。

あることが想起の手掛かり（一般的には「検索の手掛かり」という）として有効に働くのは，手掛かりと思い出す事項が記銘時に一緒に**符号化**（encoding）されているためである。これを**符号化特定性原理**（encoding specificity principle）という（Thomson & Tulving, 1970）。適切な手掛かりが存在する場合には，想起は行いやすい。

記憶の実験手続きでは，手掛かりがなく想起する場合を**再生**（reproduction）といい，手掛かりがあって想起する場合を特別に「手掛かり再生」という。選択肢が与えられて想起する場合や，項目が呈示されて，その項目が以前に呈示されていたかどうかを判断する場合などは**再認**（recognition）である。それらの想起量を比較するとほとんどの実験結果では再認の方が再生よりも成績がよい。再認の場合には，提示されたものと記憶表象の中のオリジナルとを照合すればよいが，再生の場合には，検索の手掛かりを自分で作りだし，それから思い出される候補を記憶表象と一致するかどうかを調べることになる。このように，2段階を経ることから**2段階説**（または，**生成一再認説**：generation-recognition theory）という（Kintsch, 1970；Anderson & Bower, 1972　図7-2参照）。

ある事象を再生することを考えてみよう。たとえば，名字に「た」のつく古い友だち

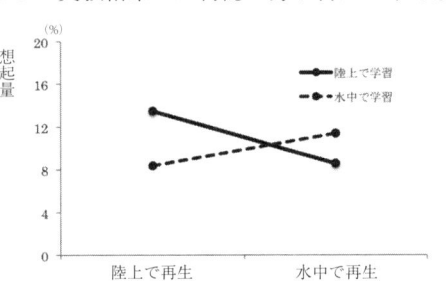

図7-1　**文脈依存効果**（Goodee & Baddeley, 1975より作成）

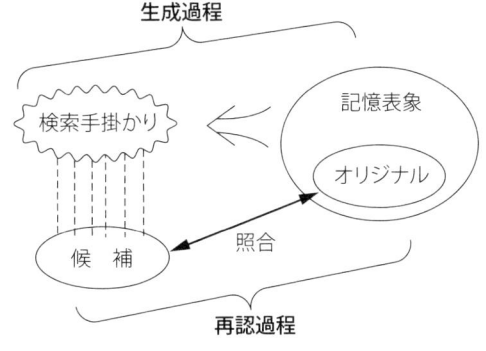

図7-2　生成一再認（2段階）説

の名前が思い出せないとき，似たような音を繰り返してみる。「高橋，田中，田島……」，その一つひとつを思い出しているときに，記憶表象の中の名前と照合し，一致するかどうかの判断を行っている。思い出したという判断の基準は，しっくりきたという感覚であることが多い。もし，覚えていた名前が，音韻的な手掛かりではなく視覚的なものであったなら，名札に書いてあった書体などを思い出しているうちに，一致した字を思い出すこともある。覚えたときと同じ手掛かりを探ることが大切である。思い出すことができないのは，関連している適切な手掛かりへとアクセスできないためであり，**検索失敗説**とよばれている（Tulving & Thomson, 1973）。

2　記憶術

ギリシャ・ローマ時代から，効率のよい検索の手掛かりを作る方法は**記憶術**とよばれ種々の方法が考案されてきた。いつも通る通学路の目印一つひとつに思い出したいものを関連づけていく**場所法**（method of location）や，**ペグワード法**（図 7-3）のように数字の連想イメージと覚えるべきものを連合させて覚える方法などがある。

記憶方略は，また，**展望記憶**の分野でも調べられている。展望記憶（または，**未来記憶** future memory）とは，今より先の時点で，あるアクションを起こしたりプランを実行することを覚えている記憶である。ミーチャムとシンガー（Meacham & Singer, 1977）は，指定した日に葉書を忘れずに投函するという課題を出された大学生の中で動機づけの高い学生は，低い学生より多くのリ

数字と似た音のイメージ			覚えたいリスト（例：買い物リスト）		連合イメージ
1	イチゴ	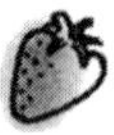	かたくり粉	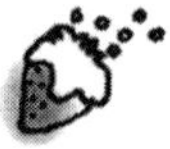	（かたくり粉のかかったイチゴ）
2	ニンジン	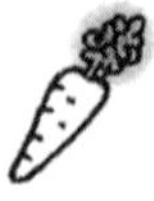	しょう油	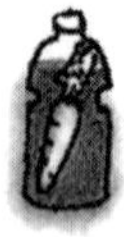	（しょう油ビンに入っているニンジン）
3	サンダル	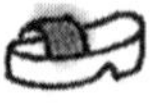	とり肉	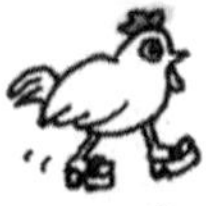	（サンダルをはいたにわとり）
⋮	⋮				
10	ジュース	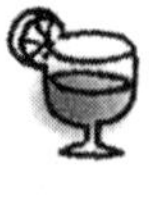	はし	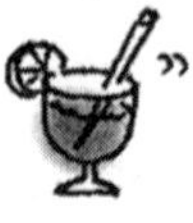	（はしでかきまぜているジュース）

図 7-3　ペグワード法の例

ハーサルを行ったり，外部的，補助的記憶手段（例：メモ）を利用して正確に実行することを見いだした。メモに書くことは，外部手掛かりの利用のためであるが，このことが意味していることは，そのときに必ずしも手帳を見て思い出すためばかりではない。メモを書くという行為自体とこの行動の行われた状況，たとえば手帳のどのあたりに書いたとか，何色のペンで書いていたか，また，どんな字だったかのように，視覚的にコード化された状況の記憶などがそれぞれ手掛かりのひとつになっている。

記憶術の知識とともに，どのように活用するか，自分の能力の限界はどれくらいかといった知識は，**メタメモリー**（metamemory）とよばれている。このような知識は経験によって獲得されることが多いのだが，受験勉強では，記憶するために手掛かりを多く作成する事やイメージや体制化を行うことよりも，ただ単に何度も繰り返せばよいというあやまった記憶術がまだ信じられているようだ。

漢字の記憶についておもしろい現象が知られている。「けいたいでんわ」という漢字を思い出してみよう。思わず空中や机の上に指で書いた人はいないだろうか。この行動は空書行動と名づけられている（佐々木，1984）。その行動が，小学校に入ってしばらくしてから急増することから漢字を書いて覚えた経験の反映であろうと考えられる。現在の子どもたちは，書いて覚える以外に国語の漢字の授業の中に，同じ旁を持つ漢字を探したり，一部分を共有する漢字を探したりするゲーム感覚の練習がある。

　（例）黒□……返却……□刷……□益　　□の中に前後の熟語の漢字の一部分をとって適当な一語を入れよ。

このようにして覚えた漢字の場合には子どもたちは覚えている漢字の部分を組み合わせて，視覚痕跡に一致したものを漢字として思い出すのである。同じことを覚えるにもさまざまな手掛かりを作ることが記憶術である。

2節　記憶へのアプローチの変遷——量から機能へ

記憶の研究は古くから関心がもたれてきたが，ようやく19世紀になって，エビングハウス（Ebbinghaus, H.）の実験によって組織的な研究が始まった。また，覚えること，覚えていること，思い出すことを情報処理の考えから，情

報の流れを符号化(**記銘**),貯蔵(**保持**),検索(**想起**)の3つの段階として分類し,それぞれの段階の特徴を分析するようになった。

1 容量の限界

古典的な研究においては,エビングハウス(Ebbinghaus, 1885)が記憶の保持曲線(curve of retention)を表したように,記憶が時間とともに忘れ去られていくことが,さまざまな研究結果で確かめられている。エビングハウスは意味のバイアスや個人の過去経験の違いが生じないように,**無意味綴り**(例:jor)を使って記憶の時間とともに変化する割合を調べた(図7-4)。この結果のように,時間とともに記憶量が減ることから,記憶は石に刻まれた跡のようなもので,年月とともに風化してその跡が薄れていく,という**記憶痕跡消衰説**が考えられていた。しかし,1節で見てきたように,適切な手掛かりによって思い出される場合もあり,必ずしも時間によって忘却するわけではない。

記憶は保持時間の違いから,**感覚記憶**,**短期記憶**,**長期記憶**に分けられる。表7-1に示すように,時間的な限界や量的な限界が調べられている。

感覚記憶は視覚と聴覚に分けて研究されている。視覚の感覚記憶については,スパーリング(Sperling,

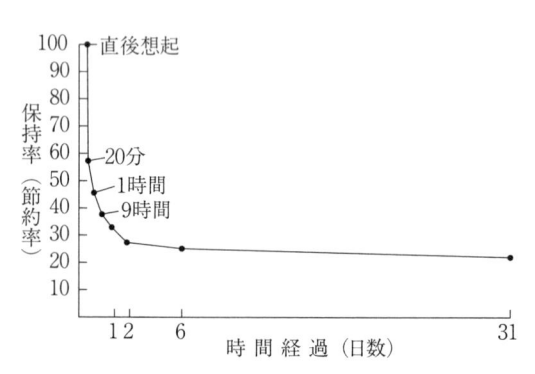

図7-4 エビングハウスの保持曲線(Ebbinghaus, 1885)

表7-1 各記憶段階の容量と機能

	感覚記憶	短期記憶	長期記憶
時間	(視覚)100〜300ミリ秒 (聴覚)2,3秒	18秒(80%忘却)	1分以上
容量	8〜10項目	7±2	無限
移行	限界容量による選択	維持リハーサル(浅い処理)	精緻化リハーサル(深い処理)
機能	処理コード化	作業(作業記憶)	思い出:エピソード記憶 知識:意味記憶

1960）が視覚的情報貯蔵と名づけたように，視覚情報を一時的に貯蔵する機能をもつ。視覚情報は，スパーリングの発見によると約10項目ほどが一時的に貯蔵されていることになる。視覚の場合には，一度に貯蔵できる量が比較的多い。なお，ナイサー（Neisser, 1967）は，感覚記憶を**アイコニック・メモリー**とよんでいる。聴覚の感覚記憶にあたる**エコイック・メモリー**（echoic memory）は視覚よりも保持時間がやや長い。

短期記憶の量的な限界である7±2チャンク（序章参照）は，発達や訓練によって変化しない。この7±2の1単位は，文字1つのことから，カテゴリー名や理論まで幅広く対応する。たとえば海外から福岡市内に電話をかけるときには，010-81-92-xxx-xxxxとなる。数字は14ケタであるが，国際電話番号－日本番号－市外局番－個人の電話番号の4つのまとまりとなる。このように，1単位の中に含まれる量を**チャンク化**とよばれる統合化や置き換えによって増やすと，全体の短期記憶量が増すことになる。

長期記憶と短期記憶の2側面を反映していると考えられている実験に，項目を1つずつ提示していったときの，記憶量を調べた**系列位置曲線**の実験がある。この実験の結果，始めの部分の記憶の正答率が高く（**初頭効果**），また，終わりの部分の正答率が高い（**新近性効果**）。また，すぐに再生せずに計算問題などを行った後に再生をすると，新近性効果がなくなる。このことから，新近性効果は，短期記憶の部分であって，すぐに思い出させずに何らかの認知作業を行わせると長期記憶に転送されずに，消失してしまうと考えられた。

しかし，その後の実験によって短期記憶から長期記憶への転送は，リハーサルを繰り返すだけでは，不十分であることが示されている。クレイクとロックハート（Craik & Lockhart, 1972）は，**処理水準説**においてリハーサルを2種類に分け，機械的に繰り返すだけの「浅い」処理（維持リハーサル）では長期記憶へとは転送されず，意味的な分析の処理を行う「深い」処理（精緻化リハーサル）を行う必要があるとした。

長期記憶量は無限であると考えられており，単純に調べることができない。一般的には，**エピソード記憶**と**意味記憶**に分け（Tulving, 1972），それぞれの記憶量が加齢とともにどのように変化するかを調べている。

エピソード記憶は，ある時のある場所の出来事というように時間・空間を特定したときにもっている記憶である。意味記憶は，経験したことが言語的・知

識的に体制化され記憶されることである。エピソード記憶の中でも新しい記憶は加齢の影響をうけ、成績が低下する。

　しかし、意味記憶とエピソード記憶を厳密に区別するのは難しい。鮮明にその詳細な状況を情動とともに思い出せるという**フラッシュバルブ記憶**は、明らかにエピソード記憶である。また、外国人と会話したときのドキドキした気分や相手のにこやかな顔やジェスチャーを思い出すときも、エピソード記憶を思い出しているといえるが、そのときの英語の会話の内容を日本語で思い出している場合には、知識への変換も生じ、エピソード記憶とともに意味記憶への統合も行われていると考えられる。

2　感覚記憶・短期記憶・長期記憶の機能

　ここで感覚記憶の機能について考えてみよう。感覚記憶は、脳に伝達できるように情報を処理するために目の網膜上や聴覚バッファに一時的に保持している。エコイック・メモリーの保持時間がアイコニック・メモリーより長いのは、視覚情報と違って聴覚情報は一連の音のつながりを待たないと意味をなさないからである。たとえば、「あさがお」という言葉を聞いたときに、「あ」だけでは、その意味がわからない。「あさがお」まで聞いて初めて意味が処理されるのである。感覚記憶は、情報を処理するための記憶と考えられる。

　バッドリー（Baddeley, 1986）は、短期記憶を**作業記憶**（working memory）とよび、機能に焦点を当てた。その典型的な例は、暗算問題である。

　58+66を暗算してみよう。いろいろな計算方法があるが、たとえば1の位の8と6を足して、14とする。次に10の位の5と6を足して110となる。しかし、ここで、1の位から1つ上がってきたことを思い出し、120とする。そして、さっきの1の位の計算結果の4を足す。その結果答えは124となる。さて、10の位を計算していたときに、1の位は頭の中のどこかに覚えていたはずである。しかし、答えが出てしまうと途中の計算を覚えておく必要はない。このような認知過程の途中で発揮されている能力の1つが短期記憶つまり、作業記憶なのである。これは、長期記憶から知識を引き出して、頭の中で並べていろいろ考えて新しい統合を生み出すときや、推論を生み出すときにも活躍している。そのときに利用されている情報の質が視覚的空間的情報の場合には視・空間スケッチパッドが働き、音韻的な情報の場合には音声ループが機能す

る。そしてこれらを制御しているのが中央制御部である（図7-5参照）。

長期記憶の中のエピソード記憶は，いうまでもなく思い出のことである。思い出は，その人がその人であることを確証している部分である。太田（1986）は「今思い出していることは，自分が過去に経験したことである，という意識は，エピソード記憶の必要条件である」と述べている。一方，意味記憶は，知識を示している。たとえば，「東京は日本の首都である」というものである。一般的に，客観的な知識であると言われている。

図7-5　作業記憶（Logie, 1995による）

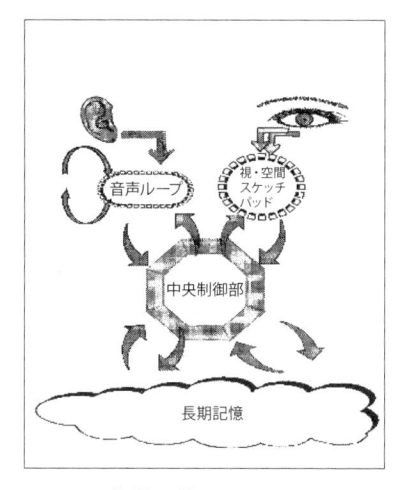

エピソード記憶と意味記憶とは別に，何らかの認知活動や動作を行うための一連の行動を記憶したものを**手続き的記憶**という。たとえば，身近なことでは，何度も繰り返して身体を使って覚えたタイピングやあやとりなどに代表される。このような一連の行動は，順序性をもつことが多い。そのために，その中のひとつの手順を忘れたために，次がうまくいかないという問題点をはらむ場合も多い。このような場合にはヒューマン・エラーを引き起こす要因となることもある（16章参照）。

記憶の分類は，必ずしもすべての研究者によって一致しているわけではない

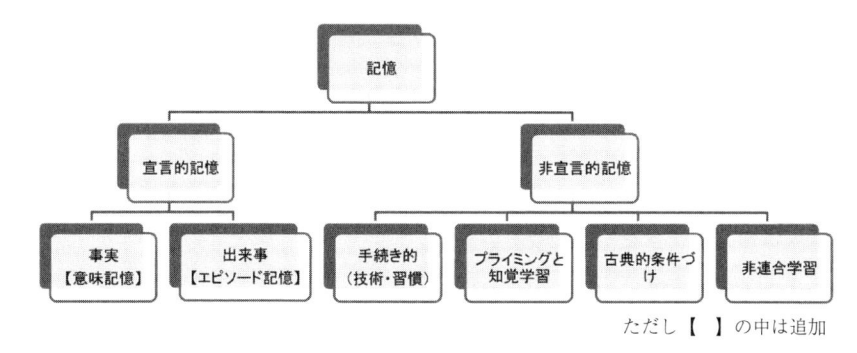

ただし【　】の中は追加

図7-6　スクワイアーによる記憶の分類（Squire, 2004）

が，たとえば，スクワイアー（Squire, 2004）は，脳のメカニズムの研究から，エピソード記憶と意味記憶のように言語表現形式で表記されるものを宣言的記憶と位置づけ，言語表現でない非宣言的記憶とは区別している（図7-6）。また，シャクター等（Graf & Schacter, 1985 他）は想起が意識的であるかどうかによって顕在記憶と潜在記憶に分けている。太田（1992）によると，この両者の関係はエピソード記憶は顕在記憶であり，意味記憶，手続き記憶は潜在記憶である。

3節　記憶の変容

あるとき，ラジオを聞いているとリスナーからの便りに，おもしろい内容があった。投稿者は母親で，子どものテストの間違いについての内容だった。内容は，「子どもがテストのために，『藤原頼通』を覚えるために，『よりみち』と繰り返しながら覚えていたんですけれど，試験の答えに『藤原道草』って書いたんですよ」というものだった。「よりみち」が「寄り道」となり「道草」に変わってしまっている。この事例は，私たちが過去の経験をそのまま正確に記憶する事の難しさを示している。

1　干渉による変容

エピソード記憶の場合には，先に経験したことと後に経験したことがお互いに影響し合うことによって記憶を間違える場合がある。このような現象は**干渉**とよばれる。たとえば，心理学と社会学のテストの前日に，心理学を勉強してから，社会学を勉強し，テストを受けたとする。心理学のテストのときに社会学の専門用語ばかりを思い出してしまうのは，後学習が前学習に影響を及ぼしたものであり，**逆行干渉**（retroactive interference）とよばれる。逆に，社会学のテストのときに心理学の専門用語ばかりが思い出されて肝心の社会学の専門用語が思い出せないのは，前学習が後学習に影響する場合であり，**順行干渉**（proactive interference）という。

7章 記憶

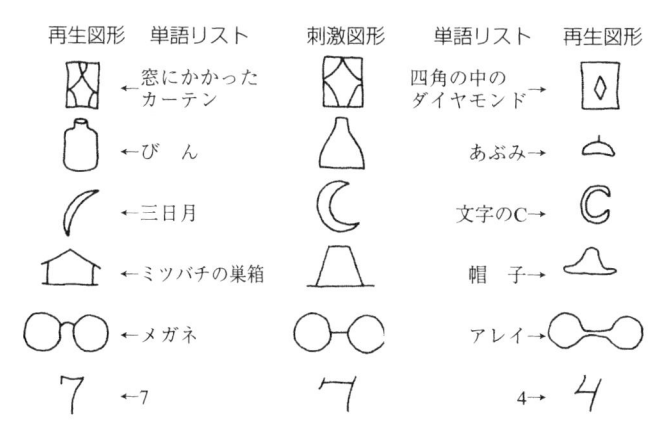

| 再生図形 | 単語リスト | 刺激図形 | 単語リスト | 再生図形 |

図 7-7 刺激図形（中央）が言語的命名によって変形した再生図形の例（左側および右側）（Carmichael *et al*., 1932 より一部改変）

2 意味の体制化による変容

エピソード記憶や意味記憶がすでに知っている知識を利用した枠組み（スキーマ）によって新たな意味へと変容する場合がある。カーマイケルら（Carmichael *et al*., 1932）が記憶の歪みの古典的な実験で示した図形のラベリングによる意味の変容は，その典型である（図 7-7 参照）。

また，現在もっている検索の手掛かりが変容したために，過去の記憶が変わる場合もある。身近な例では，自分が小さいときに通った学校や昔住んでいた家を大きくなって久しぶりに訪れたときに，思ったよりも小さいと感じたことがある人も多いだろう。大きさの判断は，小さいときに自分の体の大きさを基準として記銘しているが，現在の大きさになってそのことを想起しているためである（戸沼, 1978）。

これらの記憶が符号化・貯蔵・検索のどの時点で変容していると考えるかを決定することは，難しい。カーマイケルの実験で意味記憶では実物そのものを既存の知識にまとめ直しているので，意味記憶の段階で既に現実から切り取られて記憶は変容していることになる。さらに，知覚される段階から，トップダウン処理やデータ駆動型処理があることから，その時点ですでに意味の汲み取りが行われているとすれば，歪みの時期は，情報の入力時期へとさかのぼることになる。

4節　記憶システム──ネットワークとしてのとらえ方

1990年代に『マジカル頭脳パワー』というテレビ番組で「マジカルバナナ」というクイズが行われていた。これはいわゆる複数人で行う連想ゲームで，最初の人が「バナナといったらxxx」と言うと，次の人が「xxxといったら△△△」と答えていくものである。たとえば，「東京は？」と聞かれたら，「首都である」と答えても「人口が多い」と答えてもよい。このような連想（**意味プライミング**）を通して記憶が，何らかのシステムにもとづいた構造上に貯蔵されており，その構造がどのようなものであるかを推測できる。

コリンズとキリアン（Collins & Quillian, 1969）により提案された記憶構造のひとつである**意味ネットワークモデル**は，概念の上位─下位関係という樹状構造になっている（図7-8）。このモデルの有効性の判断は意味的プライミングを利用して行われた。しかし例外事項の判断時間によって人間の記憶構造はもっと複雑であると考えられるようになった。その後，スミスら（Smith, Shoben, & Rips, 1974）は**素性比較モデル**（feature comparison model）において，意味記憶は定義的素性と特徴的素性の両方を列挙することによって表されると提案した。そこで，コリンズとロフタス（Collins & Loftus, 1975）は，意味ネットワークモデルをさらに発展させ，特徴比較モデルのように，概念の意味リストによって記憶の中に貯蔵される特徴を備えた。それが**活性化拡散モデル**である。

活性化拡散モデルでは，意味の類似性にそって概念を表象の中に配置している（図7-9）。図に示されているように，意味ネットワークにおいて，概念はノード（node）で表され，リンク（link）とよばれる矢印で結ばれている。リンクは概念間の関係を表している。図の中では，ノードのカナリアとノードの鳥の関係や同様にカナリアとペットの関係は，同じisa関係（〜はである）で結ばれているが，距離が異なっている。これは関係は同じだが，その関係性は遠いことを示している。また，図の中の「赤」と「火事」や「リンゴ」がリンクしているが，ここに関係が書かれていないのは，赤と火事やリンゴが連想関係にあることを意味している。「赤」が活性化されると，それは覚醒レベルに達することになる。「赤」にリンクしている「火事」や「リンゴ」は，覚醒レベ

7章 記　憶　　　131

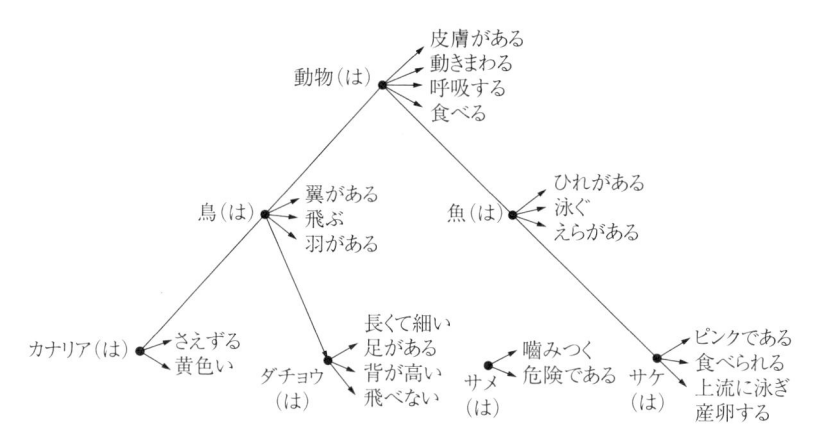

図 7-8　樹状構造をなす意味ネットワークモデル（Collins & Quillian, 1969）

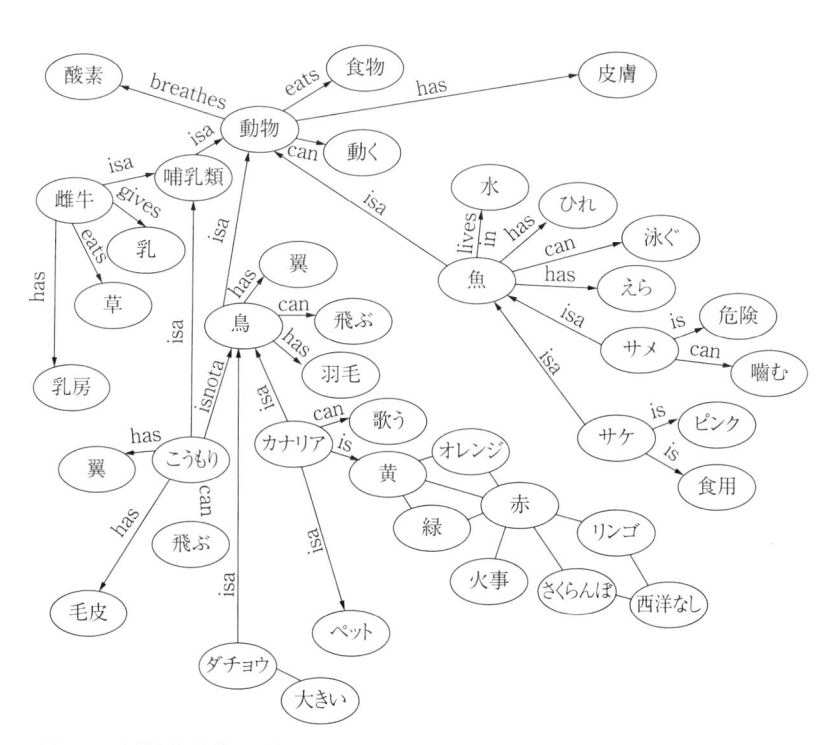

図 7-9　活性化拡散モデルにおける意味ネットワーク（Lachman *et al.*, 1979）

ルまでは達成していないかもしれないが，ノードによって連結していることからその近くまで引き上げられていると考えられる。その結果，意識化されることが容易になるという考えである。

連想関係の中でも，意味的つながりは小さいが，**エピソード記憶**のように時間・空間的に同時に提示されたために連合することがある。たとえば，テレビで繰り返されるコピーを，似た状況で思わず口ずさむ場合などである。このときプライミング効果を**直接プライミング**という。

しかし当然ながら，すべての概念がひとつのネットワークとしてつながっているわけではない。同じ現象でも学校知と日常知のずれがいわれているように，違う側面から考えられた場合に違うものとして知識に蓄えられている場合も多い。

▷**ブックガイド**

御領　謙・菊地　正・江草浩幸　1993　最新 認知心理学への招待――心の働きとしくみを探る　サイエンス社
　　記憶だけでなく知覚，理解や神経回路モデルまで詳しく説明されている。とくに，記憶に関しては，主な理論が実験とともにわかりやすく説明されている。

箱田裕司（編）　1992　認知科学のフロンティアⅡ　サイエンス社
　　本書の4章「手続記憶」は，プライミングの実験を手掛かりとして，手続記憶の概念をまとめ直し，さまざまな記憶分類について説明したものである。

箱田裕司（編）　1996　認知心理学重要研究集2――記憶認知　誠信書房
　　古典的な研究から最先端までの記憶の研究が各論文ごとに要約されている。

トピックス7

誰もがサヴァン症候群のような驚異的な記憶能力をもっている——感覚記憶の永続性

サヴァン症候群の人が驚異的な記憶能力を発揮することはよく知られているが，それと同様の記憶能力を，私たち誰もがもっていることが，最近の潜在記憶研究で明らかになってきている。それも，到底憶えられないと思うような，意味のない視覚パターンやメロディ（音列）といった感覚情報を，私たちが少なくとも数カ月単位で保持しているという，信じがたい事実である。それは感覚・知覚研究と記憶研究の統合にもつながりうる事実である。

長期的記憶現象を検出する一連の実験の手続きは，**間接再認課題（手続き）**とよばれる。実験は2つのセッションから構成され，その間に長いインターバルが入れられる。このうち第2セッションはごく一般的な再認実験であり，リスト学習と，そのリストについての再認テストが要求される。この再認テストは純粋に，直前に学習した項目かどうかという再認テストであるが，実は，この再認テストの成績に，第1セッションにおけるその項目に関わるわずかな経験の影響が出てくるのである。

たとえば，日本語2字熟語を材料とした実験（寺澤，2001）では，第1セッションで1単語あたり2秒のペースで単語の偶発学習が求められた。単語の中には，1～5回呈示される単語が含まれていた。それから20週間後の第2セッションでは，第1セッションで呈示された単語と，呈示されなかった単語を含むリストの偶発学習が要求され，そのリストについての再認テストが要求された。再認テストのヒット率を第1セッションの学習回数（0～5）に対してプロットしたものが図1である。実験では，5カ月前のわずか2秒の単語学習の繰り返し回数の有意な効果が検出されている。再認テストは代表的な顕在記憶課題とさ

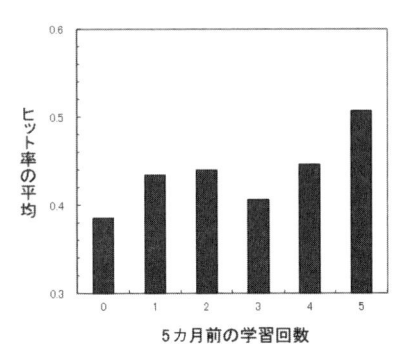

図1　20週間前の学習回数に対するヒット率の変化

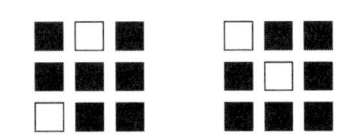

図2　■の数をかぞえると

図3　聴き流した意味のないメロディを私たちは数カ月間憶えている

れているが，実はその判断には，かなり以前の経験に起因する潜在記憶の影響が現れてくるのである（理論は，寺澤，1997）。

　超長期的といえる記憶現象が検出できるのは単語に限らない。寺澤・辻村・松田（1997）は，図2のようなパターン刺激を使って超長期的記憶現象を検出している。この実験の第1セッションで中学生に要求されたことは，呈示されるパターン刺激ごとに，■の数をかぞえるというごく簡単な処理である。ところが，それから11週間後，第1セッションで見たパターンと，見なかったパターンを使って再認実験を行うと，その成績（虚再認率）に明確な違いが出てくる。

　さらに，上田・寺澤（2008, 2010）では，ランダムに作成された図3のような音列（メロディ）について，大学生に好意度評定をしてもらい，それから数カ月後，第1セッションで聴いたメロディと聴いていないメロディをランダムに混ぜて，間接再認課題が実施されている。その結果，数カ月前に聴いたメロディに対して「聴いた」という反応（ヒット，虚再認）が劇的に増加することが明らかになっている。さらに，西山・寺澤（2013）では，図4のような顔の線画を刺激として同様の間接再認課題を実施し，好意度評定で呈示された回数の影響が，約1〜2カ月後に有意な効果として検出されている。

　しばしば，サヴァン症候群の方々が驚異的な記憶能力をもつことが取り上げら

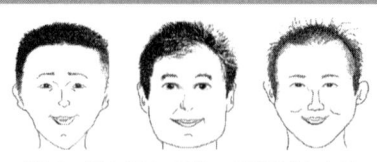

図4　顔を見た回数の影響が2カ月後に検出される

れるが，これらの記憶の新事実は，そのような驚くべき記憶能力を私たち誰もがもっていることを明確に示している。言い換えれば，私たちが見流したり聴き流したりする中，その都度消えてなくなっていると考えられてきた感覚情報を，人間がずっと保持していること，すなわち，**"感覚記憶の永続性"**を示唆している。さらにこれらの事実は，記憶理論における符号化処理の必要性に疑問を投げかける他，概念（言葉）を最小単位とする現在の知識表象の考え方（**意味ネットワーク理論**）などに対しても根本的な問題を提起するものである。

　最後に，今後解決が求められるパズルがある。すなわち，上記事実によれば，私たちは，日々遭遇する多様な感覚情報を，注意を向けた瞬間に脳内に固定し，それを数カ月単位で保持し，その後瞬間的にその情報を再構成し反応に反映させるメカニズムをもっていることになる。1日の中でも私たちが遭遇する情報は膨大である。それを少なくとも数カ月単位で保持し，瞬間的に再構成する処理を，発火するかしないかという状態しかもたない，有限のニューロンで実現しているわけである。有限のニューロンで膨大な情報を表現する方法があるはずである。

8 章
日常記憶

　本書で紹介されている記憶の研究はほとんどが実験室の中でなされてきた。私たちは日常生活の中でもさまざまな記憶の働きが求められるし，多くの場合，それに応えている。人間の記憶の働きは，実験室という人工的な環境の中ではなく，むしろ日常生活という自然な環境の中でこそ，真の姿が理解できるし，役に立つ知見が得られるのではないかという考え方が出てきた。それまでは，初めて記憶を実験室において科学的な研究に着手したエビングハウスの伝統に従い，100年以上の間，ひたすら実験を行い，データを積み上げてきた。それらの研究では，日常の文脈での記憶が関係する現象にはほとんど注意をしてこなかった（Neisser, 1978）。

　このような反省のもとに，日常文脈で起こるさまざまな記憶現象が研究対象になってきた。本章では，目撃者の記憶，日常的事物の記憶，自伝的記憶，展望的記憶を取り上げよう。

1節　目撃者の記憶

　私やあなたが，刑事事件の目撃者になる可能性は大きくはないが，ゼロではない。一般社会の生活の中で実際起こりうることである。何気なく見た光景について警察で尋ねられたとき，私たちは正確に思い出せるであろうか。実験室とは異なり，捜査段階や裁判において，目撃者の証言は，事件に関わる人々の人生を大きく左右する重大な意味をもっている。目撃証言が正しければ，犯人によるその後の犯罪を防ぐことができるが，誤った証言であれば，無実の人間を刑務所に収監する一方，本当の犯人を野放しにして，さらに罪を重ねさせることになる（Wells & Luus, 1990）。

　では，誤った証言で無実の人間が刑務所に入れられることがあるのか？　答

えはイエスである。その典型的な例が，1981年に起こった下田缶ビール詐欺事件である。

1981年8月7日，「缶ビール50ケースをだまし取られた」として，静岡県下田市の「S商店」から下田署に被害届が出された。同年7月28日午前8時15分ごろに同酒店に，民宿「K」からと名乗る男が缶ビール50ケースを注文する電話があった。その後，2回にわたって「K」の店名が書かれたワゴン車を乗りつけ，代金後払いで50ケースを運び去ったという事件である。この犯人が被告人Nであるかどうかが争点であった。目撃者はS商店の親子，だまし取られたビールを買い取った食堂経営者の3人であった。3人に対して，警察で用意した写真面割帳を見せたところ，いずれも被告人Nの写真を指した。その後下田署は詐欺容疑で被告人を全国に指名手配した結果，Nが逮捕され，懲役10カ月の実刑判決を受けた。しかし，写真帳には後で真犯人として逮捕された人物Aは含まれていなかった。つまり欠陥写真帳をもとに写真面割がなされていたのである。刑期満了で釈放されたNは，裁判の過程で見当をつけていた人物を真犯人として探し始める。元同僚のAである。Aがギャンブル好きであることを知っていたNは競馬場，競輪場をくまなく探し始めた。そしてついに1983年の暮れも押し詰まったある日，東京大井競馬場でAの姿を見つけ，腕をつかみ，警察に引き渡した。その後，再審請求を行い，1986年2月に再審が開始され，Aはこの事件と同様の手口の詐欺事件の計3件の犯行を自供し，Nには同年6月に無罪判決がでた。

このように誤った目撃証言によって，Nのように無実の罪に陥れられることは実際に起こりうるのである。では，どのようなことが誤った目撃証言を導くのであろうか。

1　目撃記憶に影響する諸要因

目撃記憶にはさまざまな要因が影響を及ぼす。要因をどのように分類するかについて，いくつかの方法がある。たとえば，司法制度にもとづく分類 (Wells, 1978)，記憶の段階にもとづく分類 (Loftus *et al.*, 1989) などがあるが，ここでは，目撃者の側の要因，目撃対象の要因，状況要因と分ける考え方 (Sporer *et al.*, 1996) について述べておこう。この考え方がより網羅的な分類であるからである。

(1) 目撃者要因：視力，性別，人種，知能，顔の再認能力，性格など
(2) 目撃対象人物要因：顔の魅力と示唆性，性別，人種，変装と顔の変形
(3) 状況要因：目立ちやすさ，注意の方向性，目撃時間，凶器の存在（**凶器注目効果**），犯罪の重大性，ストレス，自人種再認バイアス，異性間識別，保持時間，目撃後に与えられる情報（**事後情報効果**）

このように，さまざまな要因が目撃者の記憶に影響を及ぼす。とくにここでは，代表的な2つの効果について取り上げて説明する。

2　凶器注目効果

凶器の存在によって注意は凶器に向かい，凶器を手にした人物を含む凶器以外の事物に対するその後の識別は低下するという効果を指す。この効果についてはいくつかの研究によってたびたび確認されている。

ロフタスら（Loftus, Loftus & Messo, 1987）は，レストランでの強盗場面を描いたスライド18枚を2シリーズ用意し，実験参加者に提示した。両シリーズは4枚を除いて共通していたが，あるシリーズではその4枚のスライドには客がレジ係に拳銃を突きつけ，レジ係がお金を渡す場面が描かれ，もう一方のシリーズではその4枚に客は拳銃ではなく小切手を手渡す場面が描かれてあった。スライドの提示後，実験参加者は15分間の無関係な課題を行った後，スライドについての質問に答え，12枚の写真から犯人を選ぶという再認テストを受けた。その結果，拳銃が登場するシリーズでは実験参加者の15％しか犯人を特定できなかったのに対して，小切手を手渡す場面が入ったシリーズでは35％が正確に特定することができた。またこの実験ではスライド観察中の眼球運動を測定しており，それによれば，拳銃の凝視回数は3.77回であるのに対して，小切手は2.44回，凝視時間は拳銃が242ミリ秒，小切手が200ミリ秒であった。拳銃に目が奪われ，問題の人物の識別が低下している。これが凶器注目効果である。

この他にも，拳銃を振り回している人物の特定は拳銃を隠しもっている人物の特定よりも悪い（26％対46％）ということを示した研究（Cutler, Penrod, & Martens, 1987）がある。

しかし，凶器注目効果は凶器に目が釘づけになった結果，周囲が見えなくなって起こるのか，それとも他の理由，たとえば凶器に注目することによって視

野が狭窄したこと（有効視野の狭窄）によって起こったのか，上記の実験からだけでは明らかでない。また，犯行場面を見ることによって**情動的ストレス**を感じた結果，そのことが**有効視野**の狭窄を招き，問題の人物の識別を低下させたのか明らかでない。その後の研究はこれらの点を中心に展開されている。

3　事後情報効果

ある出来事を目撃した後に，その出来事に関する誤った情報に接することによって，最初の記憶の正確さが損なわれる現象を**事後情報効果**（post-event information effect）という。この効果が存在することを示した初期の研究のひとつがロフタスとパルマーの研究である（Loftus & Palmer, 1974）。彼らは実験1において，実験参加者に自動車の衝突事故のフィルムを見せて，その事故についていろいろな聞き方で質問して答えてもらった。たとえば，「車が**激突したとき**，どのくらいのスピードで走っていたか」「車が**衝突したとき**，どのくらいのスピードで走っていたか」「車が**ぶつかったとき**，どのくらいのスピードで走っていたか」「車が**当たったとき**，どのくらいのスピードで走っていたか」「車が**接触したとき**どのくらいのスピードで走っていたか」といった質問であった。これらの質問に対する答は表8-1のとおりである。

使用されることばは顕著にしかもシステマティックに速度の見積もりに影響を与えた。

この結果については2つの解釈が成り立つ。1つは，使用された動詞につられて反応に偏り（**反応バイアス**）が生じたという解釈（「激突したと書いてあるので速い速度だったに違いない」という予想）。もう1つは，「激突した」という質問形式が事故についての記憶表象を変容させたという解釈である。彼ら

表8-1　使用された動詞と速度の見積り（Loftus & Palmer, 1974）

使用された動詞	速度の見積り（マイル）
激突した	40.8
衝突した	39.3
ぶつかった	38.1
当たった	34.0
接触した	31.8

は，次の実験で2番目の解釈が正しいことを明らかにした。

実験1と同様に交通事故のフィルムを提示し，いくつかの質問に答えてもらった。やはり，衝突速度に関する質問が中心的質問であり，実験参加者の3分の1には「激突した」，他の3分の1には「当たった」で質問し，残り3分の1には速度についての質問はしなかった。それぞれの条件に50人ずつを割り当てた。1週間後に再び実験参加者に来てもらい，さまざまな質問に答えてもらった。その中に，「壊れた窓ガラスを見ましたか」という質問があった。実際にはフィルムには壊れた窓ガラスはなかったにもかかわらず，「壊れた窓ガラスを見た」と答えた人の数は表8-2のとおりである。「激突した」という質問文を1週間前に教示されていた実験参加者の誤りは「当たった」という質問で聞かれていた者や質問そのものを受けていなかった者（統制群）よりも多く，誤って「壊れた窓ガラスを見た」と答えた。

表8-2から分かるように，「激突した」という動詞で1週間前に質問されて

表8-2 「壊れたガラスを見たか」に対する反応（頻度）(Loftus & Palmer, 1974)

反応	使用された動詞		
	「激突した」	「当たった」	統制群
「はい」	16人	7人	6人
「いいえ」	34人	43人	44人
計	50人	50人	50人

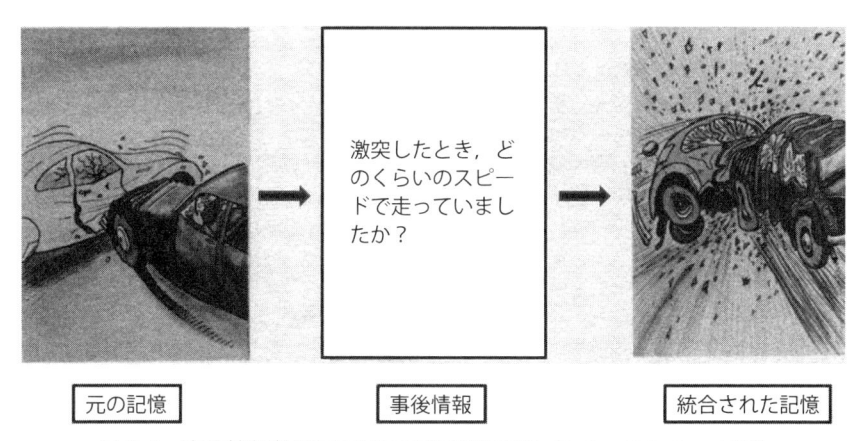

図8-1 事後情報効果についての記憶変容説 (Loftus & Loftus, 1976)

いた実験参加者は「当たった」という質問の場合の2倍以上多く，誤って「壊れた窓ガラスを見た」と答えている。この結果は，質問文が反応バイアスを与えたと解釈するより，記憶そのものを変容させたと解釈した方が自然であろう（図8-1参照）。

この研究をはじめとしてその後のロフタスらは，「記憶変容説」を支持する実験をいくつか行ってきたが，それに対して，記憶は変容していない，元の記憶と事後情報の記憶は共存している（共存説），あるいは元の記憶と事後情報の情報源の帰属ができなくなったためだ（情報源誤帰属説）などの考えが出され，論争が行われてきた（Bekerian & Bowers, 1983；McCloskey & Zarragoza, 1985）。しかし，解釈がどうであれ，事後情報は目撃した事件の想起に影響を及ぼすことは確かである。

2節　日常的事物の記憶

私たちは日常生活の中でさまざまなものを目にする。初めて目にするものもある一方，毎日のように目にしているものもある。ここでは，一日として目にしないことがないお金の記憶について取り上げよう。まずは，ニッカーソンとアダムス（Nickerson & Adams, 1979）による硬貨の記憶である。

1　硬貨の記憶

硬貨は毎日のように目にしたり，手にしたりするものである。硬貨について私たちはどのような記憶を行っているのだろうか。ニッカーソンとアダムス（Nickerson & Adams, 1979）はこれについて，1セント硬貨を記憶にもとづいて描画させるという方法で研究を行っている。まず20人の実験参加者に対して，2つの円が描かれた紙を渡し，それに硬貨の表と裏を思い出して描くように求めた。図8-2（左）に1セント硬貨，図8-2（右）に参加者による描画例を示す。

1セント硬貨の表と裏にはそれぞれ次の主要な特徴が4つずつ，計8個の特徴が含まれている。

表面："IN GOD WE TRUST"，リンカーンの顔，"LIBERTY"，年号
裏面："UNITED STATES OF AMERICA"，"E PLURIBUS UNIM"，リン

図 8-2　1セント硬貨と実験参加者による描画の例（Nickerson & Adams, 1979）

カーン記念館，"ONE CENT"

正しく描画された特徴の個数は，8個の内，3個（中央値）であった。描画された特徴は正しくても異なる位置に描かれていたり，特徴自体が描かれていなかったりという誤りの率は61％であった。

日常，よく目にするものではあっても，硬貨の記憶はたいへん貧弱なものである。1セント硬貨を他の硬貨と区別することができれば，日常生活に支障をきたすことはない。特徴をいちいち記憶することそれ自体に意味はない。次に，我が国の紙幣を対象とした研究を紹介する。

2　お札の記憶

私たちはお札をどの程度正確に記憶しているであろうか？　高良・箱田（2008）は新千円札を対象に研究を行った。この研究では，新千円札を想起して書いてもらい，その記憶の正確さを調べるとともに，前節で述べた事後情報効果を調べている。新千円札紙幣の想起をしてもらうときに，誤った情報（「鳥・建物」）を与え，その方向にお札の想起が誤ったものになってしまうかを調べた。

図 8-3　新千円札（お札とコインの資料館 http://www.buntetsu.net/mbc/index.html）

表 8-3　統制群が再生した項目

項目	再生率
「野口英世の肖像画」	94.4%
「1000」	94.4%
「千円」	52.8%
「日本銀行券」	22.2%
「富士山」	20.8%
「製造番号」	13.9%
「桜」	13.9%
「日本銀行」	1.4%
「NIPPON GINKO」	0%
「印鑑」	0%

新千円札は主として次の10項目の情報を含んでいる。

「野口英世の肖像画」「1000」「千円」「日本銀行券」「日本銀行」「製造番号」「桜」「富士山」「NIPPON GINKO」「印鑑」である（図8-3参照）。

3つの条件が設定された。①「新千円札の表と裏を，見ないで描いて下さい……」と教示する統制条件，②「新千円札の表と裏を，見ないで描いて下さい……もし**鳥や建物**があればそれも落とさずに描いて下さい」と教示する「鳥・建物」条件，③「新千円札の表と裏を，見ないで描いて下さい……もし**鳥や建物，太陽や月**があればそれも落とさずに描いて下さい」と教示する「鳥・建物＋太陽・月」条件である。②は旧千円札や一万円札などに含まれている「鳥」，旧五千円札や旧千円札に含まれる「建物」が教示に含まれている。

③は「鳥・建物」だけでなく，どの新札や旧札にも含まれていない「太陽・月」を教示に含めている。②は事後情報の影響を調べる条件であり，③はあからさまな誤情報を与えることによって事後情報効果を低減させる**波及効果**（spillover effect）を調べるために設定された。統制条件に72名，「鳥・建物」条件に64名，「鳥・建物＋太陽・月」条件に32名の大学生が割り当てられた。

ニッカーソンとアダムス（1979）と同様に，紙幣に含まれる項目のそれぞれがどの程度再生されているか分析を行った。上の表8-3は統制条件における各項目の再生率である。

「野口英世の肖像画」「1000」はほとんどの人が再生しているが，その一方，「日本銀行」「NIPPON GINKO」「印鑑」などを再生している人はほとんどいない。

次に，3つの条件において，誤って「鳥・建物」を描いた人の割合を調べた。結果は，図8-4の通りである。図8-4から，「鳥・建物」という情報を与えた場合，誤ってそれを描画する人が統制条件に比べて有意に増えており，**事後情報効果**が生起している。またあからさまな誤情報「太陽・月」を加えた場合，事後情報効果はなくなり，波及効果が生じている。

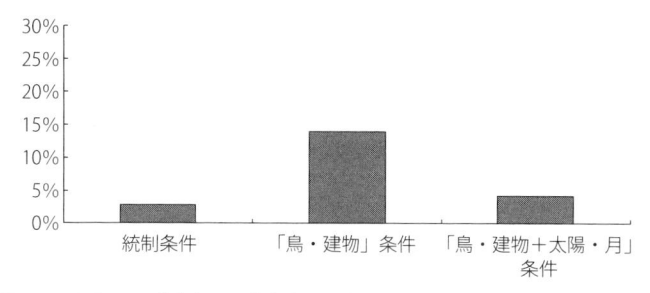

図 8-4　誤って「鳥」や「建物」を描いた人の割合（高良・箱田, 2008）

図 8-5　事後情報を与えたときの新千円札の描画例（高良・箱田, 2008 で得られたデータから）

　この研究では，私たちは硬貨同様，お札についてもあいまいな記憶しかもたず，与えられる誤った情報によって，いともたやすく間違った描画をしてしまう（ひとつの描画例を図 8-5 に示す）。

3 節　自伝的記憶

　自伝的記憶とは，これまでの人生で自分が経験した出来事の記憶である。弟や妹が生まれたとき，自分はどうしていたのか，小学校の修学旅行はどこに行ったのか，どのようなことを経験したのか，自伝的記憶の対象は古い出来事から最近の出来事までに及ぶ。自伝的記憶の初期の研究は日誌を用いて行われていた。その先駆的研究は，リントン（Linton, 1975）によって行われている。その日に起こった出来事をカードに記録するという作業を 5 年間にわたって行い，それをもとに自分が過去に経験した出来事を記憶しているか調べるという方法である。これをウェゲナー（Wagenaar, 1986）はより洗練した方法に改良し，研究を行っている。ウェゲナーはその日に起こった出来事を図 8-6 に

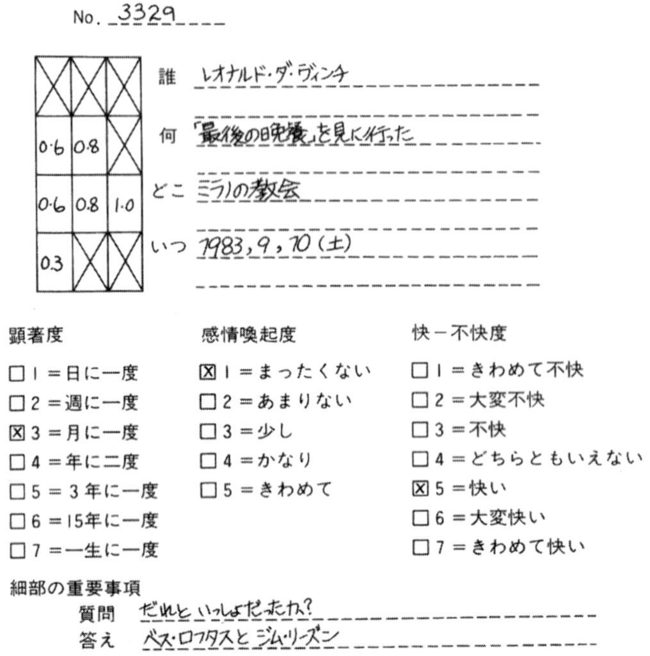

```
No. 3329
```

			誰	レオナルド・ダ・ヴィンチ
0.6	0.8		何	「最後の晩餐」を見に行った
0.6	0.8	1.0	どこ	ミラノの教会
0.3			いつ	1983, 9, 10 (土)

顕著度
- □ 1 = 日に一度
- □ 2 = 週に一度
- ☒ 3 = 月に一度
- □ 4 = 年に二度
- □ 5 = 3年に一度
- □ 6 = 15年に一度
- □ 7 = 一生に一度

感情喚起度
- ☒ 1 = まったくない
- □ 2 = あまりない
- □ 3 = 少し
- □ 4 = かなり
- □ 5 = きわめて

快-不快度
- □ 1 = きわめて不快
- □ 2 = 大変不快
- □ 3 = 不快
- □ 4 = どちらともいえない
- ☒ 5 = 快い
- □ 6 = 大変快い
- □ 7 = きわめて快い

細部の重要事項
質問　だれといっしょだったか？
答え　ベス・ロフタスとジム・リーズン

図8-6　Wagenaar (1986) の出来事の記録例（大村，1996）

示すカードに記録し，これを6年間続けた。

　カードには，その日の1日に起こった出来事の内，もっとも注目すべき出来事を1つ（時には2つ）取り上げ，「誰」「何」「どこ」「いつ」について記録する。上の例では，「レオナルド・ダ・ヴィンチ」「最後の晩餐を見に行った」「ミラノの教会」「1983, 9, 10 (土)」がそれに該当する。後日，3回にわたって再生を行うのであるが，そのときに手掛かりに使う項目が左の表に×印で示してある。この例では，「誰」の情報，つまり「レオナルド・ダ・ヴィンチ」が提示され，これを手掛かりに他の側面について再生しなくてはならない。出来事について，「顕著性」「感情喚起性」「快

表8-4　4種の情報の検索手がかりとしての有効性（Wagenaar, 1986）

最初の手がかり	下記に対する正答率 (%)			
	何	誰	どこ	いつ
何	—	62	58	20
誰	26	—	28	7
どこ	29	29	—	13
いつ	2	2	3	—

さ」についての評定を行う。一番下の欄に，その出来事のコアとなる重要な詳細事項を選んで，質問―回答の形式で記入する。

この方法で6年間にわたって自ら経験した出来事の記憶を調べた。どのような手掛かりが先に呈示されるかが，その他情報の再生に影響を及ぼす。「何」を先に呈示すると，「誰」は62％の確率で想起されるが，「誰」を先に呈示すると「何」は26％の正答率でしか思い出せない。「いつ」はまったく，手掛かりとして有効でない（表8-4）。

保持時間と出来事の正再生率との関係を図8-7に示した。4年も経過すると正答率は70％から35％に落ちている。

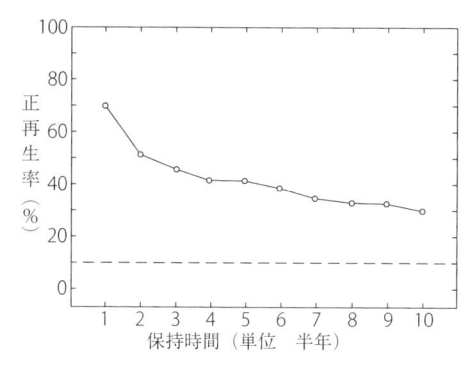

図8-7 保持時間と正再生率の関係
（Wagenaar, 1986を改変）

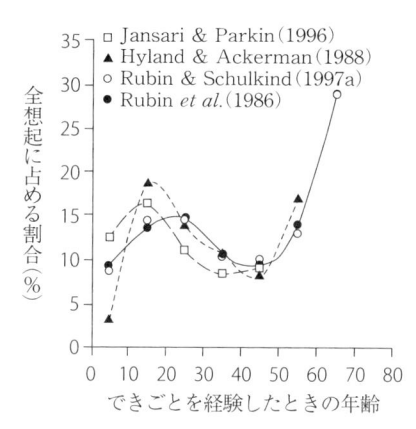

図8-8 高齢者による過去の出来事の想起
（Rubin, Rahhal, & Poon, 1998）

以上は研究者自らが自分を対象に行った研究である。調査期間がせいぜい5，6年程度であり，調査対象が自分に限定されるという問題がある。より多くの人（とくに高齢者）を対象に，過去の出来事を振り返ってもらうという研究法がある。高齢者を対象にすれば，何十年という期間にわたって調べることができる。この方法によってなされた研究成果を整理したものが図8-8である（Rubin, Rahhal, & Poon, 1998）。これまでの多くの研究が同じ傾向を示している。それぞれの曲線の右端は直近の出来事であるので，これがよく想起されるのは当然である。これを別として，10～30歳頃に経験した出来事は他の時期のものよりもよく想起される。これは**レミニセンスバンプ**（reminiscence bump）現象といわれる。

なぜレミニセンスバンプが生起するのか，その原因について議論されている。ひとつの有力な考え方は，この時期が自分とは何者かという自己同一性が確立する重要な時期であることから，この時期に経験した自己に関する出来事，自己と他者に関することがらを中心に記憶されるという考え方（アイデンティティ説）である。

4節　展望的記憶

　これから自分は何をするのかという，将来，ある行為を行う意図についての記憶は**展望的記憶**とよばれる。15分後に風呂の水を止めようとか，明日の朝，大学に行く前に郵便局に寄って手紙を速達で出そうとかといったような記憶である。展望的記憶の失敗は，実際に大きな影響を個人や社会に与える。ガスコンロの火の消し忘れは，火事の原因になるであろうし，糖尿病患者が薬を飲み忘れれば，血糖値の上昇を招き，病状を悪化させることになる。会議の出席を忘れれば，社会的信用をなくすことになる。

　展望的記憶はどのようにして研究できるのか？　大きく分けて2種類の研究法がある。1つは，日誌（日記）を使った研究法や投函課題，電話課題を使った日常場面における研究である。もう1つは実験室的研究である。また展望的記憶の想起を促す手掛かりが事象なのか時間なのかによって，事象ベースの展望的記憶，時間ベースの展望的記憶に分けることができる。展望的記憶の代表的研究について取り上げてみる。

1　電話課題

　モスコビッチ（Moscovitch, 1982）は実験参加者に決まった日時に留守番電話に電話を入れるように依頼した。その電話が約束の時間通りになされるのか，それともずれるのかを調べた。最初の実験では10人の若者，10人の高齢者に毎日決められた（参加者の都合のよい）同じ時間に電話をするように求めたところ，予想に反して若者の方がし忘れた人が多く，8人が少なくとも1回は約束を守れなかった。高齢者は，約束を守れなかったのは1人だけであった。どのようにして約束を忘れないようにしたのか調べてみると，老人は電話器のそばにメモを置いたりドアの近くに靴を置いたりするという外部手掛かりを利用

していた。外部手掛かりを禁じたところ，高齢者の半数が約束の時間から5分ずれて電話するという結果になった。しかしそれでも高齢者が若者よりも成績が劣るということはなかった。

しかし，高齢者は外部手掛かりの使用を禁じられてもなお，電話番号を書いたメモを財布の中に入れているものも何人かいたという。

2 投函課題

郵便物を指定された日に投函するという方法で展望的記憶を調べようとする課題である。ミーチャムとライマン（Meacham & Leiman, 1982）は27人の大学生を対象に，ハガキを4枚もしくは8枚渡して投函してもらった。実験参加者自身がもっている鍵束に，色つきの厚紙で金属の縁がついたタグ（外部手掛かり）を付ける条件と付けない条件が設定された。実験参加者は，指定された日に忘れずに1枚ずつハガキを投函しなければならなかった。ハガキには投函日と時間を記入するようになっていた。投函日は1カ月内の，火曜日から金

表8-5 指定日にハガキが返送された割合 （Meacham & Leiman, 1982）

群	日にち							
	1	2	3	4	5	6	7	8
実験1—8枚								
タグ	100	100	100	100	100	100	100	100
タグなし	83	67	100	67	83	83	100	83
実験1—4枚								
タグ	100		71		86			100
タグなし	86		100		42			57
実験2—長間隔								
タグ	100		100		75			75
タグなし	87		62		62			50
実験2—短間隔								
タグ	100	57	43	57				
タグなし	100	86	57	71				
実験2—遅延短間隔								
タグ					86	86	100	86
タグなし					57	71	71	71

曜日のうちランダムに8日間が選択され，それぞれの日に8枚ハガキ条件の実験参加者は投函した。この8日の内，1，3，5，8日目が4枚ハガキ条件の1，2，3，4日目に対応していた。指定日に返送されたハガキの割合（％）を表8-5に示す。指定されている日が後の方ほど，タグ付き条件の方がタグなし条件よりも投函される割合が高かった。さらに，4枚条件のみについて長間隔にわたって，あるいは前半の指定日，もしくは後半の指定日に投函日を設定して調べたところ，表8-5の結果が得られた。

表8-5から長間隔の条件や，後半に投函日が指定されていると外部手掛かりの効果が得られた。このことは展望的記憶を保つためには外部手掛かりが有効であること，行わなければならない行為が時間的に離れているほど，そして後の方ほど有効であることが分かった。

3 事象ベースと時間ベース

実験参加者にある課題をやってもらい，一定時間経過後に別のことをやってもらうという課題である。たとえば，単語を記憶する課題で特定の単語が出たら反応キーを押すという課題である。これは**事象ベース**の展望的記憶課題である（Einstein & McDaniel, 1990）。

また，ある作業を行いながら一定時間経過したらある行為をしてもらうという課題，たとえば，記憶実験を行いつつ，10分経過するたびにキー押しをするといった課題（Einstein & McDaniel, 1990）であり，**時間ベース**の展望的記憶といわれる。このような研究によると，高齢者は若者よりも時間ベースの展望的記憶は劣るが，事象ベースでは劣ることはないことが報告されている。

▷ブックガイド
　厳島行雄・仲真紀子・原聰　2003　目撃証言の心理学　北大路書房
　　目撃証言に影響を及ぼす要因，子どもの証言，捜査面接法等を分かりやすく説明している。
　一瀬敬一郎・厳島行雄・仲真紀子・浜田寿美男（編）　2001　目撃証言の研究──法と心理学の架け橋をもとめて　北大路書房
　　目撃証言について心理学と法学からアプローチした研究をまとめたもの。法と心理学会の主要メンバーが執筆している。
　井上毅・佐藤浩一（編）2002　日常認知の心理学　北大路書房

日常認知全般について概説している。本章で紹介できなかった「偽りの記憶」「アクションスリップ」なども取り上げて，詳細な解説がなされている。

箱田裕司・仁平義明（編）　2006　嘘とだましの心理学　有斐閣

本章では紹介しなかった嘘とだましに関する研究を解説したもの。嘘とだましも日常の記憶や認知の関係のある問題。

言語描写すると顔の記憶はダメになる？——言語陰蔽効果

あなたがある事件の目撃者になったとしよう。あなたは犯人の顔を目撃していたことから、警察に犯人の特徴をいろいろと尋ねられ、その後しばらくしてから、複数の写真を見せられ、どれが犯人かを尋ねられる。このように、目撃者に対して犯人の顔の識別を求める前に、犯人の特徴を尋ねるのは警察の捜査でもよく行われている。それでは、顔を覚えた後でその特徴を言語描写することは、顔の記憶にどのような影響を及ぼすのだろうか。

スクーラーとイングストラー・スクーラー (Schooler & Engstler-Schooler, 1990) は、このような顔の記憶に対する**言語化** (verbalization) の影響を調べ、顔の識別の前に言語描写を行うと、記憶成績が低下することを示し、これを**言語陰蔽効果** (verbal overshadowing effect) と命名した。

この研究を皮切りに、現在に至るまで、言語陰蔽効果の研究は数多く行われてきた。ここではその一例として北神慎司ら (Kitagami et al., 2002) の研究を紹介する。彼らは、コンピューターによる顔のモーフィング技術を用いて、顔刺激の相互の類似度を物理的に操作することにより、顔の識別テストの構成が言語陰蔽効果の生起にどのような影響を及ぼすかを検討した。図1には、この研究の再認テストで用いられた顔刺激の例が示されている。選択肢の①はターゲットであるため、いずれもまったく同じ顔だが、それ以外の7枚（ディストラクタ）についてよく見ると、左のほうが、右に比べて、相互によく似ていると感じるだろう。それは、顔に含まれる共通の成分の

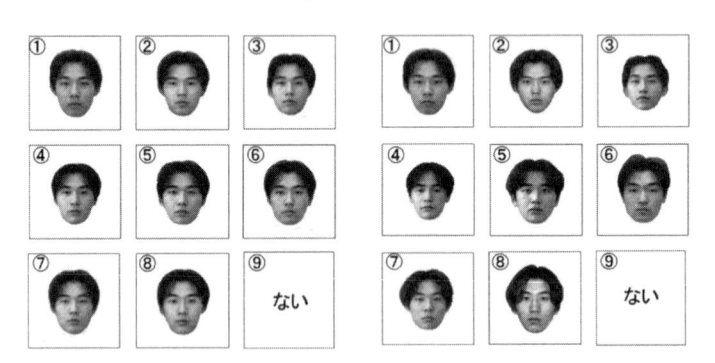

類似度・高条件 　　　　　　　　類似度・低条件
(⑨は「この中にターゲットはいない」という選択肢)

図1　Kitagami et al. (2002) で用いられたテスト刺激

割合（＝平均顔が混入している割合）が左のほうでより高めに設定されているからである。このようなテスト刺激を用いて実験を行った結果，図1の左のように顔写真同士の類似度が高い場合のみ，言語陰蔽効果が生じることが示された。つまり，この結果から，顔の諸特徴がある程度類似している刺激を用いて人物識別を行った場合，識別の前の言語描写が犯人の顔の記憶に悪影響を及ぼす可能性があることが示唆された。

それでは，言語陰蔽効果は理論的にはどのように説明されるのであろうか。これまでに，いくつかの理論的説明がなされているが（cf. 北神，2000），その中でも妥当性が高いとされている理論に，スクーラー（Schooler, 2002）の提唱した **TIPS**（Transfer Inappropriate Processing Shift：**転移不適切処理シフト**）説がある。そもそも，人間が顔を認識する際に，顔の全体的な形や特徴間の空間布置的な関係に注意を向ける**全体的処理**（configural processing）と，鼻や目などの個々の特徴に注意を向ける**特徴的処理**（featural processing）の2種類があると考えられている。また，これまでの研究で，顔の認識や記憶にとって特徴的処理よりも全体的処理が有利であることが分かっている。そして，これらの知見を前提として，TIPS説では，顔を記憶する際の処理の種類（全体的処理）が，言語化によって異なるタイプの処理（特徴的処理）にシフトしてしまい，その結果，顔を覚える際と識別する際の処理の種類が一致しないことが原因となって，顔の記憶に対して言語化が妨害的に働いてしまうと説明される。

言語陰蔽効果は，上述のとおり，狭義には，識別前の言語化が「顔の記憶」に対して妨害的に働く現象であり，目撃証言に関する研究として位置づけられている。しかし，この現象は，実は，顔の記憶だけにとどまらず，さまざまな刺激の記憶や認知において，広範に見られる現象であることが知られている（cf. 北神，2001）。具体的には，五感別に挙げると，視覚では地図やマッシュルームの記憶，聴覚では音楽や人の声の記憶，味覚や嗅覚ではワインの記憶，触覚ではサンドペーパーの記憶などの研究がある。その他にも，視覚イメージ課題，洞察問題解決，人工文法課題などでも，言語化による悪影響が示されている。

これらの研究は，古くから議論されている「言語と思考（言語と認知）」の問題を考える上で重要であると位置づけることができる。たとえば，**言語相対性仮説**（linguistic relativity hypothesis）とは，簡単にいえば，言語は単なる伝達の手段ではなく，思考の手段でもあり，人間の認識は，現実の世界によって一意に決定される絶対的なものではなく，言語の性質次第で変化する相対的なものであると考える理論である。すなわち，言語陰蔽効果という現象は，言語によって記憶が制限されてしまうという意味において，言語相対性仮説の傍証となるものであると考えられる。

9 章
情動の認知

　1848年9月13日，アメリカ北東部のバーモント州キャベンディッシュでは鉄道敷設工事が行われていた。現場監督のフィニアス・ゲージ（Phineas Gage）25歳は，工事現場でたびたび発生するトラブルをうまく解決し，その人望は高かった。しかし，ある事故がもとで彼の人生は大きく変わってしまった。それは，硬い岩盤を爆破するために，ダイナマイトの粉を鉄棒で石の中に詰めるやり方を教えていたときのことだった。後ろからよばれ，振り向いた瞬間にダイナマイトが暴発し，直径3cm，長さ1m，重さ6kgの鉄棒はフィニアス・ゲージの左の頬から左眼球の真後ろを通って脳天に突き抜けた（図9-1）。

　まわりにいた者は誰もがフィニアス・ゲージは死んだと思った。にもかかわらず，彼は数分後には話し始め，約1kmの道のりを宿舎まで歩いて帰っていった。彼は一命を取りとめたのである。確かに，鉄の棒は頭の中を貫通していて，頬の穴から人差し指を入れ，頭の穴からも人差し指を入れると，途中で指を触れ合わせることができた。フィニアス・ゲージは左目を失明しただけで，他の身体面には何も問題はなかった。

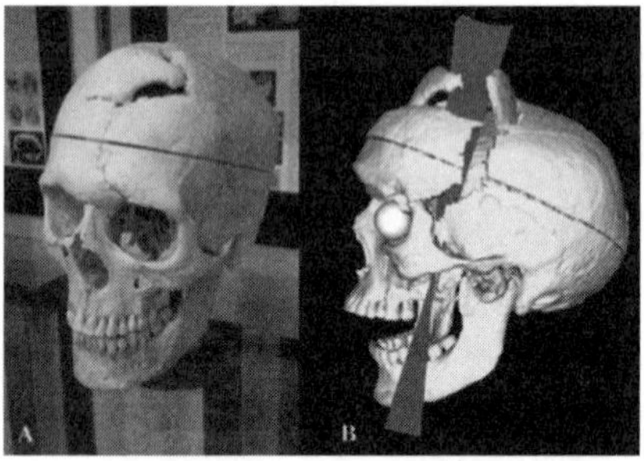

図9-1 A：ハーバード大学Warren解剖学博物館に展示されているフィニアス・ゲージの頭蓋骨，B：コンピューター画像処理によって再現された鉄棒が頭蓋骨を突き抜けているCTイメージ（Van-Hornら，2012）。

　しかし，問題はそれからであった。彼は，以前の彼ではなくなってしまっていた。いろいろなことを思いついても次の瞬間にはもう別のことを考えているというように，注意は散漫となり，新しい仕事についても長

続きせず，トラブルメーカーとなってしまった。自分の気に入らないことがあると，泣きわめいたり，汚いことばで人をののしったり，殴ったりしたため，まわりの友人たちは彼のもとを去って行った。その後，彼は見世物小屋で自分の身をさらしながら12年間生き続け（図9-2），1860年5月21日死去した。

　この事件によってわかることは，脳のある部分を損傷すると，必ずしも死に至るわけではないが，その代わり，その人の行動を大きく変えてしまうことである。仕事をつづけるだけのスキルは依然として残ってはいても，休まずに出勤したり，仕事をつづけたりということができなくなり，まわりからの信頼を損なわれていく。このように人の行動を変えてしまったものは何なのだろうか。

図9-2　突き刺された鉄棒をもつフィニアス・ゲージの肖像写真　http://ja.wikipedia.org/

　ダマジオ（Damasio, 2003）によると，脳の前の部分（前頭葉）が人間の行動のコントロール（意思決定）と関わっているとされている。ヒトの行動と関連しているものとして，情動や感情を抜きにしては語れない。私たちは毎日のように，怒ったり，喜んだり，怖がったり，驚いたり，悲しんだりということを体験し，それにもとづいて行動すると信じている。

　ダマジオ（2003）は，身体変化による**情動**（emotion）とそれを主観的に体験する**感情**（feeling）は区別すべきであると主張する。すなわち情動とは，個体の生理反応（自律神経活動，内臓活動など）と行動変化を含めた外部へ表出される運動の総体であり，それに対して感情とは個体の心理的経験の一部である（大平，2010）。たとえば，私たちが自分の存在を脅かすようなものに出くわしたときは，心拍数や血圧を上げ，そこから逃げる準備をしていつでも体を動かせるようにする。一方，私たちがそれに打ち勝つようなときには，心拍数や血圧を上げ，さらに呼吸数を上げることによって，仕留めるための行動態勢にもっていく。この「逃げるか闘うか」のための身体・行動変化を情動とよぶことができるだろう。そして，その身体・行動変化を自分でどのように経験す

るかについてラベルを貼った（解釈した）結果を感情とよぶことができるだろう。このことから，情動については，生理反応や行動変化を記録することで，人間だけでなくラットなどの動物も研究対象にすることができるが，感情については，解釈された結果をことばで表現するという過程が必要になるため，人間しか研究対象にできない。

　フィニアス・ゲージの場合は社会的に不適切な行動を抑制することができなくなった。これは脳の中で刺激を受容するもの，その内容を価値判断するもの，その結果，周囲の状況に合わせて行動を発現するもの，行動を抑制するもの，これら全体を統合するものが立ちいかなくなった状態だといえる。しかし，もしフィニアス・ゲージが野や山をひとりで駆け巡る狩猟者であれば，彼の事故後の行動は獲物を追いかけたりするための行動としては許され，とくに問題とはならず，むしろ獲物に立ち向かっていく勇敢な行動として称賛されたかもしれない。しかし，人間社会において生きていくためには，自分の情動状態を解釈したうえで，自分の突発的な行動を抑制する必要があるので，フィニアス・ゲージにとっては生きにくい世の中であったと思われる。

　この章では，情動が脳によってどのように作り出され，それらを私たちはどのように認知し，さらに目の前の人物の情動をどのように認知しているかを述べていく。さらに，自らの情動を適切にコントロールし，他者の情動を適切に読み取るために，今後どのような研究が可能なのかを考えていく。

1節　情動は脳によってどのように作り出されているのか

　生理反応や身体反応としての情動と主観的な体験としての感情を区別しようとする考えは，かなり前から行われていた。ただし，情動の中枢はいったいどこなのか，という点については統一した意見に定まらず，さまざまな議論が行われていた。

1　ジェームズ・ランゲ説

　ある刺激に対する身体の生理的変化を認知することが情動だとする考え方である。たとえば，ヘビがいて，ヒトがそれを見たとき，ヘビについての情報は

中枢に到達し，わが身を守るための反射として跳びずさったり心肺活動が変化し，さらに自分が知っているヘビだという知覚（意識）が生じる（宇津木，2008）。したがって，身体活動や内臓活動が生じることで初めて，情動の体験が起こるとジェームズ（William James）は主張する。その意味では，ジェームズは，情動の中枢は存在しないと主張するのである。アメリカのジェームズは，情動に伴う内臓活動の変化に注目し，スウェーデンのランゲ（Carl Lange）は，情動に伴う血管活動の変化に注目している。この2つの考え方が合わさって，ジェームズ-ランゲ説とよばれている。

2　キャノン・バード説

　キャノン（Walter, B. Cannon）は，いくつかの反証を挙げてジェームズ-ランゲ説を批判した。①内臓器官を中枢神経系から切除しても情動行動には変化がない。②同一の内臓活動の変化が，まったく異なった情動状態でも同じように生じ，また情動状態がなくても生じる。③内臓の感覚はそれほど敏感ではない。④内臓の変化は情動感覚を引き起こすには遅すぎる。⑤情動にともなう内臓活動の変化を人工的に起こしても，情動行動は変化しない。そこで，情動の起源は内臓や血管といった末梢にあるのではなく，中枢にあるという考えが出てきた。キャノンは，大脳皮質と感覚器官や身体内臓器官との間に視床という器官を想定し，視床が大脳皮質からの抑制を解除されたときに，感覚刺激がその情動に固有の特徴を付け加えると考えた（Cannon, 1927）。

3　パペッツの情動回路説

　キャノンの考え方をさらに発展させ，大脳の中で情動がどのように生まれるかについて提案されたものがパペッツ（Papez, J.W.）の情動回路説である。パペッツは，情動は**大脳辺縁系**を形成する**海馬**で形成され，**乳頭体**に伝えられ，さらに**視床前核**に至り**帯状回**を経て海馬に戻ってくると考えた。すなわち，大脳辺縁系を構成する脳部位の中で閉鎖回路が作られ（海馬→脳弓→乳頭体→視床前核→帯状回→海馬），この回路の中を情報が何度もかけめぐることによって，情動に関する記憶が強化されているとしている（図9-3）。

図9-3 情動に関連する脳内の部位　この図には同じ断面上にない部位があるが、わかりやすくするために並べて描かれている。

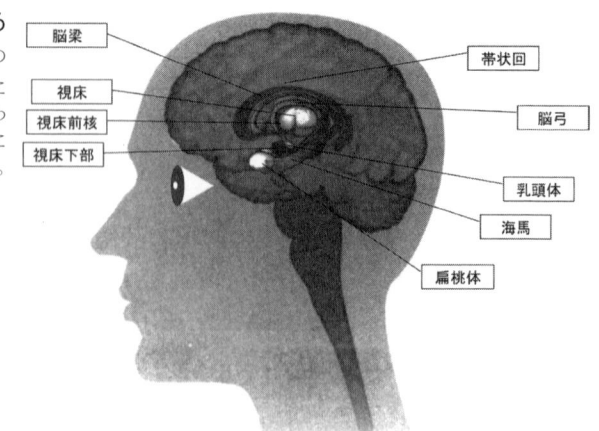

（図中ラベル：脳梁、視床、視床前核、視床下部、帯状回、脳弓、乳頭体、海馬、扁桃体）

4　ルドーの扁桃体説

　ルドー（LeDoux, 1998）は，ラットを使ったさまざまな実験の中で，脳の特定の部分を破壊し，そこから情動表出について多くのことを明らかにした。ラットに音や光のような単純な手がかりを条件刺激として与え，その後，足への電気ショックを無条件刺激として与えることを数回組み合わせると条件づけが成立する。数日後，条件刺激を提示するだけで動物は電気ショックがくることを予想してすくみ上がるという反応を示すようになる。ラットの体内では，血圧や心拍数が上昇するといった自律神経系の変化が情動反応として起こる。ルドーは，このような実験をくりかえすことで脳のどういった部分が関与しているかを調べていった。

　たとえばヘビを見て，目からの情報はまず視床の中の外側膝状体に伝えられ，そこでヘビの大まかな情報として変換され，情動に関する情報はここで大きく2つに分かれる。一方の経路は大脳皮質に送られ，細かく分析された後，海馬に送られ長期的に記憶される。もう一方の経路は，視床と隣り合った神経細胞である扁桃体に送られる。扁桃体では，生存にとって有利であるかどうかの価値判断が行われ，即座に内臓器官に伝えられ，飛びのいたり，血圧を上げたり，心拍数を上げるといった反応が生じる。一方，外側膝状体から大脳皮質視覚野に送られた情報は，どんな形をしているか，どのくらい離れているかなど，ヘビに関する詳細な情報分析が行われ，それらの情報は2つの経路を通って再び扁桃体に伝えられる。1つは直接，もう1つは海馬を経由して，である。海馬

では，これまでの経験にもとづく記憶との照合など細かい処理が行われる。さらに扁桃体において生存にとって有利であるかどうかの価値判断が行われ，逃げ出したり，近づいて叩き殺したりといった反応が生じるのである。

これらのことから，視床，扁桃体，海馬を中心とする大脳辺縁系が，感覚器官から入ってくる情報を統合し，それらに価値判断や意味を付与し，記憶との照合を行うことで情動が作り出されていると考えられる。

5 ダマジオのソマティック・マーカー説

ダマジオ（2003）によれば，脳のある部分，とくに前頭前野が，人間の情動をコントロールすることに大きな役割を果たしているということである。すなわち，何らかの意思決定を行うときたくさんの可能性の中から一つひとつを合理的に検討して最善のものを選択していると考えがちだが，そうではない。特定の選択肢を頭に思い浮かべると，たとえかすかにではあっても体が反応し，その結果，不快な感情が生じると，それを選択するのをやめ，次の選択肢を次々に探していき，最終的にいくつかの選択肢が身体（ソマティック）によって選ばれ，合理的思考が後から働く。たとえば，過去にある選択肢を選んで不快な身体状態が引き起こされると，そのことが前頭前野に記憶され，後から最初の選択肢を思い浮かべただけで不快な身体状態が再現（ソマティック・マーカー）され，それが選択されなくなるのである。

2節 自分の情動を推測すること

私たちは，自分自身が怒ったり，喜んだり，悲しんだり，怖がったりしていると簡単に認知できる。たとえば，店で買い物をしているとき身に覚えのない万引きの疑いをかけられれば，怒りの感情が湧いてくるだろう。長年の苦労が実って，思いが実現すれば喜びの感情が湧いてくるだろう。長年，苦楽を共にしてきた人が突然いなくなれば悲しみの感情が湧いてくるだろう。または，災害や事故などのように自分の存在が脅かされるような危険な状態に遭遇したとき恐怖の感情が湧いてくるだろう。このように，私たちはさまざまな感情を体験したとき，その体験に対して怒り，喜び，恐怖などのラベルを貼り，そこには感情を引き起こす何らかの外的な原因があると信じている。

しかし，本当にそうであろうか？　たとえば，**パニック障害**とよばれる症状は，電車や人ごみの中で心臓が締めつけられ，息もできなくなり，冷や汗やめまいが生じ，死ぬのではないかといった言いようのない恐怖に襲われ，またそれが起こるのではないかと外を出歩くこともままならなくなってしまう（**DSM-IV-TR**, 2002）。そこには恐怖を引き起こす外的な原因は何もない。たまたま人ごみや電車の中で生体内の状態に変化が起きただけである。このようなことを経験すると，次もまた人ごみや電車の中で同じことが起こるのではないかと外出することに拒否反応を示すようになる。冷静に考えると何でもないとわかっているにもかかわらず，そのことを考えると恐怖心からなかなか逃れられない。また，うつ病ではとくに何の理由もないのに涙が出てきて，やる気も起きず，悲しみの状態から脱け出せない。このことは，その人の身体変化と，その人の周りにある環境変化は必ずしも対応していないことを示している。こういったことから，自分の身体変化の認知と，自分の周りにある環境変化の認知という2つの相互作用が重要な意味をもってくる。

1　シャクターの二要因情動理論

　シャクター（Schachter, 1971）は，実験参加者に興奮作用を引き起こすアドレナリンを注射した。その際，実験参加者を4つのグループに分け，注射をする際に次のような教示を与えた。
　①この注射によって，動悸・顔のほてり・手足の震えがあると正しい情報を与えるグループ
　②この注射によって，皮膚のかゆみ・頭のしびれがあると誤った情報を与えるグループ
　③この注射によって，何の情報も与えないグループ
　④アドレナリンではなく生理食塩水を与えるグループ（興奮作用は引き起こされない）。

　注射された実験参加者をひとりずつ別の部屋に連れて行き，サクラといっしょに過ごしてもらった。サクラとは，実験参加者の前でわざと攻撃的にふるまったり，わざとふざけたりするようにと指示された実験協力者のことである。その結果，②誤った情報を与えられた実験参加者と③何の情報も与えられなかった実験参加者は，サクラのふざけたり攻撃的にふるまったりする行動を見て，

笑い出したり怒り出したりした。一方，①正しい情報を与えられた実験参加者と④生理食塩水を注射された実験参加者は，サクラの行動に影響を受けなかった。すなわち，①と②の実験参加者は，自分が動悸・ほてり・手足の震えを感じるのは，アドレナリンの注射のためだと考えたのに対し，②と③の実験参加者は，同じ動悸・ほてり・手足の震えを，アドレナリン注射のためではなく，サクラのふざけた行動や攻撃的な行動を見たことによって自分が笑ったり怒ったりしていると，シャクターは主張する。これらのことからシャクターは，情動が認知されるのは，自律神経系内の交感神経系の活性化を解釈する要因と自分の周りにある状況を解釈する要因という2つの要因によると考えた。

　フィニアス・ゲージの場合は，事故の後，自分の周りの状況を評価できず，自分の身体の変化（動悸・顔のほてり・手足の震えなど）によってのみ行動するようになり，ほんのちょっとした状況変化が彼の突発的な行動を引き起こした。その結果，周囲の人たちとはうまくいかなくなった。自分の情動をどのように認知するかということは，自分の身体の状況と自分の周りの状況を評価することによって，初めて自分の感情をコントロールすることが可能になる。このような考えから，ストレス反応を低減する**コーピング**や**情動知能**という考え方も出てきている。

2　自分の情動にラベルを付けることが不得意な人たち

　自分の情動にラベルを付けるということは，「今，自分は無実の罪を着せられ，体が震え，脈拍が速くなっている」「今，自分は最愛の人と別れ，泣いている」「今，自分の思いがかない，笑っている」というように，自分の置かれた状態に対して，それを怒り，悲しみ，喜びだと解釈することである。このことができるためには，自分の身体の状況と自分の周りの状況を評価することが必要である。この解釈ができることで，怒り，悲しみ，喜びによって生じる行動を抑制することができる。

　注意欠如多動性障害（AD/HD）とよばれる子どもたちは，自分の注意をコントロールしたり，行動を抑制したりすることが不得意で，静かにしておかなければならない場所で走り回ったり，高いところに登ったりし，人間関係においても順番を守ることができずトラブルを起こしやすい。そのために，学校生活，社会生活，家庭生活がうまく送れなくなり，本人だけでなく周囲の人も困

り果てている。AD/HDの子どもたちは，学校や園の中でまるでフィニアス・ゲージのように振る舞い，先生から叱られ，友だちからも疎まれ，そして親からも叱られる。その結果，自尊心は低下し，ますます傍若無人に振る舞うか，引きこもってしまうかのどちらかを選ぶしかなくなってしまう。そこには，自分の情動に伴う行動抑制をコントロールできなくなっている状態がある。

　AD/HDの子どもたちに，周囲の状況をもっと冷静に評価するように伝えたとしてもうまくいかない。なぜなら，自分の情動状態を評価することそのものに不得意さを抱えているからである。むしろ，私たちの意図を明確に伝え，さまざまな手掛かりを用意して，私たちの方が歩み寄っていくことが必要である（福田，2011）。

3節　他者の情動を推測すること

　私たちは，自分の情動を認知するだけではなく，他者の情動も認知している。目の前の相手が，突然顔を真っ赤にして自分に対して大声を上げ始めたときは，どうして怒っているかと推測し，なだめたり，その人から離れようとするだろう。また，目の前の相手が家族に先立たれ，涙を流しているときは，なぐさめのことばをかけたり援助を申し出たりするだろう。このように他者の情動を推測することによって，コミュニケーションが円滑に進むようになる。目の前の相手が，怒ったり，悲しんだり，喜んだり，怖がったり，という情動を推測するには，いくつかの手掛かりが必要である。

　一番参考になる手掛かりは言語である。情動状態をことばで伝えれば，相手は目の前の他者の情動状態を推測することができる。「自分は怒っている」「自分は喜んでいる」「自分は悲しんでいる」「自分は怖がっている」といったことばによって自分の気持ちを相手に伝えれば，ことば通りに受け取ってもらえれば，その人の情動状態は伝わっていく。しかし，言語が唯一の手がかりではない。私たちは，ことばを使わずにその場の状況や表情や身体活動を元に相手の情動を推測することが多い。相手の情動を推測するのは，言語によるコミュニケーションのできない外国人や赤ん坊でも可能である。

1 非言語的情報と情動

他者の情動を推測するために言語以外の手がかりを用いたコミュニケーションをノンバーバル（非言語的）・コミュニケーションとよんでいる。宇津木（1987）は，**ノンバーバル・コミュニケーション**を表9-1のように表した。

この表によれば，握手したとき，握力，湿り具合，温かみなどから，相手の自分に対する情動を推測する。相手の姿勢を見て，前かがみになっていれば元気がなさそうだと判断し，そっくり返っていれば自信に満ちていると判断する。相手の顔や目を見るときは，とくに表情を判断材料とする。

エクマンとフリーセン（1975）は，幸福，悲しみ，恐れ，怒り，驚き，嫌悪，という6つの情動を示す表情は，文化が異なっても共通していることを示している（図9-4）。これらの表情の認知は，生まれつき備わっており，赤ちゃんはまわりの大人の表情を模倣するだけでなく，親しいおとな，たとえば母親が笑いかけているときは，ほほえみ返すのに，母親が無表情になると泣き出しパニックになることもよく知られている（図9-5）。

Omori & Miyata（2001）は，表情の中でもまばたき（**瞬目**）に注目し，瞬目の数が1分間に30〜40回を超えると否定的なイメージ（神経質，親しみにくさ，不注意）を抱かれやすいことを明らかにしている。Tecce（2008）は，アメリカ大統領候補がテレビ討論をしているとき，1960年以来，瞬目数の少ない候補が大統領に当選していることを示している。Tecce（2008）によれば，

表9-1 ノンバーバル・コミュニケーションの種類（宇津木，1987より改変）

コミュニケーション送り手のチャンネル		メッセージを運ぶもの		コミュニケーション受け手のチャンネル
身体（特に手）	→	熱，圧力，弾力	→	皮膚感覚
顔面を除く身体	→	姿勢，運動	→	視覚
顔面	→	表情	→	視覚
眼	→	視線，瞳の大きさ，まばたき	→	視覚
全身	→	衣服	→	視覚
音声	→	音質，音量，ことばの量，語彙，構文	→	聴覚
限定しにくい	→	体臭，香料	→	嗅覚

図 9-4 人の6つの表情（エクマン＆フリーセン，1975）

幸福　悲しみ　恐れ　怒り
驚き　嫌悪

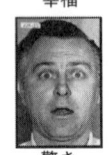

図 9-5 母親が笑顔で相手するとき（左）と無表情で相手しないとき（右）の赤ちゃんの表情（NHKスペシャル「赤ちゃん，このすばらしい生命」より）

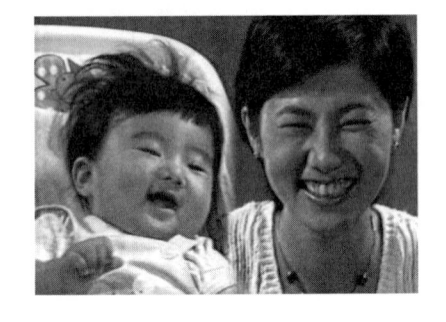

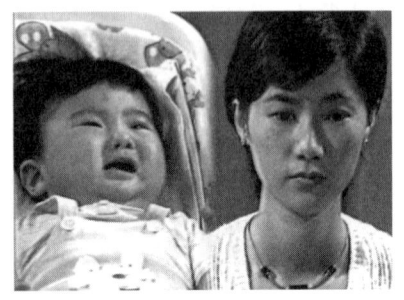

　テレビ討論というストレスフルな状況において，視聴者は，瞬目の多い候補者をストレスが高そうだと判断し，ストレスの高い者は大統領にはふさわしくないと考え，瞬目の少ない候補に投票したのだろう，と考察している。こういったことから，私たちは，瞬目数によっても相手の情動を推測したり，着ている服や，相手から漂ってくる体臭や香りをもとに情動を判断していることが示唆される。
　このように，私たちが相手の情動を判断するときは，言語的・非言語的な情報のみが手掛かりとなるだけでなく，情報を発信するときの状況と，その結果どのような変化が生じたのかというように前後の文脈から判断しているのである。フィニアス・ゲージの場合，相手の言語的・非言語的な情報だけでなく，今自分が置かれている前後の状況を読み取ることに失敗し，その結果，相手の情動を理解することができなくなり，その場面に適切な行動をとれなくなってしまった。こういったことから，フィニアス・ゲージが事故で失った脳の部分は，自分や相手の情動の認知にも大きな役割を果たしていることが示唆される。

2 情動を判断するための生理的指標

　自分の情動を知る場合には，自分が受けた情報を価値判断し，それにともなう身体変化や生理変化を手掛かりにする。他者の情動を知る場合には，相手が受けた情報を価値判断し，それにともなって相手が発することばや表面に現れた身体変化を手掛かりにする。いずれの場合においても，情動の判断には主観が入り込むが，心理学研究においては主観の入り込みにくい実験条件を考えることに多くの労力を払ってきた。そこでよく用いられるのが情動状態によって変動すると考えられている生理的指標である。

　古い昔，容疑者に対して，中国では乾いた米の粉を口いっぱい含ませ，唾液でぬれて吐き出しても白い粉が飛び散らなければ無罪と判断し，白い粉が飛び散れば有罪と判断していた。ヨーロッパでも容疑者に乾パンを一切れ食べさせ，飲み込めれば容疑が晴れ，飲み込めなければ容疑は深まるとされていた。これは，ウソをついてばれたら自分の存在が脅かされるかもしれないという情動が唾液の分泌を抑制すると考えられていたからである。

　実際の捜査現場では，情動と関連の深い**ウソ発見**の生理的指標を測定する場合，ウソをつくことによる罰への恐怖や緊張が生理的変化を引き起こしているのではなく，自分と関連の深い情報に対する注意が向きやすいことが反応を引き起こしているとされている（平ほか，2000）。これは心理学的手法が実際の捜査現場に応用された一例である。捜査におけるウソ発見の現場では，たとえば，犯人が果物ナイフで人を刺したことがわかっている場合，容疑者には，①刺身包丁，②バタフライナイフ，③出刃包丁，④果物ナイフ，⑤菜切り包丁といった順番で聴いていく。真犯人にとっては，④の果物ナイフ（これを裁決項目という）に注意がいくが，事件と無関係な人にとっては，**裁決項目**だけでなく関連のない**非裁決項目**もありえそうなものばかりである。このような質問をいくつか用意して，犯人しか知りえない項目に一貫して反応するかどうかを調べていく。その際の生理的指標は，項目提示にともなって一過性で変化する心拍，皮膚抵抗反応，皮膚伝導反応をみている。

　心理学実験においては，このように緊迫した実験事態を作り出すことは非常にむずかしい。たとえば，不安の程度など情動状態が異なる2つのグループの生理的状態を比較したり，実験参加者にある情動状態を思い浮かべてもらったときの発汗，皮膚温度，皮膚抵抗，皮膚伝導，心拍，呼吸，脳内活動（**ERP**:

Event Related Potential, **fMRI**: Functional Magnetic Resonance Imaging, **PET**: Positron Emission Tomography), 瞬目といった生理反応の変化を調べてきている。Ohman & Soares (1998) は, 被験者にさまざまな表情を呈示し, 怒りの表情を呈示したとき指に軽い**電気ショック**を与えた。このことを繰り返し, 怒り顔への条件づけが成立し, 怒り顔を呈示しただけで自律神経活動の一種である皮膚伝導が変化するようになった。このようにして, 怒り顔を30ミリ秒呈示して直後に無表情の顔を500ミリ秒呈示すると, 被験者は怒り顔の存在には気づかなくなった。しかし, 怒り顔を呈示したとき, 被験者は怒り顔を意識していないにもかかわらず, **皮膚伝導**に変化が生じたのである。しかもこの皮膚伝導条件反射は, 笑顔に対して条件づけを行ったときは, 生じなかった。その後のfMRI研究によって, 短時間 (35ミリ秒) 呈示された怒り顔の後に無表情の顔を呈示したとき, 扁桃体が活動することが示されている (Nomura et al., 2004)。これらのことから, 情動反応は, 怒り顔に対して特異的に生じ, とくに扁桃体がその役割を担っていることが示される。すなわち, 怒り顔はその人が攻撃してくるかもしれないという危険信号となる。**扁桃体**は, 危険を自動的に検出し, 警戒を促すような働きがあるのだろう (大平, 2010)。

　生理的指標の中でも, 情動と関連が深いのは心拍や体温などの自律反応であろう。なぜなら, 第1節でも述べたように, **大脳辺縁系**が情動と関連しており, なかでも大脳辺縁系の一部を形成する視床は自律神経活動の中枢でもあるからである。

　エクマンら (Ekman et al., 1983) は, 俳優12人と表情の研究者4人に, 驚き, 嫌悪, 悲しみ, 怒り, 恐怖, 幸福 (図9-4) という6つの表情を作らせ, その表情に入る前と表情を作っている最中の心拍および手の指の皮膚温を測定し変化を調べた (図9-6)。その結果, 怒り, 恐怖, 悲しみの表情を作ったときは心拍数が上昇し, 怒りの表情を作ったときは指の皮膚温が上昇した。また, 大平 (Ohira, 1995) は, 大学生のうつの高い群と低い群で, 瞬目の時間分布を比較した結果, 平常状態では, 2つの群に瞬目数の違いは見られなかったのに, 自己関連刺激語呈示直後の瞬目は, うつの高い群の方が多かった。このことについて, 大平 (1995) は, うつの高い人は, 少ない処理資源しか割り当てることができず, その結果, ネガティブな自己関連刺激語の処理に多くの負荷を要してしまったためであろうとしている。

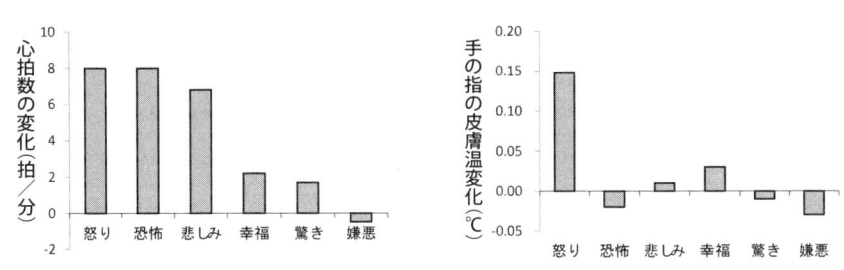

図 9-6 表情変化によって情動を表現させたとき，その前後における心拍数変化（左）と右指の温度変化（右）

　情動状態について，生理指標を使って調べようとする場合，いくつかの困難にぶつかる。情動反応は，怒りにしろ，笑いにしろ，悲しみにしろ，持続的なものではなく，何らかの情動刺激によって誘発される一過性のものである。しかも，情動反応は，何らかのきっかけにより過去における情動記憶が想起され，想起されたものに対する情報処理とともに引き起こされるものである。こういったことから，生理指標を用いて情動反応を研究対象にするには，平ら（2000）が指摘するように，情動をそのものを直接取り扱うというようよりも，情動刺激に対する情報処理がなされ，その過程において特定の情動刺激に選択的な注意が向けられやすいといった観点から生理指標の一過性の変化を検討していく方が，結果的には情動との関連も明確になりやすいだろう。

4節　おわりに——今後の情動認知研究に向けて

　情動をつかさどる脳のメカニズム，情動を認知するメカニズム，情動を知るための生理的指標について述べてきた。フィニアス・ゲージの場合，扁桃体の暴発を抑制する前頭葉機能が事故によって損傷を受けたため，自分の情動状態をコントロールできなくなり，他人の情動状態を推測しながら，自分の行動コントロールができなくなった。また，動物実験の結果，扁桃体が目の前の対象の価値判断に大きくかかわっていることが示され，人間においても脳画像研究において，そのことが示されている。

　情動反応に対する心理学研究の貢献は，厳密な研究手法を提案することで，より確かな情動へのアプローチができるようになった点，もう1つは情動にも

とづいた不適切な行動を適切な行動に代えていくようになった点の2つがあげられる。1つは基礎研究，もう1つは臨床研究である。基礎研究においては，扁桃体や視床下部といった部位が情動反応に果たす役割，さらには大脳皮質から自律神経系といった神経系の活動が情動体験（感情）に果たす役割をさらに明らかにする必要がある。臨床研究においては，気持ちの落ち込みを緩和し，不適切な行動を適切な行動に変えていくような治療法が開発される必要がある。今後，この2つのアプローチの統合により，情動への理解がさらに深まることが望まれる。

▷**ブックガイド**

ラマチャンドラン，V. S. & ブレイクスリー，S. 1998 山下篤子（訳）1999 脳の中の幽霊 角川書店
 さまざまな情動障害を示す患者を診察するラマチャンドランが，非常に単純な検査によって，その患者の脳のある部分が機能障害を起こしていることを証明していく。私たちの脳の不思議さをかいま見せてくれる。

田多英興・山田冨美雄・福田恭介（編著）1991 まばたきの心理学 北大路書房
 私たちが毎日行っているまばたきという単純な生理的行動からどのような心理的活動を読み取ることができるか，さまざまな研究例が紹介されている。

宮田 洋（監）1998 新・生理心理学1〜3 北大路書房
 全3巻からなっており，脳と心の問題をさまざまな方面から取り扱っている。実験の方法論から応用面まで幅広く，これから卒業論文で実験に取り組もうとする人にとっては手引書や参考書として欠かせないものとなるだろう。

大平英樹（編）2010 感情心理学・入門 有斐閣
 情動や感情の問題について，さまざまな領域からアプローチした本である。入門書とされているが，書かれている内容はとても高度である。しかし，わかりやすく書かれているので，とっつきやすい本である。

トピックス9

情動の変化を定量的にとらえる

　情動そのものは個人の内的経験であり，それを客観的に測定することは困難である。しかしながら，情動は価値評価，表情表出，身体反応，行動などさまざまな過程を含む多元的な現象でもあることから（Philippot, 1993），それらの過程を測定することにより，少なくとも情動の一端をとらえることは可能である。このトピックスでは数多くある情動測定方法の中から**質問紙を用いた方法**と**生理的指標を用いた方法**の2つについて簡単に述べる。

1　質問紙を用いた情動の測定方法

　質問紙法は評定に恣意性が介入しやすいため，回答に歪みが生じる恐れや，リアルタイムでの測定が困難といった問題があるものの，生理的指標には現れないような情動の微妙な変化をとらえることができ（鈴木・平尾・寺下・織田・八木，1999），多人数のデータを容易に収集できるなど多くの利点も備えている。

　情動は，いくつかの独立した基本的情動（例，怒り，喜び）により構成されるという考え方と，情動の質（例，快一不快），情動の強度（例，覚醒一睡眠）の2次元で構成されるという考え方がある。既存の質問紙はどちらかの考え方を反映したものである（Philippot, 1993）。これらの一方が正しく，もう一方が誤りであるとはいえないものの，ここでは情動を定量的にとらえる観点から，後者の考え方を反映した質問紙を取り上げる。代表的なものとして，**JUMACL**（白澤・石田・箱田・原口，1999）や**GACL**（畑山・Antonides・松岡・丸山，1994）などがある。

　これらの質問紙のうち，JUMACLを用いた情動評価の研究事例に，大上・箱田・大沼・守川（2002）の研究がある。JUMACLは緊張の程度を示す**緊張覚醒**（例，緊張した，ゆったりした）と，元気さや活力の程度を示す**エネルギー覚醒**（例，活発な，ぼんやりした）により構成されている。大上らは，交通事故や殺傷場面が含まれたビデオを呈示後，被験者の緊張覚醒が上昇することを報告した。これはビデオの観察により被験者に不快な情動が喚起されたことを示唆している。

2　生理的指標による測定法

　もう1つの情動測定方法として，情動喚起に伴う生理反応の測定がある。しかし，生理反応は情動経験そのものではなく，情動による覚醒水準の変化をとらえているに過ぎない（畑山，1991; Mandler, 1984）。また個人差や個人内変動が大きい，外的要因（例，音や照明，温度）や，被験者の体動などの影響を受けやすいという問題もある。

　しかしながら，生理的指標は客観的で，物理量（電圧，抵抗，周波数等）に数量

化・可視化でき，時間経過に沿って測定可能である。また行動や表情には現れない反応や，閾下刺激に対する反応も測定可能であるという利点を備えている（八木，1998）。

生理的指標による情動評価は，目的に応じてさまざまである。もし，情動と認知の過程について調べるのであれば，**中枢系**の指標（例，脳内の**事象関連電位**や血流量の変化等）を測定する。このうち，事象関連電位（event related potentials：ERPs）は，脳波の一種であり，内的・外的刺激に対する認知処理の時間的変化を反映している。また血流量の変化は**fMRI**（functional magnetic resonance imaging）を用いて測定され，刺激に対する脳の活動部位を正確に測定できる。

また，強い感情の喚起に長期間曝される場合は，ストレス反応の発生が考えられるので，**内分泌系**ホルモン（例，コルチゾール）や免疫指標（例，s-IgA 抗体）等が測定されることもある（大平，2002；山田，1998）。

しかしながら，情動研究において頻繁に用いられるのは**自律神経系**の指標である。なぜならば測定が比較的容易であり，被験者の意識的制御が困難であることに加え，自律神経系の中枢である視床下部は，情動表出の中心的役割を担う部位でもあるからである。代表的な自律神経系の指標として，**心臓血管系**（**心拍**，血圧，脈波）と**皮膚電気活動**の指標を紹介する。

(1) **心臓血管系** われわれは緊張すると交感神経系が賦活する。それに伴い心臓の拍動数（心拍）が増加し，単位時間あたりに多くの血液が送り出され血圧も増加する。また緊張すると指先が冷たくなることからも分かるように，指先の血管が収縮し，血液が流れにくくなる（高澤・廣田，2004）。これらの現象は，心電図における R 波の間隔時間の測定（心拍）や血管容積の変化（脈波）等により測定可能である。

(2) **皮膚電気活動** 情動喚起にともない，手掌部等が発汗し（精神性発汗），皮膚の電気抵抗値が一時的に低下する。これを**皮膚電気活動**（electrodermal activiy：**EDA**）という。近年では，社会的行動障害者（対人関係がうまくいかず，社会生活に適応しにくい人）は**ソマティック・マーカー**とよばれる身体感覚を利用できず，リスキーな判断や意思決定を行いがちになることが報告されている（大平，2002）。この種の研究においてしばしばEDAが用いられる。

以上，情動の定量的測定方法について，いくつかの指標をとりあげて略述した。現時点では質問紙法，生理的指標による測定のいずれを用いても情動を完全にとらえることは困難であるが，これら2つの測定法を併用することにより，情動の性質と生理反応の変化との関連が明らかになり，情動をより的確にとらえることが可能となる。

10 章 知識と思考

　人は，自分の暮らす生活環境に対して機械的に反応するだけでなく，能動的に世界の成り立ちを理解しようとし，目標を達成するために環境にはたらきかけていく。このようなはたらきの中心となるものが，知識と思考である。それらはどのようなしくみによって成り立っているのだろうか。本章では，心理学の研究が明らかにしてきた人間の知識と思考の性質を紹介しよう。

1節　知識のしくみ

　人の生活環境には，多種多様な事物があふれている。スーパーで売られているリンゴだけでも，赤いふじや黄緑の王林，大きな蜜入りからアップルパイ用の紅玉，新鮮なものから見切り商品まで，さまざまである。知識に関する心理学の研究は，世界に関するさまざまな情報がいかに整理され，蓄積され，必要なときに利用されるかという問題を中心に展開されてきた。この節では，そのような多様な情報を知識として整理するしくみについて考えてみよう。

1　概念としての知識
a　日常的概念の性質

　多様な情報を整理するための代表的な方法は，分類である。環境にあるさまざまな事物を分類し，同じ分類に所属する事物の集合に共通のラベルを付けることによって，環境に関する情報は単純化され，認知的に扱いやすくなる。このように，何らかの仕方で分類された事物（**事例　example**）の集合を**カテゴリー**（category）とよび，そのカテゴリーについて抽出された知識の内容を**概念**（concept）とよぶ。概念のはたらきは，未経験のものに遭遇したときも，既存のカテゴリーに結びつけることによってそれを既知のものとして扱うこと

を可能にしてくれる。

　カテゴリーと概念には，どのような性質があるのだろうか。カテゴリーを構成するためのもっとも素朴な方法は，カテゴリーを構成する全事例に共通して当てはまり，それ以外のものには当てはまらないような属性を設定することである。これを，カテゴリーの**定義的属性**とよぶ。典型的には，三角形の定義として，「二次元の幾何学図形で，3つの直線の辺をもち，辺は端で結合しており，内角の和は180度」という属性を定めることが該当する（ロス，1986）。

　ところが，人が日常的に扱っている「家具」や「野菜」のようなカテゴリーに関して，そのような定義的属性を決定することは困難である。たとえば，野菜の全事例に共通する定義的属性はなんだろうか。「甘くない食用植物」では，甘いトマトや酸っぱいレモンといった例外ができてしまう。多くの場合，日常的なカテゴリーにはこのような定義的属性は存在せず，**家族的類似**（family resemblance）とよばれる緩やかな属性の重なり合いが存在するのみなのである。家族的類似は，図10-1のように，家族がそれぞれお互いに似ているところがあるが全体に共通するような属性は存在しないようなカテゴリーの構造である。ロッシュとマービス（Rosch & Mervis, 1975）はこのことを明らかにしながら，従来の概念研究が前提としていた定義的属性によらないカテゴリー構造とそこから抽出される概念を提起した。

　家族的類似構造をもつカテゴリーには，一般に事例による**典型性**（typicality）の違いがある。（Rosch, 1975）。典型性とは，たとえばツバメは鳥らしい鳥だがダチョウは鳥らしくない鳥だというように，カテゴリーの事例としての

図10-1　**家族的類似の例**（Armstrong *et al.*, 1983）

スミス兄弟の9人の顔である。ひげの色と形，メガネ，耳の大きさの属性が複数の成員に共有されているが，すべての成員に共通する定義的属性はない。中心の顔は，他の成員と属性の共有度がもっとも高い典型的なスミス氏である。

表10-1 日常的カテゴリーの事例の典型性
(改田, 未発表)

各事例は, 典型性が高い順に並んでいる。事例集合は, 秋田 (1980) の出現頻度表にもとづいて選択した。

家具	野菜	鳥
テーブル	ほうれん草	ツバメ
タンス	人参	ウグイス
ベッド	ピーマン	スズメ
ソファー	ねぎ	ワシ
本棚	なす	白鳥
三面鏡	白菜	ハト
食卓	アスパラガス	カナリヤ
こたつ	トマト	トンビ
下駄箱	セロリ	カラス
鏡	サラダ菜	キジ
こしかけ	ニラ	九官鳥
テレビ	かぶ	オウム
かさ立て	れんこん	ツル
ロッカー	パセリ	ライチョウ
カーテン	三つ葉	カモ
ジュータン	もやし	フクロウ
ふすま	ニンニク	クジャク
畳	らっきょう	七面鳥
ふきん	松茸	ニワトリ
ほうき	スイカ	ダチョウ

表10-2 目標志向カテゴリーの例
(Barsalou, 1985 より一部変更)

事例は, 事例としてのよさが高い順に並んでいる。

誕生日のプレゼント	火事のときに持ち出すもの
服	子ども
パーティー	人
宝石	家族
ディナー	重要書類
時計	ペット
ケーキ	受賞作品
カード	お金
花	貴重品
香水	イヌ
お金	ネコ
レコード	家族の記録
カメラ	宝石
本	絵
金	カメラ
スポーツ用品	重要記事
宴会	衣類
ネクタイ	ステレオ
おもちゃ	毛布
ゲーム	テレビ
雑貨	食物

よさのことである。典型性は他のメンバーとの属性の共通性によって決まると考えられた。典型性の高い鳥ほど, 他の鳥と多くの属性を共有しているということになる。表10-1は, 日本人の大学生による典型性評定の例である。典型的な事例は, 非典型的な事例と比べて, カテゴリーを利用するさまざまな課題で成績がよい。たとえば,「ツバメは鳥である」という文の真偽判断は,「ダチョウは鳥である」という文の真偽判断よりも, 反応時間が短い。このような結果から, 日常的カテゴリーの概念は, 典型例が有利に処理されるような構造をもっていると考えられた。

定義的属性にせよ典型にせよ, これらの考え方によると, 事例集合から何らかの共通性にもとづいた要約表象がカテゴリーの概念として構成されることを

前提としている。一方，要約表象を構成せず，経験した個別的な事例情報にもとづくモデルとして，**範例モデル**がある（Medin & Shaffer, 1978）。人のカテゴリー構成は多様でありうる。現実的には，事例数や事例間の類似度など，カテゴリーを構成する事例の構造に応じて，適切な概念表象が柔軟に構成されるものと考えられる（Murphy, 2002）。

b 概念の柔軟性と説明理論

人間の生活の中で使われる概念は，必ずしも固定的なものではなく，その場の状況や目的に応じて柔軟に構成される側面がある。

このことは，**目標志向カテゴリー**（goal-derived category: Barsalou, 1985）の例からみることができる。目標志向カテゴリーは，その場の目的や状況に応じて柔軟に構成されるカテゴリーである。表10-2には，その一例として，「火事のときに家から持ち出すもの」と「誕生日のプレゼント」というカテゴリーを挙げた。このカテゴリーを構成する事例には，家族的類似のような類似性によってまとめあげられる構造はない。むしろ，その状況の中で設定された目標との適合性という点から，事例がまとめあげられている。

このような観点から，現実に活用されている概念は目標志向的であるという指摘がある。とくに，現実生活の中でその領域のエキスパートであるような人びとの典型性評定を調べると，典型性の評定は彼らの文化的な営みと密接に結びついている目標と高い相関がある（Burnett et al., 2005）。ロッシュが評定を求めたその領域についての知識をほとんどもたない大学生とは異なり，造園業者にとっての木や釣り師にとっての魚といったカテゴリーは，彼らの事物を取り扱う上での目標との関連によって構造化されており，事例間の類似性に由来する中心化傾向ではない，ということが示唆されている。

また，カテゴリーが，自分のもっている知識や先行経験と整合するように構成される側面もある。たとえば，25セント硬貨とピザの中間の大きさの円盤（直径3インチで，25セント硬貨の平均直径のほうがピザの平均直径よりも近い）について，それはピザか硬貨かを尋ねると，多くの人はピザだと答える。ここでは，大きさの類似ではなく，「硬貨の大きさはほとんど変動しないが，ピザの大きさはさまざまでありうる」という知識にもとづいた説明ができることが，円盤の所属するカテゴリーの決定に大きな役割を果たしている（Rips, 1989）。一般に，ダチョウが鳥らしくはないが，確かに鳥だと考える根拠も，

外見上の類似よりも生物学的な属性がカテゴリーの所属の決定には重要だという理論的な判断によるものと考えられるだろう。

このように，カテゴリーの構造には，人のおかれた状況や目的に応じて構成されるという側面がある。

2　スキーマとしての知識

人は，環境の中で生じている事象について理解するために知識を利用している。その知識は，複雑な概念どうしが関係づけられた構造をもち，一般に**スキーマ**（schema）とよばれる。スキーマは，長期記憶に貯蔵され，過去経験を通じて蓄積された世界に関する一般化された知識である。

スキーマの中でもとくに，「レストランでの食事」や「病院の受診」のような時系列の中で生起する事象によって構成される出来事のスキーマを**スクリプト**（script）とよぶ。スクリプトは，日常生活の中で繰り返し経験する出来事に関する知識である。表10-3は，「レストランでの食事」に関するスクリプトの例である。スクリプトの知識には，その中で使われる道具，登場人物，なされる行為の系列などが含まれている。スク

表 10-3　「レストランでの食事」のスクリプト
（Bower et al., 1979 より一部修正）

名称：レストラン
道具：テーブル，メニュー，料理，勘定書，金，チップ
登場人物：客，ウエイトレス，コック，レジ係，オーナー
入店条件：客は空腹である，客は金を持っている
結果：客の金が減る，オーナーの金が増える，客は空腹ではない

場面1：入店
　客がレストランに入る
　客がテーブルを探す
　客が座る席を決める
　客がテーブルのところへ行く
　客が座る
場面2：注文
　客がメニューを取る
　客がメニューを見る
　客が料理を決める
　客がウエイトレスに合図する
　ウエイトレスがテーブルに来る
　客が料理を注文する
　ウエイトレスがコックのところへ行く
　ウエイトレスがコックに料理の注文を伝える
　コックが料理をする
場面3：食べる
　コックがウエイトレスに料理を渡す
　ウエイトレスが客に料理を運ぶ
　客が料理を食べる
場面4：店を出る
　ウエイトレスが勘定書を書く
　ウエイトレスが客のところに来る
　客がウエイトレスにチップを渡す
　客がレジ係のところに行く
　客がレジ係に金を支払う
　客がレストランを出る

リプトのはたらきを理解するためには，実際に自分が初めて利用するレストランで食事をするときの振る舞いを考えてみればよい。私たちがレストランに入ったら，もし案内がなければ自分で空席を見つけて座り，メニューを見て，注文し，運ばれてきた料理を食べるという一連の行為を戸惑うことなく実行できる。一つひとつの行為は，あらかじめ予測されており，スムーズに進行する。次に何が起こるかという予測を可能にしているのが，このようなスクリプトに含まれる知識である。

スクリプトのはたらきは，次のような例からもわかる。「昨日近所にできた新しいレストランに行ったけど，おいしくて，店の人も感じが良かったから，今度一緒に行きましょう」と友人から言われたとする。この話では，メニューを見て注文したとか，支払いをしたといったことは明言されていない。だからといって，友人がレストランで注文や支払いをしなかったとは私たちは理解しない。このような明言されなかった内容は，自分のレストランスクリプトにしたがって標準的に経過したのだと理解される。このように，スキーマにもとづいて，日常生活での経験や理解が構成されるのである。

2節　思考のしくみ

人の思考は，経験を超える力である。たとえば，教えられた通りに目玉焼きをフライパンで焼いているのは，学習されたスキルの再現である。だが，キャンプに行ってフライパンがないけれど目玉焼きを作りたいという目標をもったとき，思考の力が発揮される。自分のもっている知識を総動員して，そこから導き出されるような新しい結論を導き出さなければならない。たとえば，空き缶を火にかけて目玉焼きを焼くというまったく新しい解決方法が導き出される。これが思考のはたらきである。

1　推論の過程

推論とは，手持ちの情報から論理的に正しい結論を導き出す思考のはたらきである。たとえば，帰宅した家の玄関に見慣れない靴が2足あれば，「お客が2人来ている」と判断するような能力である。一般に，推論には**演繹的推論**（deductive reasoning）と**帰納的推論**（inductive reasoning）がある。演繹的

推論とは，手持ちの知識や観察している事実に論理的規則を適用して合理的結論を導き出す推論である。帰納的推論とは，個々の観察した事実にもとづいて一般的な規則を導き出す推論である。

a 演繹的推論

人の演繹的推論能力の特徴を典型的に示す例として，条件文推論（「PならばQ」という形式の命題を含む推論）を用いたウエイソン（Wason, 1966）の4枚カード問題（図10-2）がある。図中のアルファベット―数字問題は，大学生でも正答率が10％以下の難しい問題である。それに対して，飲酒―年齢問題は，

〈アルファベット―数字問題〉（Wason, 1966）
　下の4枚のカードは，両面に1文字ずつ書いてあるカードです。カードの片面にアルファベット1文字，もう片面には数字1文字が書いてあります。これらのカードに関して，次の規則が守られているかどうか調べなければなりません。そのために必ず裏面を確認しなくてはならないカードをあげてください。

規則：片面が母音ならばその裏面は偶数でなければならない。

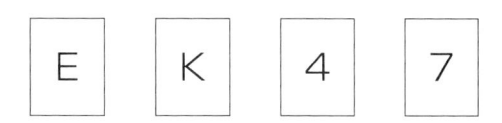

| E | K | 4 | 7 |

〈飲酒―年齢問題〉（Griggs & Cox, 1982）
　下の4枚のカードには4人の人物の情報が書いてあります。カードの片面にはその人物の年齢，もう片面にはその人の飲んでいるものが書いてあります。これらの人に関して，次の規則が守られているかどうか調べるために必ず裏面を確認しなくてはならないカードをあげてください。

規則：もし飲んでいるものがビールならば，その人は20歳以上でなければならない。

| ビール | コーラ | 22歳 | 16歳 |

（正解は次のページ）

図10-2　4枚カード問題

アルファベット―数字問題と同じ論理構造をもつが，ほとんどの大学生が正答する容易な問題である。このような結果を，チェンとホリオーク（1985）は，**実用的推論スキーマ**（pragmatic reasoning schema）理論から説明している。それによると，後者の問題の正答率が高くなるのは，それが「違反者を見つける」ことを要求しており，実用的推論スキーマのひとつである許可スキーマが使われやすくなるためである。

b 帰納的推論

帰納的推論は，観察した事実にもとづいて仮説を構成し，仮説検証して，一般化した法則を導き出すはたらきである。一般に，人の帰納的推論には歪みが

あることが知られている。

確証バイアス（confirming bias）は，自分がもっている仮説を支持するような事実を集めようとする傾向のことである。たとえば，性格に関する質問のリストを用意し，ある人の性格を判断するための質問を実験協力者に選択してもらう課題において，「その人が外向的だ」という仮説をもっている場合，外向性に関連した質問を選択しがちであり，そのような偏った質問による情報から仮説が支持される結論が導かれやすい（Bassok & Trope, 1984）。

その他にも，推論のもとになる事実としては，目立つ事例や思い出しやすい事例が選択される傾向がある。たとえば，多くの事柄が占われている中で，当たった占いの例は印象に残り，外れた占いが注目されない結果，占いが当たるという帰納的推論をするような場合である。このような傾向を，**利用可能性ヒューリスティクス**（availability heuristics : Tversky & Kahneman, 1982）とよぶ。一般に，ヒューリスティクスとは，論理的ではないが，ある程度の成功が期待できる思考法のことである。

2　問題解決の過程
a　問題表現と理解

問題とは，現在の状態とは異なる目標があり，手持ちの手段ではその目標が直接的に達成できない事態のことである。たとえば，「海外旅行に行きたいが手持ちの資金がない」というような場合である。ここにおいて，現在の状態を変化させるために使うことのできる手段を**オペレータ**（operator）とよぶ。この場合，「資金を作るためにアルバイトをする」や「ローンを組む」などがオペレータとしてあげられる。また，ある状態において実際に適用可能なオペレータは，制約条件によって決められた範囲のオペレータである。「強盗をする」というオペレータは通常犯罪はおかさないという制約条件の中で実行されることはない。オペレータを適用しながら現在の状態を変化させていき，最終的に目標状態に到達することが，**問題解決**（problem solving）である。現在の初期状態からオペレータの適用によって発生しうる状態を網羅的に表現した

図10-2　正解
　〈アルファベット―数字問題〉　Eと7のカード
　〈飲酒―年齢問題〉　ビールと16歳のカード

ものを問題空間とよぶ。

問題には，数学や社会の試験問題から，進路といった人生の大問題，今日の夕食メニューを決めるといった日常的な問題までさまざ

```
・  ・  ・
・  ・  ・
・  ・  ・
```

図のように並んだ9個の点がある。4本の直線で9個の点をすべて結ぶには，どのように線を引いたらいいだろうか。ただし，線は一筆書きで引かなくてはならない（正解は次のページ）。

図10-3　9点問題（山，1994より一部修正）

まなものがあるが，問題はみなこの観点から整理して理解することができる。目標や利用可能なオペレータの範囲の設定の仕方が，問題解決を困難にしていることはよくあることである。目標を見直すことによって，問題は解決されるのではなく解消することもある。

問題解決の第一段階は，問題を適切に理解することである。図10-3は，9点問題とよばれるパズルである。この問題は，大学生にとってもかなり難しい問題である。この問題の難しさは，問題を理解する際に問題文には含まれていない制約条件を設定してしまい不十分な問題空間を構成してしまうことによる，と理解できる。

b　類推

類推（アナロジー：analogy）は，自分の知っている領域の知識を使ってなじみのない領域の問題解決をすることであり，有効な問題解決法として知られている。図10-4の前半は，ドゥンカー（Duncker, K.）の「腫瘍問題」とよばれる問題であり，この問題だけを考えるかぎり，かなり難しい。一方，図10-4の後半の「要塞物語」を読み，それが腫瘍問題を解く上でのヒントになると教えられて考えると腫瘍問題の正答率は向上する。これが，類推のはたらきである。類推は，参照される知識と問題の間の対応づけが適切に行われることよって可能になる。

3節　現実の中での思考

思考のはたらきは，実験的な研究が行われてきたパズルのような領域を超えて，現実の生活の中で活かされている。スーパーで買い物をしたり，レストランで調理師が仕事をするような場合にはたらく思考には，どのような性質があるのだろうか。

〈腫瘍問題〉
　胃に悪性の腫瘍のある患者がいた。その患者は体力的に手術は無理で，放射線で治療しなければならない。強い放射線を腫瘍に当てれば，腫瘍は破壊できる。ところが，腫瘍は身体の内部にあるので，外から強い放射線を当てると，放射線が腫瘍に到達するまでに通過する健康な組織も破壊してしまう。この放射線を利用して，健康な組織を破壊せずに腫瘍を破壊するためには，どうしたらよいか（正解は次のページ）。

〈要塞物語〉
　独裁者の立てこもる要塞を陥落させるために，強力な軍隊が要塞に向かった。その軍隊が一斉攻撃をかければ要塞を陥落させることができる。要塞には放射状にたくさんの道がつながっている。ところが，それらの道にはすべて地雷が仕掛けられており，地雷は数人の重さでは爆発しないが，非常に重いものが通ると爆発してしまう。軍隊の指揮官は，軍隊を小さなグループに分割し，それぞれの道に1グループずつを向かわせ，すべての道に少人数の兵が準備できたとき，一斉に突撃を開始した。その結果，軍隊は地雷の上を安全に通過し，要塞を陥落させることに成功した。

図 10-4　アナロジーによる問題解決（Gick & Holyoak, 1980 を一部修正）

1　状況的認知

　人が実際に生活の中で成立している知的な営みは，周囲から切り離された個人の中にあるというよりは，その人の周囲にある道具や他者との協調関係によって支えられながら成立している。このような認知の特性に着目したアプローチを状況的認知アプローチとよぶ。

　たとえば，リベリアの伝統的な仕立屋の徒弟は，初期の段階からボタン付けのような末端の作業に従事し，その後順次，縫製，裁断といった中心的な作業に段階を踏んで進んでいく。このような状況を**正統的周辺参加**（legitimate peripheral participation）とよぶ。ここでは，前段階の作業が次の段階の作業の準備的なはたらきをするというかたちで洋服作りの学習が効果的に構成されていると同時に，徒弟を生産工程の担い手として有効に活かす生産構造が成立している（レイヴとウェンガー，1991）。

　また，ダイエットに取り組んでいる人が決められた分量の食事を用意する行動を観察した例は示唆的である（レイヴ，1988）。そこでは，3分の2カップ

図 10-3　正解
　回答が難しかった読者は，点の外周の外側に直線ははみ出してはいけないという制約条件を付け加えてしまってはいなかっただろうか。

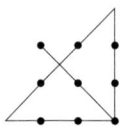

のカッテージチーズのさらに 4 分の 3 を使う，という場面があったが，算数の計算（2/3 × 3/4=1/2）をせずに，計量カップに 3 分の 2 のカッテージチーズを入れ，それをまな板に円形に広げて，十字に印をつけて 4 等分したものから 1 つを取り除いて残りを使ったという。この例は，日常生活の中では，頭の中で計算することを最小限にしながら，自分のおかれた状況の中で利用可能なものを使って正しい答に到達していることを示している。

このような知性のあり方についての知見は，思考が周囲から切り離された個人の頭脳に存在するという従来の見方の見直しを促すものである。

2　批判的思考

現代社会は，クラスメートのうわさ話から地球の裏側で発生した犯罪に関する情報まで，非常に多種多様な情報が氾濫する社会である。このような多くの情報にさらされながら生活するためには，情報の質を合理的に判断する，**批判的思考**（critical thinking）の意義は大きい。批判的思考とは，何を信じ，行うかを決定するための，合理的で省察的な思考（Ennis, 1987）のことである。批判的思考は，図 10-5 のような要素から構成されているとみなすことができる（楠見，2010）。

図中の使用判断プロセスは，現在の状況の中で批判的思考を使用するか否かについて判断する段階である。ここでは，合理性よりも場の雰囲気を優先するという状況判断をするならば，批判的思考は用いられないこともある。次が，実際の適用プロセスであり，合理的な判断の実践を構成するいくつかの過程が生起する。さらに，批判的思考の結果は，表出判断の過程を経て表現されたりされなかったりする。

批判的思考の中核をなすスキルは，合理的な思考であり，明確化，情報の基盤の検討，推論などを含んでいる。たとえば，明確化は，議論の分析を通じて主張と根拠，事実と意見，仮説や前提の同定といった議論の構造を明らかにすることである。目の前にある情報をそのまま鵜呑みにしないで，何の根拠でその主張が成り立っているのか，隠された前提は信頼できない根拠によるもので

図 10-4　腫瘍問題の正解
　弱い強度の放射線を四方八方から腫瘍に向けて照射すればよい。

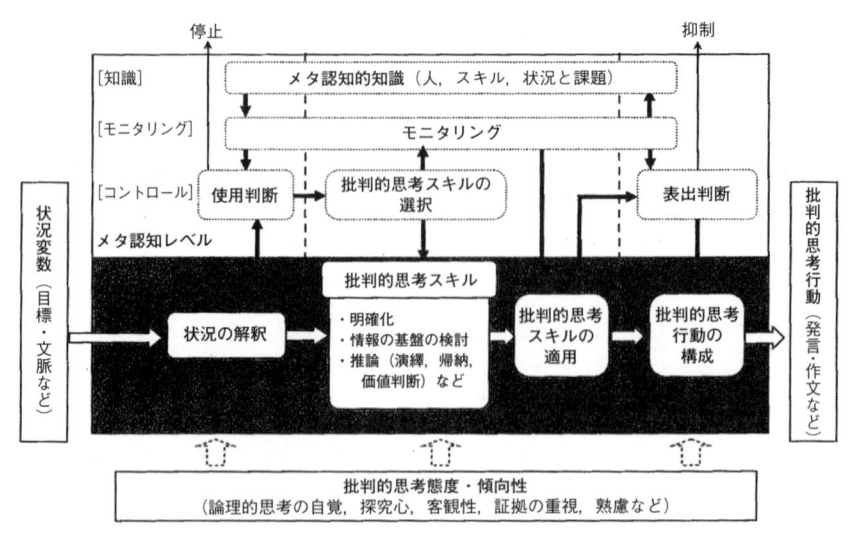

```
                   停止                                  抑制
                    ↑                                    ↑
   ┌────────────────┼────────────────────────────────────┼──────┐
   │[知識]          ┌─────────────────────────────────┐   │      │
   │               │ メタ認知的知識（人，スキル，状況と課題）│          │
   │               └─────────────────────────────────┘          │
   │[モニタリング]   ┌─────────────────────────────────┐          │
   │               │           モニタリング              │          │
   │               └─────────────────────────────────┘          │
   │[コントロール] ┌──────┐  ┌──────────┐      ┌──────┐         │
   │             │使用判断│  │批判的思考スキル│      │表出判断│         │
   │メタ認知レベル └──────┘  │   の選択    │      └──────┘         │
   │                      └──────────┘                          │
   └──────┼──────────┼─────────────────┼────────┼───────┘
```

図 10-5 批判的思考の構成要素（楠見，2010）

状況変数（目標・文脈など）→ 状況の解釈 → 批判的思考スキル（明確化／情報の基盤の検討／推論（演繹，帰納，価値判断）など）→ 批判的思考スキルの適用 → 批判的思考行動の構成 → 批判的思考行動（発言・作文など）

批判的思考態度・傾向性（論理的思考の自覚，探究心，客観性，証拠の重視，熟慮など）

白矢印は認知レベルにおける批判的思考プロセスを示し，黒矢印は認知レベルとメタ認知レベルの関連を示す。

はないか，などの吟味をすることである。

　批判的思考において，**メタ認知**は中心的な役割を果たしている。メタ認知とは，自らの認知過程についての認知のことであり，メタ認知的知識とメタ認知的活動に分けることができる。メタ認知的知識は，自分の認知過程について知っていることの総体である。そこには，自分の認知の個性や人一般の認知の性質（たとえば「自分は記憶力がよい」），課題の性質（たとえば「この問題は難しい」），課題に応じた適切な方略（たとえば，「意味づけながら記憶したほうが覚えやすい」）といった知識が含まれる。また，メタ認知活動には，自分の今の認知状態について自覚的に把握するモニタリング（たとえば「ここまでわかった」）と認知過程のコントロール（たとえば，「簡単な問題からやろう」）がある。メタ認知は，自己の認知に自覚的になる力である。周囲の氾濫する情報に振り回されないで合理的な判断をするためには，まず自分の認知プロセスに対して反省的な態度をとり，適切な軌道修正をすることが大切である。

　メタ認知に焦点を当てた学習支援として，**認知カウンセリング**がある。認知カウンセリングとは，数学がわからないといった認知的な問題で困っている学習者に個人的な面接を通じて解決のための援助を与える活動である（市川，

表 10-4 認知カウンセリングの技法の一部（市川，1993より一部抜粋）

自己診断
・「どこがわかっていないのか」「なぜわからないのか」を言わせてみる（実際には言えないことが多いが，言ってみようとすることが大切）。

仮想的教示
・ある概念や方法を，「それを知らない人に教示するつもりで」説明させる。
・説明できないときは，「本当はよくわかっていない」ことに自分で気づくように。

教訓帰納
・解いたあとに，「なぜはじめは解けなかったか」を問う。
・1問解くごとに，「自分はどういう点が賢くなったか」を明らかにする。
・正答できたか否かよりも，「教訓を引き出せたかどうか」が学習の成果であると考えられるように。

1993）。表10-4は認知カウンセリングのための基本技法の一部である。

3 身体知としての思考

従来，思考のはたらきは個人の頭脳を中心に研究されてきたが，身体の活動と思考には密接な関係があることが知られている。たとえば，佐々木（1984）は，日本人の漢字の想起に際して，空書行動とよばれる文字をなぞるような手の動きが想起に貢献していることを示した。また，多様な見方を受け入れる必要がある洞察課題の成績は，屈筋を使う体の動きをともなわせると向上するが，これは屈筋が通常物事を受容する際に使われる筋肉であり，屈筋の使用が受容的な態度を生み出したことによる，と解釈されている（Friedman & Forster, 2000）。このように，身体の動きによって生み出される作用は，思考のはたらきを支えている。

さらにこのような見方をすすめると，身体が思考の中心的な役割を果たすような例もあげることができる。一般に，身体と密接に結びついた知識を**身体知**とよぶ。従来，思考や知識は，言語化され意識化される過程を中心に研究されてきた。しかしながら，人に備わっている能力はそれを超えており，言語化することはできないが身体的な実践として成立している思考の領域がある。それは「暗黙知」ともよばれる（Polanyi, 1958）。

このような身体知が習得される過程は，日本舞踊や茶道など伝統芸道の領域からみることができる。そのような領域で師匠から弟子に伝承される身体知は，**「わざ」**とよばれる。わざの習得においては，師匠の後について「形」の模倣

を繰り返しながら，やがては師匠の価値を取り込んだ第一人称的な視点から形を眺めるようになり，形の意味を解釈しようと取り組む中で，最終的には，自らの形の必然性の意味を実感するようになる（生田，1987）。このとき，形は単なる模倣を超えて，主体的な動きへと変化する。

　このような，「身体全体でわかっていくわかり方」は，子どもが成長の中で文化的に価値のあるさまざまな生活の様式を身につけるときには普遍的に成立しているものであり，人間の知識のあり方としてむしろ基本的なものである。暗唱の再評価などは，学校教育の中にも，身体を通じた本来の学びを取り戻そうとする試みだといえよう。

▷ブックガイド

ゼックミスタ，E. B. & ジョンソン，J. E.　1992　宮元博章ほか（訳）1997　クリティカルシンキング（入門篇），クリティカルシンキング（実践篇）　北大路書房
　　認知心理学の知見についての豊富な実例と体験学習を含み，日常生活でのものの考え方を反省するうえで役に立つ。

市川伸一（編）　1996　思考（認知心理学 4）　東京大学出版会

多鹿秀継（編）　1994　認知と思考——思考心理学の最前線　サイエンス社
　　上記の 2 冊は，この領域に関するより詳細な研究をあげて紹介している。

安西祐一郎　1985　問題解決の心理学　中公新書
　　人間の行為としての問題解決を研究例をあげて説明している。

稲垣佳世子・波多野誼余夫　1989　人はいかに学ぶか　中公新書
　　日常生活の中での学習のはたらきをわかりやすく解説している。

ホリオーク，K. J. & サガード，P.　1995　鈴木宏昭・河原哲雄（監訳）1998　アナロジーの力——認知科学の新しい探求　新曜社
　　アナロジーの観点から幅広い思考活動を考察している。

楠見　孝（編）　2010　現代の認知心理学（3）思考と言語　北大路書房
　　思考と言語に関わる最新の研究動向について詳述している。

トピックス 10

あるカテゴリーに限定した障害をもつ患者

あるカテゴリーに関した認知だけがうまくできない患者がいる。この患者は食べ物についてだけ、名前を言えと言われても、どんなものか説明しろと言われても、答えることができない。乗り物や楽器、動物のカテゴリーにはほとんど異常はみられない。

吉野ら（1995）によれば、この患者は、54歳男性で、1994年3月に単純ヘルペス脳炎を発症したという。5月に発熱し、その後、意識障害、神経学的異常所見はみられなくなったが、上記のような症状を呈するようになったという。数字の順唱や逆唱を行ってもとくに障害はみられず、視空間認知障害や失語はみられなかったという。しかし、意味記憶を調べた検査において、顕著な特徴が認められた。野菜、果物、加工食品、乗り物、楽器、日常物品、動物、身体部位といった8カテゴリーについて、それに属する例を想起するように求めると、野菜、果物、加工食品といった食べ物カテゴリーだけ、想起がまったくできなかった。また、これらのカテゴリーの事例の線画を呈示し呼称を求めるとか、あるカテゴリーに属する事例の線画を複数の線画の中から選択するとかいった課題を行ったところ、食べ物カテゴリーにのみ障害が認められた。なお、MRI所見によればこの患者には左側頭葉内側部・底部および側頭葉白質に異常信号域を認めたとある。

これと似たような患者がカラマッツアら（Caramazza et al., 1994）によっても報告されている。JJ（67歳）とPS（45歳）の症例である。両者とも発話はノーマルであるが、事物を呈示されてその呼称を行うとき、非常に対照的な症状を示している。

図1は発症から6カ月後、13カ月後にわたって、動物、鳥、野菜、果物、食品、身体部位、衣類、乗り物、家具について事物の呼称を調べたものである。JJは動物や生き物はかなり正確に呼称できるが、その他のカテゴリーはうまくできない。これとは逆にPSは動物や生き物は呼称できないが他のカテゴリーは呼称できるという。

両者の対照的な**カテゴリー特有の障害**をどのように理解すればよいのだろうか。ワリントンとシャリス（Warrington & Shallice, 1984）によれば、2つの説明が区別されている。1つの考え方は、同一カテゴリーに属する事例は、たとえば自分で動くとか、食用にできるとかといった特徴によって内的に表現されており、このような**意味的ネットワーク**が損傷を受けたために、上記のような症状を呈するというものである。

また、一方、「感覚―機能」仮説によれば、生き物は主として視覚的属性により、生き物でないものは主として機能的

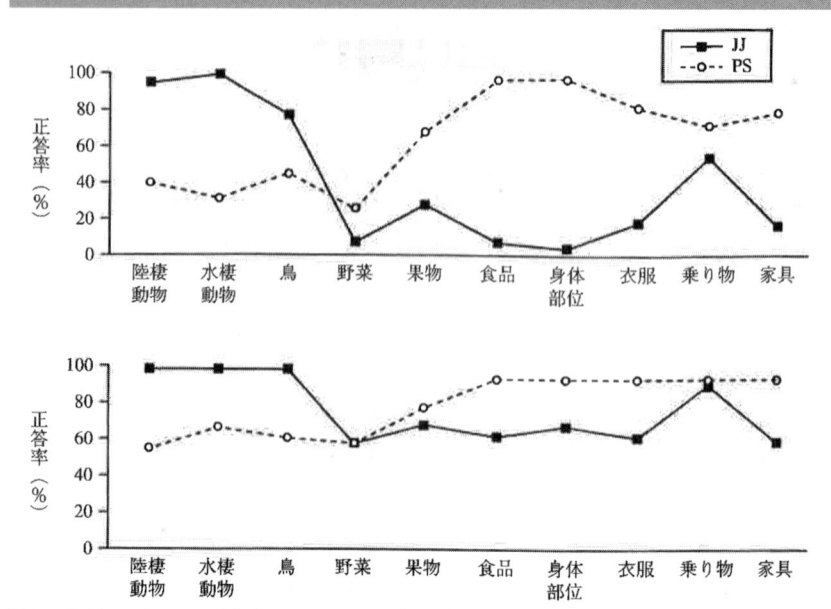

図1 患者JJとPSの発症から6カ月後（上図）と13カ月後（下図）のさまざまなカテゴリーに対する名称呼称の正答率（Caramazza et al., 1994）

属性によって定義される。生き物カテゴリーに特有の障害は**視覚的―意味的サブシステム**に対する損傷，生き物でないカテゴリー特有の障害は**機能的―意味的（言語的）サブシステム**に対する損傷によって起こったと考える。確かに，JJとPSの症例についてはこの考え方で説明が可能かもしれないが，最初に紹介した食べ物カテゴリー特有の障害についてはうまく説明できない。

さまざまなカテゴリーについて報告されている，カテゴリー特有の障害の総合的説明を可能にする理論はまだ確立されていない。今後の発展が待たれるところである。

11 章
言語認知

　ある天才を紹介しよう。彼の名はクリストファ，1962年イギリス生まれ。生後6週目頃に，「脳損傷の疑いあり」と告げられた。20歳のときには，「失行症と見分けがつかないほどの運動協応の重度神経障害」と診断された。29歳のときに，「精神年齢は9歳程度である」と判定された。手と目の協応が悪いので，ヒゲ剃りやボタンかけのような簡単なことでさえうまくできない。いわゆる方向オンチなので，近所の道でもすぐに迷ってしまう。身のまわりのことができないために施設で暮らしている。

　一体，このクリストファ君のどこが天才なのだろうか？　彼の天才たるゆえんは，その非凡な言語的才能にある。彼は20カ国語を読み書き聞き話すことができる。彼の母語である英語と同じゲルマン語派のドイツ語やオランダ語はいうにおよばず，ロマンス語派のイタリア語やスペイン語，スラブ語派のロシア語やポーランド語，その他，非ヨーロッパ語族のフィンランド語やトルコ語などなどである。さらには，複雑な語形変化をもつベルベル語も容易にマスターしたという。

　クリストファ君は，こうした多数の言語のいずれからでも英語へ翻訳したり，それを使ってコミュニケーションができるのである（Smith & Tsimpli, 1995）。長年かけて勉強しても英語ひとつ満足に使いこなせない者にとってはうらやましい限りである。

　この言語天才クリストファ君の頭の中では，20カ国語を操る言語能力とそれ以外の認知能力とはどのように折り合いをつけて棲み分けているのだろうか？

1節　はじめに

　さて，そもそも「言語」とはどこに存在するのだろうか？　たとえば，「日本語」はどこにあるのかを考えてみよう。ひとつには，日本語を話す「社会における約束の体系」として存在するという考え方がある。これがいわゆる，ソシュール（Saussure, 1916）の**ラング**（langue）の概念である。この考え方は，個人的発話である**パロール**（parole）と対比されるという点からみて，言語への社会学的なアプローチといえる。もうひとつには，日本語は日本語を話す「**母語話者**（native speaker）の心・脳（mind／brain）の中」にあるという考え方がある。チョムスキー（Chomsky, 1965）の**言語能力**（linguistic competence）という概念がこれにあたる。これは，「言語を生み出す知のシステム」とはどのようなものであり，それはどのようにはたらくのかを探求する心理学的なアプローチである。

　言語研究にはこれら双方の観点からの考察が必要であるが，本章では，後者すなわち**心理言語学**（psycholinguistics）の立場から言語について考察する。まず，言語の生物学的基盤としての脳に関する研究を概観する。次に，どのようにして言語を使用するのかという**言語使用**（language use）の問題を考察する。これは，どのようにして言語を作り出していくのかという**言語産出**（language production）と，どのようにして言語を理解するのかという**言語理解**（language comprehension）との2つの問題に分けられる。さらに，子どもはどのようにして言語を獲得するのかという**言語獲得**（language acquisition）の問題をとりあげる。最後に，言語と他の認知システムとの関係について簡単に考察する。できるだけ多くの具体例を紹介しながら，心理言語学の大まかなイメージをつかんでもらうのが本章の目的である。

2節　言語の生物学的基盤としての脳

　言語も他の認知能力（記憶・学習・推論など）と同様に脳がコントロールしていると考えられる。言語と脳に関する実証的研究は大きく2つにまとめられる。1つは，交通事故や脳溢血などで脳の一部がダメージを受けた場合に生じ

る**失語症**（aphasia）の研究である．この分野は，失語症患者の言語使用（産出と理解）がどのような面で健常者と異なっているのかを主に研究する．もう1つは，健常者の言語使用において，脳内にどのような変化がいつ・どこで起こるのかを研究するものである．

1 失語症研究

左右の耳に別々の言語刺激（音声や単語）を聞かせると，右耳からの刺激が優位に認知される．こうした**両耳分離聴法**（dichotic listening method；6章参照）などの研究から，言語機能は左側に**側性化**（lateralization）していることがわかっている．左脳の中でも，とくに2つの領域が言語機能に関係している．

1つは，左前頭葉下後部（左のこめかみあたり）の**ブローカ領域**（Broca's

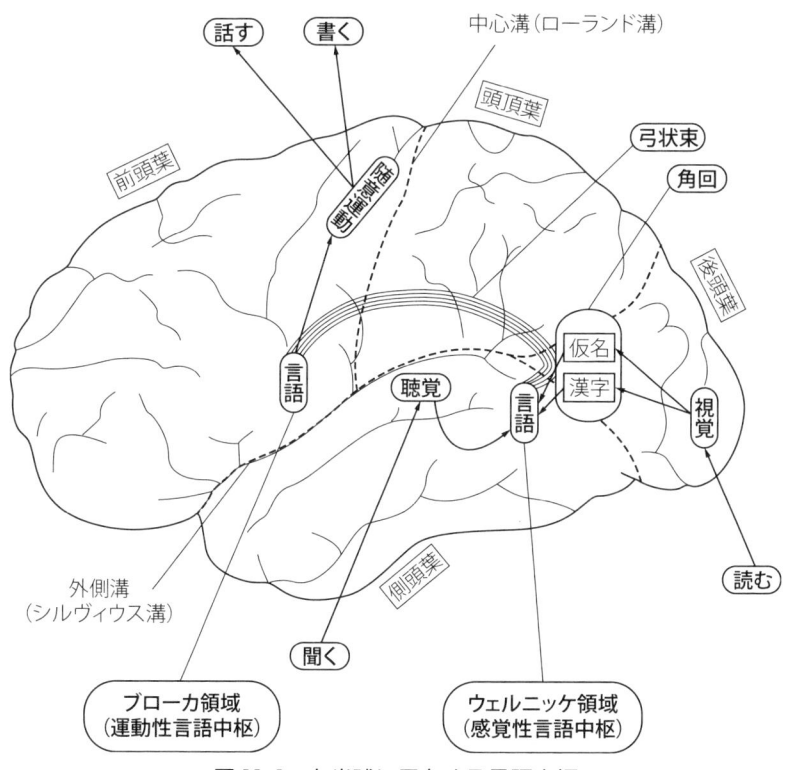

図 11-1　左半球に局在する言語中枢

area）であり（図11-1参照），1861年にフランスの外科医ブローカ（Broca, P.）によって発見された。「タンさん」という愛称の患者を死後に解剖した結果，この領域に脳梗塞がみられた。この患者は，相手の言うことは理解できるが発話が困難で，何を聞かれても「タンタン」としか言えなかった。**ブローカ失語**では，意図する音の組立や発声が困難で，途切れたりつっかえたりするので，**非流暢性失語**または**運動性失語**ともよばれる。ブローカ失語の回復期などに，**失文法失語**（agrammatic aphasia）が観察されることがある。単語の選択や産出には問題ないが，文を構築する際の文法的側面にのみ障害が生じる。そのために，機能語（助詞，助動詞，接続詞など）が落ちて，内容語（名詞，動詞，形容詞など）だけを羅列する**電報文**（telegraphic sentence）が多発する。

　もう1つの代表的な失語症は，左側頭葉上後部（左耳の後ろの上あたり）の**ウェルニッケ領域**（Wernicke's area）に関係している。1874年にドイツの医師ウェルニッケ（Wernicke, C.）が，言語理解に障害をもつ2名の女性患者を診断して発見した。ウェルニッケ失語では，すらすらしゃべるが繰り返しが多く，意味不明のおしゃべりとなるので，**流暢性失語**または**感覚性失語**とよばれる。「犬」をみて「タンゴ」と言ったりする**錯語**（paraphasia）や，「猫」をみて「エヌヒ」などの意味のない**新造語**（neologism）が現れることがある。

　このような2種類の失語症のパターンの違いから，言語の産出と理解の中枢は異なった部分に局在していると考えられてきた。さらに，2つの領域を結ぶ**弓状束**（arcuate fasciculus）はこれらの領域間の情報の伝達にかかわると考えられている（弓状束は大脳皮質の裏面にあるが，図11-1では理解しやすいように表面に描いてある）。この弓状束が損傷されると，発語も理解も正常だが，復唱だけが困難な**伝導失語**（conduction aphasia）が生じる。

　また，日本語話者の場合，漢字は読み書きできるが，仮名は使えないという症状を示すことがある。そのことから，漢字のような意味的処理と仮名のような音韻的処理は別々の処理ルートによって行われている可能性が示唆される。こうした処理は**角回**（angular gyrus）がかかわっているとされる。しかし，これら以外にも多くの失語症のパターンがあり，また，言語機能の局在性に関してもまだ不明な点は多い（山鳥，1998）。

　失語症患者もまわりの者も，言葉を失うことによって人格そのものを失って

しまったと思い込んでしまうことが多い。そして，他者との意思の疎通が困難となり，社会との関係が断絶してしまうことがある。しかし，失語症によってすべての知的能力が損傷されるわけではない。推論・判断・記憶などの能力は十分に保たれていることも多い。しかも，失語症の改善・治療のために**言語聴覚士**（speech therapist）も存在する。これは最近，国家資格として認められたもので，失語症に対する社会的な対応が少しずつ整備されてきていることを示すものである（佐野・加藤，1998）。

2 脳波研究

最近は，脳のどの部分がどのような言語機能にかかわっているのかをさまざまな手法を使って調べることができるようになってきた。これは，健常者がある種の言語的課題を行っているときに脳の血流・脳磁場・脳波などを測定する方法で，脳画像法と電気生理学的方法の2つに分けられる。前者に関しては本章末トピックスを参照してほしい。ここでは，後者の代表例である，**事象関連電位**（Event-Related Potential）に関する萩原（1998）の研究を紹介する。以下の文をみていただきたい（文頭の＊印は，その文・句・単語などが不適格な表現であることを示す）。

(1) 太郎が　旅行に　出かけた。
(2) ＊太郎が　辞書に　出かけた。

上のような文を被験者が読んだときの脳波が図11-2のグラフで，実線は(1)のような正しい文の脳波，破線は(2)のような意味的におかしな文の脳波を示す。右側の写真で濃くなったところが電流密度が高く，もっとも活動している部位であると考えられる。

「出かける」という動詞は，「旅行」などのようなある種の意味的に限定された名詞を要求する。ところが，(2)では，この「出かける」という動詞と「辞書」という名詞が合致しないために，意味的な逸脱が生じている。これを，動詞と名詞と間の**選択制限違反**（selectional-restriction violation）とよぶ。この違反があるとき，図11-2に示されているように，両半球の頭頂葉から後頭葉，とくに右半球にN400とよばれる成分が出現した。これは，刺激呈示から400

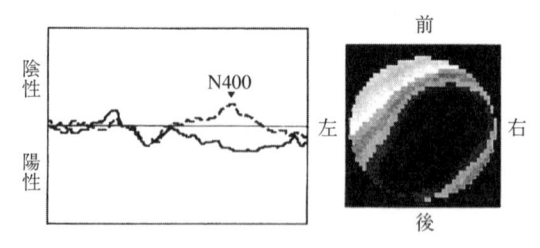

左のグラフは事象関連電位の波形（実線が正しい文，破線が意味的逸脱文）。右は頭部を上から見たときのN400の電流密度分布（色の濃い部分が電流密度が高く，脳内の活動が活発）。

図11-2　動詞と名詞の選択制限違反によって誘発される脳波（萩原，1998）

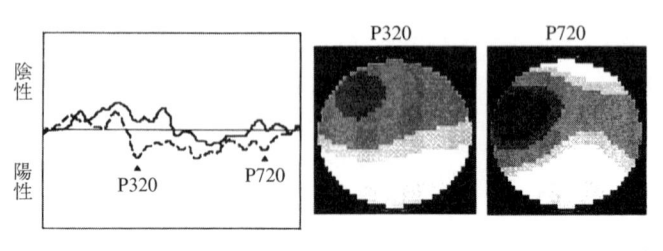

左のグラフは事象関連電位の波形（破線で示された統語的逸脱文には，2カ所に陽性のピークがある）。右は頭部を上から見たときの，P320とP720の電流密度分布。

図11-3　時制の不一致によって誘発される脳波（萩原，1998）

ミリ秒後に陰性（グラフの上方）方向にみられる成分であり，意味的な逸脱によって誘発されると考えられている。さらに，次の文をみていただきたい。

(3)　会社を　来月　辞める。
(4)　*会社を　来月　辞めた。

(4)では，「来月」という未来を示す副詞と過去形の動詞「辞めた」の時制とが合致していないために統語的な逸脱が生じている。このとき，図11-3に示されるようにP320とP720という2つの陽性成分が左前頭葉あたりに出現した。図11-2と図11-3を比較してわかるように，統語的に逸脱した文には，意味的に逸脱した文とは異なった反応部位に違った波形がみられる。

これまで概観したように，言語と脳は密接な関係にある。今後，研究が進展していくにつれて，さらに多くのことが明らかになっていくと思われる。しかし，だからといって，言語現象のすべてが最終的に脳の機能によって説明でき

るということではない。たとえば，上の2つの非文に反応する脳波が異なっているというのはすばらしい発見であるが，それによってこの2つの非文がなぜ非文となっているのかを直接的に説明しているわけではない。萩原（1998）で論じられているように，これは日本語の文法システム全体の中で説明されるべき問題であり，さらには言語理論一般との関連も考慮されなければならない。重要な事実を発見した後は，それを説明する理論が必要となる。言語の理論的研究は，言語の脳研究によってもたらされた発見を取り込んで，より説明能力の高い理論の構築をめざさなければならない。要するに，実証的研究と理論的研究の双方が必要なのである。

3節　言語使用

　人間が言葉を話す（書く）ときと言葉を聞いて（読んで）理解するときには，基本的に同じ認知システムを利用しており，その処理の方向が逆になっているだけであると仮定してみよう。そうすると，言語使用（産出と理解）の過程は，図11-4のように表せる。

　これはもちろん非常に単純化したモデルであって，実際の言語使用には，記憶・推論・注意など多くの複雑な要因がからんでくる。また，自らの発話をモニターしながら情報のフィードバックを行っているので，処理の方向が一方のみであるというのも現実を反映していないであろう。そういったことを十分承知のうえであえて単純なモデルを提示することによって，言語使用の全体的なイメージを把握してもらうのがこのモデルの目的である。以下で，図11-4の「言語処理」の部分にかかわる具体例をいくつか検討してみよう。

1　言語産出——言い間違いの研究

　私たちの普段の会話においては，「リハビリ」を「リハリビ」と言ってしまうような間違いはかなり頻繁に起こっている。このような**言い間違い**（speech error）は，隣接する音が入れ替わるので，**音位転換**（metathesis）とよばれる。

　次に，**心的辞書**（mental lexicon）における語の構造に関係していると思われる言い間違いをみてみよう（例は，神尾・外池，1979による）。

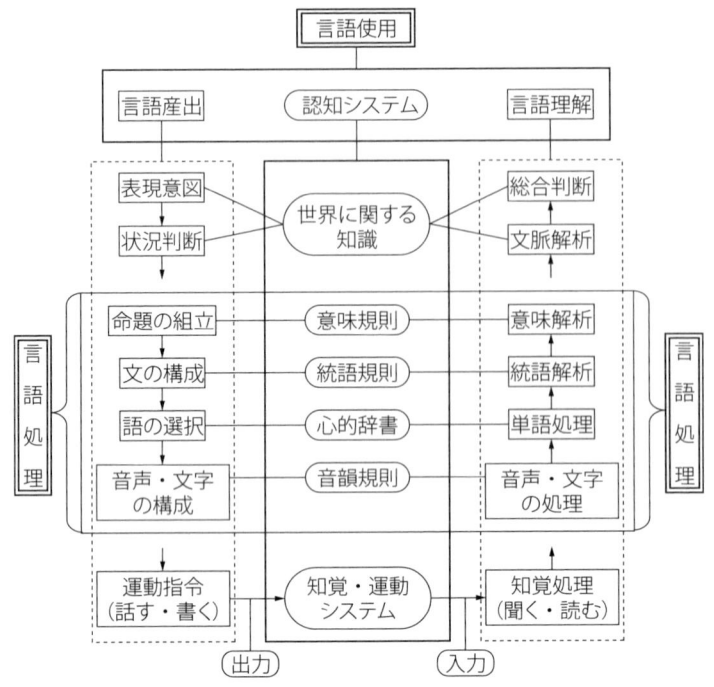

図11-4　言語使用（産出と理解）のモデル

(5) 新鮮がない，えー新鮮さがない。

「新鮮な」という形容詞の名詞形は「新鮮さ」なのに，それを「新鮮」だと勘違いしたことがこの言い間違いの原因である。では，なぜこうした勘違いが起こったのだろうか？　おそらく，2字漢語の多くが名詞であることからの類推だろうと思われる。たとえば，「鮮度が落ちる」の「鮮度」自体は名詞だから「さ」を付けて「*鮮度さ」とはならない。上の言い間違いの例は，語幹の「新鮮」と接尾辞の「さ」とが心的辞書において別々に記載されていることを示唆する。

こうした言い間違いは，言語産出の実時間上の処理システムや言語処理に関与するさまざまな規則の構造を反映していると考えられる。そこで，言い間違いを観察・研究することによって，言語産出のメカニズムを明らかにすること

が可能となる（寺尾, 1992）。

2　言語理解——見えないモノを見る

次の2つの文をみていただきたい。

(6)　太郎が　花子に　東京へ行くことを　<u>白状した</u>。
(7)　太郎が　花子に　東京へ行くことを　<u>命令した</u>。

これらの文には東京へ行くことになる人物の名前が明記されていないが，それぞれ以下のように解釈される（〈　〉の中と矢印はもちろん実際には存在しない）。

(8)　<u>太郎が</u>花子に［〈太郎が〉東京へ行く］ことを白状した。
(9)　太郎が<u>花子に</u>［〈花子が〉東京へ行く］ことを命令した。

「東京へ行く」のは，(8)では主語の「太郎」であり，(9)では目的語の「花子」である。よって，(8)を**主語指向文**（subject-oriented sentence），(9)を**目的語指向文**（object-oriented sentence）とよぶ（坂本, 1995）。これらの文は表面上の単語の連続はまったく同じだから，単語間の関係が異なっていると考えざるをえない。よって，これらの解釈の違いは，実際は表面に現れていない何らかの要素を私たちが心理的に見ていると考えなければ説明できない。ここでは，〈太郎が〉や〈花子が〉で示した目に見えないモノを**空主語**（empty subject）とよぶことにしよう。

上の2つの文の解釈の違いは，結局，文末の動詞の違いによって判明する。では，私たちは文末動詞が現れるまで何もせずに待っていて，最後になって一気に文全体の解釈を始めるのだろうか？　これは**ボトムアップ**（bottom-up）的処理とよばれるが，私たちの短期記憶の制約などからみてもあまり現実的ではない。そこで，**トップダウン**（top-down）的な予測にもとづいて文の処理が行われると考えてみよう。たとえば，文末動詞からの距離が近い人物名（この場合は目的語の「花子」）が優先的に空主語と同一視されるという**新近性の方略**（recency strategy）がはたらくと仮定してみよう。

ここで，(9)をみると，「花子」は「太郎」よりも文末動詞に近いので，(9)はこの方略で「当たり」になる。ところが，(8)をみると，「太郎」は「花子」よりも文末動詞から遠いので，(8)では「はずれ」になってしまう。「当たり」の文は「はずれ」の文より処理が容易なはずだから，両者の間に，処理に関する何らかの差が現れると予測される。そこで，これらの例文を被験者に聴かせ，反応時間と正答率を調べてみた。すると，正答率での差はなかったが，(9)は(8)よりも反応時間が有意に速いという結果となった。つまり，被験者は両方の文を正しく解釈できるが，その正しい解釈に行き着くまでの時間には差があると考えられる。これだけをみると，言語構造とは無関係の距離的遠近（すなわち，語順的に目的語の方が文末動詞に近いということ）にもとづいた方略が用いられているように思える。

しかし，ここでさらに，これらの例文の主語と目的語を入れ替えて実験してみることによって，本当に距離的遠近（語順）だけで問題は解決するのかどうかを調べてみなければならない。次の２つの例文をみていただきたい。

(10) 花子に　太郎が　[〈太郎が〉東京へ行く]　ことを　白状した。
(11) 花子に　太郎が　[〈花子が〉東京へ行く]　ことを　命令した。

もし，新近性の方略が正しければ，今度は(10)の方が(11)よりも反応時間が速いと予想される。なぜなら，(10)では主語の「太郎」が文末動詞に近い位置にあるからである。しかし，結果は予想とは逆であった。つまり，(11)の方が(10)よりも反応時間が有意に速いのである（坂本，1995；また，二瀬ほか，1998；織田ほか，1997も参照）。

以上のことから，語順に関係なく，(9)や(11)のような目的語指向文の処理時間が(8)や(10)のような主語指向文よりも有意に速いということが判明した。よって，単なる距離的遠近（語順）の情報ではなく，統語的・意味的な何らかの言語的情報（たとえば「～が」や「～に」などの格助詞がもつ情報）にもとづいた方略が用いられているようである。こうした言語的情報がいつ・どのように使用されているのかを実験などを通して明らかにするのが言語理解（とくに文の理解）の研究の目的である（阿部・桃内・金子・李，1994；郡司・坂本，1999；坂本，1998）。

4節 言語獲得

　私たちはどのようにして言葉を覚えたのだろうか？　この疑問に対する手掛かりとして次の2つの問題を考えてみよう。まず，人間以外の動物が人間の言葉を使えるようになるだろうか？　また，人間であれば言葉を教えられなくてもしゃべれるようになるのだろうか？　なお，第二言語（いわゆる外国語）の学習やバイリンガリズムの問題も言語獲得との関連で興味あるテーマではあるが，ここでは扱う余裕がない（岡田，1998；Grosjean, 1982を参照）。

1　チンパンジーと人間の言語

　人間以外の動物，たとえば，チンパンジーに言葉を教えようとする試みは今までに何度となく行われてきた。1950年代にヘイズ夫妻（Hayes, C. & Hayes, K. J.）がヴィキとよばれるチンパンジーを養女として，人間の赤ん坊のように育てた。ヴィキはかなりの語を理解したが，言えたのはmama, cup等の4語のみであったらしい。こうした「話し言葉」を教える試みが失敗したのは，チンパンジーの発声器官が人間とは異なるためであると考えられる。そこで，ガードナー夫妻（Gardner, R. A. & Gardner, B. T.）は，ワシューというチンパンジーに手話を教えた。すると，ワシューは百数十のサインを使いこなせるようになったという。これは，チンパンジーと人間の外形的類似性を利用した「身振り言語」の獲得をめざしたものである。さらに，ランボー夫妻（Rumbaugh, E. S. & Rumbaugh, D. M.）は，ラナとよばれるチンパンジーに，コンピューターに接続したキーボードに連結した図形文字を使って言葉を教えた。これは，「文字言語」による学習である。また，「教える」のではなく，言葉の「自然な獲得」が可能であるという主張もある。カンジという名のボノボ（チンパンジーの一種）は母親が図形文字による言語訓練を受けている側で育った。するとカンジは，人間の言葉（英語）を聞き取り，自らもその図形文字を用いてコミュニケーションができるようになったと報告されている（Savage-Rumbaugh, 1993）。チンパンジーの言語学習に関しては，この他，京都大学霊長類研究所の「アイちゃん」など多くの報告例がある（松沢，1995）。

　確かにチンパンジーは人間にもっとも近い動物であり，豊かな感情と優れた

知能や記憶力・運動能力の持ち主である。しかし，チンパンジーの言語能力が人間の幼児（3歳程度）と同等であるとしても，そのレベルを超えるものではない。新しい内容を伝えるための言葉を自ら作り出せはしないし，複雑な文は作れない。また，チンパンジーには語彙の爆発とよばれる単語数の劇的変化や文法的直感による文の正誤判断ができるということもなさそうである。今のところ，人間以外の生物が人間の言葉を完全に獲得した例はないといっていいであろう。

2 言葉を奪われた子どもたち

人間として生まれても，何らかの理由で通常の人間世界と隔絶された状況で幼少期を過ごすことになった子どもたちがいる。たとえば，「育児放棄」や「幼児虐待」また「動物に育てられた人間の子ども」などの報告例が多く存在する（Curtiss, 1977；Malson, 1964）。そのような場合は言語獲得の**臨界期**（critical period）を越えていて，もはや十分には言語を使いこなせるようになれないと考えられている。レネバーグ（Lenneberg, E. H., 1967）によれば，12, 3歳を過ぎると，言語獲得は極端に困難になるとされている。

こうした例から，たとえ人間として生まれても，ある時期に一定量の言語経験がなければ完全な言語獲得には至らないと考えられる。

3 言語獲得モデル

前の2つの項でみたように，通常の言語獲得には基本的に2つのことが必要である。それは，生物学的に「人間」であること，および，ある時期に一定の「言語経験」をもつことである。

まず，言語経験の問題から考えてみよう。母親やまわりのおとなは子どもに対して，「マンマ」や「ワンワン」などのような幼児語を用いることが多い。少なくとも，職場の同僚に話しかけるのと同じ言葉づかいをすることはない。たとえ子どもがおとなどうしの会話を聞いて，それを言語獲得のためのデータとしているとしても，それは，言い淀みや言い誤りなどを含んだ非常に不完全なものである。このように，言語獲得の際に子どもが手にすることができる経験の質・量が非常に限定されていることを**刺激の貧困**（poverty of stimulus）という。

また，子どもの間違った発話（たとえば「窓が開けて」）をまわりのおとなが文法的に訂正することは少なく，主に内容的な訂正にとどまることが多い。子どもの言っていることが理解できれば，それが文法的に少々おかしくても，おとなたちはあえて正しい形を教え込もうとはしない。つまり，ある構造が文法的に「間違い」であるという証拠は子どもには与えられない。これを**否定証拠の欠如**（lack of negative evidence）とよぶ。しかしながら，子どもは最終的には正しい形（「窓を開けて」）を獲得する。すなわち，子どもは，何が正しいか正しくないかを教えられなくても正しい文法を獲得するのである。

　これは，なぜ人間は実際に経験したこと以上のことを知っているのかという問題にかかわってくる。よって，これを言語学における**プラトンの問題**（Plato's problem）とよぶ。言語獲得のモデルはこの問題に答えるものでなければならない。チョムスキー（Chomsky, 1959）は，単なる「刺激」と「反応」の繰り返しによっては，複雑な言語システムの獲得は不可能であることを，スキナー（Skinner, B. F.）への書評論文であざやかに展開した。身体能力や他の認知能力とは関係なく，子どもは非常に短期間に一定の順序で母語を獲得する。しかも，両親の国籍や民族・宗教その他の文化的な要素は子どもの言語獲得には直接影響しない。たとえば，日本人の両親から生まれた子どもでも，アメリカで育てば英語を話すようになる。

　そこで，言語獲得において「人間」であることの側面を考察してみなければならない。この点に関して，チョムスキーに代表される**生成文法**（generative grammar）では，人間には生まれつき**言語獲得装置**（Language Acquisition Device：**LAD**）が備わっていると主張されている。LAD は，人間の言語に普遍的に存在する特質を備えたものなので，これを**普遍文法**（Universal Grammar：**UG**）とよぶ。LAD すなわち UG は，人間の言語を規定する**原理**（principle）のシステムである。この原理には２種類あって，１つは，たとえば文には構造があるというような不変の原理，もう１つは，語順のような**可変部**（parameter）を含む原理である。原理のシステムという初期状態から，言語経験を経ることによって状態変化が起き，最終的には日本語や英語などの個々の言語という安定状態へと至る。言語経験には，獲得すべき言語の可変部の設定を行うことだけではなく，個々の単語を覚えるということも含まれる。図式化すると図11-5のようになる。

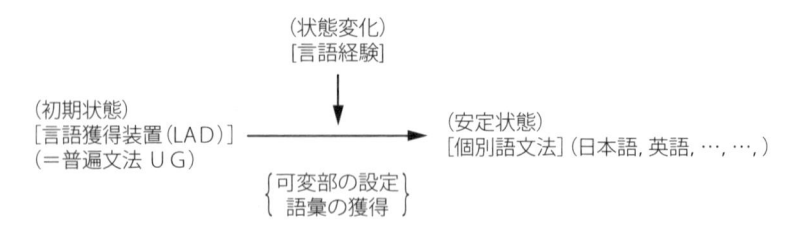

```
            (状態変化)
            [言語経験]
               ↓
(初期状態)              (安定状態)
[言語獲得装置(LAD)] ───→ [個別語文法](日本語, 英語, …, …,)
(＝普遍文法 UG)
            {可変部の設定}
            { 語彙の獲得 }
```

図 11-5　生成文法における言語獲得モデル

　子どもが言語を獲得するためには，必ず言語経験が必要である。しかし，子どもはまったくの白紙状態（タブラ・ラサ）で生まれ，経験のみによって言語を獲得するという極端な**経験主義**（empiricism）を主張する研究者はほとんどいない。人間は何らかの理性を生まれながらにもっているという**合理主義**（rationalism）の立場をとる研究者がほとんどである。問題は，その「もって生まれたもの」がどのようなものかである。子どもは言語獲得のための特別の器官・装置をもって生まれてくると考えるのが，言語の**生得説**（innateness hypothesis）である。すなわち，言語はひとつの**モジュール**（module）をなしており，他の認知システムとは独立していると考えるのである。一方，言語のための特別の何かがあるのではなく，一般的な認知能力の発達・統合の結果として言語能力が形成されると考える研究者も多い（Elman *et al.*, 1996）。そこで，次節で言語と他の認知システムとの関連について考察してみよう。

5節　言語と他の認知システム

　私たちの心の中における言語のあり方はどのようなものなのだろうか？　つまり，言語のしくみと心のしくみとはどのような関係にあるのだろうか？　この問題に関しては，上でみたように，大きく分けて2つの考え方がある。1つは，心はいくつかのモジュールから成るという立場である。たとえば，ミンスキー（Minsky, 1986）の「心の社会」という考えでは，いくつかの独立したエージェントが集まって心的機能の全体が構成される。もう一方では，言語と他の認知システムを分けて考えることは不可能だという主張がある。たとえば，言語の理解や産出を行う言語情報処理システムと色や形を処理する視覚情報処理システムは何らかの共通のメカニズムに依存していると考えることが可能で

11章 言語認知

1 言語のモジュール性

さてここで，イントロで紹介した言語天才クリストファ君のことを思い出していただきたい。彼の場合，もし言語能力のみが異常に発達し，他の能力が発達不全だとすれば，言語認知は空間認知や記憶・推論など他の認知とは別のモジュールであるという証拠となるであろう。さらに興味深いことに，クリストファ君は文法性の判断や言語間の翻訳は難なくこなすのだが，皮肉や比喩が理解できなかったり，場面や文脈に合わせたスムーズな会話ができないことがあるらしい。これは，言語の純粋に文法的な能力と推論・判断などの能力とは別のものである可能性を示している。別の見方をすれば，言語を最大限に「利用する」ためには，言語能力だけではなく，他のさまざまな認知能力の協働が必要であるともいえる。

クリストファ君と似たような例として，**ウィリアムズ症候群**（Williams syndrome）とよばれる症例がある。これは，知能の発達の遅れや空間認知に障害があるが，言語能力にはほとんど問題がなく，流暢に話すことができるものである。クリストファ君のように語学的才能が異常に発達しているわけではないが，他の能力に比べて言語能力は正常の域内にある。これも，言語モジュールと他の認知モジュールとの違いを示していると思われる。

言語能力が保たれているのとは逆に，言語能力のみがダメージを受けて，他の認知能力は保持されている失語症の多くの例はやはり，言語能力のモジュール性を支持するように思われる。また，特定の言語能力のみに異常がみられる**特異性言語障害**（specific language impairment）があり，その中でもとくに**家族性文法障害**（familial language impairment）が最近話題になった。イギリスのある家系を3世代にわたって調査した結果，30名中16名に，動詞の時制・名詞の一致などの形態的特徴に限って障害が現れた（Gopnik, 1990）。たとえば，"They wash the car yesterday." のように，動詞を過去形にしないままにしておくといったような，ごく簡単な間違いを犯す。すなわち，時制に合わせて動詞を規則的に変化させる能力がないのである。これは，言語のモジュール性を示すというよりは，さらにすすんで，言語が特定の遺伝子の中に存在する可能性を示唆するものとして注目を集めた。もちろん，特定の遺伝子が

特定の言語機能を担っているということが，その後の研究によって判明したというわけではないのだが，興味ある問題である（中井, 2008）。

2 言語認知の非モジュール性

認知言語学（cognitive linguistics）は，人間の言語認知システムは他の認知システムとは不可分のものであるという考えにもとづいて，空間認知・推論過程などとのさまざまな相互作用を通して言語現象の説明を試みている（河上, 1996）。とくに，皮肉や比喩のような高度に複雑な言語現象を説明するためには他の認知システムを考慮にいれる必要があると考えられる。言語モジュールの自律性を強く主張する生成文法はこのような言語現象を十分に説明することができない。もっとも，比喩などの理解ができない（少なくとも不得手な）クリストファ君の例を考えると，これらは，そもそも言語に特有の現象ではなく他の認知システムが言語に反映されているだけだという可能性はある。問題は，言語理論の射程がどの範囲にまで及ぶべきかにかかわる。言語理論は言語の純粋な計算システム（厳密な意味での「文法」）のみを扱うべきだという立場から，言語を含めた人間の認知活動全般を視野に入れた研究をめざすべきだという立場まで，さまざまな立場がありうる。どのような立場に立つかはそれぞれの研究者によって異なる。

エルマン（Elman et al., 1996）などのように，**コネクショニスト**（connectionist）**・アプローチ**によって言語をとらえる研究者も言語認知のモジュール性には否定的である。エルマンのモデルによるコンピューターの言語学習では，文法構造に関する特別な知識をもたせなくても，多くの例文を聞かせることによって，正しく文法構造を獲得できると主張されている。具体的には，単語の系列を与えて，コンピューターに各単語の次の単語を予測させる。学習途中では間違った予測をするが，実際に入力される単語（正しい用法）によって誤りを修正することが可能となる。また，ワーキングメモリーの容量をゆっくりと増加させることにより，簡単な構文から複雑な構文へと学習が進むとされている。エルマン・モデルの眼目は，言語特有の認知システムを想定しなくても，大量のデータと一定のメモリーを与えることによって，言語の獲得や使用に関しても一般的な認知システムによる説明が可能だという主張である。ただし，現在のところ，その言語学習は人間の3歳児以下のレベルにとどまっており，

チンパンジーの言語学習と大差ない状況である。

　言語を含め，さまざまな認知システム（空間認知・学習・記憶・思考・推論・意思決定など）がそれぞれ独立したモジュールを成すのか，共通の認知メカニズムがはたらいているのかという議論には，今のところ決定的な結論は出ていない。たとえば，フォーダー（Fodor, 1983）などは，非モジュール的な**中央系**（central system）とモジュール的な情報処理のプロセスの双方を認めている。つまり，どちらか一方であるとはっきりいえるほど私たち人間の認知システムは単純ではないということなのであろう。

6節　おわりに——今後の言語認知研究に向けて

　そもそも，言語はなにゆえに認知心理学のひとつの重要な分野として研究されるのだろうか？　それは，言語を通して私たち人間の心のしくみがみえてくるからである。もちろん，言語の研究だけで心のしくみのすべてが明らかになるわけではない。さまざまな認知システムの研究が進み，お互いの分野間の交流が盛んにならなければならない。この交流の中から新しい学問の流れが生まれてくる。そして，少しずつ心のしくみが明らかになり，私たちが自分自身を，すなわち人間をよりよく知ることができるようになるであろう。

　本章では言語の「知性」にかかわる側面を主にとりあげたが，言語は豊かな「感性」の表現手段としても用いられる。擬声語・擬態語などにみられる**音象徴**（sound symbolism）はその代表例であろう（苧阪, 1999を参照）。さらには，詩や小説などの言語芸術は言語の知性と感性を高度に融合した結果生み出されるものである。残念ながら，言語の感性に関する研究は，従来の心理言語学の枠組みに収まりきれない部分が大きく，なかなか進展していない。今後は，定量的なアプローチにとらわれない柔軟な方法論の開発や新たな理論の構築が必要であろう。

▷ブックガイド

　大津由紀雄（編）　1995　言語（認知心理学3）　東京大学出版会
　　心理言語学一般に関する研究成果の紹介である。心理学，言語学，認知科学など幅広い分野をかなり網羅的にサーベイしている。最後まで読み通すには

少々努力が必要だが，興味のもてる分野やトピックが見つかる可能性は高い。

ピンカー，S. 1994 椋田直子（訳） 1995 言語を生みだす本能（上・下） NHK ブックス

基本的には，言語生得説の立場から言語獲得について書かれたもの。幅広い視点から興味深い言語の話題を扱っており，肩の凝らない楽しい読み物となっている。著者は，心理言語学の分野だけでなく，視覚認知の研究でも著名である。

郡司隆男・坂本　勉　1999　言語学の方法（現代言語学入門1）　岩波書店

前半は言語学の基本的な方法論について，豊富な具体例をあげて解説してある。後半は心理学的なアプローチによって言語学的な問題に取り組む際の具体的な方法論についての解説である。

針生悦子（編）　2006　言語心理学　朝倉書店

言語を人間の認知活動全般の中に位置づけ，心理学の観点から幅広く解説したもの。コミュニケーションの基盤である言語を，知覚，学習，発達，思考などさまざまなテーマを通して扱っている。

トピックス 11

言語の語順と思考の順序

　現在，地球上では 7000 以上の言語が使われているという（Lewis *et al*., 2013）。それらを各言語の**基本語順**によって分類するとおおよそ表 1 のような割合になる（Dryer, 2005．S ＝**主語**，O ＝**目的語**，V ＝**動詞**）。主語が目的語に先行する SO 語順を基本語順にもつ SO 言語の割合が，その逆の OS 語順を基本語順にもつ OS 言語の割合よりも圧倒的に高い。どうしてこのように極端な偏りがあるのであろうか？

　この問いに関連する興味深い研究がある。ゴールデンメドウら（Goldin-Meadow *et al*., 2008）は，4 つの異なる言語（中国語，英語，スペイン語，トルコ語）の話者に，出来事を言語で表現する課題と，ジェスチャーで表現する課題をやってもらった。その結果，言語課題では各話者の母語の基本語順が一番多く用いられた（たとえば英語話者は SVO）。ところが，ジェスチャー課題ではどの言語の話者も大多数のジェスチャーを（言語でいえば SOV 語順に相当する）「**行為者・対象・行為**」の順序で行った。この結果から，ゴールデンメドウらは，人間が言語を用いずに出来事を把握する場合の自然な順序は，母語の語順によらず，「行為者・対象・行為」であり，新しい言語が生まれる場合には，この**思考**の自然な順序に対応する SOV 語順が基本語順に採用されるのだ，と提案している。

　それでは，なぜ，**非言語的思考**において「行為者・対象」の順序が好まれるのであろうか？　これに関しては，大きく 2 つの可能性が考えられる。1 つは，**概念接近可能性**（conceptual accessibility）のような普遍的な認知特性の影響である（＝普遍認知説）。概念接近可能性というのは，記憶から概念情報を取り出す速度のことである。概念の種類によって概念接近可能性が異なり，たとえば**無生物**（「石」など）よりも**有生物**（「少年」など）のほうが概念接近可能性が高い。このような要因が働いて，対象よりも行為者のほうがよりはやく脳内で活性化されて，それが非言語的思考の「行為者・対象」という順序を生み出している，という可能性がある。もう 1 つ考えられるのは，「行為者・対象」という思考の順序が言語の基本語順を反映しているという可能性である（＝個別文法説）。従来のジェスチャー研究で対象にされているのは（動詞の位置はさまざまだが）すべて SO 言語の話者である。SO 言語

表 1　世界の諸言語の基本語順の割合
（Dryer, 2005 より改変）

基本語順	割合	基本語順	割合
SOV	41%	OSV	0.3%
SVO	35%	OVS	0.8%
VSO	6.9%	VOS	1.8%
SO 言語合計	82.9%	OS 言語合計	2.9%

の話者が非言語的思考においても言語の基本語順に合わせて「行為者・対象」という順序を用いても不思議ではない (cf. **話すための思考** "Thinking for Speaking", Slobin, 1996)。これら2つの仮説は、SO 言語の話者に対しては、非言語的思考で「行為者・対象」順序を好むという同じ予測をする。しかし、OS 言語の話者に対しては予測が異なる。普遍認知説が正しければ、OS 言語の話者も主に「行為者・対象」順序を用いるはずだが、個別文法説が正しければ、OS 言語の話者は「対象・行為者」順序をより頻繁に用いるはずである。

そこでこれらの予測を検証するために、VOS を統語的基本語順にもつ**カクチケル語**（グアテマラの**マヤ諸語**のひとつ）の母語話者を対象にジェスチャー産出実験を行った (Sakai et al., 2012)。その結果、8割以上のジェスチャーが「行為者・対象」順序であり、カクチケル語の統語的基本語順 VOS に対応する「行為・対象・行為者」順序のジェスチャーはほとんど産出されなかった。この結果は普遍認知説の予測と一致し、人間が非言語的に事象を把握する際には母語の語順にかかわらず普遍的に「行為者・対象」順序が好まれることを示唆している。

それでは、「行為者・対象」順序で把握された事象を OS 言語で表現する場合には、どのような語順が用いられるのであろうか？　それを確かめるために絵画描写実験（絵に描かれた出来事をカクチケル語の文で表現する）を行った (Kubo et al., 2012)。その結果、産出された文の6割以上が SVO 語順であり、VOS 語順の文は2割程度であった。これは、文を産出する際の語順には、**統語的基本語順よりも思考の順序**がより強い影響を与えることを示唆している。

一方、文を理解する際の**処理負荷**には統語的基本語順の影響が強く表れる。さまざまな語順のカクチケル語の文を聞いて理解する際の処理負荷を**反応時間**や**脳波**を指標に調べた一連の研究の結果によると、SVO 語順よりも VOS 語順の文のほうが処理負荷が低い (Koizumi et al., 2014 ; Kiyama et al., 2013)。

以上をまとめると次のようになる。人間が非言語的に事象を把握する際には、概念接近可能性などの要因により、「行為者」の処理が「対象」の処理に時間的に先行する。**文産出**においては、非言語的思考が逐次的に言語処理の入力になるので（11章「言語認知」、図 11-4 参照）、SO 言語だけでなく OS 言語においても、「行為者・対象」順序に対応する SO 語順の使用頻度が高くなる。一方、**文理解**の際の語順による処理負荷の違いは主に**統語表象**の複雑さに起因するため、統語的基本語順の文がそれ以外の語順の文よりも処理負荷が低くなる (Koizumi, 2013)。したがって、SO 言語では、**産出頻度**の高い語順と理解の際の処理負荷が低い語順がともに SO 語順になり、一致する。しかし、OS 言語ではこの両者が一致せず、処理負荷が高い SO 語順が高頻度で用いられる。

12章
社会的認知

　流行に敏感で現代調のファッションに興味のあるような中学生や高校生にとっては，金色に近いような茶髪の若者や，真っ黒で大きなつけまつげにばっちり化粧の女子大生は，かっこよく見えるかもしれない。卒業したらあんなふうにしてみたいと思いながら，さらさらと金色に輝く髪や，お人形さんのような瞳をみつめているかもしれない。ところが，ふと振り返ると，その同じ若者や女子大生を，「とうもろこしをかぶったような，派手に染めたぼさぼさの髪で」とか，「パンダみたいに目の周りを真っ黒にして」と，顔をしかめて見つめているおばさんが立っていた……なんていうことはないだろうか。

　私たちは，誰もが同じように，自分のまわりの人やまわりの世界をみているわけではない。好きになれば，あばたもえくぼ。あるいは，坊主憎けりゃ袈裟まで憎い。同じ人間やものが人によってはまるで違うようにみえることがある。人は，自らの社会的背景や相手との関係性などの影響を受けながら，自らのまわりの物や人を認知，解釈しているのである。

1節　社会的認知とは

　さて，**社会的認知**（social cognition）とは，広義には，2つに大別されるといわれる（松本，1995）。その1つは，「対象（物）の知覚が社会的諸条件によって影響を受ける社会的認知」のことであり，もう1つは，「個人もしくは集団の諸特性についての認知をいう対人認知」である。まず，前者の社会的認知について説明しよう。

　前者の社会的認知は，古くから社会心理学の分野で行われてきたもので，この意味の社会的認知に関する古典的な研究として，ブルーナーとグッドマン（Bruner & Goodman, 1947）による，コインという身近なお金の大きさを判

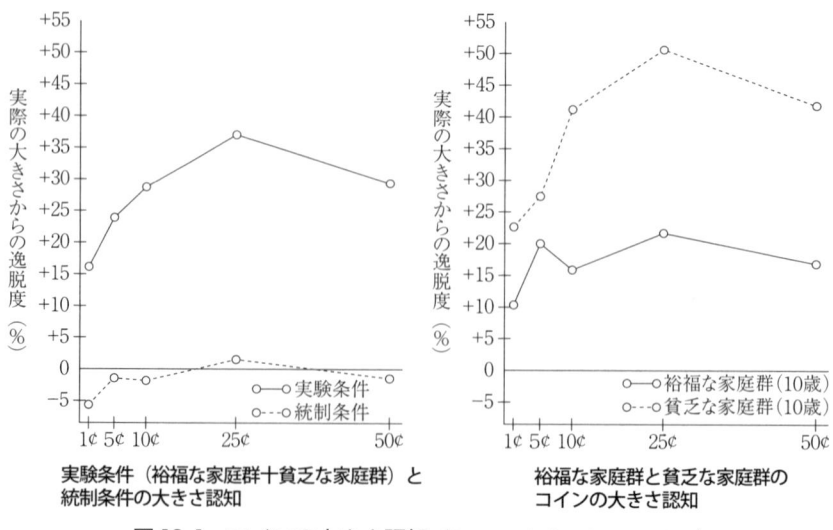

図 12-1　コインの大きさ認知（Bruner & Goodmann, 1947）

（左図：実験条件（裕福な家庭群＋貧乏な家庭群）と統制条件の大きさ認知）
（右図：裕福な家庭群と貧乏な家庭群のコインの大きさ認知）

断させる場合に，判断する子どもの経済的要因が影響するという研究がある。

　まず，ボストンの進歩的な学校から「裕福な家庭」の子ども，ボストンのスラム街から「貧乏な家庭」の子ども，そして「統制群」の子どもが各10名ずつ集められた。

　子どもたちの年齢は，10歳。裕福な家庭群と貧乏な家庭群では，子どもは，1セント，5セント，10セント，25セント，50セントのコインをそれぞれ見ながら，円の大きさを調整できる機械でコインと同じ大きさの円を作った。統制群では，コインではなく，コインと同じ大きさの灰色の厚紙の円盤を見ながら，それと同じ大きさの円を作った。

　結果は，図12-1に示す通りである。コインではなく，ただの円盤であると思ってその大きさを作った統制群では，実物に近い大きさの円が作られ，ほぼ正確に認知されていた。それに比べ，「コイン」の大きさを判断させた裕福な家庭群と貧乏な家庭群では，実物より大きなものとして認知されていた。とくに，貧乏な家庭の子どもたちにこの傾向が強く，裕福な家庭群に比べ，実物よりもコインをとても大きなものとして認知していたことがわかった。

　このように，物の知覚は社会的条件によって影響を受ける。日本の子どもたちはこの実験のアメリカの子どもたちと同じ結果を示すだろうか。お金の感覚，

コインの価値というのは文化の違いによって異なる可能性もある。また，この実験の行われた1940年代の子どもたちと同じく，今の子どもたちも，コインを大きく認知するのだろうか。お金の感覚は，時代の変化，社会の変化によっても，変わる可能性がある。

　物に対する社会的認知は，対象のもつ社会的価値や意味，対象に対する認知者の態度などの諸条件によって影響を受ける（松本，1995）といわれる。絵がどのような額縁に飾られ，どのような場所に置かれているかなどによって，絵を見る側の態度や見方が変わることもあるだろう。かつて，英国王室の倉庫で偽物と思われ，長年眠っていた汚い絵が，修復したところ，イタリアの天才画家の作品であることが判明したと報道されたことがある。実際は高価なすばらしい絵だったにもかかわらず，倉庫の片隅におきっぱなしだった絵は，長い間，誰にもそのようには見えなかったということだろうか。

2節　対人認知

　さて，社会的認知の後者の定義は，「個人もしくは集団の諸特性についての認知」である**対人認知**のことである。とくに，1970年代からは，認知心理学の理論や方法論が取り入れられて，新しい社会的認知の研究が始まった。対人認知過程を他者に関する情報の処理過程としてとらえ直す考え方であり，その後はこのような方面の研究が盛んとなっている。今では，これらの研究を社会的認知とよぶといってもよいだろう。

1　印象形成

　まず，対人認知の古典的研究として，アッシュ（Asch, 1946）の他者に対する**印象形成**の研究がある。彼は，他者に関するいくつかの情報を提示されると，個々の情報の単なる寄せ集めではない，ひとつの全体印象が，その他者に対して形成されるというところに注目した。

　アッシュは，まず，提示順序の効果，すなわち，他者についての情報として「知的な，勤勉な，衝動的な，批判的な，頑固な，嫉妬深い」という形容詞をこの順番で呈示するときと，逆の順番で呈示するときでは，異なる全体印象が形成されることを示した。逆の順番でネガティブな情報が先に呈示されると，

その人に対して悪い印象が形成されやすくなる。このことから，最初に呈示された情報をもとに印象が形成される，**初頭効果**の存在が示唆された。

また，呈示順序だけでなく，知的な，器用な，あたたかい，用心深いなどの特性の中で，あたたかい―冷たいという形容詞は，他の形容詞に比べ，その人に対する印象形成において，重要なキーワードとなる。あたたかいという形容詞が入っている形容詞リストを読むと，あたたかいの一語が冷たいに替わったリストを読む場合より，寛大でかしこく，よい性質をもつ人という印象まで，その人に対して強くもったのである（Asch, 1946）。このように，その人に対する印象形成に大きな影響を与える情報を，**中心特性**という。一方で，その一語を変えても全体の印象形成に大きな影響を与えないものは，**周辺特性**という。

さて，認知者がある人物についての印象を形成する際，情報の取り込みに関与する要因は他にもいろいろ存在すると考えられる。たとえば，人は認知される対象である他者について，アッシュの実験のようにその他者に関する情報だけを用いてその人物についての印象や判断を行うわけではない。以前にも似たような人と出会ったが，その人はこんな人であった……という過去経験や，あるいは，銀行員ならまじめで固い人だろう……というような一般的なステレオタイプなどの知識を用いながら，目の前の他者がどのような人なのかの認知が形成される。

そこで，次に，対人認知に影響を与える要因を説明していこう。

2　対人認知とセルフスキーマ

私たちが何かするとき，そうすることの元に，**自己像**があるといわれる（藤岡, 1993）。自己像，すなわち，自分がどのような人間であるかについてまとまりのある知識表象を，人はそれぞれにもっているといわれる。その知識表象は，人がそれぞれ自分が最も重要だと思う自己の属性を中心に体制化されており，それが**セルフスキーマ**である。

セルフスキーマは自己の行動に影響を与える。たとえば，「私はそんな人間ではない……」，そんな思いが，ほんとうはちょっと着てみたいなと思っている流行の格好を着る勇気を出させなかったり，ワイワイと騒いでばかな行動をまわりの人と一緒にすることを躊躇させたりすることがあるのではないだろうか。あるいは，「私は有能な人間だ」と思うことが，失敗を避けたい，相手か

らの評価を落としたくないという強い思いとなり，困難な状況に直面したときに，全力でそのことに取り組むのではなく，万が一失敗した場合を想定して「昨夜は酒を飲み過ぎて試験勉強ができなかった……」と前もって周囲の人たちに言いわけとなるような行動へと走る（セルフハンディキャッピング：self-handicapping）こともある。

さらに，セルフスキーマは，自己の行動だけでなく，対人認知にも影響を与えるといわれる。沼崎（1998）は「私はおしゃれだ」と，おしゃれのセルフスキーマをもっている人は，他者のおしゃれにも敏感であり，異性を評価するにも相手がおしゃれであるかどうかが重要な要素になっていると述べている。カーペンター（Carpenter, 1998）は，実験によってセルフスキーマとして外向性スキーマをもっている人は，外向性に関する情報を重視し，それによって相手への好意が異なることを見出した。

このように，自己のセルフスキーマがひとつの尺度となって対人認知を規定する例を，日常的な例で考えてみよう。たとえば，小さい頃から大勢のきょうだいとの間で切磋琢磨し，がんばってきた母親が，自らについて「がんばりやで負けず嫌いである」というセルフスキーマをもっているとしよう。そのようなスキーマをもつ母親は，他人との競争を好まない息子，お先にどうぞというスタンスの息子が，がんばれない，なさけないやつというふうに見え，息子の優しさを評価できないかもしれない。

3　対人認知と自己の過去経験

対人認知を規定するものは，セルフスキーマだけではない。自己の**過去経験**もそのひとつである。同じ他者を見ても，形成される印象やその他者の行動に対する解釈はさまざまであり，見た目のかっこいい人の優しい行為にすべての人が惹かれるわけではない。以前に，見た目がかっこいい人とつきあって失敗した経験をもつ人は，その優しさをかえって要注意と考えるであろう。その優しさを，「自意識過剰な人が自分に酔ってのサービス行為だろう」「その優しさが怪しい，信用できない」などと考えるかもしれない。このように，今，目の前にいる人への対人認知も，見る人の側の過去経験によって変わってくる。

人は，自己の過去経験などから性格特性間の関連性などをもとに，意識はしていないがその人なりに他者のパーソナリティをとらえる認知の枠組みや信念

をもっている。このことを，**暗黙裡のパーソナリティ理論**（implicit personality theory）という。

暗黙裡のパーソナリティ理論による人間観には，「このような特性をもつ人はこんな人だろう」という，その人独自の経験をもとにした他者への見方に加え，○○人は陽気だとか，高齢者は頑固だなどのように，国や年齢や性別など，いろいろな集団に対してのステレオタイプのようなものも含まれるといわれる。

4　対人認知とステレオタイプ

今や，公園デビューは，小さな子どもをもつおかあさんにとって重要な関心事である。「公園デビューに失敗しないためには，服装は品のいいトレーナーにキュロットスカートが望ましいでしょう。子どもの遊び道具としてもっていくものは，高価でない砂場セットとか，プリンの空容器でしょうか……」などと，昼下がりの主婦向けの番組で司会者がまことしやかにしゃべっている。新米ママにとって，周囲のママたちに自己がどのような人だと認知されるかは，重要な課題なのである。

さて，ある昼下がりの公園，とっても若そうなヤンママが子ども連れで滑り台に近づいてくる。滑り台で子どもを遊ばせていたお母さんたちは，「髪の毛を染めているヤンママは，生活も性格も派手で，子育てをちゃんとしていない」という**ステレオタイプ**による偏った見方で，目の前に来たヤンママからすっと視線をそらす……。ステレオタイプは行き過ぎた般化といわれるが，相手を知る前から，また，会った瞬間に，人は，このように，ステレオタイプを用いて情報処理を省力化して相手を認知しようとすることがあるのである。

相手がどの集団に属しているかを知ると，その集団についてのステレオタイプから相手に対する予測や期待を生じさせる。そして，人はその予測や期待の正しさを支持する情報を選択的に取り入れ，もともともっていたステレオタイプと一致するような判断をしてしまうのである。このことを，ダーリーら（Darley & Gross, 1983）が実験によって証明した。

ある小学校4年生の女の子のビデオを見て，学力を評価する課題である。ただし，ビデオの中で，女の子が遊んでいる様子や近所や家庭環境を映している前半部分は2種類ある。1つは，ビデオの中で貧しい家庭環境の子どもであると説明される（その結果，低学力が予測される条件）であり，もう1つは，ふ

つうの家庭環境の子どもであると説明される（その結果，高学力が予測される条件）である。ビデオの後半は，両条件とも同一で，女の子が実際に，先生の出す問題に答えている授業シーンである。この後半では，女の子は，正解したり，間違えたり，また，やる気があるようにみえたり，やる気がなさそうにもみえるときもあるという状態であった。つまり，学力が高いとも低いともどちらとも解釈できる状態であった。しかし，あらかじめ前半のビデオから高学力の期待をもつ条件では，この後半のビデオを見る（これを遂行条件という）と，低学力期待の条件より「女の子がより多くの問題に正しく答え，与えられた問題も難しいものであった」というように，後半の情報を解釈し，認知した（図12-2参照）。先に形成された相手への見方が，その後の相手についてのまったく同じ情報を，最初の見方に一致するように選択的に取り込み，曲げて解釈してしまったということである。

　さらに興味深いことには，前半のビデオを見るだけで，後半の授業シーンを見ることのなかった条件（これを非遂行条件という）では，高学力期待条件と低学力期待条件の間に学力評定の差はなく，どちらも，ほぼ実際通りの4年生学年相当の学力であろうと判定していた。すなわち，前半のビデオを見ただけでは，ステレオタイプ的な予想「貧困な家庭環境に育つ子は学力が低い，ふつうの家庭環境に育つ子は学力が高い」を使って，すぐにその子の学力はこうであると判定することはない。ところが，実際の授業シーンで確かめるチャンスを与えられると，選択的に情報を用いて，期待した通りの方向へと判断を下すのである。この実験から，最初にステレオタイプ的な見方をすると，それに一致するように，当該集団に属する人たちの行動や言動を解釈してしまうことがあることが示唆され

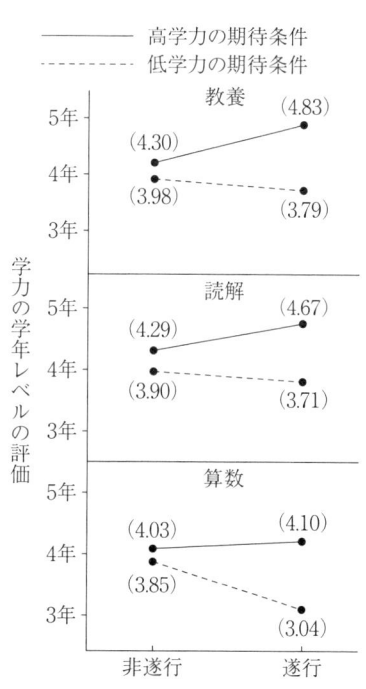

図 12-2　学力評価（Darley & Gross, 1983）

企業に頭の固い上司がいて,「女の子はだめだ。やっぱり男でないと」と性に関するステレオタイプをもっていると,同じようにどの新入社員もうまくできたり失敗したりを繰り返しているのに,男性社員のだめな面にそれほど目がいかず,女性の新入社員のだめな所に目が向くということがあるかもしれない。誤ったステレオタイプが対人認知に与える影響は大きい。

さらに,相手に対する自分の期待や信念が,自分の判断や評価だけでなく,相手の行動にも影響を与えることを示す研究もある。**期待の自己成就過程**(Self-fulfilling prophecies : Snyder 1984)とは,私たちが対象となる人に対して,はじめにある期待や信念をもつと,その期待にそったような行動を相手から引きだし,結果として,やっぱりそうだったと,自らの信念に確信をもつということである。あなたが相手をフレンドリーと思えば,フレンドリーに相手に対応し,相手からもそれに応じたフレンドリーな態度を引きだすこととなる。そしてあなたは相手をフレンドリーな人だと確信するだろう。逆に,あなたが相手と会う前から,ネガティブな情報や構えをもっていると,あなたの相手への態度はぎくしゃくし,相手もそれに応じてフレンドリーな態度とはならず,結果,あなたは予測どおりネガティブな認知をもつことが考えられる。誤った期待や予測は,時に大きな影響力をもつのである。

5 対人情報処理のモデル

人が,出会う他者それぞれに対して,その人に関するすべての情報を一つひとつ検討して相手がどのような人であるかを判断することは大変なことである。そこで,これまで述べたように,過去の自己の個人的あるいは共通の対人関係の経験や知識,そしてそれらにもとづく予測や期待をもとに,他者に対して判断している部分がある。目の前の相手に関する膨大な情報を,自分のもっている枠組み,ルールを用いて処理することは,判断の迅速化,情報処理の省力化のために必要なプロセスである。

また,目の前を通り過ぎるすべての人に対して,同じプロセスをたどって対人認知を行うわけではないだろう。目の前を通り過ぎるだけではほとんど関心もとめずに終わってしまう相手もあるだろう。

物理的には,同じように視界に入る相手であっても,すべての人に対して同

じ情報処理をするわけではない。さまざまなふるいにかけながら，相手への認知が行われるのである。このような，一連の対人情報処理についてのモデル（**連続体モデル**：Fiske & Neuberg, 1990）を簡単に紹介する。

　このモデルは，まず，相手に対し，それ以降の何らかの詳しい情報処理が必要か否かのふるいにかける初期の自動的な段階を設定している。相手の年齢，性別，自己との関連性などによって，それ以上の情報処理が必要なしとなれば，そこで情報処理を終えるための，初期段階である。しかし，そこで，それ以降，詳しい情報処理が必要と判断されれば，次のカテゴリーによる判断の段階に移る。それは，たとえば，銀行員であるその人が，「銀行員はこのような人である」というカテゴリーがもつ印象にどのくらい一致するかをみるもので，相手がある特定のカテゴリーに一致するか否かをチェックする。それがうまくあてはまらない場合には，また別のカテゴリーをあてはめる。そして，それでもうまくいかない場合には，今度は相手に関する情報を一つひとつ吟味して相手への認知を形成するのである。すなわち，連続体モデルでは，初期段階からカテゴリー処理へと進み，その後，さらに情報処理が必要であれば個人処理へと，連続的に処理が進んでいくと考えるのである。

3節　対人認知と感情

　同じ情報が与えられても，快な気分のときは相手に対して好意的な解釈が，不快な気分のときは相手に対して非好意的な解釈がなされやすいのではないかということを，フォーガスら（Forgas & Bower, 1987）が検討した。

　快―不快の感情を生じさせるための操作は，パーソナリティテストを行い，偽の結果をフィードバックすることによって行った。良い結果は快い感情をもたらし，悪い結果は不快な感情をもたらすであろうと考えられた。快―不快の感情操作の後，被験者は，4人の

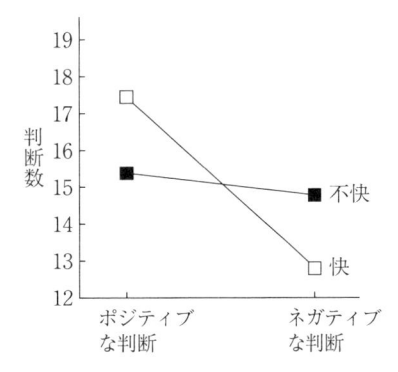

図12-3　対人認知に与える快―不快感情の効果（Forgas & Bower, 1987）

人物に関する特性記述文の書かれた文章リストを読む。4人については，好ましい行動と好ましくない行動の両方が同数ずつ記述してある。これらを読み，その後，4人それぞれの印象について評定した。その結果，快感情の場合の被験者は各人物に対してポジティブ（好意的）な評価を行い，不快感情の場合の被験者はネガティブ（非好意的）な評価を行う傾向があった（図12-3参照）。

さて，相手に何か嫌な報告をしなければならない場合は，相手の様子をよくみて，昼食後などのできるだけ相手が快の気分のときなどをねらうというのがよいかもしれない。相手が疲れていたりして不快な気分のときだと，何をやってもダメなやつと，よけいにネガティブ評価され，怒られないでいいところまでよけいに怒られる……なんてことがあるかもしれない。

4節　集団全体への認知

1　外集団均質化効果

内集団とは，「私の集団」という意識の強い集団，つまり，自己と同一視するような集団のことである。**外集団**とは，内集団に対して，「よその集団」「やつら」といった意識をもつ集団のことである。たとえば，有名な早慶戦だが，スポーツにおけるこの戦いに関心の高い早稲田大学の学生にとって早稲田大学は内集団，慶應義塾大学は外集団ということになろう。

内集団と外集団に分けたときに生じる対人認知に，**外集団均質化効果**がある。内集団の成員については一人ひとりのメンバーが見えるが，外集団成員は皆，同じと思う傾向のことである。日本人が日本人ということばを口にするときは，日本人といっても，千差万別，いろいろなタイプの人がいるなあと思うが，イタリア人というと陽気，黒人というとリズム感がよいと思うこと，すなわち，自分と異なる外集団に対しては単純化，同質化してとらえる傾向のことである。

2　極端なメンバーの効果

さて，集団に対する印象というものはどのように形づくられるか。その集団のメンバー全員と接触して交流できるわけではないので，その中の何人かの集団メンバーとの接触によって印象が決まってしまうことが多い。「ガールフレンドにするなら○○短大生，お嫁さんにするなら□□女子大生」「△△高の学

生はガラが悪い」から「今どきの若者は……」など，好印象から悪印象まで，人は集団に対して，いろいろなことを言うが，ほんとうにそれらの集団の全メンバーをみて言っているわけではない。その中のほんの数人のメンバーの言動がそのような印象を形成してしまったのかもしれないのである。

　ロスバートら（Rothbart *et al.*, 1978）は，極端なメンバーのことは記憶されやすく，その極端なメンバーの存在が集団全体の印象を決めているのではないかと考えた。彼らは，ある集団のメンバーたちの身長がどのくらいあるかについての印象のされ方を調べた。被験者に50人の男性のそれぞれの背の高さが記述してある50個の情報文を読ませた。すべての被験者の読む文章は，平均身長が5フィート10インチに設定してあり，また，50人中10人のメンバーが6フィートを超えているというふうに設定してあった。ただし，そのうちの半分の被験者の読む文章（非極端条件）では，10人の6フィート以上の人は6フィートとほぼ同じか少し超える程度であり，残りの半分の被験者の読む文章（極端条件）では，6フィート以上の10人は6フィートをはるかに超えるという情報となっていた。読んだ後，被験者に6フィートを超える人は50人中何人くらいいたかと聞いたところ，極端条件の被験者は非極端条件の被験者より，6フィートを超える人の数を多く推測していた（極端条件　平均14.95人，非極端条件　平均10.53人）。

　次の実験では，犯罪の重大性を課題にした。被験者に行動を記述した50個の文章を読ませた。50個のうち40個はふつうの行動であるが，10個は犯罪行動であった。ここで，極端条件と非極端条件の2条件が設定された。極端条件は犯罪行動の文章が殺人などの重大犯罪，非極端条件では万引きなどの軽い犯罪を行ったというものになっている。被験者は，文章をみた後，50人中何人が犯罪行動をしたか，と，犯罪行動がどれくらいあったかを再生するように求められた。その結果，極端条件では，非極端条件より，犯罪を行った人数をより多いと判断し（極端条件　平均15.43人，非極端条件　平均12.37人），犯罪行動そのものについてもより多く再生した。すなわち，極端な属性をもつメンバーは記憶されやすく，その集団を考えると，より多く思い出されやすく，その結果，集団内で占める割合が実際より多く感じられることが示唆される。

　さて，現代社会では，テレビや週刊誌などマスメディアが，話題となるような極端な情報を繰り返し流す。そこで，たとえば，「女子高生の援助交際」「教

員の不祥事」などというニュースは，とくに女子高生や学校現場との接触の少ない人にとっては，強いインパクトをもつ。実際には，援助交際にまで手を染める女子高生は少なく，また不祥事を起こす教師は教師全体からすると少ないにもかかわらず，「女子高生の援助交際」「教員の不祥事」のニュースに何度もさらされると，かなりの数の女子高生が援助交際を行っており，また，不祥事を起こすような問題教師が昨今，多くなっているように誤って認知しがちとなるのである。情報を提供するメディアの影響力とともに，集団のすべてのメンバーを知ることのできない状況でもたらされる集団内の数少ないメンバーの行動の影響力の大きさが示唆される。

さて，「なぜ彼は試験に失敗したのだろう」「なぜ彼女は僕のもとから去っていってしまったのだろう」など，他者の行動の原因についての推論も，同じように，あるルールに従い，与えられた情報の解釈や推論というプロセスをたどる。そこで，最後に，行動の原因の推論である帰属理論について述べよう。

5節　帰属理論

「人間の社会的な行動やその結果について，それが生じた原因を推測すること」を，**帰属**という。帰属において，その行動の原因がどこにあるかという，原因の次元については，ワイナーら（Weiner et al., 1972）は，その原因が内的か外的か，安定しているか不安定かによって，表12-1のように分けている。内的帰属とは，原因を行為者の能力とか努力とかの個人の内的なものに帰属すること，外的帰属とは，環境や運のよさ，悪さなどの個人の外側にあるものに原因を帰属することである。安定への帰属とは，能力のように比較的変わりにくいものに帰属すること。不安定への帰属とは努力や運などのように変わりやすいものに帰属することである。

表12-1　原因の分類図式（Weiner et al., 1972）

原因の安定性	統制の所在	
	内的	外的
安定	能力	課題の困難性
不安定	努力	運

さらに，自分についての帰属か，他者についての帰属かによって，帰属のしかたに違いがみられるといわれる。実際に行為をした行為者（自分）は行動の原因を外的要因に，その行為をみている観察者は行為者の内的要因に帰

属させやすい傾向があるといわれる（Jones & Nisbett, 1972）。つまり，試験に失敗すると，行為者本人は運が悪かったと帰属しやすいが，周囲の他者はその人の努力不足や能力が足りないのだと内的に帰属する例がこれにあたるだろう。同じ状況をどの立場でみるかによって，異なって認知されることが示唆される。このような違いは，行為者と観察者のもつ情報量の違い，情報の処理の違いが影響していると考えられている。たとえば，行為者は自分がこれまでの試験で，失敗したことも多いが成功したことも多いという自分の過去について数多くの情報をもっている。したがって，自らの成功も知っている行為者は，今回の失敗という悪い結果の原因を，外的な状況要因へと帰属しようとする。さらに，行為者は自己の失敗を自己の能力などに帰属したくないという自己防衛が帰属に対して働く。一方，観察者は目の前の他者の失敗を客観的に行為者の能力のなさに帰属するという違いがあるだろう。

　現実に，障害児のキャンプで，トレーナーと障害児の2人一組で行っているリハビリ訓練がうまくいかないとき，トレーナーは「担当している子どものやる気がなくて訓練がうまくいかない」というところに原因を帰属することがある。このように相手を「やる気のない子」であると認知すれば，この状況をもたらした責任は自分にはなく，相手のやる気を上げることのできない自分の能力のなさを責めずにすむだろう。しかし，このように他者を認知するだけでは，2人一組で行っている訓練のうまくいかなさは変化しない。状況を改善するためには，「やる気のない子」と相手に帰属して決着するのではなく，やる気を失わせた自分の能力の低さの方へ帰属することも大事であろう。どう帰属することがこれからのためにいいのか？　帰属とは主観的な認知である。その後をプラスにするような帰属をすることが重要である。このように，他者や集団に対する行動や諸特性についての対人認知の研究は，今後も現実の人間関係の理解に役立つものを生みだしてくれるだろうと期待される。

▷ブックガイド

山本眞理子・外山みどり（編）　1998　社会的認知（対人行動学研究シリーズ8）誠信書房
　　可能性自己という新しい概念をはじめ，社会的認知にかかわる研究動向が数多く紹介されている。

シェーバー, K. G. 1975 稲松信雄・生熊譲二（訳） 1981 帰属理論入門 誠信書房
　初心者にはやや難しいが，帰属を研究しようとする者は一読すべき帰属理論の背景と主要なモデルが述べられている。

トピックス 12

言い訳の心理

　他者の期待を裏切ったり，被害を与えるなどして社会的な非難や制裁を受けかねない状況，あるいは人前でへまや失敗をするなどして望ましい自己像が脅かされうるような状況におかれたときに，人はいかなる言動を示すのか。実際には，押し黙ったり，その場を逃げ出したり，泣いたり笑ったり，さまざまな非言語的反応が示されることが多い。ただ，そこでの言語的反応に注目し，社会的苦境を脱するための言語的方略としてとらえると，それらをいくつかのタイプに類型化することができる。

　この点に関しては，数種類の異なる分類法が提唱されており，必ずしも統一された概念やカテゴリーが確立されているわけではないが，不適切な行為や不都合な結果の発生に対する責任を否定ないし軽減しようとする場合と行為や結果のネガティブな意味合いを消去ないし希薄化しようとする場合を区別して，前者を「**弁解**（excuses）」，後者を「**正当化**（justifications）」とすることについては大方の合意が得られている。

　たとえばレポートの提出が遅れた際に「病気で寝込んでいた」「パソコンが故障した」など体調の悪さや緊急事態の発生を理由として持ち出すのは弁解，「提出が数日遅れても誰にも迷惑はかからない」「他の人たちも期日を守っていない」といった開き直りは正当化とされるわけである。一般に「言い訳」という場合には，広義には両者を含むとしても，狭義に解すれば「弁解」と同義になると思われる。

　もちろん現実の場面では，弁解や正当化以外にも多様な言語的方略が用いられる。実際，不適切な行為をしたり，他者に何らかの被害を与えたような場合には，相手に謝って許しを請うといった行動が広く見受けられる。こうした言語的方略の研究でもっとも広く援用されているショーンバック（Schoenbach, 1990）の分類法では，こうした謝罪の他に，後悔の念の表明，自己批判，補償や賠償の申し出といった言動を含めて「**譲歩**（concessions）」というカテゴリーが設定されている。そこでは当該の事態のネガティブな意味合いと自分の責任をともに容認していることになるが，それとはまったく対照的な対処法としてショーンバックは不都合な事態の発生や自分とのかかわりを頭から否定したり，弁明すること自体を回避するような言語的方略をとりあげ，それらを一括して「**拒否**（refusals）」と命名している。

　したがって，この分類法によると社会的苦境を脱するための言語的方略は全部で4種類のカテゴリーに大別されることになるが，当事者間の人間関係のあつれきを緩和するか，増幅するかという視点で整理すると「譲歩」がもっとも緩和的，次いで「弁解」，「正当化」，そして「拒

否」がもっとも増幅的という形でそれらを直線的に配列することができる。

社会的非難を受けかねない状況への対処の仕方は，状況の性質や相手との関係に大きく依存するとしても，そこにはかなり顕著な文化差も認められる。「カンニングを見つけられる」「デートの時間に遅れる」「スピード違反で捕まる」という3つの事態を想定して，そこでの日米の大学生の言動を比較した萩原（1990）は，両国の大学生が状況に応じて対応を変えていく様子を明らかにしている。たとえば糾弾された行為の発生自体を否定する「拒否」という方略は，それが功を奏すれば完全に非難や制裁を免れうるとしても，相手とのあつれきを強める可能性が高く，それはカンニングやスピード違反といった深刻な状況には適合するとしても，相手との関係維持が何よりも大切なデートの場面で用いられることは皆無に近くなっている。

カンニングの場合には，日本人よりも米国人学生の方が「拒否」という強硬手段に訴える傾向が強い。約束した時間に遅れたときの弁解として米国人学生は「車の故障や道路の渋滞」といった交通事情を持ち出すことが多いのに対して，日本人学生は「寝坊した」「支度に手間取った」など自分の過失や不注意を理由にすることが多い。他にも，いくつかの点で日米の大学生が好んで用いる言語的方略の違いが認められているが，もっとも顕著な文化差は謝罪という方法の使用に関して現れてくる。すなわち，すべての状況で米国よりも日本の学生の方が相手に謝罪する割合が高く，たとえばカンニングをとがめられたときには，大半の日本人学生が弁解することなく，ひたすら謝罪し，後悔や反省の意を表明する様子が示されており，また他の状況で言い訳をする際にも，一言謝ってから始めるといった特徴が日本人学生の間で広く認められているのである。

確かに日本では，潔く自分の非を認めることを美徳とする傾向が強く，子どもに対して「言い訳をしないで謝りなさい」といった叱り方をすることが多い。それは，たとえ本心ではなくとも，儀礼的にでも相手に謝罪することを奨励する風潮を生み，それによって相手からの許しを得ようとする甘えの構造を作り出す。しかし原則的に謝罪とは，不都合な事態の発生に対する自らの責任の容認を意味するわけであり，それによってさらなる制裁や非難を免れるといった図式がどこでも成立するとは限らない。むしろ自らの責任の容認は，損害の補填や賠償の義務をともなうのが通常であり，たとえば米国で自動車事故を起こしたような場合，日本人は相手からの好意的反応を期待して，すぐに謝罪してしまい，後で窮地に陥ることが多いといった逸話をよく耳にする。日常的な場面だけでなく，裁判や調停など法的に紛争を解決しようとする際にも，米国とは異なり，日本では相手への謝罪が重要な役割を果たすといった文化差も指摘されているのである（Wagatsuma & Rosett, 1986）。

13 章
知性と感性の発達

「感性の時代」といわれて久しい。2011年3月11日の東日本大震災以降,「新しい感性の時代へ」といった論考が増えている。たとえば,菊谷(2012)は,次のように述べている。

> わたしたちの文明は,高度になり,便利になりました。しかし,あまりに高度になりすぎて,私たち自身の手に負えないものになっている。原発がそうだし,いまの社会全般,学校や政治,会社組織などのシステムがそうです。人間という小さな生きものにあった文明や暮らしに変える必要があるのではないか。震災,原発事故はそれを突きつけたように思えました。
>
> 私にとって,日常,そして生きることの核にあるのが,"詩"です。その"詩"とは,必ずしもことばでなくても,その人らしい空気や空間と言いかえてもいいものです。
>
> (朝日新聞DIGITAL WEBRONZA, 2012年6月18日)

この菊谷が指摘する"詩"とは,感性であり,その感性が紡ぐ"物語"ともいえよう。そして,そのような感性や物語を失った工業製品は,その性能をいくら誇示しても売れず,デザイン,色,使いやすさなど,人の感性に訴えるものがないと売れない時代となってきている。

また,つぎのような興味深いデータが,Benesseと朝日新聞の共同で発表されている。公立中学校に子どもを通わせている保護者へのアンケートの結果である。「学校の取り組みについての満足度」を聞いたところ(括弧内は満足度),「学芸会や音楽会などの文化活動」(87.1%),「運動会などのスポーツ活動」(85.0%),「社会のマナーやルールを教えること」(75.8%),「道徳や思いやりの心を教えること」(72.9)だったのに対して,「学習の評価」(67.2%),「教科の学習指導」(66.0%)だったのである(Benesse・朝日新聞, 2012)。近年の

保護者は，学業成績，つまり知性に関わる教育以上に，音楽やスポーツなど，感性に関わる教育を評価していることが分かる。

これらの結果も，子どもたちに知性だけを期待する時代から，豊かな感性を備えたバランスの取れた人格を期待する時代へと，日本の社会がすでに大きく変化したことを意味している。

1節　知性発達のとらえ方

本章では，**知性**（intellect）を「生体が新しい状況におかれた場合のその状況の関係把握や，解決のための見通し・洞察および適切な手段や方法の発見という，広義の問題解決能力」（伊藤，1981）と定義する。したがって，知性とは，知覚，記憶，表象，理解，推理，判断などの認知的処理を含む知的な精神活動と換言され，その意味で**知能**（intelligence）の類義語と解される。

1　ピアジェの知性の発達理論

図13-1のように，キャンディを6個ずつ2列にならべる。そして，一方のキャンディの列を長く伸ばす。これを，3歳児の目の前で実演して，どちらの列のキャンディが欲しいですかとたずねる。そうすると，彼らのほとんどが長い列のキャンディを選ぶ。しかし，7歳児では，列の長さを理由とした選択はみられなくなる。これは，7歳頃には，見た目の列の長さは，数の多さとは無関係であることを理解するようになるからである（「**保存** conservation」の獲得）。

では，どのようなメカニズムで，このような理解が進むのであろうか。このような疑問にこたえるのが，ピアジェ（Piaget, J.）の知性の発達理論である。

a　ピアジェ理論の発達のとらえ方

ピアジェは，知性の発達を**機能**（functions）と**構造**（structures）という用

図13-1　ピアジェの数の保存課題

語で説明する（Piaget & Inhelder, 1969）。ここでは機能について解説し、構造についてはbで解説する。

　機能の基本的原理は、**適応**（adaptation）である。生物が環境に適応することで進化するように、子どもたちも環境との適応的な相互交渉を通して、その知性を発達させていく。

　この適応は、2つの相補的プロセスを含む。**同化**（assimilation）と**調節**（accommodation）である。たとえば、幼い子どもが母親と一緒にスーパーに買い物に行ったとしよう。オレンジやリンゴが置かれている棚には、見たことのない食べ物が置かれている。その食べ物は、オレンジやリンゴのように、形は球形ではないが、とてもカラフルでいい香りがする。子どもはそれを指さして「おいしそうなくだもの」と、母親に語りかける。

　この場合、子どもの「くだもの」ということばの使用は、同化のプロセスを表している。すなわち、この子どものもつ「くだもの」の概念（ピアジェの用語ではシェマ schema：知的活動の素材）で、新しいくだものの事例を解釈し、自分の「くだもの」のシェマにその事例を矛盾なく取り込んでいるのである。

　しかし、もしこのたとえ話で、子どもが「おいしそうなくだもの」と母親に語りかけたところ、母親が「それはパプリカといって野菜よ」と訂正するようなことがあったらどうだろう。その場合、子どもの「くだもの」のシェマ（たとえば、「カラフルでよい香りのする食べ物」）に不均衡が生じたことになる。そこで、それらの不均衡を是正するために、子どもは既存のシェマを修正する（たとえば「くだものは、カラフルでよい香りのする食べ物で、おやつやデザートとして食べる」）。そのような修正のプロセスを調節とよぶのである。

　また、これら同化と調節は、人間の知性が生来的にもつ能動的なはたらきにより、常に認知的に均衡した状態を保つよう作用する。この**均衡化**（equilibrium）のはたらきにより、本来バラバラであったシェマは、相互に関連づけられる。このプロセスを**体制化**（organization）といい、体制化されたシェマはより高次の構造ともよぶべき状態へと**変換**（transformation）される。

b　知性の発達段階

　ピアジェは、上記のような知性の大きな構造的変化は、乳児期から思春期の間に、三度生ずると仮定している。その結果、子どもの知性は、異なる知的構造をもつ4つの**段階**を経て発達すると説明される。

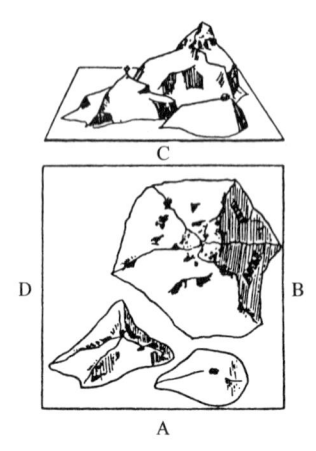

図 13-2　立体模型による実験
（Piaget & Inhelder, 1956）

　新生児期から2歳頃までを**感覚運動期**（sensori-motor period）という。この時期は，主に感覚と運動によって外界とのかかわりをもつ。たとえば，偶然，自分の親指が口に触れ，これを吸うと快の感覚が得られる。すると乳児はこの行為を意図的に繰り返し（**循環反応** circular reaction），指しゃぶりという新しいシェマが形成される。

　2歳頃から7歳頃までを**前操作期**（pre-operational period）という。この頃の子どもは，外界の対象を表象を用いて表すことができる。言語の獲得が進むとともに，小箱を自動車に見立てるなど象徴的遊びが増加する。この時期の特徴は，対象が知覚的に変化しても，対象の本質は変化しないという保存の概念が成立しないこと，および思考の**自己中心性**（egocentrism）にある。自己中心性とは，自分の立場を離れて他者の視点から事物を客観的に認識できないことをいう。たとえば，幼児に，図13-2の模型のまわりを歩いていろいろな角度から観察させる。次に，Aの場所にいる幼児にBの場所にいる実験者が見ている景色を選ばせる。すると，自分がいるAの場所から見た絵を選ぶのである。

　7歳頃から11歳頃までを**具体的操作期**（concrete operational period）という。子どもはもはや自己中心性から解き放たれる。元に戻せば同じという**可逆性**（reversibility）などの操作が可能となり，先述の保存が成立する。また，A＞BかつB＞CならばA＞Cという**推移律**（transitivity）も，具体的な事象から理解できるようになる。

　およそ11歳以降を**形式的操作期**（formal operational period）とよぶ。この時期では，仮説的で抽象的な推論が可能となる。このことは，**演繹的推論**（deductive reasoning）を可能とし，前提から出発して適切な結論を導くことができるようになる。また，**帰納的推論**（inductive reasoning）も可能となり，個々の経験から意味のある仮説を導くことができるようになる。

2 知性発達の情報処理的アプローチ

ピアジェの理論が，知性の発達を包括的に描き出そうとしたのに対して，ある知的課題を達成するために必要とされる認知的プロセスを同定し，このプロセスが年齢とともにどのように変化するかを記述するのが，**情報処理的アプローチ**である。

a 情報処理的アプローチの発達のとらえ方

ピアジェが，知性の発達を同化や調節，あるいは体制化といった概念で説明したのに対して，情報処理的アプローチは，知性の発達をどのように説明するのだろうか。ここでは，ケイル（Kail, 1993）の理論を紹介しよう。

まず，ケイルが指摘するのは**処理資源の増加**（increased processing resources）である。処理資源とは，コンピューターにたとえるならばバッテリーの容量にあたる。モバイル用途のパソコンを想定するとわかりやすい。バッテリー容量が大きくなればなるほど，モバイルパソコンでもより複雑な作業を長時間持続することが可能となる。これと同じように，人間も，乳児より幼児，幼児より小学生の方が，高次の知的活動に費やす精神的エネルギー量が増加し，結果としてより高次の問題解決が可能になると仮定される。

次にケイルが指摘するのは，**処理の自動化**（automatization）である。コンピューターにたとえるならば，ソフトウェアの進歩にあたる。一昔前の統計処理ソフトであれば，ある程度自分でプログラムを作成する必要があった。しかし，現在では，個々の統計処理がパッケージ化されており，プログラムを組まなくても簡単に統計処理が行えるようになった。これと同じように，人間も，生活の中で多くの経験を積むことにより，認知的処理の手順が簡略化され，より高次の問題解決が可能になると仮定される。たとえば，図 13-1 のように並んだキャンディの数をたずねると，3，4 歳児では一つひとつキャンディを指さしながら声を出して数えるが，小学生になると 2，4，6 と 2 つずつ数えたり，あるいは 3 と 3 のかたまりに分けて足し算するなど，処理の自動化が起きる。このような自動化により，短時間で数の多さを比較したり，数以外の属性に注意を向けるなど，より高次な処理が可能になると仮定される。

最後に，ケイルが知性発達のメカニズムとして指摘するのが，**処理スピードの増大**（increased speed of processing）である。これは，コンピューターにたとえるならば，ハードウェアやソフトウェアの進歩にあたる。たとえば，脳

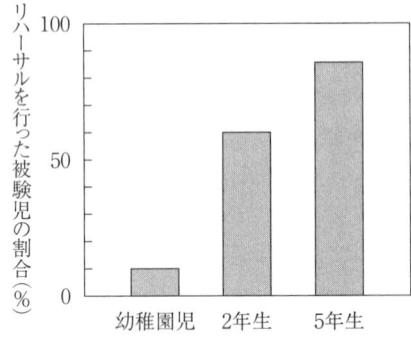

フラベルらは，3つの年齢群の被験児に，ボールなどの絵に描いた対象を覚えるように教示し，自発的に生ずるリハーサル活動（唇の動きなど）を観察した。

図 13-3　自発的リハーサルの使用
　　　　（Flavell *et al.*, 1966 より改変）

（縦軸：リハーサルを行った被験児の割合（％））
（横軸：幼稚園児　2年生　5年生）

は人間発達の初期の段階できわめて速いスピードで成熟するが（Lemire *et al.*, 1975），このような神経学的発達が，イメージの操作や言語の使用など，この時期に急激に複雑化する認知的処理を可能にしていると仮定される。また，日常生活の中での経験を通して汎用性の高い認知的方略を獲得することにより，確実性の高い迅速処理が可能となり，より高次の問題解決が可能になると仮定される。たとえば，**記憶の方略**として代表的な**リハーサル**（7章参照）は，図13-3のように年齢とともに発達する。このような汎用性の高い認知的方略の発達は，記憶の体制化を助け，より確実で迅速な問題解決を保証する。

b　知性発達の継続性

　上述のように，ピアジェの理論によれば，知性は，乳児期から幼児期，また幼児期から児童期と構造的な変換を通して発達すると説明される。したがって，ピアジェ派とよばれる研究者の間では，乳児期の認知的検査の結果が，その後の知性の発達を予測することは困難であるとする見解が一般的であった（McCall & Carriger, 1993）。

　しかし，情報処理的アプローチをとる研究者は，伝統的な発達検査にとらわれない，新たな認知的課題を開発し，乳児期に査定された視覚的情報処理能力が，その後の知性の発達を予測しうることを明らかにしている。

　その典型となるのが，ローズ（Rose, S. A.）と彼女の同僚らによる一連の研究である（たとえばRose & Feldman, 1995）。ローズらは，乳児期に実施された再認記憶課題の結果と，幼児期，児童期に査定された知能検査の結果の間に，有意な正の相関があることを見出したのである。

　馴化法を用いた彼女らの実験手続きは以下の通りである。まず，馴化（habituation：慣化とも訳す）の段階として，一対の表現刺激（たとえば三つ葉のよ

うな図形を2つ左右に並べる）を乳児が15秒間見るまで呈示する。次に，テスト試行として20秒間，標準刺激と新奇刺激（たとえば星形の図形）を同時に呈示し，どちらの刺激を何秒注視するかを測定する（新奇刺激に対しては，脱馴化が起こり注視時間が長くなる）。そして，テスト試行間の総注視時間を分母，新奇刺激に対する注視時間を分子として，その比率を再認記憶の測度とする。その結果，生後7カ月時に測定された再認記憶の結果と5歳，6歳，11歳の時点で査定された知能検査の得点に，0.4～0.6程度の有意な相関があったのである。

乳児期に査定された視覚的再認能力は，刺激を記憶に符号化するスピードと正確さ，馴化刺激をカテゴリー化し再認する能力，あるいは馴化刺激を避けて新奇刺激を調べようとする能力を反映しており，少なくともこれらの視覚的情報処理能力が，その後の知性の発達に深く関与していることを示唆している。

2節　子どもの感性の発達

子どもの発達の領域では，**感性**は絵画や音楽などの芸術の領域で論じられることが多い（たとえば幼稚園教育要領）。また，実際，これらの領域で多くの知見が蓄積されている。そこで，本章では，絵画や音楽の領域での子どもの感性について概説する。

なお，本章では，感性を「感覚・知覚・認識といった外的刺激に対する受動的反応としてだけでなく，心的イメージをメディアや身体を用いて能動的に表現する」（松山，1996）能力ととらえる。

1　感受性の発達

子どもは，絵画を構成する色や図形に対する**感受性**，すなわち色や図形のもつ物理量を認識の素材としての心理量へと変換し，それらを識別する能力をいつ頃獲得するのであろうか。

まず，色知覚に関しては，新生児期はまだ未熟であるが，その後急速に発達し，生後1カ月頃には，灰色と青，また緑と赤の識別が可能となる（Adams, 1989）。また，生後2カ月頃には，緑と黄色，黄色と赤の識別が可能となり，およそ生後2カ月から3カ月の間に，おとなとほとんど変わらない色知覚能力

を獲得する（Teller & Bornstein, 1987）。また，図13-4 にみるように，生後4カ月児のそれぞれの色に対する注視時間の曲線は，驚くほどおとなの色の好みの曲線と一致している。この結果は，色知覚能力を獲得したばかりの乳児の色の好みが，おとなのそれとほとんど変わらないことを示している（Bornstein, 1975）。

一方，図形の知覚に関しても，生後2, 3カ月頃から図形の識別が可能となる。たとえば，図13-5 の左の図形に馴化した後に，右側の図形を見せると，2カ月以前では統制条件をのぞいて内側だけ変化した条件では脱馴化が起こらない。しかし，2カ月以降はどの条件でも脱馴化が生じる（Bushnell, 1979）。

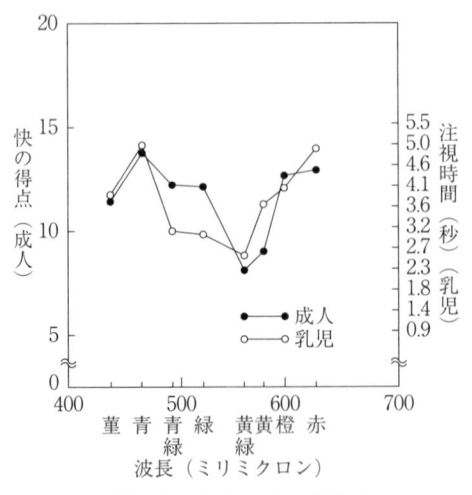

図 13-4　乳児とおとなの色の好み（Bornstein, 1975）

図 13-5　内側と外側の輪郭を変数とした刺激（Bushnell, 1979）

また，この頃の乳児は，図形に対する選好性も示し，簡単な図形よりも複雑な図形，またとくに顔のパターンをもつ図形を好んで注視することが知られている。

次に，子どもは，音楽を構成する**メロディ**に対する感受性をいつ頃獲得するのであろうか。単純なメロディに関しては，およそ生後8カ月から10カ月頃に，メロディをひとつのパターンとして知覚できることが明らかとなっている。図13-6のような実験手続きにより，乳児をある音系列に馴化させる。その後，その音系列の輪郭を変化させて聴取させると脱馴化が生じる。しかし，馴化試行の後，移調させた音系列を聴取させても脱馴化は生じにくい（Trehub et al., 1984）。さらに，乳児は，音楽的に「良い」パターンのメロディ（たとえばドミソミド）と「悪い」パターンのメロディ（たとえばドミソ♯ミド）で感

13章 知性と感性の発達 229

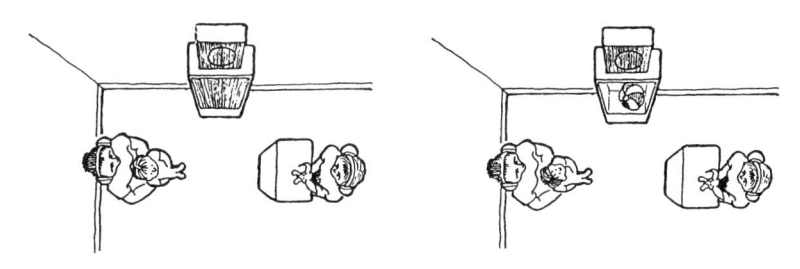

a. 馴化試行（標準刺激を繰り返し呈示している間は，実験者と人形の方を見ている）　**b. テスト試行**（音のパターンが変化すると，スピーカーの方を向く。またその際，正しい反応の場合は視覚的に強化される）

図 13-6　トリハーブらの実験手続き（Trehub, 1993）

受性が異なり，後者より前者において，そのメロディのわずかな変動にも鋭敏に反応することが明らかとなっている（Trehub *et al.*, 1990）。

　以上のように，子どもは，発達のごく初期の段階から，基本的な絵画的刺激や音楽的刺激に対して感受性を発揮する。また，それらの感受性は，ある一定のパターンをもつ刺激に対して選好的にはたらく。この選好的な情報処理が，先天的なものなのか，学習によるものなのかは明らかでない（梅本，1999）。しかし，このような選好的な感受性が，いわゆる芸術的感性の出発点となる可能性が考えられる（芸術的感性については4章参照）。

2　表現の発達

　内的な表象やイメージを，絵画的にあるいは音楽的に表現する能力はどのように発達するのであろうか。

　まず，絵画的な表現は，図 13-7 のような段階を経て発達することが知られている（Luquet, 1927 ; Piaget & Inhelder, 1956）。①連続した線や意味のない印のようなもので構成される**なぐりがき**（scribbling）の時期（2, 3歳頃まで），②丸などの閉じた図形を描いたり，頭足人を描いたりする**未統合**（synthetic incapacity）の時期（3, 4歳頃まで），③人物画を好んで描き，顔の特徴や体のパーツが正しい位置に描かれる**知的リアリズム**（intellectual realism）の時期（8, 9歳頃まで），および④人物画が正しい比率で描かれ，また背景も適切な視点で描かれる**視覚的リアリズム**（visual realism）の時期（8, 9歳頃以降）である。

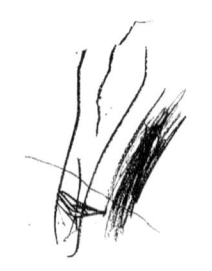

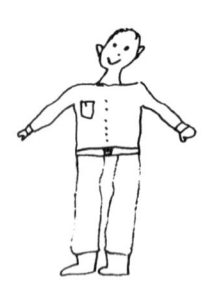

a. 2歳児のなぐりがき　b. 3歳児の頭足人（未統合の時期）　c. 5歳児の人物画（知的リアリズムの時期）　a. 9歳児の人物画（視覚的リアリズムの時期）

図13-7　絵画的表現の発達（Cox, 1992より引用）

次に，音楽的表現の発達は，およそ表13-1のような順序で発達することが知られている（Shuter-Dyson & Gabriel, 1981）。このモデルでは，3歳以下の子どもの音楽的表現については，ごく簡単にふれられているだけだが，彼らの表現能力は大変優れたものである。たとえば，訓練によっては，生後6カ月の乳児であっても，母親が発声した声を，同じ音程で正確に模倣することができる（Kessen *et al.*, 1979）。また，0歳児期の後半，単なる喃語の繰り返しでは

表13-1　音楽的表現の発達（Shuter-Dyson & Gabriel, 1981より改変）

年齢	
0～1	いろいろな音に反応する。
1～2	自発的に音を作ろうとする。
2～3	耳にした歌のフレーズを真似しはじめる。
3～4	メロディの大雑把なプランを思いつく。楽器を習っている子どもは，絶対音感をしだいに発達させる場合がある。
4～5	音程を判別できる。簡単なリズムであれば真似して叩くことができる。
5～6	もっと大きな声でとか優しい声でとかの指示がわかる。簡単な音色やリズムのパターンの異同を判別できる。
6～7	正しい旋律で歌うことができるようになる。無調性よりも有調性の音楽の方が知覚されやすい。
7～8	調和と不調和を認識できる。
8～9	リズミックな演奏が上達する。
9～10	リズムの知覚，およびメロディの記憶が改善する。2つのパートからなるメロディが知覚される。終止の感覚が身につく。
10～11	和音の感覚がしだいに確立される。音楽のもつより繊細な特徴がある程度認識されるようになる。

図13-8　12カ月児のバブリング・ソング（Hargreaves, 1986）

ない，自発的な表現としての音楽的バブリングが観察される（Moog, 1976）。たとえば，図13-8に示す12カ月時のバブリングには，初歩的な旋律の組み立てが観察される（Hargreaves, 1986）。

3　知性の発達との関連

絵画的あるいは音楽的表現は，記憶，表象，イメージの操作などの認知的処理を不可欠なプロセスとして包含し，その発達は知性の発達の影響を受ける。

たとえば，子どもの描画の発達については，古くから系統的な研究が行われており，人物がどの程度明細化されて描かれるかは，知能の発達と比較的高い相関があることが知られている。このことを利用して作成されたのが**人物画知能検査**（Draw a Person Test : DPT）である（日本では「グッドイナフ人物画知能検査」が標準化されている）。また，図13-7に示す描画の発達段階は，ピアジェの知性の発達段階におおむね符合することも確認されている（たとえばLeeds *et al.*, 1983）。

また，音楽的表現については，音楽的構造に関する子どもの認知という視点から，知性の発達との関連が研究されている。たとえば，セラファイン（Serafine, M. L.）は，5，6歳児でも課題が行えるように工夫を行い，曲の展開や終止の理解，あるいは曲の構造の理解などが，8歳頃を境にして急速に発達すること，またそれらの理解が保存の理解などとある程度並行して発達することを明らかにしている（Serafine, 1988）。たとえば，曲が終わった感じを旋律のパターンなどからどの程度理解できるかを査定した課題（図13-9）では，その得点と保存課題の得点が8歳児群で0.6程度の相関があることが明らかとなっている。

図 13-9　終止課題で使用された刺激　(Serafine, 1988)

4　深いレベルでの感性の発達

　本章では，感性を感受性と表現の能力ととらえ，その基本的な発達について概説した。しかし，感受性と表現の能力を結びつける感性の本来的なはたらきについてはふれていない。その理由は，感性研究は始まったばかりであり，そのような深いレベルでの感性を対象とする発達的研究は行われていないからである。

　しかし，子どもの鋭い感受性を刺激し，豊かな表現力を引き出すことに成功したひとつの教育実践の記録がある。美術評論家の布施英利（1999）による小学6年生を対象とした授業である。2日にわたって行われたこの授業は，次のような手順で行われた。

(1) 初日，午前の授業で子どもたちに魚の絵を自由に描いてもらう：子どもたちはとまどいながら，自信なげに魚を描く。

(2) その日の午後，子どもたちはバスで校外の釣り堀に出かけ，一人ひとりヘラブナを釣る：ほとんどの子どもたちにとって初めての体験である。釣り上げたときのずしりとくる重さと魚のぬるぬるした感触を味わう。

(3) 2日目，午前中の授業で，グループに分かれて昨日釣ったヘラブナの解剖を行う：子どもたちにとって初めての解剖であり，血の臭いや生々しい内臓に気分の悪くなる子どももいる。解剖が終わった後，魚に手を合わせ，改めて水槽の中の生きたヘラブナを観察する。

(4) 2日目午後，子どもたちは，釣りや解剖のことは忘れて，自由に魚を描くよう教示される。

　その結果，初日に描かれたいかにも生気のない絵（図 13-10a）は，2日目に一変した。ウロコやヒレが正確に描かれるといった単に写実性の向上だけで

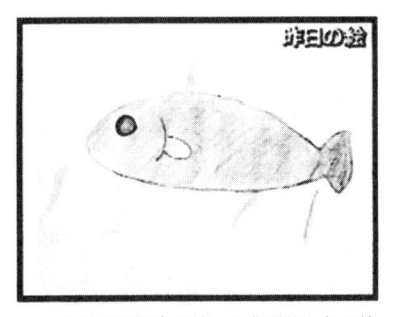

a. 1日目に児童が描いた典型的な魚の絵 　　b. 2日目に左の児童が描いた魚の絵

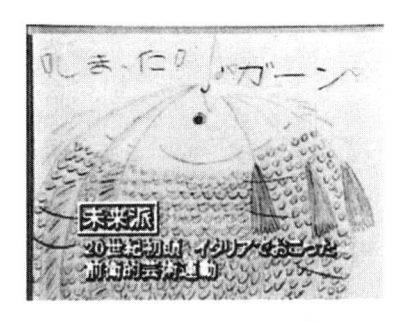

c. 2日目に別な児童が描いた抽象画 　　d. 2日目に別な児童が描いた抽象画

図 13-10　小学 6 年生が描いた魚の絵（布施，1999）

はなく，生き生きと躍動感をもって泳ぐ魚が描かれたのである（図 13-10b）。また，抽象画も多数現れた。魚が針に引っかかってもがく様子を前衛的なタッチで描いた絵や（図 13-10c），「命」という文字をつないで描き，それを画面からはみ出す大きな魚が見守る絵（図 13-10d）など，バリエーションに富んだものだった。

　岡田（2013）によれば，このように劇的に変化した子どもたちの絵画表現は，図 13-11 のように説明されるかも知れない。すなわち，「行為の中の省察（筆者注：自分自身をかえりみて，その良し悪しを考えること）とは，実践の最中に何らかの驚きを伴う発見を経て，それをきっかけにして自分が暗黙に知っていたことについて振り返ることを意味している。……そして，省察によって自己の内面の発見が行われるということは，そこに学習が生起していることを意味している」（p.12）。

しかし，子どもたち
が2日目に描いた絵は，
そのような学習の過程
を超えているとも考え
られる。子どもたちは，
魚の命を五感で感じ取
り，自分が表現したい
ものをもっとも効果的
に具象化する方法を発
見したのである。この
ような布施の教育実践
は，子どもたちの鋭い

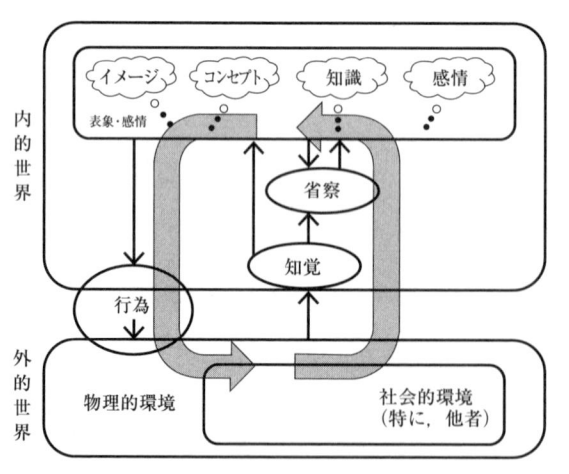

図13-11 行為と省察のサイクル（岡田, 2013）

感受性を刺激し，豊かな表現を創造することが可能であること，またそのよう
な感性の発達は，子どもたちの人格が揺さぶられるような五感を使った体験の
中にこそあることを示唆している。

▷**ブックガイド**

シーグラー，R. S. 1986 無藤 隆・日笠摩子（訳）1992 子どもの思考 誠信
書房
　知覚，記憶，言語，思考の発達を情報処理的アプローチから解説したもの。
ピアジェの理論もわかりやすく紹介されている。
コックス，M. V. 1992 子安増生（訳）1999 子どもの絵と心の発達 有斐閣
選書
　子どもの絵画的表現の発達について，多くの絵を紹介しながら解説している。
視覚的リアリズムの時期以降の教育の必要性を説いている。
梅本堯夫 1999 子どもと音楽（シリーズ人間の発達 11）東京大学出版会
　子どもの音楽的発達に関する最近の知見を，研究手法も含めてわかりやすく
紹介している。

トピックス 13

心の知能指数

　知能指数，すなわち IQ（Intelligence Quotient）とは，一般的な頭のよさや認知的能力の個人差を表すものである。IQ が高ければ学校の成績もよく，よい会社に就職もでき……と，幸せな人生を送れそうだが，実際は IQ の高い人だけが社会的に成功しているわけではないだろう。そこで注目されてきたのが**心の知能指数**である。

　心の知能指数は，心理学用語で「情動的知性（Emotional Intelligence: EI）」とよばれる。また IQ に対して「**EQ（Emotional Quotient）**」とよばれることもある。簡単に説明すると，EI とは「自分や相手の気持ち（情動）を理解したり，表現したり，コントロールしたりする能力」であり，「情動」に関する「知性，知能」である。

　EI は，1990（平成 2）年にサロベイとメイヤーという研究者が EI モデルを提案したことによって誕生した概念である（Salovey & Mayer, 1990）。IQ 検査などの一般的な知能研究が 19 世紀後半に始まって，すでに 100 年以上の歴史があるのに対し，EI は誕生してまだ 20 年程度しかたっていない，非常に新しい概念である。

　したがって EI の科学的研究は十分ではないのだが，心理学の世界以上に，EI は世間一般の人々の注目を集めてきた。それは，1995（平成 7）年にゴールマン（Goleman, 1995）が出版した "Emotional Intelligence: Why it can matter more than IQ"（『EQ ——こころの知能指数』土屋訳，1996）がベストセラーとなったことがきっかけであった。これにより，さまざまな EI 検査や EI 訓練プログラムなどが商業的に開発された。しかし繰り返しになるが，科学的根拠はまだ十分ではなく，研究の積み重ねが必要なのである。では EI 研究では，どのような課題が取り組まれているのだろうか。

　代表的な課題は，EI の測定方法である。大きく分けると，質問紙と能力テストという 2 つの方法がある。まず質問紙法とは，EI に関する質問項目（例，「あなたは，イライラすると人にあたってしまいますか？」など）に対してどの程度自分があてはまるかを回答し，それを数値化することによって，EI の個人能力を測定する方法である。質問紙法の長所は，調査を簡単に実施できることなどだが，その一方で問題点がいくつか指摘されている。たとえば，質問紙法は自己評価に基づく測定法であるが，人は EI に限らず学習能力など自分のもつ能力を正確に評価することが難しいことから（Dunning et al., 2003），EI の自己評価も同様に正確ではない可能性が考えられる。また，質問紙で測定された EI は，既存のパーソナリティ概念（たとえば，神経症的傾向）との相関が非常に高い（Fellner et al., 2007)。

　一方，能力テストは，IQ検査と同じように，EIを客観的な行動をとおして測定する方法である。たとえば，表情写真を見てそこから読み取れる感情を答えることで，他者の感情をどれだけ認知できるかを測定する。これにより，自己評価をはさまずに客観的に個人のEIを測定する。しかし能力テストでも問題点が指摘されており，その主なものとしては，EIでは明確な正答と誤答という基準を設けにくい点がある。これを解決する方法として，EIの代表的な能力テストであるMSCEITテスト（Mayer et al., 2002）は，一般的な母集団の回答との一致度にもとづいて得点化する方法を用いた。たとえばある回答者が母集団の53%が選んだ選択肢Aを回答として選んだ場合，0.53点が与えられる。もし母集団の5%しか選ばなかった選択肢Bを選んだ場合，0.05点が与えられる。すなわち，一般集団の回答とどれだけ一致しているかによって，EIの個人能力を評価する方法である。現在のところ，開発されている能力テストはこのMSCEITテストか，これを改良したものしかない。

　以上のとおり，質問紙，能力テストのいずれもEIを測定するものであるが，測定結果は一致するのだろうか。もし一致しないのであれば，それぞれ異なるEIを測定している可能性が示唆される。この点については，これまでにいくつかの研究で，測定結果の相関分析が行われている（O'Connor & Little, 2003; Warwick & Nettelbeck, 2004 ほか）。これらの研究結果をまとめると，質問紙としてEQ-i（Bar-On, 1997）を用いた場合のみ，能力テストとの間に0.2から0.3の弱い相関が見られ，それ以外の質問紙では無相関であることが明らかになった。

　以上のように，2つの測定法で評価したEIは異なる可能性が示されたが，複数ある質問紙の中でEQ-iのみ弱い相関がみられたこと，また開発されている能力テストが今のところMSCEITテストしかないことなど，測定結果の相関についてはまだ検討の余地がある。さらにもし測定結果が一致しないという結論が得られたとしても，質問紙は自己評価であるため，自分のEI能力を正確に評価できていないことを反映している可能性も考えられる。このように，EIの科学的研究はまだ十分ではないのだが，その一方で大衆の人気に応じる形で，すでに商業的にEIテストや訓練法が開発されているという現状もあり，根拠のあるEIを確立させることが重要なのである。

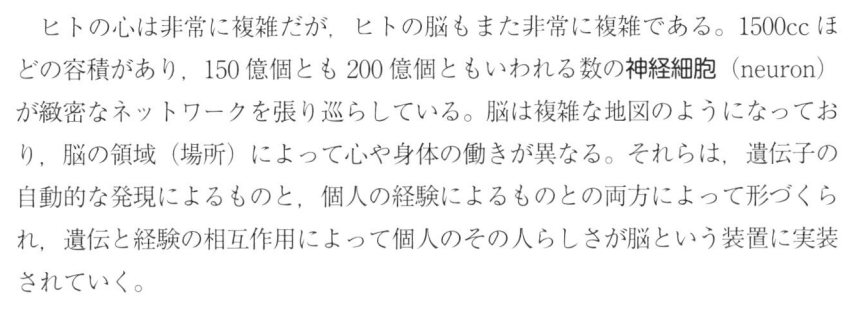

14 章
知性と感性の脳科学的基盤

　ヒトの心は非常に複雑だが，ヒトの脳もまた非常に複雑である。1500ccほどの容積があり，150億個とも200億個ともいわれる数の**神経細胞**（neuron）が緻密なネットワークを張り巡らしている。脳は複雑な地図のようになっており，脳の領域（場所）によって心や身体の働きが異なる。それらは，遺伝子の自動的な発現によるものと，個人の経験によるものとの両方によって形づくられ，遺伝と経験の相互作用によって個人のその人らしさが脳という装置に実装されていく。

　近年の脳研究の発展はめまぐるしい。**機能的磁気共鳴画像装置**（functional magnetic resonance imaging：fMRI）や**脳波**（electroencephalogram：EEG）などを用いた**脳機能画像**（functional brain imaging）研究では，知性や感性に関する個別の能力や処理に関わる脳のネットワークを明らかにしてきている。また，**神経心理学**（neuropsychology）の研究では，失認（2章参照）や失語（11章参照）の例からも分かるように，脳のある特定の領域やその領域を含むネットワークが，損傷や病変などによってさまざまな脳機能障害を生じさせ，私たちの知性や感性に影響を及ぼすことは数多く報告されている。また近年では，美や創造性などこれまで心理学の研究においてでさえ十分に考えられてこなかった問題についても脳研究は明らかにしつつある。私たちの知性と感性に脳の何が関係しているのだろうか。本章では「脳」の働きをもとに知性と感性を読み解いてみよう。

1節　脳の中での知性と感性の解離

　トイレの個室で用を足している最中に，脳血管の血圧が急に上がり脳卒中で倒れてしまうことがある。当時51歳だったトミー・マクヒュー（McHugh, T.）

もそのひとりだった。彼はその脳卒中で前頭葉と側頭葉に損傷を負ったが，同時に芸術家へと変身することにもなった（Giles, 2004 ; Lythgoe et al., 2005）。病院に運ばれ危うく一命を取り留めた彼は，退院ののち，それまで興味もなかった芸術への情熱が沸々と溢れ出すようになった。それからというものの，マクヒューの人生はそれまで興味も経験もなかった創作活動へと一気に向かい始め，絵画や彫刻作品などを次々と作り上げていくことになった（63 歳で 2012 年に死亡）。

　病後の彼は言動の抑制や気分の切り替えがきかなくなり，「抑えられない」ことが作品の量産につながっていったようだ。彼の芸術家への変身から分かるのは，芸術的創造において，表現の技術と，表現への意欲や情熱というのは別のものであるということだ。それまでの彼は，芸術表現のための訓練を受けてきたわけではなく，脳損傷がもたらしたのは，芸術的才能の変化というよりも，むしろ感性の変化としてとらえることができる。

　また，まれな例だが，後頭葉から側頭葉にかけての底側（腹側）が損傷や病変を受けることで（脳の大まかな場所については図 14-1 を参照），見ている対象が何であるかは分かるのに，その対象から生じてくるはずの感情がもてなくなる**視覚性感情欠乏症**（visual hypoemotionality）という障害がある（Bauer, 1982 ; Habib, 1986）。たとえば，病前には美しいと感じていた花が，病後には自然の一部ではなく模造品のように見えたり，雄大に見えていた風景が虚しく感じられたり，さらには異性の性的な写真を見ても何も感じないなど，現実の世界に生きているという感覚が失われてしまうようだ。それも視覚を通して得られる感情だけが失われ，視覚以外の感覚を通して得られる感性には問題はないので，音楽や会話で得られる感じ方は病前と変わらない。これは，後頭葉にある視覚皮質と感情の中枢である辺縁系とを連絡する場所が，損傷を受け切断されたために視覚情報が辺縁系に伝わらなくなったことが原因であるとさ

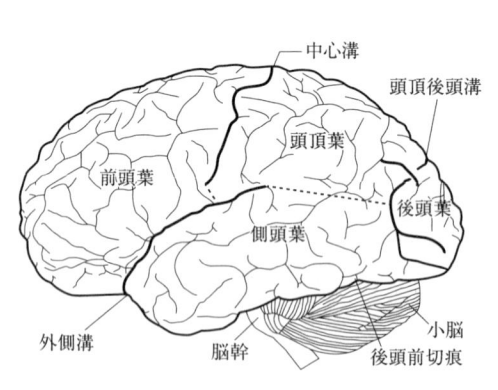

図 14-1　ヒトの脳の構造と大まかな領域

れる (Bauer, 1982)。また，脳の病気の治療のために行った側頭葉の部分切除によって，絵画や音楽，文学などの芸術的な好みが変化したという症例の報告もある (Sellal *et al.*, 2003)。

これらのように脳の中のある領域が障害を受けたり，領域間をつなぎ合わせる場所が切断されたりすることで，「分かる」のに「感じない」ことが生じる。つまり，対象が何であるかという知性に関する脳のしくみと，その対象への印象や感覚的な評価としての感性に関するしくみとが，脳の障害によって解離することがあるということである。

2節　知性の脳科学的基盤

知覚や記憶，言語など人間のさまざまな精神活動が，それぞれある程度独立して脳の特定の領域の働きにもとづいているということを，脳の**機能局在**（functional localization）という。ただし，ある特定の精神活動が脳のある領域の神経活動だけによるのではなく，いくつもの領域の複雑なネットワークが関与していることも多い。ここではガードナーの知能理論を参考に，知性と感性の脳科学的基盤について考えていこう。

1　ガードナーの多重知能理論

ガードナー（Gardner, H.）は人間の精神活動を広く多面的な枠組みからとらえることの重要性を主張して**多重知能理論**（theory of multiple intelligences）を展開し，知能を①言語的知能，②論理—数学的知能，③音楽的知能，④身体—運動的知能，⑤空間的知能，⑥対人的知能，⑦個人内

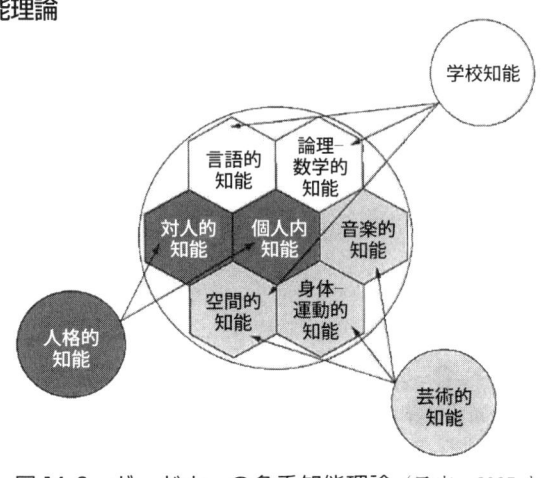

図 14-2　ガードナーの多重知能理論（子安，2005を一部改変）

知能,の7つに分類した(Gardner, 1993, 1999)。子安(2005)は,これらのうち言語的知能,論理―数学的知能,空間的知能から構成される学校知能(academic intelligence),音楽的知能,身体―運動的知能,空間的知能から構成される芸術的知能(artistic intelligence),そして対人的知能,個人内知能から構成される人格的知能(personal intelligence)の3つの領域に整理している(図14-2)。これらを本書の枠組みで言い換えれば,学校知能は知性,芸術的知能は感性に対応する。さらに人格的知能は,社会性を含めた精神活動として重要になる。本節ではこれらのいくつかを取り上げ,知性と感性に関与する脳の働きやしくみについて紹介する。

2 知性に関与する脳の働き

ガードナーの分類に含まれる言語的知能や論理―数学的知能は,一般的に私たちがとらえる知性の代表的なものであろう。

既に11章にも述べられているように,言語を支える脳のしくみは複雑である。音声や文字を認知し,文法の処理と意味の理解,さらには言語の産出へと至る一連の活動が必要である。とくに,失語症研究やfMRIなどの脳機能画像研究が明らかにしているのは,言語には産出と理解という側面があり,前者には左半球の前頭葉下後部にあるブローカー領域が,後者には左半球の側頭葉上後部にあるウェルニッケ領域の神経活動が関与しているということである(文献等については11章を参照)。それ以外にも音声認識に必要な聴覚野を含む側頭葉のネットワークや,単語を処理する紡錘状回の働き(Cohen & Dehaene,

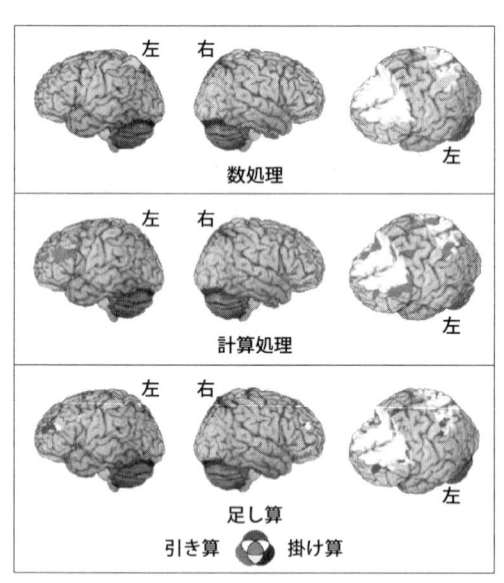

図14-3 数処理と計算処理を支える脳をもとに改変(Arsalidou & Taylor, 2011)

2004），記憶との照合に関与する海馬や側頭葉の働きなどが知られている。

　論理―数学的知能については，たとえば数処理や計算処理を脳のどのようなしくみによるのか，fMRI などを用いて調べられてきている（レビューとして，Arsalidou & Taylor, 2011 を参照）。図 14-3 にあるように，数を数えたり多い少ないを比較したりする数処理と，加減乗除といった計算処理とでは共通して働く脳領域（たとえば，左右半球の下頭頂小葉）もあれば，異なる領域も見うけられる（たとえば，背外側前頭皮質）。また，計算は左半球が優位であるとこれまで考えられてきたが，足し算や引き算では確かに左半球優位である一方，掛け算では右半球が優位となることも分かっている。

3節　感性の脳科学的基盤

1　音楽の脳科学的基盤

　音楽といっても，音楽を聴いて楽しむのと演奏するのとでは脳の使われ方が異なる（3章も参照）。ここでは音楽を聴いて感動するプロセスと，音楽を演奏することのプロセスに分けてみていく。

a　音楽に感動する脳

　音楽の脳科学的基盤の研究を世界的に牽引しているザトーレ（Zatorre, R. J.）のグループは，PET（ポジトロン断層法）などの脳機能画像を用いて，音楽に対する快不快の評価に応じて眼窩前頭皮質や海馬近傍の活動が変化し（Blood et al., 1999），音楽を聴いてゾクゾクと鳥肌が立つような快を体験する際に，側坐核や眼窩前頭皮質といった**報酬系**（reward system）や情動の身体反応に関与する島皮質などの脳領域が賦活することを示した

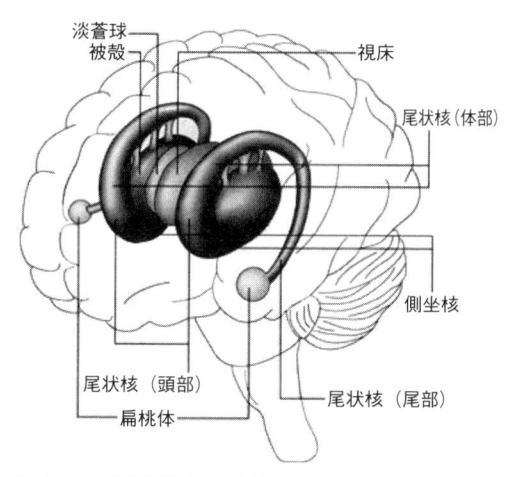

図 14-4　側坐核と尾状核を含む視床の解剖学的位置

(Blood & Zatorre, 2001)。報酬系は，報酬が得られたとき，あるいは報酬が得られると分かったとき，さらには報酬を得ようという意欲に駆られているときでさえこの脳領域の活動を高める。最近の研究では，音楽を聴いてゾクゾクすることで，脳の中央部にあり中脳の一部を占める黒質や腹側被蓋野から**ドパミン**（dopamine）が視床へと投射され，感動への予期の際には尾状核で，感動体験時には側坐核で（図14-4）と，脳の働きが時間とともに変化することも示されている（Salimpoor *et al.*, 2011）。

b　演奏する脳

　楽器を演奏するには，楽譜を読み，楽器に応じて適切な身体運動を行いながら楽器から出てくる音を維持したりコントロールしたりする必要がある。そのためには，図14-5に示されるように聴覚野を含む側頭葉や，指や手を動かしたりするのに必要な運動野や前運動野，演奏の意思に関与する前頭葉など脳のあらゆる領域が関連している（Zatorre *et al.*, 2007：図14-5）。また，言語機能の障害を失語というのに対して，音楽機能の障害を**失音楽**（amusia）といい，脳のさまざまな領域の損傷や病変に応じて失音楽になることがある（河村，2012）。ウェルニッケ領域を含む左半球の側頭葉上後部に病巣があると楽譜が読めなくなる（失読）症状がでたり，側頭葉に病巣があるとメロディの違いが分からなくなるなどの症状がでることもある。また楽器を演奏する訓練を受けてきた人はそうでない人に比べて聴覚野や前運動野の神経活動の量が多いことや（Lahav *et al.*, 2007），プロの音楽家の脳構造がアマチュアとは異なって運動野や聴覚野，小脳などが大きいことも知られている（Gaser & Schlaug, 2003）。このように，音楽には，ガードナーの知能の分類でいう音楽的知能だけでなく，頭頂葉や前頭葉後部が司っている身体

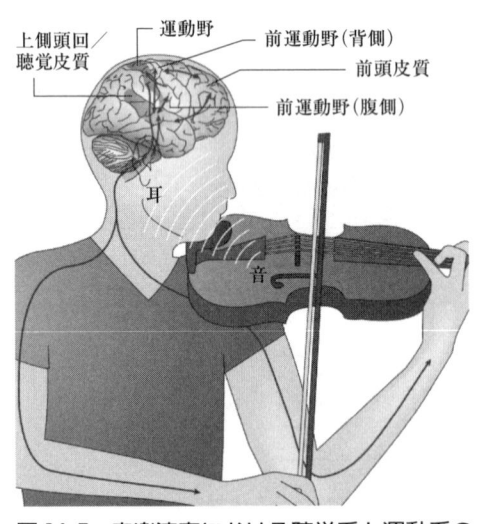

図14-5　音楽演奏における聴覚系と運動系の相互作用（Zatorre, 2007）

―運動的知能も大いに重要となっている．

2 美術表現の脳科学的基盤

ガードナーの知能の分類には音楽的知能はあげられているが，美術的知能ということばはない．それは美術が独立した能力というよりも空間的知能や身体―運動的知能，さらには個人内知能などの複合的なものとして考えられるからかもしれない．それに，プロの音楽家を志すには幼少期からの厳しい訓練が必要であろうが，プロの画家になろうとして幼少期からの訓練を受けてきた人はほとんどいないであろう．それは，ある程度，さまざまな分野での能力が育つことが美術には必要だからかもしれない．音楽においてもそうであるように美術も鑑賞することと表現することの2つの側面に分けて考えることが必要であるが，ここでは美術の表現に関する脳科学的基盤について紹介し，鑑賞に関するものは第5節で詳しく述べる．

画家のように絵を描くことに熟練した人とそうでない人とで，脳がどのように違うかを調べた研究がある．たとえば，1名の画家とアマチュアを対象として顔のデッサンをしているときの脳活動をfMRIで計測した研究では，顔の刺激画像に対して応答する紡錘状回近傍の活動は両者で変わらないのに対して，プロの画家においてのみ右半球の前頭葉が強い活動を示した（Solso, 2001）．またデザインの専門家とそうでない人とを対象にして，新しいペンのデザインのアイデアを想像してもらう課題をしているときの脳活動をfMRIで調べた研究では，専門家がデザインを作り出しているときには，右半球の前頭葉にある下前頭回の活動が高まり，一方の左半球の同じ領域の活動は抑制されることが示されている（Kowatari *et al.*, 2009）．その活動部位は，記憶や注意の持続，行為の計画などに関与するデザインにとって必要な精神活動の基盤となっている領域である．しかし，このような美術表現やデザイン，さらには創造性に関する脳研究はまだ十分に行われているわけではないので今後に期待がかかる．

4節 社会性の脳科学的基盤

ガードナーの知能の分類では社会性に必要な対人的知能と個人的知能も取り上げられており，それらは自己と他者に関する認知の能力である．私たちは他

者と関わる中で，自分の行動によって相手がどのように応じるかを予測しながら自分の行動を決める。またあらゆる場面で自分と他者とを比較する。このように社会性を発揮するには，対人的知能と個人内知能は不可欠である。対人的知能とは，他者の感情や意図を理解し，社会的関係を維持・発展させる能力であるのに対して，個人内知能は，自分自身を理解する能力である。

社会性の認知は，他者の表情や視線の知覚，身体の動きの知覚など外見から物事を判断することも重要であり，そのような**外的に焦点化された認知**（externally-focused cognition）は上側頭溝（STS）や前頭葉下後部など，大脳皮質の外側面にある脳領域の神経活動が基盤となっている（図14-6左）。このような他者の外的な認知は自動的に生じ，それが身体の関節部に配置された光点の動きである**バイオロジカル・モーション**（biological motion）の動画像や，丸や四角などの単純な図形が空間を右往左往しながら動き回る**生命感**（animacy）を感じさせるような動画像を観察していても，上側頭溝の神経活動が強くなることが知られている。

また社会性に関する能力のうち，自分の内的な状態をモニターしたり他者の気持ちを察したりする**内的に焦点化された認知**（internally-focused cognition）は，前頭葉内側部や帯状回といった大脳皮質内側面にある脳領域の神経活動が基盤となっている（図14-6右）。たとえば，自分に関する認知のうち，客観的に自分の状態を認知する**メタ認知**（metacognition）や，他者の行動の背後にある意図を理解する**心の理論**（theory of mind）も前頭葉の内側面の神経活

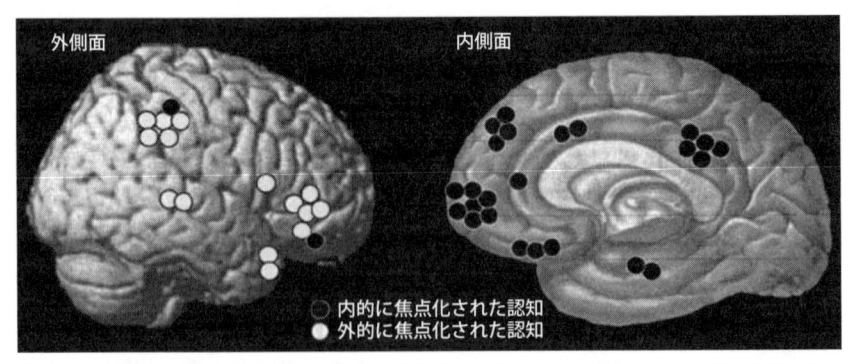

図14-6 内的に焦点化された認知，外的に焦点化された認知のそれぞれに関連する脳領域（Liberman, 2007をもとに改変）

動が基盤となっている。これらの内的に焦点化された認知には，具体的には前頭葉内側面のうち，脳梁をとりまく帯状皮質と傍帯状回，上前頭回内側面，眼窩前頭皮質内側面といった解剖学的領域が重要である。

5節　印象評価と美の脳科学的基盤

1　SD法によって得られる印象評価と脳

私たちは認識する対象についてさまざまな印象を受ける。心理学の多くの研究では，SD（semantic difference）法を用いることで，認識対象から受ける印象を形容詞対に対する反応を測定し，その対象に抱く情緒的意味の構造を明らかにしてきた（15章を参照）。それらの研究の多くで，刺激や文化の違いがあるにもかかわらず，評価性（Evaluation）因子，活動性（Activity）因子，力量性（Potency）因子の3つが安定して得られてきている（Osgood, 1960）。図14-7は，さまざまな線画刺激に対してSD法による印象評価を行った際にfMRIで得られた脳活動パタンである（Kawachi et al., 2011）。

その結果，「快い―不快な」などの評価性因子に属する形容詞対で評価を行ったときには下

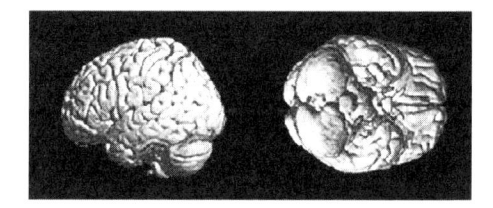

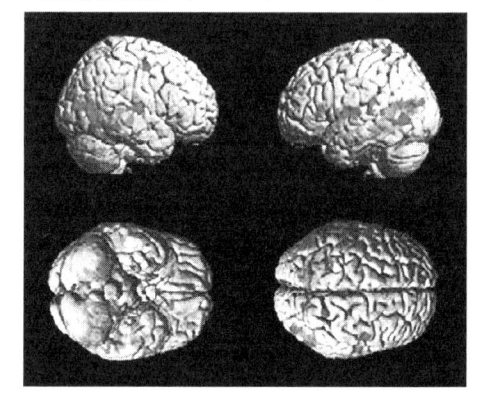

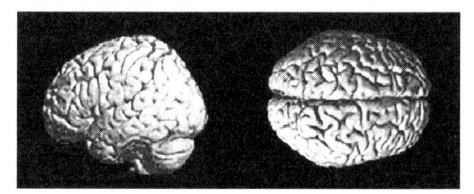

図14-7　SD法によって得られた評価性因子，活動性因子，力量性因子の印象に応じた脳活動パタン（Kawachi et al., 2011）

前頭回が,「穏やかな―興奮した」などの活動性因子に関連する印象評価では上側頭回などが,そして「滑らかな―粗い」など力量性因子での評価では上前頭回が,それぞれ活動を高めた。つまり,SD法の印象次元に応じて異なる脳活動領域の神経活動が関与していることが示されている。

2　美的判断の脳科学的基盤

美しさも認識の対象に抱く印象や経験のひとつであり,「美しい―醜い」という形容詞対は評価性因子に位置づけられる。しかし,他の印象語とは違って,美しさを巡る議論は非常に古く,美とは何か,何が美しいのかといった問題は哲学の重要な問題でもある。脳の働きから芸術や美の問題について明らかにしたり,芸術や美の表現の中に脳の働きやしくみの特徴を見いだそうとしたりする研究のことを,**神経美学**（neuroaesthetics）という。

自然や芸術作品をみて美しいと感じるとき,脳のどの領域が基盤となっているのであろうか。2000年以降,この問題について関心が集まり,2004年に3つの美に関する脳研究が報告された（図14-8）。Kawabata & Zeki（2004）は,肖像画,風景画,静物画,抽象画の画像をMRI内で観察者に見てもらい,美しい・どちらでもない・醜い,という評定判断を行っているときの脳活動をfMRIで捉えようとした。そうすると,美しさに関与する脳領域は眼窩前頭皮質内側部であり,一方,醜さに関与するのは左脳運動野であることを示した。眼窩前頭皮質内側部は,側坐核や尾状核などとともに,報酬系をなし

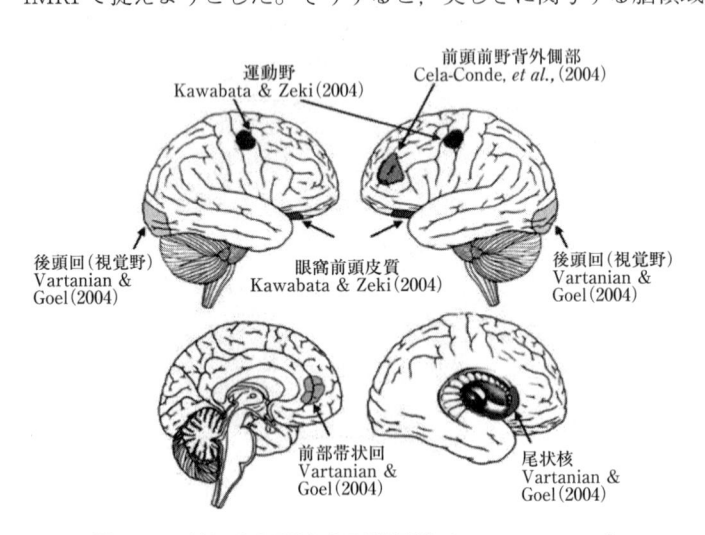

図14-8　美しさと関連する脳領域（Nadel et al., 2008）

ている。それに対して、醜いと感じるときに強く活動する左脳運動野は、体を自律的に動かすときに活動を高めるだけでなく、社会規範から逸脱した場面を観察したり、怒り顔の表情刺激を観察するときなどにも活動が高くなることが知られている。

　Kawabata & Zeki (2004) 以外にも、実験の参加者に抽象や具象の絵画をさまざまに加工して作成した画像を観察してもらい、それらに対する美的好みの度合いを五段階の評定で求めた研究がある。その研究では、好みの強さと関連して前帯状回皮質と左右両半球の後頭葉にある外後頭回とが強い活動を示し、一方で好みの評定が低くなると尾状核とよばれる場所の活動が低下することが示されている（Vartanian & Goel, 2004）。また、脳磁図（MEG）を用いて脳活動を測定した研究では、絵画や写真を観察しているときに美しいか美しくないかを回答させる実験を行い、美しいという反応のとき左半球の背外側前頭皮質（DLPC）という前頭葉にある部位が、画像が提示されて400msから1000msという時間の遅れで活動を高めることが示されている（Cela-Conde, et al., 2004）。このことは、さまざまな視覚情報処理を経て、前頭葉の部分が反応するまでの時間的流れを示している。fMRIは脳の活動部位の特定にはとても高い精度を示すものの時間についてはその精度は低いため、fMRI研究では十分に得られない知見である。背外側前頭皮質は、知覚や情動情報の意思決定に関わっていることが知られており、海馬や眼窩前頭皮質といった情動や報酬の処理に関わる脳部位からの入力を受け、対象に対する行動反応（目標に向けた行動など）の基盤となっているように、認知的な評価に関わっているとされる（Krawczyk, 2002）。また近年では、絵を見て美しいと感じるときと音楽を聴いて美しいと感じるときとで、同じ眼窩前頭皮質内側部という領域が活動を高めることも示されている（Ishizu & Zeki, 2011）。

6節　おわりに——今後の知性と感性の脳研究に向けて

　本章では、他の章で扱っていない知性と感性の内容について、その脳科学的基盤を紹介してきた。近年では、特定の心の働きに応じて変化する特定の脳の領域の解明ばかりでなく、安静時の脳の働きという私たちのデフォルトの脳活動と、さまざまな私たちの能力の関係を調べることもなされつつある。たとえ

私たちが何もせずじっと安静にしているからといって脳は休んでいるのではなく，むしろ安静であるものの一定の脳神経活動のパタンを保っている。そのような，何もしないときの脳の活動パタンを**デフォルト・モード・ネットワーク**（default mode network：DMN）とよんでいる。自閉症におけるDMN，創造性の高いひとのDMNというように，人のさまざまな個性や特性との対応づけが調べられつつある。芸術的才能などについても今後このようなアプローチは増えてくるだろう。また，人の好みが心の働き（トピックス14参照）や脳のしくみから成り立っているのかについても明らかになりつつある。今後に期待したい。

▷**ブックガイド**

川畑秀明　2012　脳は美をどう感じるか——アートの脳科学　筑摩書房（ちくま新書）
　　感性の心理学や脳科学的基盤のうち，美術に関するこれまでの研究を一般向けにまとめたもの。美や好みだけでなく，芸術の学習などについてもまとめている。

村上郁也（編）　2010　イラストレクチャー　認知神経科学——心理学と脳科学が解くこころの仕組み　オーム社
　　認知神経科学一般の教科書であり，視覚や聴覚から言語，情動などさまざまな領域に至る内容が網羅されている。脳のしくみや働きについてより深く知りたければ，ぜひ参考にしたい1冊。

ラマチャンドラン，V. S　2011　山下篤子（訳）　2013　脳のなかの天使　角川書店
　　幻肢や共感覚の研究などで知られるラマチャンドランによる一般向けの本。脳そのものについてより深い理解が得られるというよりも，知性や感性の脳研究についての考え方やアイデアが豊富にちりばめられている。

ゼキ，S.　1999　河内十郎（監訳）　2002　脳は美をいかに感じるか——ピカソやモネが見た世界　日本経済新聞社
　　視覚脳研究の世界的権威であり神経美学という研究分野を開拓した研究者が，長年にわたって解明してきた視覚の脳の働きを美術の成り立ちや表現に当てはめて論じたもの。芸術は脳の機能の延長であるという筆者の主張が濃密に表現されている。

トピックス 14

選択と選好のあいまいな関係

私たちは自分が選んだものは自分の好みにもとづいていると思っているが、実は好み（**選好**：preference）と**選択**（choice）の因果関係はそれほど明確なものではないようだ。

たとえば、**選択盲**（choice blindness）という現象がある。ヨハンソン（Johansson, P.）らは、実験参加者に2人の女性の顔写真を見せ、より魅力的だと思う方を選んでもらった。そのとき実験者は、実際に選んだ写真ともう一方の写真とを手品のしかけですり替えて参加者に渡し、どうして選んだ写真がより魅力的なのか理由を述べてもらった。すると、写真を手にした参加者は選択したときよりも間近に写真を見るのだが、自分が選んだ写真でないことに気づかないことが多く、明らかに後付けの理由でなぜ選んだかを説明することが分かった（Johansson et al., 2005）。この現象は、顔という視覚刺激においてだけでなく、味覚や嗅覚においても生じることが知られている（Hall et al., 2010）。先に選んだ際には意図した好みはあったとしても、その結果は必ずしも正確に覚えているわけではない。選択と選好の関係はあいまいであることが分かる。

また、選択行動の運動が選好の意思決定に先立つことを示す証拠も報告されている。下條信輔らは、実験参加者に対して、コンピューターの画面上に同程度の魅力度をもつ2つの顔画像を並べて提示し、参加者がどちらの顔をより魅力的であるか判断するときの視線の動きをとらえた（Shimojo et al., 2003）。その結果、どちらかひとつの顔を選ぶ1秒くらい前から、選ぶ顔の方に注視の割合が偏り始め、選択する顔に対する注視の割合が80％程度になった時点で好ましい顔を選択することが示された。選択に先だって、選択する顔画像へと視線が雪崩現象のように急激に偏るこの現象は、**視線のカスケード現象**（gaze cascade effect）と名づけられている。この現象は、自分がより好ましいと判断する方を選択する課題でしか生じない。2つの顔の中からより丸い顔を選ぶといった弁別判断や、魅力的でない方を選ばせる場合には、この視線の偏向は起こらないという。このことは好みの自覚的な判断に先立って、視線が無意識的に選ぶ方に偏るということであり、実際、視線や刺激を見る時間を操作することで好みが変化する（Simion & Shimojo, 2006）。

好みが選択することで変化するという報告は他にもある。ブレーム（Brehm, J. W.）は、実験参加者にまず事前評定としていくつもの家庭用品の魅力度をあらかじめそれぞれ評定してもらったうえで、同程度の魅力をもつ2つの品物をペアにして提示し、どちらがより好ましいかの選択課題を行わせ、さらに事後評定

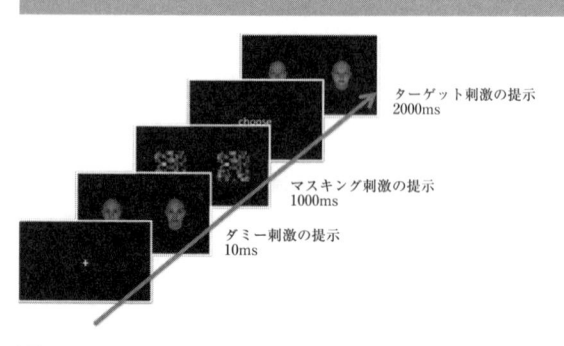

図1 Nakamura & Kawabata (2013) で用いられた選択課題の刺激提示の概略

として、それらの品物の魅力度を再びそれぞれ評定させた (Brehm, 1956)。すると、あらかじめ同程度の魅力度であっても、事後評定では選ばれた品物は事前評定よりも魅力度が高くなり、選ばれなかった品物は魅力度が低くなった。このような**選択による選好変化** (choice-induced preference change) について、中村と川畑は、顔の評定と選択によっても生じること報告している (Nakamura & Kawabata, 2013)。事前評定では男女240枚の顔画像について8段階で魅力度の評定を求めた。その後、2つの顔画像を瞬間提示し、どちらがより魅力的かを選んでもらった（図1）。ただし、実際に提示した顔画像はダミーであり、事前評定でも提示していない同じ顔を2つ並べただけであったが、10ミリ秒と瞬間提示してあるので気づかれることはなかった。そして参加者が左右の顔のどちらかを「好みにもとづくことな

く」選択した後、事前評定で同じ評定だった顔を提示し、参加者が選んだ顔としてフィードバックした。そして事後評定として顔の魅力度の評定を求めた。その結果、参加者は自分が選択したと思い込んでいる顔についてより魅力的であると事後評定を高くつけた。興味深いことに、選択課題の後、参加者が選択したのはダミーの顔画像で、その選択はすべてランダムなものであったことを伝えても、事後評定が高くなることが示されている。このようにランダムな選択であっても好みの変化をもたらす現象は、刺激が地名を指す文字刺激でも生じる (Sharot et al., 2010)。また、前向性健忘症患者でも選択による好みの変化は生じる (Lieberman et al., 2001)。

これまで、選択による選好変化は、主に認知的不協和理論 (Festinger, 1957) で説明されてきた。選択課題で提示された同程度に好ましい2つの対象の認知と、一方を選択したという事実との間に不協和状態が生じ、それを低減させるように選択した対象をより好むようになるという。

選択と好みの因果関係は極めてあいまいである。それゆえに、好みを操作することも可能だという知見が蓄積されつつある。

15章
多変量データ解析法を利用した心理測定法

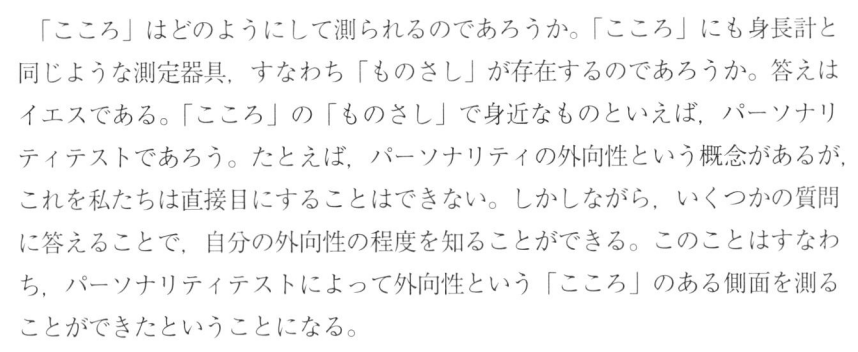

　「こころ」はどのようにして測られるのであろうか。「こころ」にも身長計と同じような測定器具，すなわち「ものさし」が存在するのであろうか。答えはイエスである。「こころ」の「ものさし」で身近なものといえば，パーソナリティテストであろう。たとえば，パーソナリティの外向性という概念があるが，これを私たちは直接目にすることはできない。しかしながら，いくつかの質問に答えることで，自分の外向性の程度を知ることができる。このことはすなわち，パーソナリティテストによって外向性という「こころ」のある側面を測ることができたということになる。

　単に質問に答えることだけで，「こころ」を測ってしまうことに対して疑問をもつかもしれない。もちろん「こころ」を測ることは容易なことではなく，そのためにさまざまな工夫がなされている。心理学では心理的現象という複雑な現象を扱うために，多くの事象や要因に関して多くの変数を用いた多元的な測定を行っており，そこで得られたデータから興味深い知見を得ようとしている。そのために必要な道具が，**多変量データ解析法**（multivariate data analysis）である。そこで，本章では，認知心理学で利用価値のある多変量データ解析法について，その利用方法を中心に解説を行うことにする。

1節　イメージを測定する── SD法と因子分析

1　SD法

　見知らぬ人の顔写真をみてあなたはその人物に対してどのような印象をもつであろうか。神経質な人とか，あるいは明るい人などと判断するかもしれない。このように顔という限られた情報から，人間がいかにしてその人物の全体的なパーソナリティを推論しているのかについて研究を行うためには，まず，顔写

真から受けたその人物に対する印象を具体的に測定する必要がある。そのために利用される方法が，この節で紹介する**セマンティック・ディファレンシャル**（semantic differential）**法**（以下，**SD法**）である。

もともと，このSD法は，言語の意味を測定する方法としてオズグッド（Osgood, 1952）が開発した方法であり，いわゆる辞書的意味を測定するのではなく，個人がいだく情緒的意味（affective meaning）を扱っていた。たとえば，「森」ということば（文字）が与えられたとき，人は過去のさまざまな経験をもとに，そのことばから静かさや美しさなどを感じることがある。このことが情緒的意味であり，形容語に対する反応をもとに情緒的意味を測定するのがSD法である。現在では，刺激として色，音，画像なども扱い，SD法はイメージを測定するための道具として利用されている。

表15-1 SD法を利用する際の注意点

項目	内容
(1)刺激の選択	●評定の個人差が大きくなるようにさまざまな意味で変化をもった多様な刺激を選び出す。 ●刺激の数は，多い方が望ましいが，参加者の集中力が低下しない程度にする。
(2)形容語対の選択	●同様な刺激を用いた過去の類似した研究を参考に形容語対を選ぶ。井上・小林（1985），長野（1995）を参考に。 ●予備実験で，刺激を与えられたときに参加者が思い浮かべた形容語を自由に記述してもらい，出現頻度の高い形容語をもとに互いに反対の意味をもつ形容語対を作成する。 ●形容語対の数は，想定している因子の数をもとに決める。1因子あたり10個程度あると信頼性の面で理想的であるが，参加者の評定に対する負担も考慮すると3〜4個以上あることが望ましい。 ●形容語対の選択に関する詳細な基準は，大山（2005）を参考に。
(3)データの分析	●各評定に，7段階尺度の場合，もっとも左側の「非常に」への反応に対して得点1を，逆に右側の「非常に」への反応に対しては得点7を与える。得点化の際には，ポジティブ内容をもつ形容語が左に配置されている場合は得点を逆転させる方が，解釈の際，都合がよい。 ●因子分析を利用してイメージを規定している因子を探る。一般的に，**評価**（evaluation），**力量性**（potency），**活動性**（activity）の3因子が抽出されることが多いが，刺激や形容語対により，抽出される因子が異なる場合がある。 ●各刺激の因子得点（尺度得点を用いる場合もある）を計算し，プロフィール表示することで，刺激の特徴を把握することができる。

SD法は認知心理学の研究でも比較的よく用いられるが，利用する際に注意しなければならない点がある。そこで，それらを表15-1に整理しておいた。また，表15-1に記載されていない調査用紙の作成や調査の実施に関する注意点については大山（2005），岡本（2006）を参考にしてほしい。

2 因子分析

SD法の分析法としても利用される**因子分析**（factor analysis）は，他にも心理学の多くの分野で利用されている統計的手法のひとつである。もともと，因子分析は，スピアマン（Spearman, 1904）が知能の構造を明らかにするために開発したものであるが，現在では，生物学，医学といった自然科学の学問領域でも利用されている。心理学では，心理的現象を説明するために知能，性格（パーソナリティ）などといった直接観測することができない**構成概念**（construct）を導入するが，この構成概念を実際に観測される多数の変数間の相関関係から見出そうとするのが因子分析という手法である。

因子分析には，現在，さまざまなモデルが存在するが，先のSD法でよく利用されているモデルが**探索的因子分析**（exploratory factor analysis）である。図15-1は，この探索的因子分析のモデルを2因子を例として表現したもので

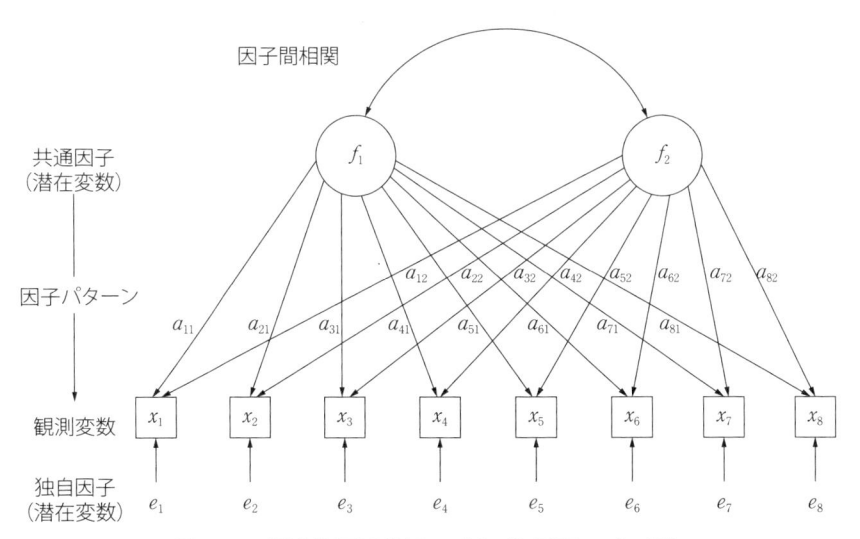

図15-1 探索的因子分析モデル（2因子のパス図）

ある。f_1, f_2 は**共通因子**（common factor）を表し，x_1, x_2, ……, x_8 で示されたすべての観測変数（observed variable）に対して共通に影響を与える。また，この共通因子は直接観測することができない**潜在変数**（latent variable）である。因子分析は，多数の変数間の情報を集約することを目的としているため，共通因子の数は，観測変数の数より少なく設定される。e_1, e_2, ……, e_8 は**独自因子**（unique factor）を表し，対応する観測変数に固有に影響を与える潜在変数である。

共通因子間に示された曲線状の矢印は因子間相関を表し，因子間相関がない場合を**直交因子モデル**，ある場合を**斜交因子モデル**とよぶ。各共通因子から観測変数への矢印にかかる係数（たとえば a_{11}）は**因子パターン**（factor pattern），または**因子負荷量**（factor loading）とよばれる。したがって，この因子パターンの値の大きさをみれば，潜在変数である因子が観測変数に対してどの程度影響を与えているのかを知ることができる。実際の計算では，因子の抽出で仮の値を求め，回転によって解釈しやすい値を求める。心理学では，構成概念

表 15-2　因子分析を利用する際の注意点

項目	内容
(1)データ	●通常，データ数は，変数の数の 5～10 倍は必要である。
(2)因子の抽出法	●最尤法または重みなし最小 2 乗法を指定する。
(3)因子の数	●「1 以上の値をとる**固有値の数**」と「固有値の変化をもとにした**スクリー基準**」がある。また，「**並行分析**」とよばれる方法もある。 ●上記の基準とともに因子の解釈可能性も考慮される。
(4)因子の回転法	●**直交回転**では，**バリマックス回転**が一般的であるが，データによっては，他の回転法（**コーティマックス**や**エカマックス**など）の方が単純構造を示すこともある。 ●**斜交回転**は因子間に相関を仮定するため現実問題に適合したモデルである。斜交回転ならば，**プロマックス回転**がよい。もし仮説構造を指定できるならば**プロクラステス回転**を用いる。
(5)その他	●1 回目の分析ですべての因子で因子パターンの値が低い（たとえば 0.4 未満，ただしこの基準は絶対的なものではない）変数や複数の因子に対して値が高い（たとえば 0.4 以上）変数を削除し，**単純構造**がみられるまで分析を繰り返す。 ●因子を構成する変数の数は，少なくとも 4 つ以上は必要である。また，クロンバックの**アルファ係数**（信頼性係数）が少なくとも 0.7 以上，できれば 0.8 以上であることが望ましい。

を測定するため，各因子ごとに因子パターンの値が大きい観測変数を利用して**信頼性**（reliability）の高い心理尺度を作成するのが一般的な手続きである。因子分析に関しては，松尾・中村（2002）に詳しい説明があるので，興味のある方は参照してほしい。

実際に因子分析を行う場合は，ソフトウェアを利用すればよいが，適切な分析を行うには注意しなければいけない点がある。そこで，表 15-2 に因子分析を利用する際の注意点を整理しておいたので参考にしてほしい。

3　SD 法の応用例——対人認知

心理学実験の授業で行われた実習の一部を SD 法の応用例として紹介する。内容は，この節の最初に示した，顔から受けるパーソナリティ印象についてである。まず，参加者が出会ったことのない 20 代の人物の写真を 10 枚作成した。次に，対人認知の研究でよく利用される形容語対を参考にして，20 の形容語対を選び，図 15-2 に示されたような 7 段階の評定用紙を作成した。

参加者に対して刺激を 1 枚ずつランダムに呈示し，それぞれの人物についてあまり考えすぎずに，直感的に思ったままを答えることを教示して評定用紙に記入させた。参加者は，大学生 36 名である。

SD 法で得られるデータは，図 15-3 の左に示すように 3 次元構造となっているが，3 次元のままでは因子分析を適用することはできないので，図 15-3 の右のような 2 次元のデータ構造に変換して因子分析（重みなし最小 2 乗法，**バリマックス回転**）を行った。因子数は因子数と固有値の変化をもとに 3 とし，さらに**単純構造**（simple structure：基本的に各変数の因子パターンの値が，それぞれ特定の因子についてのみ大きな値をとり，それ以外の因子については可能な限り 0 に近くなるような構造）になるように形容語対の選択を行い，最終的に 12 の形容語対を選択した。表 15-3 に回転後の因子パターン行列を示した。ちなみに表の中の共通性は，共通因子によって説明される分散の割合を表している。

その結果，因子 1 は「信頼できる―信頼できない」「分別のある―無分別な」「真面目な―不真面目な」「責任感のある―無責任な」といった形容語対の因子 1 におけるパターンの値が比較的高い（0.4 以上）ことから，信頼性や誠実性といった意味を含む「社会的望ましさ」を表すものと考えられる。同様にして，

因子2は，親和性や明朗性といった意味を含む「個人的親しみやすさ」，因子3は，「重厚さ」を表すと考えられる。オズグッドら（Osgood et al., 1957）の意味次元との関連性をみると，因子1が**評価的因子**に対応し，因子2が評価的因子と**活動性因子**を混ぜたような形態をとり，因子3が**力量性**に対応している。

信頼性係数（reliability coefficient）については，α 係数がすべての因子において 0.7 以上の値をとっており，因子を構成している形容語対の数が少ないのにもかかわらず，信頼性の高い尺度を構成できたと考えられる。

被験者番号（　　　　　　　）　刺激番号（　　　　　　　）

		非常に	かなり	やや	どちらでもない	やや	かなり	非常に	
1.	疲れた								元気な
2.	不真面目な								真面目な
3.	消極的な								積極的な
4.	卑屈な								堂々とした
5.	ユーモアのない								ユーモアのある
6.	無分別な								分別のある
7.	信頼できない								信頼できる
8.	弱い								強い
9.	不親切な								親切な
10.	無口な								おしゃべりな
11.	強情な								素直な
12.	無責任な								責任感のある
13.	せっかちな								のんびりした
14.	わがままな								おもいやりのある
15.	鈍感な								敏感な
16.	女性的な								男性的な
17.	地味な								派手な
18.	薄い								濃い
19.	近づきがたい								人懐っこい
20.	感じの悪い								感じの良い

図15-2　応用例で利用されたSD法の評定用紙

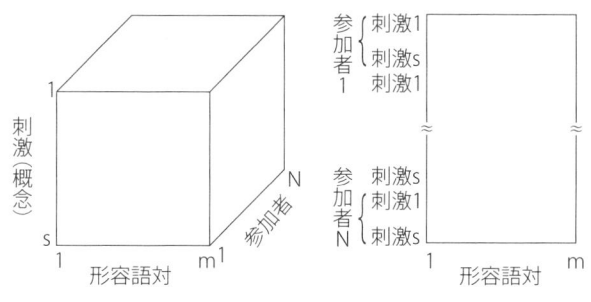

図 15-3　SD 法のデータ構造

表 15-3　印象評定データの因子分析の結果：因子パターン行列

形容語対番号	因子 1	因子 2	因子 3	共通性	α 係数
7	.869	.032	.043	.564	
6	.818	− .063	− .153	.495	.835
2	.673	− .140	− .149	.530	
12	.659	− .102	.227	.530	
10	− .229	.792	.052	.697	
19	.071	.728	− .124	.758	.820
1	− .099	.703	.246	.677	
5	− .062	.693	.214	.683	
8	.056	.051	.819	.497	
4	− .041	.268	.676	.379	.771
18	− .132	.141	.610	.409	
16	.055	− .065	.609	.551	
因子寄与	2.409	2.265	2.095		

2節　データに潜む構造を視覚的に表現する──多次元尺度法

1　非類似性データ

　私たちが日常的に利用している「愛情」「安心」「不安」「恐ろしさ」といった情動を表す語が心理的な空間の中で互いにどのような位置関係にあるのかに

ついて考えたことがあるであろうか。実は，それらを明らかにすることで，情動というものが心理的にどのような構造をもっているかを明らかにすることができる。そのために必要なデータが**非類似性データ**（dissimilarity data）である。

知覚や認知の実験において参加者に2つの刺激の類似性判断を求めることがある。これは，異なる2つの刺激が似ているとする情報からヒトの知覚や認知過程のメカニズムを明らかにしようとするためである。したがって，心理学においては，**類似性**（similarity）という概念は，重要な意味をもつことになる（**非類似性**dissimilarityは類似性の逆を表す）。

非類似性データの特徴としては，参加者に非類似性判断を求める際に判断基準を指定しない点にある。したがって，研究者としては非類似性を規定する属性をあらかじめ指定する必要がないということになる。先のSD法の場合は，形容語対を用意することからわかるように，研究者があらかじめ属性を絞りこんでいることになる。したがって，SD法では，とりあげる属性によって結果が異なったり，とりあげなかった属性に関する知見を得ることができない。それに対して非類似性データの場合，判断基準を参加者に押しつけないため，より自然なデータが得られることになる。また，非類似性データは社会的望ましさ（social desirability）など評価的傾向から生じるバイアスがかかりにくいと考えられている。

この非類似性データを収集する方法としては，評定尺度法，対比較法，順位法，分類，パターンの類似性などがある。各方法の手続きについては，高根（1980）を参考にしてほしい。

2 多次元尺度法

多次元尺度法（multidimensional scaling：MDS）は，非類似性データを扱えることから，現在でも知覚研究を中心に利用されている多変量データ解析法のひとつである。この方法は，トーガソン（Torgerson, 1958）が刺激間の距離から刺激を多次元空間に配置するために開発したのが始まりである。因子分析と同様，もともと心理学の方法として発展したが，現在では，多変量データ解析の手法として，心理学に限らず多くの分野で利用されている。

多次元尺度法は，都市間の距離と地図の関係を理解すれば，手法の目的を簡

表 15-4 日本 9 都市間の距離

都市名	札幌	仙台	新潟	東京	名古屋	大阪	広島	福岡	鹿児島
札幌	0	520	580	830	970	1050	1230	1420	1590
仙台	520	0	160	330	530	640	890	1100	1200
新潟	580	160	0	250	370	480	710	940	1050
東京	830	330	250	0	280	410	680	890	970
名古屋	970	530	370	280	0	140	420	620	710
大阪	1050	640	480	410	140	0	280	480	570
広島	1230	890	710	680	420	280	0	210	360
福岡	1420	1100	940	890	620	480	210	0	220
鹿児島	1590	1200	1050	970	710	570	360	220	0

単に理解することができる。表 15-4 に日本の 9 つの都市間の距離が示されている。このような都市間の距離情報をもとに，図 15-4 にあるような地図を再現するのが多次元尺度法の目的である。したがって多次元尺度法は，刺激間の非類似性データから，非類似性が高い刺激どうしは遠くに位置づけ，非類似性が低い刺激どうしは近くに位置づけるといった手続きで刺激を多次元空間に配置することにより，

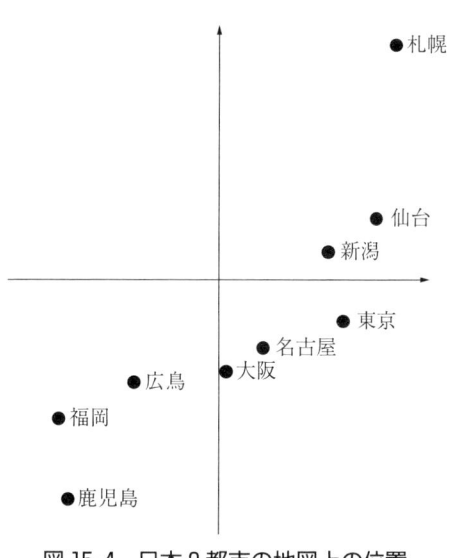

図 15-4 日本 9 都市の地図上の位置

刺激間の関係について直観的な理解を助ける情報を提供してくれる道具であるといえる。

このように，多次元尺度法は，その目的そのものは単純で理解しやすいが，その目的を達成するための理論や計算法は大変複雑なものである。しかしながら，因子分析と同様に，この手法を利用するにあたっては，基本的な概念を理解しておく必要がある。

多次元尺度法では，刺激を多次元空間に配置するために，モデルとして 2 つ

の刺激間の距離（通常，地図にものさしをあてて測ることのできるユークリッド距離が利用される）を考え，このモデルとしての距離と非類似性データが一致するような布置（座標値あるいは空間配置）を求める。その際，非類似性と距離との間に仮定する対応関係によって大きく2つの方法が存在する。

1つが，この対応関係に線型変換の関係を仮定する**計量的多次元尺度法**（metric MDS）であり，もう1つが，対応関係に単調変換の関係を仮定する**非計量的多次元尺度法**（nonmetric MDS）である。通常，心理学のデータの場合，非計量的方法を用いればよいが，データが比尺度あるいは間隔尺度であると確信できる場合は，計量的方法を使う方がよい。

多次元尺度法の理論については，クラスカルとウイッシュ（Kruskal &

表15-5 多次元尺度法を利用する際の注意点

項目	内容
(1)刺激の数	●次元数の4倍を超える数が必要である。 ●2次元ならば刺激数は9以上，3次元ならば刺激数は13以上。
(2)適合度	●非計量的方法の場合，適合度の指標は通常，距離とディスパリティ（距離に誤差を加えたもの）の残差にもとづいた**ストレス1**が用いられ，値が小さいほどデータとモデルのあてはまりがよい。ただし，極端に小さい場合は，解が退化していないかを調べる必要がある。 ●プログラムでも，方法でも有名な**ALSCAL**では，2乗距離と2乗ディスパリティの残差にもとづくS-ストレスが用いられる。 ●非計量的方法の場合，適合度の指標以外にも，ディスパリティと距離の散布図が直線関係を示しているかも調べる必要がある。
(3)次元数の決め方	●次元数とストレス1の値をプロットし，ストレス1の値が次元数を増やすことで急激に低下する付近の解を次元数とする。また十分小さいと考えるストレス1の値は，ひとつの目安としては0.1ぐらいを考えればよい。 ●多次元尺度法の目的は情報の集約であるため，最小の次元であることが望ましい。布置の利用しやすさを考えると2～4次元解の中から最適な次元を見つけるのがよい。 ●因子分析と同様に，得られた次元解の布置の解釈が可能であるかどうかも重要である。
(4)結果の解釈	●得られた座標軸は回転可能であり，新たに次元解釈のための軸を刺激のもつ属性情報より重回帰分析によって求めてもよい。詳細は高根（1980）を参考に。 ●座標軸にもとづいた解釈ではなく，布置上で互いに近く位置づけられた刺激どうし（刺激の近接関係）の共通属性から結果を解釈する方法もある。

Wish, 1978）や高根（1980）に詳しく示されているので興味のある人は参照してほしい。多次元尺度法の基本概念は以上であるが，実際にこの手法を利用するにあたってはいくつか注意しなければならない点がある。表15-5に多次元尺度法を利用するにあたっての注意点を整理しておいたので参考にしてほしい。

3 多次元尺度法の応用例——情動カテゴリー

情動カテゴリーを扱った研究である齊藤（1999）から，情動語を刺激として多次元尺度法を適用した例を紹介する。まず，基本情動カテゴリーに含まれる情動語20語から2つを対にして参加者（167名）に呈示し，非類似性判断を求めた。非類似性判断は，2つの情動語が「似ているか」「似ていないか」の2件である。非類似性判断は，20の情動語のすべての組み合わせ（190対）について行われた。非類似性データは，上記の各対の非類似性判断から似ていないと判断した人数を非類似性の測度とした。非類似性の測度としては，人数ではなく，似ていないと判断した人数の割合でもかまわない。

上記のデータを多次元尺度法に適用した結果，次元数とストレスの変化や2次元解におけるストレス値が0.14であったことから，十分に小さい値ではないが次元の解釈を考慮し，2次元解を採択した。また，距離とディスパリティとの関係もほぼ直線的であることからモデルとデータが適合していると判断した。図15-5に2次元解の情動語の空間配置を示しておいた。その結果，次元1は，「満足」「安心」と「不機嫌」「恐

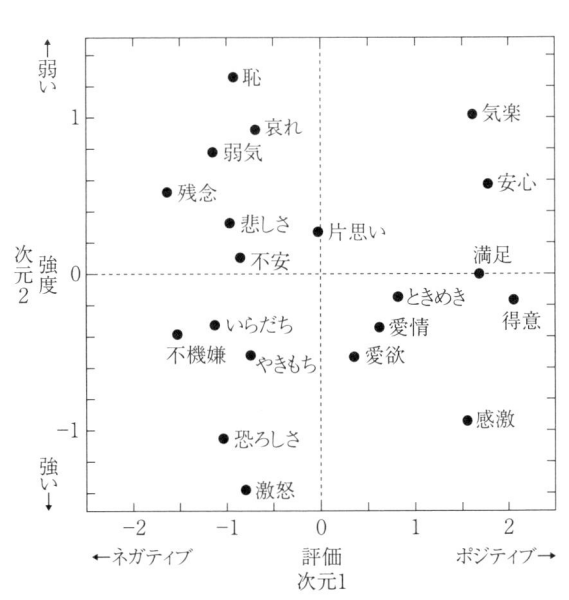

図15-5 MDSを適用して得られた情動語の空間配置（2次元解）

ろしさ」が対極に位置していることから「評価」の次元であると考えられ，次元2は，「激怒」と「哀れ」が対極に位置していることから「強度」の次元であると考えられる。この結果は，基本情動を扱った多くの先行研究と一致した結果となっている（トピックス9参照）。

応用例に関しては，以上のような結果が得られたが，一般的に多次元尺度法によって得られた布置については，回転に関する不定性が存在することから，求められた次元をそのまま解釈する必要はない。したがって，上記の結果についても，各次元をやや傾けた新たな軸を設定した方が，説得力のある解釈が可能となるかもしれない。このように，刺激のもつ属性情報から，新たな解釈のための軸を設定する方法としてベクトルモデルがある。具体的な手続きは高根（1980）を，応用例は犬飼ら（1977）を参照してほしい。

3節　今話題の多変量データ解析法とは

この章ではまず，SD法で利用する多変量データ解析法として探索的因子分析を紹介したが，SD法で得られるような3次元データの場合，そのデータ構造を生かした解析方法が提案されている。ひとつが，**3相因子分析**（three mode factor analysis, parallel factor analysis；相とは，分析したい興味の直接的な対象となる集合のこと）である。すなわち，参加者×刺激×形容語対といったデータ構造のまま因子分析を行う方法である。ただし，SD法のデータがいつも3相因子分析のモデルに適合するとは限らず，また結果の解釈も難しいので，利用には注意が必要である。その他，3相データを生かしたSD法の解析法として土屋（1996）の方法も魅力的である。

本章で紹介した因子分析に関連し，心理学や社会学を中心に多くの変数間の因果関係を分析する手法として利用されている多変量データ解析法として，**共分散構造分析**（convariance structure analysis）あるいは**構造方程式モデリング**（structural equation modeling）とよばれる手法がある。また，計量心理学の分野において共分散構造分析とともに活発に研究が行われている手法として**項目反応理論**（item response theory）がある。これは，テストの各項目に正答する確率を潜在変数である参加者（受検者）の能力の関数として表し，困難度や識別力といった各項目の特徴を表す指標を求める方法である。認知心理

学において項目反応理論を利用した研究については中村・光藤（2011）にまとめられている。

　2節で紹介した多次元尺度法については，その他のモデルとして，個人ごとあるいはグループごとに刺激間の非類似度データがある場合，個人差を各次元への重みとして表現する個人差多次元尺度法がある。また，データが刺激×変数といった構造をもつ場合，刺激と変数を多次元空間に位置づける**多次元展開法**（multidimensional unfolding）といった方法もある。その他，**最尤推定法**（さいゆう）を利用した最尤多次元尺度法や非対称な非類似性データを扱う**非対称多次元尺度法**もある。

　このように，因子分析も，多次元尺度法も，新たなモデルが数多く提案されているので，定番通りの解析法に加え，自分のデータにあった解析方法がないかを検討してほしい。もし，既存の方法では満足できないのであれば，自分で新しい方法を提案すればよい。認知心理学では新しい研究テーマが続々と登場するにもかかわらず，そこで用いられる方法は意外と古典的である。これはある意味で認知心理学研究が発展段階であるといってよく，新たな研究法の開発によって斬新な研究が数多く出現する可能性がある。これからの認知心理学研究の発展のためには，統計的な手法を含めて，新たな研究法の開発が望まれるところである。

▷ブックガイド

岩下豊彦　1983　SD法によるイメージの測定　川島書店
　　SD法に関するオズグッドの考え方やSD法を利用したさまざまな研究領域での応用例を紹介している。
神宮英夫　1996　印象測定の心理学　川島書店
　　官能検査で用いられている技法を利用して印象を測定する方法について数多くの応用例をもとに解説を行っている。
飯田健夫・柳島孝章・山崎起助・羽根　義・渋谷惇夫　1995　感じる――こころを科学する　オーム社
　　自動車・家電・居住空間・衣服に関するSD法を利用した感性工学的研究を具体的に紹介している。
小塩真司・西口利文　2007　質問紙調査の手順　ナカニシヤ出版
　　卒業研究などで質問紙法を利用するにあたって必要な理論や技法について具体的な例も示しながらていねいに解説を行っている。

繁桝算男・柳井晴夫・森　敏明　2008　Q & A で知る統計データ解析［第2版］
　──　DOs and DON'Ts　サイエンス社
　　統計的手法を利用するにあたって，従来の統計学の本では明確に述べられていなかった問題点や疑問点に関してていねいに解説を行っている。
足立浩平　2006　多変量データ解析法　ナカニシヤ出版
　　心理学で利用されている多変量データ解析法について数式を最小限にし，図表を多く活用することで理論を分かりやすく解説している。

トピックス 15

ファジィ集合とラフ集合

ハーシュとカラマッツァ（Hersh & Caramazza, 1976）は，論文の冒頭で5歳の息子と母親の次のような会話を記している。息子が母親に，テーブルのお菓子箱からゼリービーンズをいくつか（some）取って食べてもよいか，と聞く。母親は少し（a few）ならよいと答え，息子はまさにそうする。"いくつか（some）" も "少し（a few）" も何個を意味するという厳密な定義がなく，あいまいな表現であるにもかかわらず，意思の伝達が円滑に行われている。

このように，人間は多くの日常的場面で，あいまいな情報をあいまいなまま理解，処理しているのにもかかわらず，そのためにかえって，状況に応じた柔軟で適応的な行動を可能にしている。このような人間のあいまいさを定式化した理論がザデー（Zadeh, 1965）の**ファジィ集合理論**（fuzzy set theory）である。ファジィ集合は，従来扱われてきた**クリスプ集合**（crisp set）とは異なり，ある対象 x が特定の集合 A に属するか属さないかに2分されるのではなく，さまざまな程度（メンバーシップ度といい，$\mu_A(x)$ と表し，[0, 1] の値を取る）で属することを仮定している。ファジィ集合理論は，その後，ファジィ論理，ファジィ推論，ファジィ測度などを包括して**ファジィ理論**（fuzzy theory）として体系づけられていく。その後，ザデー（Zadeh, 1995）は，人間（生物）が生命の営みで行っているような，厳密ではないが，柔軟で適応的な情報処理を目指して，それらを実現する手法の総称を**ソフトコンピューティング**（soft computing）とよび，従来の正確性，厳密性を追求してきた手法（**ハードコンピューティング**：hard computing とよんでいる）と区別した。ソフトコンピューティングの主要な要素技術は，ファジィ理論，ニューラルネットワーク，遺伝的アルゴリズムなどである。

ファジィ集合は，同時期に心理学においても，概念の事例にはその概念に典型的な事例であるプロトタイプから，その概念に含まれるか含まれないかはっきりしない周辺的事例まで，典型性の程度に違いがあることを主張したロッシュ（Rosch, 1973, 1975）の**プロトタイプ理論**が注目されたこともあり，知覚，言語・概念，意思決定などに応用されて多くの研究がなされた（山下，1992a, 1992b, 1994）。

ファジィ理論の普及と実用化を可能にしたのは，ファジィ推論の発展によるところが大きい。推論とは一般に，いま知られているいくつかの事実から何らかの新しい事実を見出すことをいう。最も代表的な推論である三段論法の例として，

規則：人間は死ぬ

事実：ソクラテスは人間である

結論：ソクラテスは死ぬ

というのがある。規則の部分を形式的に書き直すと，「A（x は人間である）ならば，B（x は死ぬ）」（A を前件部，B を後件部という）となるので，条件文"A ならば B である"を $A \Rightarrow B$ と表すと，推論は以下のように形式化される。

規則：$A \Rightarrow B$
事実：A
結論：B

すなわち，一般に推論は，規則の前件部と入力された事実が一致しているかどうかによって，結論を得るものである。

ところが，私たちが日常的に行っている推論の多くは，

規則：疲れているなら，
　　　睡眠をとればよい
事実：彼は非常に疲れている
結論：彼は十分な睡眠をとる必要が
　　　ある

のように，事実は状況に応じて多様に変化し，規則の前件部 A と完全に一致することはむしろまれである。すなわち，

規則：$A \Rightarrow B$
事実：A'
結論：B'

のような推論をごく普通に行っているのである。前件部が微妙に異なるすべての規則を，人間が知識として記憶しているとは考えにくい。むしろ，人間は規則の前件部と新たに得られた事実との間の一致や微妙なズレをとらえて，後件部を絶妙に修正して結論を得ていると考える方が自然であろう。

このような日常的な推論をモデル化するのにファジィ推論が用いられる。ファジィ推論では，A，A'，B，B' をファジィ集合で表し，規則の前件部 A と入力された事実 A' がどれくらい一致しているかを，ファジィ集合 A と A' の一致度によって表し，その一致度によって規則の後件部 B を修正して結論とする。ファジィ推論は人間の認知過程，とくに意思決定過程をモデル化したり，考察するのに有効である（山下，1997）。

あいまいな集合を定式化する理論として，ファジィ集合以外に，パヴラック（Pawlak, 1982, 1991）による**ラフ集合**（rough set）がある。ラフ集合では，属性の組み合わせで集合を表し，ある集合を識別するための属性の最小の組み合わせを抽出する。たとえば，集団の中から特定の男性を見つけたいとき，その集団の中で男性が彼ひとりだけで他はすべて女性だとしたら，「男性」という属性だけあればよい。あるいは，「背が高い」人が彼以外にいなければ「背が高い」という属性だけでもよい。「眼鏡をかけている」，……などという属性はまったく必要がない。男性が複数人いて，目的の男性だけが「眼鏡をかけていて」，「背が高い」ときには，「男性」かつ「眼鏡をかけている」，あるいは「男性」かつ「背が高い」というどちらかの属性組み合わせがあればよい。このように，ラフ集合は，近似と推論に重みを置いた集合理論であり，人間の認知モデルとしても有効である（山下，2013）。

16 章
ヒューマンエラーとヒューマンインタフェース

　私たちは日常の生活の中でエラーはよく起こす。ただ，日常的にはそのエラーが大きな問題を引き起こすことは多くない。間違ってもやり直せばよかったり，被害自体も小さかったりする。しかし，医療の場合などは薬を間違えたり患者を間違えたりすると，重大な事故につながるケースが少なくない。なぜ，人間はエラーをしてしまうのだろうか。人間の認知的過程を探ることによって，そのメカニズムが明らかになるのだろうか。
　ここで考えておかなければならないことは，事故の発生は人間側の問題だけではなく，人間が利用するモノ，機器やシステムの方に問題があることが少なくないということである。たとえば，よく似た名称の薬があると，薬を間違えて投薬してしまうことも考えられる。操作がわかりにくい輸液ポンプであったから流量設定の操作を間違えたのかもしれない。名称がまったく異なっていれば，あるいは，操作性のよいポンプであれば，人間はエラーをしないですんだかもしれない。医療事故のケースの多くは，それを使った医療従事者の問題よりも，モノや機器のほうの問題であることが多い。
　このような問題は，私たちが日常的に利用している機器においても，同様に存在する。使い方がわからないとか，間違った操作をしてしまうというようなことは，人間の問題ではなく，人と機械とのインタフェースがうまくいっていないせいである。ヒューマンエラーの背景には，操作エラーをしやすいシステムであったなどのインタフェースの問題であることが多い。

1節　認知心理学からみたヒューマンエラー

　ヒューマンエラー（human error）は，一般には「期待を逸脱した人間の誤った行為」であると考えられる。誤った行為が生じてしまうのは，錯誤が生じ

てしまう場合やスキルや知識が不十分であった場合が考えられる。たとえばボタンを押し間違えてしまうエラーは錯誤により生じる。医師が誤って診断をしてしまうエラーは，スキルや知識が不十分であったことによることもある。ただし，それらが期待を逸脱したものであるかどうかは別問題である。ボタンを押し間違う錯誤が生じたのは，2つのボタンの識別が困難であったためかもしれない。また，十分に知識やスキルのある専門医であれば正しい診断を下せたかもしれないが，専門の異なる当直医が正しい診断を下すのには情報が十分でなかったということもありえる。そうであるとそれらの誤った行為は期待を逸脱していないと考えられ，ヒューマンエラーとは考えられない。しかし，識別が困難であったとか，情報が十分でなかったという判断は人によって異なるため，同じ事象であっても人によってヒューマンエラーであると考えるかどうかが異なってくる。

　ここで大事なのは，ヒューマンエラーは人間の中だけで生じる閉じたプロセスではないということである。その行為が生じた状況や環境，与えられた情報，与えられたモノや機械とのインタラクションの中で生じている。人間はヒューマンエラーを起こそうと思って起こしているわけではない。その行為が生じた状況下では合理的な行為であったと考えられ，**局所的合理性**（Dekker, 2006）があるともいわれる。たとえば，繰り返し単調な作業を強いられた現場で，識別性の低いボタン操作をしなければならないとき誤ったボタンを押すというエラーは，その状況下では合理的な行為であったかもしれない。また，救急の患者で病歴もわからず十分な検査をする余裕もなく診断をしなければならないときに誤った診断をしてしまうのも合理性があったとも考えられる。

　ヒューマンエラーの問題を考えるときに，人間をそれがとりまくシステムと分けて考えるのではなく，人間とモノ・機械や組織とのかかわりのシステム全体として考えていかなければならない。あるシステムの中のひとつの**エージェント**として，「人間」というある特性をもったシステムが存在しているにすぎない。人間は，他のエージェントのモノ・機械や社会的組織などと相互にかかわりをもって振る舞っている。その振る舞いの特徴を十分に考慮したうえで，全体システムとしてエラーをどう防止できるかを考えていかなければならない。そのとき，人間というエージェントの特性を知るうえで重要な役割を果たすのが認知心理学である。

2節　認知過程としてのヒューマンインタフェース

ヒューマンインタフェース（human interface）とは，人が機械を操作するときに，人と機械の介在の役割を果たすものをさす。これが，機械の使いやすさである**ユーザビリティ**（usability）を左右する。このインタフェースの問題を，工学の立場からではなく，認知心理学的にアプローチしていこうとする学問分野は，**認知工学**（cognitive engineering）といわれる（Norman, 1986）。ここでは，インタフェースにおける認知工学的アプローチを紹介していく。

1　理解とインタフェース

利用者は機器を利用する際，機器に関する概念的なモデルを構築し，その枠組みをもとに機器のしくみを理解しようとする。この概念的なモデルをノーマン（Norman, 1983）は**メンタルモデル**（mental model）とよんだ。たとえば，機器についてよく知らない人でも，どう操作すべきかという問題に直面したときに，きっとこのようなしくみになっているのだろうという仮説を考えて，操作をしようとする。意識はしていなくても，そのような理解のための仮説を必ず立てて行っている。この理解のための仮説がメンタルモデルである。メンタルモデルは，利用者が固定的に頭の中に有しているものではなく，変化しうるものである。利用者が実際に機器を利用したり，マニュアルを読んだりすることによってメンタルモデルは変化する。

メンタルモデルは利用者だけではなく，設計者も有している。設計者は，自分の思い描いた機器に関するメンタルモデルを実際の機器やマニュアルに反映している。設計者のメンタルモデルがうまく機器やマニュアルに反映されていれば，利用者も機器やマニュアルを通してきちん

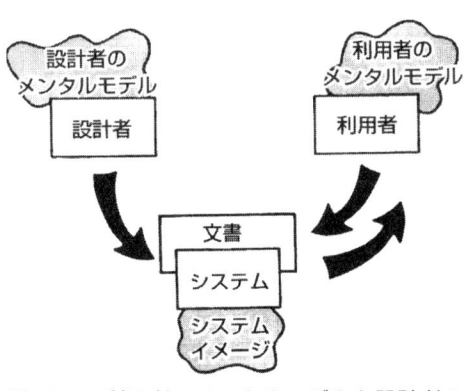

図16-1　利用者のメンタルモデルと設計者のメンタルモデル（Norman, 1983から引用）

とメンタルモデルを構築することができる（図 16-1）。利用者のメンタルモデルが設計者の想定したメンタルモデルと同じであるとうまく使いこなすことができる。機器操作において，メンタルモデルは，必ずしも実際の機器のしくみや課題について完全に理解したものを構築する必要はない。**メタファー**（metaphor）であったり，ある部分はブラックボックスとして理解していてもかまわない。

2　学習とインタフェース

　ラスムッセン（Rasmussen, 1986）は，人間の行動が何によって制御されるかによって，3つに分類したモデルを提起している（図 16-2）。

　まず，人間が熟達した場合とそうでない場合で行動を制御するメカニズムが異なるはずである。使い慣れ十分学習された機器の操作は，意識せずにやっており，かなり自動化された行動である。このような行動は十分にスキルが確立されているため，**スキル・ベース**（skill based）の行動であると考えられる。

　しかし，あまりやり慣れていない機器操作はそうではない。一つひとつ自分で手順を確認しながら行っていく。これは，if～then ルールのように，この状況のときはこれを行うという形で行動が進められる。これを**ルール・ベース**

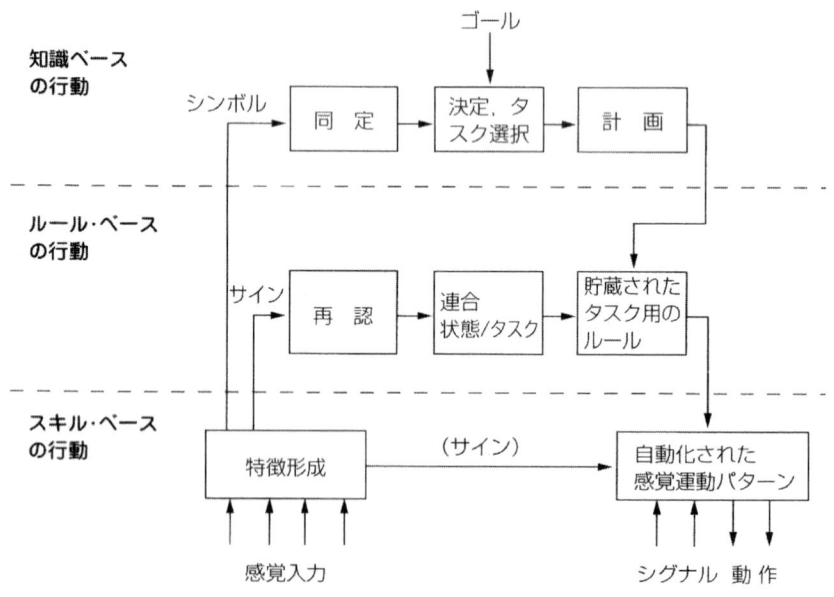

図 16-2　行動の制御モデル（ラスムッセン，1986 から引用）

（rule based）という。

　最後は，スキルも確立されていないし，ルールもわからない場合に行う行動である。たとえば，人がコンピューターにはじめてふれたときには，どうやっていいのかわからない。しかし，同じ電気製品だから，電源を入れるだろう。また，メニューは出てこなかったけど，ここに「スタート」と書いてあるから，これを押せばいいのかななどと，考えながらやっている。ここでは，ルール・ベースのように，すでにわかっている手順を確認しながらやっているのではなく，自分の過去の経験を頼りにして，過去の知識を利用しながら，どのような手順でやるのか**知識ベース**（knowledge based）で考えながら行っている。

3　コミュニケーションとインタフェース

　機器操作においては，利用者が機器に対して何をしてほしいのかを伝達し，機器は利用者に対して，どのような操作をしてほしいかを伝達する。つまり，機器と利用者の間でのコミュニケーションを行っている（松尾，1999）。人は，道具や機械を使って仕事をしようとする。道具や機械を使う場合に人間が直接かかわるのは道具や機械であって，仕事をしたい対象には直接かかわらない。仕事対象にかかわるのはその道具や機械である。したがって，人と道具・機械の間，道具・機械と仕事世界の間の2つのインタフェースを考えなければならない（図16-3）。前者は**操作のインタフェース**，後者は**制御のインタフェース**といわれる。佐伯（1988）は，前者を第一接面，後者を第二接面とよび，インタフェースを両者の連携・結合の問題であると考えている。たとえば，クレーンゲームでは，人がボタンを押すという操作が必要で，これは操作のインタフェースである。ただ押すだけなので操作のインタフェースは

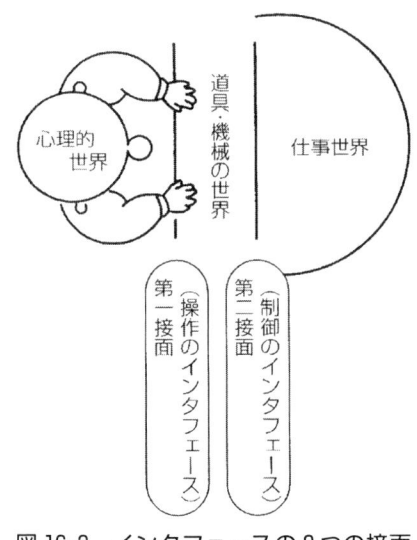

図16-3　インタフェースの2つの接面
（海保・原田・黒須，1991を一部改変）

難しくはない。しかし，それがどのように対象の制御（ぬいぐるみを，つかむ，はなすなど）に結びつくかは難しいところであり，それは制御のインタフェースの問題である。クレーンゲームの場合はゲームであるため，わざと制御のインタフェースを難しくしてあるが，実際のクレーンでは，両者のインタフェースをうまく設計しなければならない。

コンピューターなどのような機械は対象世界が見えなくなっていることが多い。どのような操作をしたら，コンピューター内部でどのような処理がなされているのかがわからなくなってしまっている。つまり，機械とのコミュニケーションをうまくとることができないのである。

4　使いやすいインタフェース
a　新たな学習を要求しないインタフェース

自然界のモノであれば**アフォーダンス**（affordance：序章参照）を知覚することによってどのような扱いをすればよいかがわかるが，人工的に作りだされた機器では，どう操作すればよいかがわかるようなサインを作らなければならない。それをノーマン（Norman, 2010）は，**シグニファイア**（signifier）とよんでいる。シグニファイアがあれば利用者は新たな学習を必要としない。

しかし，コンピューターとのインタフェース（HCI：Human Computer Interaction）などにおいては，自分が行いたい操作を選ぶ必要がある。その際，選択肢を少なくし，制約を設けたりすれば，学習の負担は少なくてすむ。HCIにおいてはさまざまなタイプのインタフェースが設計されているが（たとえば松尾，1999），その中でも学習を必要としないのは，機械主導のメニュー・インタフェースである。メニュー形式は，メニューに対して，答えていけばよいので，次にどのような操作をすればよいのかを利用者が考える必要はない。決まりきった作業の場合は，メニュー主導型がよい。たとえば，コンピューターソフトをインストールする作業などはメニュー主導型で，コンピューターから出てくる指示通りに進んでいくだけでよい。このような場合，利用者は操作のインタフェースだけに注目しておけばよく，コンピューターの中でどのようなことがなされているかを知る必要がない。つまり，制御のインタフェースはわからなくてもよい。このようなインタフェースは**秘書型システム**といわれる（海保・原田・黒須，1991）。表16-1に，学習を必要としないインタフェース

表 16-1　新たな学習を必要としないインタフェースの例

メニュー型 HCI	機械のメニューにしたがっていけば考えなくてもよい
制約	やっても意味がない操作などをできないようにしておく
自然な対応づけ	機器とスイッチなどの対応関係が自然にわかるようにする
デフォルト値	あらかじめ設定されている値で，特別な設定が必要なければ，変更しなくてもよいようにしておく
シグニファイア	見ただけでどのような操作をすればいいのかわかるようにする
秘書型システム	しくみがわからなくてもよいシステム

の例をあげた。

b　メンタルモデルの構築を支援するインタフェース

　操作手順が少ないとか，考えなくてよいというのは，一見すると，よいインタフェースであると考えられる。しかし，手順が決まりきっているような場合は問題ないが，トラブルの発生などには対処できなくなる。したがって，ある程度機械のことを理解して使ったほうがよい。前に述べたように機器を利用する際に利用者は，機器についてのメンタルモデルを構築している。そのメンタルモデルが正しければ，トラブルの対処もできるし，機器は利用しやすくなるはずである。そのためには，メンタルモデルの構築支援が必要である。たとえば，マニュアルなどもただ操作手順を示すだけではなく，メンタルモデルが構築しやすく理解を助けるマニュアルが必要となる。

　また，先に述べたメニュー主導形式は新たな知識を必要としないが，次に何が出るかわからないという欠点がある。利用者はただ応答していくだけになってしまい，全体的枠組みがみえてこない。そこで，穴埋め型のインタフェースが利用される。これは，設定すべき項目をダイアログの中にすべて提示し，各項目についてカーソルやマウスで移動しながら項目設定を行うというものである。このような場合は，全体で何を設定すればよいかが一目でわかり，全体像もみえてくる。その他にもメンタルモデルの構築支援をするインタフェースの例を表 16-2 にあげた。

表 16-2　メンタルモデル構築支援のインタフェースの例

穴埋め型 HCI	設定項目をすべて表示し，全体像がわかるようにする
メタファー	利用者の既有の知識の喩えで理解できるようにする
視覚化	内部で生じていることが見えるようにする
理解型マニュアル	操作だけの説明ではなく，しくみが理解できるような説明をする

表 16-3　楽しいインタフェースの例

ダイレクトマニピュレーション	対象世界に関わっているという感覚がもてる
ショートカット	メニューを深く探さなくてもよい
道具型システム	しくみがよくわかって手足のように使える

c　楽しいインタフェース

「使っていても楽しい」ことが，よいインタフェースにおいてはとても重要である。そのためには，機械に使われているのではなく，自分で使っているという自己効力感をもたせることが大切である。マウスでファイルのアイコンを直接操作することによってファイルの削除や移動ができるような**ダイレクトマニピュレーション**（direct manipulation）のインタフェースは，自分が直接対象にかかわっているというエンゲージメントを高くもつことができる（Hutchins, et al., 1986）。そのため，自己効力感が高い。スマートフォンやタッチパネル式のパソコンなどの操作も同様である。そのようなインタフェースは，**メタファー**（metaphor）をうまく利用していて（たとえば，対象を大きくしたいとき指で拡げる操作をするなど），その世界の中で自分がかかわっているという感覚をもたせる工夫がなされている。

また，熟達者にとってはメニュー形式のインタフェースなどは使い慣れてくると，かえって面倒だと思うことがある。そこで，メニューを選択しなくても特定のキーを押すだけで操作できるようなショートカット機能をもたせておけば，熟達者にとっても使いやすいインタフェースとなる。熟達してくると，キー操作を意識せずに直接対象にかかわっている感覚となる。これは操作のインタフェースを意識しないで，制御のインタフェースだけに着目した利用である。文字通り機械を手足のように使いこなせるようになり，**道具型システム**といわれる（海保・原田・黒須，1991）。このように，学習の程度に応じてどのようなインタフェースが適切かまでも考える必要がある。楽しいインタフェースの例を表 16-3 にあげた。

3節　認知過程としてのヒューマンエラー

1　ヒューマンエラーの分類

ノーマン（Norman, 1981）は，エラーが認知過程のどの時点で生じるかに

よって，エラーを分類した．人間が行為を行う過程は，大きく分けると，何をすべきかの意図形成段階，それを実行に移す段階の2つに分けられる．ノーマンは，最初の意図形成段階において，意図そのものを誤ってしまう場合のエラーを**ミステイク**（mistake）とし，行為を実行している段階でのエラーを**スリップ**（slip）と区別した．さらに，スリップについては，行為系列の**ATS**（Activation-Trigger-Schema）**理論**にもとづいた分類を行っている．ATS理論では，人間の行為を次のように説明している．まず，ある行為を行うという意図が形成される．そして，それに関連したスキーマが選択され活性化がなされる．次に，そのスキーマが利用可能な状態になったときに，トリガーメカニズムがはたらいて，実際に行為に至る．これらの意図形成，スキーマ選択，トリガーの各段階のどこでエラーが発生したかによってエラーを分類している．ATS理論による行為の段階と主なスリップの分類を図16-4に示した．

また，リーソン（Reason, 1990）は，ミステイクとスリップだけではなく，**ラプス**（lapse）というエラー分類を新たに設けている．ラプスはスリップと

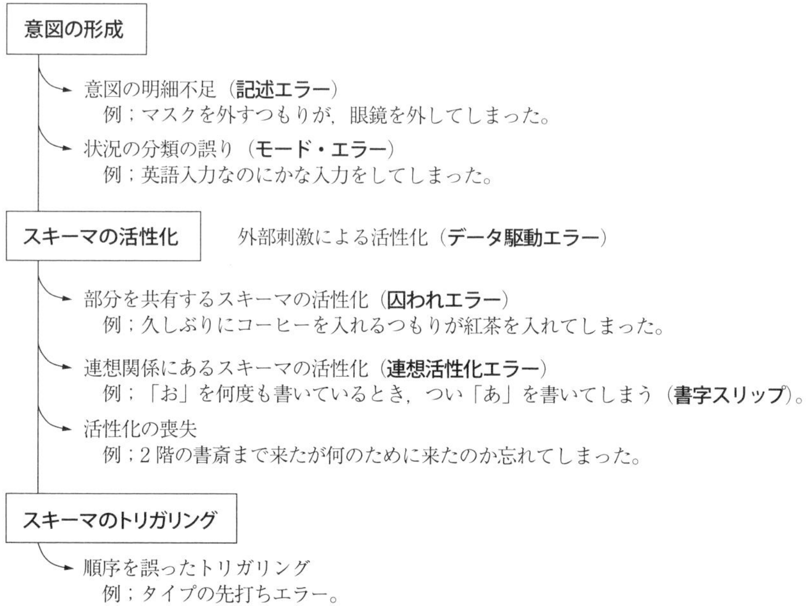

意図の形成
- 意図の明細不足（**記述エラー**）
  例：マスクを外すつもりが，眼鏡を外してしまった．
- 状況の分類の誤り（**モード・エラー**）
  例：英語入力なのにかな入力をしてしまった．

スキーマの活性化　　外部刺激による活性化（**データ駆動エラー**）
- 部分を共有するスキーマの活性化（**囚われエラー**）
  例：久しぶりにコーヒーを入れるつもりが紅茶を入れてしまった．
- 連想関係にあるスキーマの活性化（**連想活性化エラー**）
  例：「お」を何度も書いているとき，つい「あ」を書いてしまう（**書字スリップ**）．
- 活性化の喪失
  例：2階の書斎まで来たが何のために来たのか忘れてしまった．

スキーマのトリガリング
- 順序を誤ったトリガリング
  例：タイプの先打ちエラー．

図16-4　ATS理論による行為の段階と主なスリップの分類と例（海保・田辺，1996から引用）

表16-4 行動制御モデルとエラーの関係（リーソン，1990を参考に作成）

行動の制御	エラーの分類	失敗モード	パフォーマンス
スキル・ベース	スリップ，ラプス	監視の失敗	不注意，注意のしすぎ
ルール・ベース	ミステイク	問題解決の失敗	ルールの適用ミス，誤用
知識ベース	ミステイク	問題解決の失敗	認知的合理性，不確かな情報によるメンタルモデル

同様実行段階のエラーであるが，行為として表に出てくるものではなく，記憶の失敗のように内的な過程の中で生じるものである。一方，スリップは外から観測可能なもので行動として表に出てくるものである。さらに，それらのエラーをラスムッセンの行動制御モデルと関連づけ，**包括的エラーシステム**（Generic Error-Modelling System）を提案している。このモデルでは，表16-4にあげたように，スキル・ベースでのエラーはスリップやラプスであり，監視の失敗と考えられ，知識ベースやルール・ベースでのエラーはミステイクであり，問題解決による失敗と考えられている。

これらのエラーがどのような行為によって生じるかというと，スキル・ベースのエラーは不注意や注意のしすぎによるものである。熟達して自動化された行為は意識しすぎるとかえって失敗してしまう。ルール・ベースでのミステイクは，ルールの選択の誤りや適用の仕方の誤りである。知識ベースでのミステイクは，情報が不完全で正しいメンタルモデルが構築されなかったり，錯誤相関などの認知的バイアスによるものと考えられている（たとえば，あるトラブル時に，関係のない対処法が有効だと思い込んで，それを実行したために，かえって事故を招いてしまうなど）。

2　ヒューマンエラーをなくすには

ヒューマンエラーをなくすには，錯誤が生じないようにすることと知識やスキルの不足を補うことが必要となる。また，人間はエラーをしようとしてエラーをしているわけではなく，エラーであることに気づいていないことが多い。そこで，エラーに気づかせることもヒューマンエラー防止にとって重要である。

a　モノやシステムの改善

錯誤が生じないようにするには，わかりやすいインタフェースであることが求められる。2つのボタンの識別性が低いのであれば，識別性を高めることが

必要である。さらに、知識やスキルが不十分な点を補うしくみやツールを準備することである。たとえば、テレビ番組の予約録画は、昔はチャンネルや時間などを個々に設定する必要があったが、現在では番組表から選択するだけで済むようになった。新しい技術の開発によって、スキルがなくても間違いなく操作できるようになっている例である。

b 外的手掛かりやバリア

人間は、エラーを起こしてしまったことにすぐに気づくことがある。あるいは、自分が今考えている考えが違うようだと感じることがある。自分が頭の中で考えている過程を、もうひとりの自分が監視している。このような認知的特性のことは**メタ認知**（metacognition）とよばれている。メタ認知機能をうまくはたらかせることができれば、ある行動をしようとしているときに、これはエラーを引き起こすのではないかともうひとりの自分が気づくはずである。

メタ認知機能が働いて、自分が行おうとしている行為がエラーであるかどうかがわかればよいが、むしろわからないことのほうが多い。そこで、自分が気づかなくても、気づかせるしくみ、防御できるしくみを作ることが必要である。それらのしくみとしては**外的手掛かり**や**バリア**が考えられる。外から気づかせるしくみとしての外的手掛かりは対象、表示、ドキュメント（チェックリストやマニュアルなど）、人が考えられる（松尾, 2003）。外的手掛かりは、主観的確信が高いと利用されなくなる恐れがあり、主観的確信が高くても利用したくなるようなわかりやすい表示、わかりやすいドキュメントであることが必要であり、これらはインタフェースの問題でもある。バリア（Hollnagel, 2004）は、気づかせるというよりも防御するしくみであり、物理的なものからルールのような非物質的なものも含めた防御のしくみである。

c エラー事例を教訓とする対策

モノやシステムを改善するにしても、外的手掛かりやバリアのしくみを作るにしても、どこに問題があり、どのようなものが必要であるのか、あらかじめわかるわけではない。実際にシステムが稼動しはじめて、どこに問題があるのか気づくようになる。事故そのものが生じたり、事故には至らないインシデントやヒヤリハットが生じることによってはじめて気づくことになる。それらのエラー事例を教訓としてヒューマンエラーが生じないようなしくみを作っていく必要がある。

一般の製品の場合，不具合の情報が利用者から寄せられることがあるが，組織におけるヒューマンエラーは隠ぺいされてしまう可能性がある。そして，ヒューマンエラーが懲罰の対象になるとますます表に出てこなくなり，改善がなされなくなってしまう。エラーに対してペナルティを与えることをせず，エラー事例が報告され教訓として活かされる学習する文化が組織に醸成されなければ，エラーはなくすことはできない（松尾，2007）。

▷ブックガイド

松尾太加志　1999　コミュニケーションの心理学――認知心理学・社会心理学・認知工学　ナカニシヤ出版
　　人間と機械との関係を人と機械とのコミュニケーションとしてとらえ，具体例を交えながら，わかりやすく解説してある。

海保博之・原田悦子・黒須正明　1991　認知的インタフェース――コンピュータとの知的つきあい方　新曜社
　　この分野の小事典ともいうべきもので，ほとんどの事柄が網羅してある。各項目について簡潔に解説されているので，ちょっと調べ物をするときには，重宝する。

大山　正・丸山康則（編）　2004　ヒューマンエラーの科学――なぜ起こるか，どう防ぐか，医療・交通・産業事故　麗澤大学出版会
　　ヒューマンエラーについて認知心理学だけではなくさまざまな視点から論じられており，医療，交通といった異なる分野からの考察もなされている。

ニールセン，J. 1993　篠原稔和（監訳）三好かおる（訳）　2002　ユーザビリティエンジニアリング原論　第2版――ユーザーのためのインタフェースデザイン　東京電機大学出版局
　　ユーザビリティに関しては，まさに，「原論（邦訳）」にふさわしい書籍。巻末には，練習問題，豊富な文献集があり，より勉強を深めていこうとするには好適の一冊。

ノーマン，D. A. 1988　野島久雄（訳）　1990　誰のためのデザイン？――認知科学者のデザイン原論　新曜社
　　ノーマンの名著POET（The Psychology of Everyday Things）。日常的な具体例を豊富に紹介しながら，それでいて学術的な考察にもとづいた好著。

トピックス 16

巨大技術システムとヒューマンエラー

巨大技術システムとは，どんなものだろう？ 高速鉄道・旅客機・ロケット・化学プラント・発電所など，輸送・製造・発電などの目的のために，ハード・ソフトの両面で膨大な数のサブシステムが統合され，コンピューター制御を受けているものである。人間は大規模な人間―機械系システムの一郭として，システムの設計・操作・保守・管理などに関わる。本来，人間の通常の行動パターンに含まれている"誤り"は，システム内では，"動作不良"と見なされる。

巨大技術システム自体が，**ヒューマンエラー**を誘発する3つの特徴（Dorner, 1989）を内包している。それらが人間―機械系にもたらす影響を考えてみよう。

第1の特徴は**複雑性**である。システムはさまざまな技術が集積し，相互作用のある複数のサブシステムから成り立っている。システムが複雑になると，潜在的に作用しあうパラメータが多く，操作者は1つの操作の影響をすべては把握しきれない。その結果，一部分の故障が，多重故障を生みだしやすい。2011（平成23）年に事故を起こした福島第一・第二原発の世代のプラントの複雑さの一例をみると，コンポーネント数 10^6 個，中央制御室の操作スイッチ 560-580，警報器 700-1000 などである（行待・飛岡，1982）。

第2の特徴は**内部動特性**である。システムの状態は操作者の意図とは別に時間とともに変化するため，上記の複雑性，次に述べる遠隔プロセス制御の特性とあいまって，操作者にはシステム状態の推移の予測が困難で，適切な判断が難しい。

第3は，システムが**遠隔プロセス制御**を受けていることである（Sheridan, 1997）。遠隔プロセス制御では，大半のシステム制御は自動化されていて，システムの挙動の知覚と制御はコンピューターに任されている。操作者は計測器から提示される情報からシステムの振る舞いを予測し，必要に応じて，制御に対応するコマンドを入力する。この制御システムが人間―機械系にもたらす特徴は，1つには操作者はシステムの状態変化を直接目で見ることができないという，システム状態の不透明性である。もう1つは自動化によって，操作者の通常作業は単調なシステムの監視が主であるのに対して，異常時には知識にもとづく推論，手動運転，想定外の課題が課せられることである。前者では，操作者がエラーを犯しても気づかれぬまま，潜在的エラーがシステム内部に長時間蓄積し，後に重大事故の誘因になる。後者では，通常作業と同じ操作者に対して，通常作業とは質量ともに異なる，大きな作業ストレスがかかる（佐々木・箱田，1991）。

人間―機械系のヒューマンエラー分析には，エラーを次の二軸で構成される表

に，マッピングすることが役に立つ（ラスムッセン，1986）。1つ目は，機械に対する人間の抽象度レベルを示す"手段―目的"軸である。発電所の運転員を例にとると，制御ボタンの操作，などの"物理的手段"レベル，水の流量の調節といった"機能"レベル，電力の発電という"目的"レベル，などの階層があるだろう。この軸により，作業課題の中で問題が生じるレベルを明確にできる。2つ目の軸は，機械側のレベルを示す全体―部分軸である。この軸によって，人間が機械のどの部分に着目して困難が生じたのかを明確にできる（渡辺・志井田，2003）。

巨大技術システムは，サブシステムの自動化が進む中で，安全管理上のヒューマンエラーが絡む事故が増加する傾向にある。安全評価・保守管理は，手段―目的軸と全体―部分軸の双方で，最上位の階層レベルに対応する。人間がシステム全体を，目的レベルで把握しなければならない。皮肉にも，システムの信頼性を高めるために，人間が直接関わるが故に，エラーが生じやすい。2013（平成25）年だけでも，ボーイング787型旅客機のバッテリー発火事故，高速増殖炉原型炉「もんじゅ」での，約1万2300点の機器の点検漏れ，33人の被曝が確認された加速器実験施設「J-PARC」の放射性物質漏れ事故，JR北海道の保守不備と列車脱線事故などがある。

安全管理上のヒューマンエラーが増加するもう1つの要因は，巨大技術システムに潜む**経済性と安全性のトレードオフ**という問題である。巨大技術システムの製造には，巨額の投資を必要とするので，そのコスト回収のためにシステムの稼働率をあげる必要がある。経済性・生産性は目に見えるのに対して，安全性は"悪いことが起きない"ことでしか確認できない。そのため，安全性と経済性にトレードオフが生じる場合は，目先の経済性が優先される（リーズン，1997）。とくに発電プラントの場合，プラント停止がもたらす経済的損失は，システムを運営する企業のみならず，電力を利用するすべての施設に及ぶため，経済性への重みは強まる。一方，原子力プラントでは，安全管理の面で特異な特徴をもつ。いったん事故を起こせば，その影響はシステム内にとどまらず，地域住民や環境への影響（地域外部性）が生じる。放射線の次世代への影響（時間外部性）も存在する。福島原発事故では，外部に放出された放射能のために避難した福島県民総数は，1年3カ月後の2012年6月にさえ，16万3404人に達している。

社会的インパクトの大きい経済性と安全性のバランスの上に運転されている巨大技術システムが，直接には，ひとつの企業の少数の操作者による集中制御下におかれている。グローバルな資本主義社会では，経済性が最優先の組織文化が醸成される。そのような巨大社会システムに組み込まれている我々の生活は，大規模なヒューマンエラーのリスクと隣り合わせであることを心にとめるべきである。

終章
これからの認知心理学

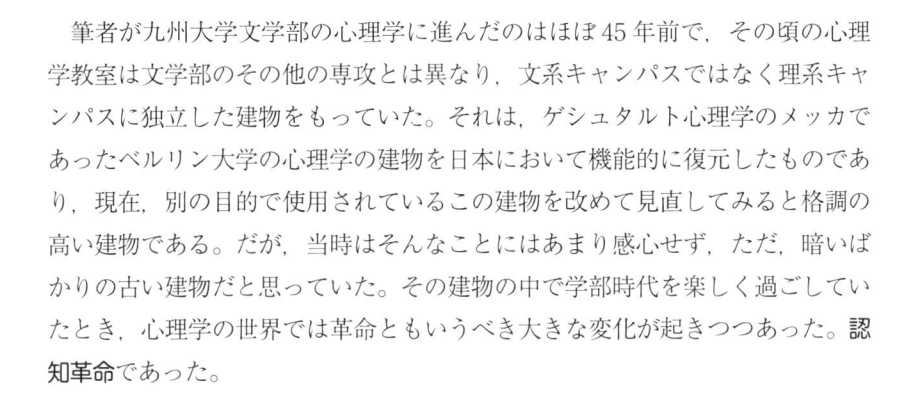

　筆者が九州大学文学部の心理学に進んだのはほぼ45年前で，その頃の心理学教室は文学部のその他の専攻とは異なり，文系キャンパスではなく理系キャンパスに独立した建物をもっていた。それは，ゲシュタルト心理学のメッカであったベルリン大学の心理学の建物を日本において機能的に復元したものであり，現在，別の目的で使用されているこの建物を改めて見直してみると格調の高い建物である。だが，当時はそんなことにはあまり感心せず，ただ，暗いばかりの古い建物だと思っていた。その建物の中で学部時代を楽しく過ごしていたとき，心理学の世界では革命ともいうべき大きな変化が起きつつあった。**認知革命**であった。

1節　45年前のY2K心理学予測

　ワトソン（Watson, J. B.）の『行動主義者から見た心理学』が刊行された1913年を行動主義旗揚げの年とすれば，それから50年間ほどが行動主義が影響力をもちえた期間だといえよう。そして，言語学，哲学，工学をはじめとする関連諸科学を巻き込んだ認知革命の進展とともに，心理学者の間で「認知心理学」ということばが口に上るようになってずいぶん長い時間が流れた（序章参照）。ナイサー（Neisser, 1967）の『認知心理学』やリンゼイとノーマン（Lindsay & Norman, 1972）の『人間の情報処理』が発刊されてからほぼ40年以上経過する。世紀の変わり目も過ぎた現在，認知心理学はどのような発達段階にあるのだろうか。まだ衰えを知らない発展途上にあるのか，それとも認知心理学的アプローチでは解明できない，さまざまな問題が山積し，次の新たな心理学の登場を待ついわば革命前夜なのだろうか。

　本章ではこの問題を考える際に，認知心理学の黎明期にマーフィー（Murphy, 1969）によってアメリカンサイコロジスト誌に書かれた「2000年の心理学」と題する，心理学の未来予測についての論文を紹介し，その予測が当たっている点，はずれている点を指摘し，そのことを通じて，認知心理学の現状について考えたい。

マーフィーは前述の書の中で2000年（Y2K）の心理学の姿を予測している。その中からいくつか主なものを下記に略記しよう。

(1) 脳研究の進展

本論文ではまず，精神生理学（psychophysiology）と題する節において，当時脚光を浴びていた，ペンフィールド（Penfield, W. G.）やヘッブ（Hebb, D. O.）の脳研究を引用し，将来，「心理過程に対応する生理過程が解き明かされ，両者の完全な同型性が明らかにされる可能性」について熱く語っている。

(2) 内面世界の探求

まだ，行動主義の影響が色濃く残る時代に，当時ソヴィエトの科学者たちによって行われていた自己受容感覚条件づけの研究に着目し，「これまではぼんやりしたものでしかなかった内面世界の豊富なメッセージシステムの解明」が将来進むであろうと予測している。

(3) 無意識世界の解明

フロイト（Freud, S.）とその後継者たちによって見出された**無意識**の研究は，「大きな可能性をもつ世界の総合，創造的な統合の有益な最初のステップを踏み出した」とし，これから無意識に関する発見がなされ，それらの発見はやがて一般的な実験心理学に豊かな新しい収穫をもたらすであろうと予言している。

(4) 内面世界の制御

本来制御不可能であるとされてきた自律神経支配の機能を意識的制御下におくことを可能にするというヨーガの行者の研究や，脳波の α 波制御がフィードバックによって可能になるとする研究をとりあげ，それらの臨床的意味を強調するだけでなく，内面世界の制御が将来可能になる可能性を指摘し，大きな科学的価値をそこに見出している。

(5) 表現しがたい状態の研究の進展

新たなものを創造するときや概念化を行うときの心的状態などは容易にことばで表現することはできないが，将来，そのようなさまざまな状態のことば一

つひとつと EEG（脳波）パターンとの対応がつけられ，表現しがたい状態の成分について適切な名称がつけられるようになると予言している。

(6) パラサイコロジー

心理学実験におけるコンピューター使用の進展によってパラサイコロジー（超心理学）的研究（テレパシーなど）の成果に対する排他的態度は徐々に消えていき，一般心理学の原理と調和するようになると予言している

(7) 心理学と生物学

成長，動機づけ，学習過程など多くのものの実体が DNA-RNA システムによって与えられているとし，将来，遺伝に関する学問の進展によって，人の個性の解明や，遺伝によって本来決定される人間の特性をコントロールすることが可能になると予測している。

2節　認知心理学の現状と今後の展開

前節において，マーフィーの Y2K 予測の中で主なものを拾ってみたが，明らかにはずれた予測もある。たとえば，(6)のパラサイコロジーの予測については当時の状態とそれほど変わってはいない。いまだに，テレパシーやテレキネシスなどは，多くの心理学者が認める研究対象とはなっていない。しかし，大部分の予測が今日の状態や近い将来そうなるであろう姿と驚くほど一致している。まず，そのひとつが(2)の内面世界の探求である。

1　内面世界と脳科学

認知心理学の目的は**内面世界**を探求し，法則性を明らかにすることである。人間は，情報（マーフィーのいうメッセージ）を処理するシステムであるという点においてコンピューターと同じであるとするメタファーを掲げ，認知心理学は内面世界の研究に取り組んできた。従来は，研究対象とされなかったイメージや思考過程が堂々と研究されるようになった。しかも，今日，脳科学の発展にともない，内面世界を外からモニターすることが可能となり，いわば「表現しがたい」心的イメージを操作しているときに脳のどの部位が活動しているのかということまで明らかになりつつある。たとえば，5章2節でもとりあげられているようにコスリンら（Kosslyn et al., 1995）は PET を用いて，

心的イメージを操作しているときの被験者の脳内の血流変化を測定するという研究を行っている。

　この種の研究は確実に増えてきており，今後ますます，脳活動をモニターする技術の急速な発展にともない（14章参照），マーフィーがいうところの「表現しがたい」さまざまな心的プロセスとの対応づけも進んでいくものと期待される。

2　無意識世界の解明

　マーフィーの，無意識世界の解明が進むという予測もまったく的を射たものである。トピックス7でとりあげられたように，今日，**潜在的記憶**の研究は認知心理学における主要なテーマであり，潜在的記憶のひとつである手続き的記憶と脳内メカニズム（とりわけ大脳基底核）との関係も明らかにされつつある。

　また，**多重人格障害**に関する研究も意識と無意識の問題に重要な情報を提供しているようである。一言でいえば，多重人格障害は，ひとりの中に複数の人物が住み，それらが勝手に独立にふるまう。しかも，同じ人間の中にいながら，それらの人物たちは性格もしぐさもことばさえも異なるという。これらの患者たちの多くが幼少期に親などからの虐待を受けていることが指摘されており，虐待が原因で苦しい過去を意識されない世界に閉じこめておく試みが多重人格障害であるともいわれている。また，一方，このような患者には脳の海馬に異変がみられるとの医学的指摘もある。

　マーフィーは，「心的過程はそれ自体としては無意識的であり，意識的過程が心全体の単に個別的な活動部分にすぎぬ」としたフロイトの考え方を紹介し，無意識的過程の重要性を強調したが，最近の科学はその重要性を単に裏づけるだけでなく，脳内メカニズムの特定へと進みつつある。

3　感性への取り組み

　マーフィーがいうところの「表現しがたい状態」のひとつに**感性**がある。今日の心理学の特徴は，この感性に真正面から取り組もうとしている点である。本書4章においてとりあげたような感性に関する研究は，建築学など他の隣接領域からの期待と要請を受けてますます盛んになっていくであろう。

　また，トピックス2でとりあげた「表情」研究をはじめとして，**顔**に関する

研究はますます進展するであろう。顔には多くの情報が含まれており，これらの情報のいずれが同じ（領域一般的）脳内メカニズムで処理され，いずれが異なる（領域固有的）メカニズムで処理されているかということが明らかにされていくであろう。

さらに，日本文化を特徴づける「間」についても最近，研究がなされている。中村（1996）によれば，東洋画や舞踊，相撲において「間」はきわめて重要であるという。落語などでは「間」の取り方ひとつで笑いがとれるかどうかが決まる。「間」があきすぎても駄目だし，「間」がないとそれこそ「間抜けな」話になる。また，音楽やスピーチにおいても「間」は重要である。中村はちょうどよい「間」の長さを 30 種類の音響的，音声的刺激について心理学的に計測し，刺激の多様性にかかわらず，「間」は 0.35 秒前後，0.75 秒前後，1.4 秒前後の 3 種類に分類できるとしている。

このような感性的研究は人間の日常的行動を理解するうえできわめて重要であり，このことを通じて，より深い人間理解に到達できるものと考えられる。

4　遺伝学からの影響

将来，遺伝学が進歩し，この影響が心理学に及ぶとしたマーフィーの予測はおそらく当たるであろう。

ワトソン（Watson, J.）とクリック（Crick, F.）が DNA の二重らせん構造モデルを提案して以来およそ 60 年経つが，今日遺伝学がすさまじい勢いで進歩している。遺伝子操作を施した作物はスーパーマーケットにあふれ，人間の遺伝子解読もほぼ 100％完了したといわれている。現在の段階ではまだ遺伝学から心理学への顕著な影響は現れていないが，おそらく近い将来，確実にこの影響は出てくると思われる。遺伝子解読が進めば人間の知能や性格に関係ある遺伝子が特定されるであろうし，どのような環境要因との組み合わせによって，いわゆる現れとしての性格や知能が形成されるのかを研究する必要性が高まり，この仕事は心理学者の手に委ねられるであろう。

5　日常的認知研究の進展

最近の認知心理学の特徴は，日常的文脈の中で起こるさまざまな問題をとりあげるようになったことである。これには，目撃者の証言，身のまわりの物品

の記憶，卓越した認知能力をもつ人々の研究などが含まれる。この現状はマーフィーが予測しえなかったことであり，8章で取りあげた**日常的認知研究**は今後ますます進められていくであろう。

16章でとりあげた「ヒューマンエラーとヒューマンインターフェース」の研究では，工場や交通場面での事故の発生メカニズムの解明と事故防止に貢献するであろう。今日では，現場の技術者や研究者と，心理学者との共同研究はそう珍しくない。

また，8章でもふれられているように，記憶研究の分野でも心理学者は実験室を飛び出し，事件の目撃者の証言の信憑性の問題に取り組むようになった。日本心理学会のワークショップにおいても，法学者と心理学者が目撃証言の信憑性に関して議論する機会がもたれているが，2000年7月には，法学者と心理学者が協力して「法と心理学会」の立ち上げがなされた。今後，目撃者の証言に関する研究は，法学者の協力を得ながら，ますます盛んになされていくと思われる。

3節　おわりに——次の革命の前夜か？

行動主義心理学であれ，認知心理学であれ，ひとつのパラダイムを特徴づけるものに，パラダイムを共有する者どうしでのみ理解しあえる用語と研究対象がある。行動主義であれば，「刺激」「反応」「強化」という用語であろうし，認知心理学であれば「情報」「処理」「過程（プロセス）」といった用語であろう。また，前者は観察可能な行動を主たる研究対象とし，後者は行動として観察可能でないものも含む内的プロセスを主たる対象としている。今日，人間の内的プロセスに対する関心は，人工知能の研究者や大脳生理学者，神経心理学者たちと共有しあっており，それぞれ異なる登山口から脳機能の解明という共通の山頂に向かって登っているようなものである。

認知心理学の誕生宣言というべき，ナイサー（Neisser, 1967）の『認知心理学』の刊行からそろそろ50年近くが経とうとしている。これまでの心理学の変遷の歴史のように，新たな心理学の考え方が勃興し，認知心理学に取って代わろうとしているのか？　50年も経てばそのような動きが起こってもおかしくはない。ところがそのような兆候は見受けられない。神経心理学や脳研究

が盛んになり，脳の働きとそれを支えるしくみを考えようという動きは最近とみに盛んになっている。また，進化の立場から人間の心のしくみを考えようという動きも起こってきた。しかし，それらの考えはすべて，認知心理学に取り込まれつつある。神経心理学も頭に「認知」をつけて認知神経心理学という研究領域が出現し，脳科学も認知研究と輻輳し，「認知脳科学」ということばを耳にするようになった。進化心理学の考え方を導入し，ある認知のしくみが環境適応上どのような意味があるのか，「何のためのしくみか？」を考えるようになった。現在の認知心理学の姿は，誕生当時，いや2，30年前の姿からは想像もできないものになってしまった。

認知心理学は内外からの批判を受けて，自己変革を繰り返しているうちに，気がついたらずいぶん変わってしまったということだ。しかし，革命が起こった訳ではない。相変わらず，認知心理学者は内的プロセスに関心を抱き続け，「知とは何か，それをどのようなしくみで行っているのか」ということに最大の関心をもち，研究を行っている。今後も当分は，使える道具をますます豊かにしながら，さまざまな方法で，心の内的プロセスという未解明の領域に挑んでいくと思われる。

▷**ブックガイド**

ラックマン, R., ラックマン, J. L. & バターフィールド, E. C. 1979 箱田裕司・鈴木光太郎（監訳） 1988 認知心理学と人間の情報処理 I〜III サイエンス社
認知心理学の成立過程とその特徴について，クーン（Kuhn, T. S.）のパラダイム論の立場から解説したものである。現在の心理学の現況とこれからの展望を考えるうえで役に立つ本である。

松田文子ほか（編著） 1996 心理的時間――その広くて深い謎 北大路書房
タイトルの通り，心理的時間について紹介したものであるが，この問題に対する認知的，感性的アプローチを含むさまざまなアプローチが紹介されていて，興味深い。

引用文献

■序章

Anderson, J. R.　1987　Skill acquisition: Complilation of weak method problem solutions. *Psychological Review*, 94, 191-210.
Elman J. L. *et al.*　1996　乾敏郎他（訳）　1998　認知発達と生得性　共立出版
Fodor, J. A.　1983　伊藤笏康・信原幸弘（訳）　1985　精神のモジュール形式——人工知能と心の哲学　産業図書
Gibson, J. J.　1979　古崎敬 他（訳）　1985　生態学的視覚論　サイエンス社
Kaheman, D.　2011　Thinking, fast and slow. New York, NY: Farrar, Straus and Giroux.
Rizzolatti, G., *et al.* (1996)　Premotor cortex and the recognition of motor actions, Cognitive Brain Research, 3, 131-141
Miller, G. A.　1967　高田洋一郎（訳）　1972　心理学への情報科学的アプローチ
Minsky, M.　1975　知識を表現するための枠組み　P. Winston（編）　白井良明・杉原厚吉（訳）　1979　コンピュータビジョンの心理（所収）　産業図書
Minsky, M.　1986　安西祐一郎（訳）　1990　心の社会　産業図書
Neisser, U.　1967　大羽蓁（訳）　1981　認知心理学　誠信書房
Norman, D. A.　1988　野島久雄（訳）　1990　誰のためのデザイン　新曜社
Norman, D. A.　1981　佐伯胖（監訳）　1984　認知科学の展望　産業図書
Schank, R. C., & Abelson, R. P.　1977　Scripts, plans, goals, and understanding. Hillsdale, NJ: Lawrence Erlbaum Associates.
Tranel, D & Damasio, A.,　1993　The covert learning of affective valence does not require structures I hippocampal system or amygdala. Journal of Cognitive Neuroscience, 5, 79-88.

■1章

Fletcher, H.　1953　*Speech and hearing in communication*. Van Nostrand.（和田陽平・大山　正・今井省吾編　1969　感覚知覚心理学ハンドブックより引用）
Harrington, D. D.　1964　*The visual fields*, 2nd ed. The C. V. Mosby Co.（池田，1975 より引用）
池田光男　1975　視覚の心理物理学　森北出版
リンゼイ，P. H. & ノーマン，D. A.　1977　中溝幸夫・箱田裕司・近藤倫明（訳）　1983-1985　情報処理心理学入門 I 〜 III　サイエンス社
Stevens, S. S.　1961　The psychophysics of sensory functions. In W. A. Rosenbith (Ed.), *Sensory communication*. MIT Press.（Lindsay, P. H. & Norman, D. A.　1977 より引用）
Stevens, S. S.　1966　A metric for the social consensus. *Science*, 151, 530-541.（Lindsay, P. H. & Norman, D. A.　1977 より引用）

■トピックス1

McGurk, H. & MacDonald, J. 1976　Hearing lips and seeing voices. *Nature*, 264, 746-748.
Sekuler, R., Sekuler, A. B., & Lau, R.　1997　Sound alters visual motion perception. *Nature*, 385, 308.
櫻井研三　1995　仮想現実感研究の概観——工学から心理学へ　心理学研究，66, 296-309.

■2章

Biederman, I.　1987　Recognition-by-components: A theory of human image understanding. *Psychological Review*, 94, 115-147.
Bruce, V. & Young, A. W.　1986　Understanding face recognition. *British Journal of Psychology*, 77, 305-327.
Burton, A. M., Bruce, V., & Johnston, R. A.　1990　Understanding face recognition with an interactive activation model. *British Journal of Psyshology*, 81, 361-380.
Bülthoff, H. H. & Edelman, S.　1992　Psychological support for a two-dimensional view interpola-

tion theory of object recognition. *Proceedings of the National Academy of Sciences*, 89, 60-64.
Davidoff, J. B. & Ostergaard, A. L. 1988 The role of colour in categorical judgements. *The Quarterly Journal of Experimental Psychology*, 40A, 533-544.
Farah, M. J. 1990 Visual agnosia: disorders of object recognition and what they tell us about normal vision. MIT Press.
Foley, H. J. & Matlin, M. W. 2010 Visual Pattern Perception. In Foley, H. J. & Matlin, M. W. Sensation & Perception. Pearson
Foley, M. A., Foley, H. J., Scheye, R., & Bonacci, A. M. 2007 Remembering more than meets the eye: A study of memory confusions about incomplete visual information. *Memory*, 15, 616-633.
行場次朗　1995　視覚パターン認知　乾敏郎（編）　知覚と運動（認知心理学 1）　東京大学出版会
カニッツァ，G.　1979　野口薫（監訳）　1985　視覚の文法　サイエンス社
リンゼイ，P. H. ノーマン，D. A.　1977　中溝幸夫 他訳　1983　情報処理心理学入門（Ⅰ・Ⅱ・Ⅲ）　サイエンス社
マー，D.　1982　乾敏郎，安藤広志（訳）　1987　ビジョン——視覚の計算理論と脳内表現　産業図書
Nakayama, K. & Shimojo, S. 1992 Experiencing and perceiving visual surfacees. *Science*, 257, 1357-1363.
Porter, P. B. 1954 Another picture puzzle. *American Journal of Psychology*, 67, 550-551.
Rhodes, G., Brennan, S. & Carey, S. 1987 Identification and ratings of caricatures: Implications for mental representations of faces. *Cognitive Psychology*, 19, 473-497.
Selfridge, O. G. 1959 Pandemonium: A paradigm for learning. In Symposium on the mechanization of thought processes. London: HM Stationery Office.
Tarr, J. M. & Bülthoff, H. H. 1999 Image-based object recognition in man, monkey and machine. In Tarr, J. M. & Bulthoff, H. H. (eds.) Object recognition in man, monkey, and machine. MIT/Elsevier
Weisstein, N., Maguire, W., & Brannan, J. R. 1992 M and P pathways and the perception of figuree and ground In Brannan (ed.), Application of parallel processing in vision Elsevier, 137-166.
Valentine, T. 1991 A unified account of the effects of distinctiveness, inversion, and race in face recognition. *Quarterly Journal of Experimental Psychology*, 43A, 161-204.

■トピックス 2

Farah, M. J., Wilson, K. D., Drain, H. M., & Tanaka, J. W. 1998 What is "special" about face perception? *Psychological Review*, 105, 482-498.
松下戦具・光眞サヤ・山南春奈・高田定樹・小川克基・森川和則　2012　眉の配置によって目の形状が異なって見える錯視効果　日本顔学会誌，12, 161.
松下戦具・世良真実子・山南春奈・高田定樹・小川克基・森川和則　2013　アイラインとまつ毛メイクが目を大きく見せる錯視量　日本視覚学会 2013 年冬季大会発表論文．
森川和則　2012　顔と身体に関連する形状と大きさの錯視研究の新展開——化粧錯視と服装錯視　心理学評論，55, 348-361.
森川和則・藤井佑美（2009）　アイメイクの錯視効果の測定　日本顔学会誌，9, 242.
Morikawa, K., Okumura, K., & Matsushita, S. 2012 Head size illusion: Head outlines are processed holistically too. *Perception*, 41, ECVP Abstract Supplement, 115.
奥村和枝・森川和則　2010　髪型の小顔効果は本当？　顔輪郭の遮蔽が顔の形状知覚に及ぼす影響　日本顔学会誌，10, 177.
Thompson, P. 1980 Margaret Thatcher: A new illusion, *Perception*, 9, 483-484.

■3 章

Bregman, A. S. 1990. *Auditory Scene Analysis*. MIT Press, MA.
Gabrielsson, A. 1974 Performance of rhythm patterns. *Scandinavian Journal of Psychology*, 15, 63-72.
柏野牧夫　2010　音のイリュージョン——知覚を生みだす脳の戦略．岩波科学ライブラリー，岩波

書店
Levitin, D. 2008. The illusion of music. *New Scientist*, 23, 34-37.
Miller, G. A. & Heise, G. A. 1950 The trill threshold. *Journal of the Acoustical Society of America*, 22, 637-638.
Nakajima, Y., ten Hoopen, G., & van der Wilk, R. 1991 A new illusion of time perception. *Music Perception*, 8, 431-448.
Nakajima, Y., ten Hoopen, G., Hilkhuysen, G., & Sasaki, T. 1992 Time-shrinking：A discontinuity in the perception of auditory temporal patterns. *Perception & Psychophysics*, 51, 504-507.
中島祥好，佐々木隆之，上田和夫，レメイン，G. 2014 音響サイエンスシリーズ6：聴覚の文法．コロナ社
佐々木隆之，中島祥好，Gert ten Hoopen 2002 1対1リズムのカテゴリー知覚とフルートのタンギングの関係について 日本音響学会聴覚研究会資料 H-2002-93, Vol.32, 603-606.
Shepard, R. N. 1964. Circularity in Judgements of Relative Pitch. *Journal of the Acoustical Society of America*, 36, 2346-53.
Sternberg, S., Knoll, R. L., & Zukofsky, P. 1982 Timing by skilled musicians. In D. Deutsch (Ed.), *The Psychology of Music* (pp. 181-239), New York, NY: Academic Press.
ten Hoopen, G., Sasaki, T., Nakajima, Y., Remijn, G., Massier, B., Rhebergen, K.S., & Holleman, W. 2006 Time-shrinking and categorical temporal ratio perception: evidence for a 1:1 temporal category, *Music Perception*, 24, 1-22.
van Noorden, L. P. A. S. 1975 *Temporal coherence in the perception of tone sequences*. Unpublished doctoral dissertation, Eindhoven University of Technology, The Netherlands.

■トピックス3
Anderson, E. 1938 The Letters of Mozart and his Family, Vol. 1. London: Macmillan.
Deutsch, O. E. 1965 Mozart: A Documentary Biography. Stanford：Stanford University Press.
Jahn, O. 1882 Life of Mozart, Vol. 1. London: Novello, Ewer.
Reisberg, D. 2013 Cognition：exploring the science of the mind, 5th edition. New York: W. W. Norton.
Schacter, D. L. 1995 Memory distortion：History and current status. In D. L. Schacter (Ed.), Memory distortion (pp. 1-43). Cambridge, M A: Harvard University Press.

■4章
芦原義信 1979 街並みの美学 岩波書店
Attneave, F. 1954 Some informational aspects of visual perception. *Pychological Review*, 61, 183-193.
Berlyne, D. E. 1970 Novelty complexity and hedonic value. *Perception and Psychophysics*, 8, 279-286.
Casasanto, D. 2009 Embodiment of Abstract Concepts：Good and bad in right- and left-handers. *Journal of Experimental Psychology*：General, 138, 351-367.
Eysenck, H. J. 1981 *Aesthetic prefernce and individual differences*. In O'Hare, D. (ed.) Psychology and Arts. The Harvester Press, 76-101
Garner, W. R. & Clement, D. E. 1963 Goodness of pattern and pattern uncertainty. *Journal of Verbal Learning and Verbal Behabior*, 2, 446-452.
久 隆浩 1988 景観嗜好と原風景 鳴海邦碩（編）景観からのまちづくり 学芸出版社, 134-146.
今井四郎・須藤昇・細田聡 1995 感性, 感性情報処理とその適応的意義 心理学評論, 38, 351-367.
河内十郎 1997 感性と知性の関係——脳損傷事例から考える 辻三郎（編）感性の科学——感性情報処理へのアプローチ, サイエンス社, 47-51.
菊池 聡 1993 好き嫌いの裏表 仲谷・藤本（編）美と造形の心理学 北大路書房, 96-108.
児玉優子・三浦佳世 2011 パターンのよさと知覚的体制化 心理学研究, 82, 277-282.
松田 憲 2010 好みの形成——単純接触効果と広告 三浦佳世（編）知覚と感性 北大路書房,

237-262.
三浦佳世　1993a　色をめぐる話　仲谷・藤本（編）　美と造形の心理学　北大路書房，52-75.
三浦佳世　1993b　日常の中の視覚探索　数理科学　355，65-70.
三浦佳世　1999　絵画における時間——視覚要因の分析を通して　基礎心理学研究，17，121-126.
三浦佳世　2006　感性心理学　海保博之・楠見孝（編）　心理学総合事典　朝倉書店，606-612.
三浦佳世　2009　アイステーシスとしての知覚——写真におけるミニチュア効果を通して　電子情報通信学会技術研究報告，109 (261)，41-46.
三浦佳世　2011　絵画の時間印象・時間表現——感性心理学からのアプローチ，日本色彩学会誌，35 (4)，318-323.
三浦佳世　2013　感性　日本認知心理学会（編）　認知心理学ハンドブック，有斐閣，64-67.
Miura, T.　2012　*Visual attention and behavior.* Kazama Shobo, 327-397.
Molnar, F.　1981　About the role of visual exploration in aesthetics. In Day, H. (ed.) *Advances in intrinsic motivation and aesthetics.* Plenum, 385-414.
中嶋　優・一川　誠（2008）　画像の具象性と刺激位置が配置の美的印象に及ぼす影響，日本感性工学会論文誌，8，137-143.
仲谷洋平・藤本浩一　1984　パターンの良さ及び好みの判断について——美術群と非美術群の比較　関西心理学会第 96 回大会論文集，9.
岡谷貴之・石澤昂・出口光一郎　2009　被写界深度ぼけの提示により奥行き感を強化する注視反応型ディスプレイ　電子情報通信学会論文誌，J92-D(8)　1298-1307.
大山　正・瀧本　誓・岩澤秀紀　1993　セマンティク・ディフェレンシャル法を用いた共感覚性の研究——因子構造と因子得点の比較，行動計量学，20，55-64.
近江源太郎　1984　造形心理学　福村出版
Palmer, S. E., Rosch, E., & Chase, P.　1981　Canonical perspective and the perception of objects. In J. Long & A. Baddely (Eds.) *Attention and performance* IX, 135-151, Erlbaum
Parks, T. E.　1982　Brightness effects in diffuse and shap illusory figures of similar configuration. *Perception,* 11, 107-110.
Ramachandran, V. S. & Hirstein, W.　1999　The science of art. *Journal of Consciousness Studies,* 6, 15-51.
鷲見成正　1992　「未完の完」についての心理学的考察　映像学，46，27-37.
Taylor, R. P., Micolich, A. P., & Jonas, D.　2000　Using science to investigate Jackson Pollock's drip paintings, *Journal of Consciousness Studies,* 7, 137-150.
Treisman, A. & Souther, J.　1985　Search asymmetry：A diagnostic for preattentive processing of separable features. *Journal of Experimental Psychology (General),* 114, 285-310.
Walker, E. L.　1973　Psychological complexity and preference. In D. E., Berlyne & K.B.Madsen (eds.) *Pleasure, Reward, Preference,* Academic Press 66-97
Yamada, Y., Kawabe, T., & Ihaya, K.　2013　Categorization difficulty is associated with negative evaluation in the "uncanny valley" phenomenon. *Japanese Psychological Research,* 55, 20-32.
山下利之・古澤照幸　1993　図柄イメージにおける人的側面の分析　人間工学，29，11-18.
柳瀬徹夫　1989　色彩環境　大山　正・秋田宗平（編著）　知覚工学　福村出版，76-98.

■トピックス 4
石井信行　1988　橋梁形態が有する力動性の認知科学的解釈　東京大学学位請求論文
岡本真和・天野光一・石井信行　1998　構造物が喚起する安定・不安定感の心理学的実験による検討　構造工学論文集，Vol.44A，575-580.
石井信行・臼倉　誠・鈴木美穂・行場次朗　2004　視覚心理実験による橋梁の認知プロトタイプ存在の検討，構造工学論文集，Vol.50A，303-313.

■5章
Bisiach, E. & Luzzatti, C.　1978　Unilateral neglect of representational space. *Cortex,* 14, 129-133.
Brooks, L. R.　1968　Spatial and verbal components in the act of recall. *Canadian Journal of Psychology,* 22, 349-368.
Farah, M. J.　1984　The neurological basis of mental imagery: A componential analysis. *Cogni-*

tion, 18, 245-272.
Finke, R. A. 1980 Levels of equivalence in imagery and perception. *Psychological Review*, 87, 113-132.
フィンケ, R. A. 1986 下條信輔・市川伸一（訳）心的イメージと視覚システム 大山 正（編）別冊サイエンス（SCIENTIFIC AMERICAN 日本版）特集 視覚の心理学Ⅲ 色・運動・イメージ 日経サイエンス 106-115.
Finke, R. A. 1990 *Creative imagery*. Hillsdale, NJ: Erlbaum Associates.
Finke, R. A. & Pinker, S. 1982 Spontaneous imagery scanning in mental extrapolation. *Journal of Experimental Psychology: Learning, Memory, and Cognition*, 8, 142-147.
Ghaem, O., Mellet, E., Crivello, F., Tzourio, N., Mazoyer, B., Berthoz, A., & Denis, M. 1997 Mental navigation along memorized routes activates the hippocampus, precuneus, and insula. *Neuroreport* 8, 739-744.
Goebel, R., Khorram-Sefat, D., Muckli, L., Hacker, H., & Singer, W. 1998 The constructive nature of vision: Direct evidence from functional magnetic resonance imaging studies of apparent motion and motion imagery. *European Journal of Neuroscience*, 10 (5), 1563-1573.
Hebb, D. O. 1968 Concerning imagery. *Psychological Review*, 75, 466-477.
Holmes, E. A. Coughtrey, A. E., & Connor, A. 2008 Looking at or through rose-tinted glasses?：Imagery perspective and positive mood. *Emotion*, 8 (6), 875-879.
Holmes, E. A. & Mathews, A. 2010 Mental imagery in emotion and emotional disorders. *Clinical Psychology Review*, 30, 349-362.
Holmes E. A, James E. L, Coode-Bate T, & Deeprose C 2009 Can playing the computer game 'Tetris' reduce the build-up of flashbacks for trauma? A proposal from cognitive science. *PLoS ONE* 4 : e4153.
Holmes E. A, James E. L, Kilford, J., & Deeprose, C. 2010 Key steps in developing a cognitive vaccine against traumatic flashbacks: visuospatial Tetris versus verbal Pub Quiz. *PLoS ONE* 5 : e13706.
Holt, R. R. 1964 Imagery: The return of the ostracized. *American Psychologist*, 19, 254-264.
本田 学 2001 脳のイメージ機能 乾 敏郎・安西祐一郎（編）イメージと認知 岩波書店, 127-171.
Horikawa, T., Tamaki, M., Miyawaki, Y., & Kamitani, Y. 2013 Neural decoding of visual imagery during sleep. *Science*, 340, 639-642.
Howard, R J., Ffytche, D H., Barnes, J., McKeefry, D., Woodruff, P W., Bullmore, E T. Simmons, A., Williams, S. C. R., David, A. S., & Brammer, M. 1998 The functional anatomy of imagining and perceiving colour. *Neuroreport*, 9 (6), 1019-1023.
乾 敏郎 2009 イメージ脳 岩波書店
Kawahara, M., & Matsuoka, K. 2012 Development of a Japanese version of the object-spatial imagery questionnaire (J-OSIQ). *Interdisciplinary Information Sciences*, 18 (1), 13-18.
Kawahara, M., & Matsuoka, K. 2013 Object-spatial imagery types of Japanese college students, *Psychology*, 4 (3), 165-168.
神谷之康 2007 脳から心を読む方法 西條辰義（監修）ブレイン・デコーディング――脳情報を読む オーム社 2-22.
Kosslyn, S. M. 1980 *Image and mind*. Harvard University Press.
Kosslyn, S. M. 2002 What shape are a German Shepherd's ears? http://www.edge.org/3rd_culture/kosslyn/kosslyn_print.html.
Kosslyn, S. M., & Shwartz, S.P. 1977 A simulation of visual imagery. *Cognitive Science*, 1, 265-295.
Kosslyn, S. M., Ball, T. M. & Reiser, B. J. 1978 Visual images preserve metric spatial information: Evidence from studies of image scanning. *Journal of Experimental Psychology: Human Perception and Performance*, 4, 47-60.
Kosslyn, S. M., Thompson, W. L., Kim, I. J., & Alpert, N. M. 1995 Topographical representations of mental images in primary visual cortex. *Nature*, 378, 496-498.
Kosslyn, S. M., Pascual-Leone, A., Felician,O., Camposano, S., Keenan, J. P., Thompson,W. L., Ganis,

G., Sukel, K. E., & Alpert, N. M. 1999 The role of area 17 in visual imagery: Convergent evidence from PET and rTMS. *Science*, **284**, 167-170.
コスリン, S. M., トンプソン, W. L., & ガニス 2009 武田克彦（監訳） 心的イメージとは何か 北大路書房
Kozhevnikov, M., Kosslyn, S., & Shephard, J. 2005 Spatial versus object visualizers: A new characterization of visual cognitive style. *Memory and Cognition*, **33**, 710-726.
Kozhevnikov, M., Blazhenkova, O., & Becker, M.（2010）. Trade-off in object versus spatial visualization abilities: Restriction in the devel-opment of visual processing resources. *Psychonomic Bulletin & Review*, **17**, 29-35.
Kubler, G. 1985 Eidetic imagery and paleolithic art. *The Journal of Psychology*, **119**（6）, 557-565.
ルイス＝ウィリアムズ, D. 港 千尋（訳） 2012 洞窟のなかの心 講談社
Lee, S., Kravitz, D. J., & Baker, C. I. 2012 Disentangling visual imagery and perception of real-world objects. *NeuroImage*, **59**（4）, 4064-4073.
O'Craven, K. M., & Kanwisher, N. 2000 Mental imagery of faces and places activates corresponding stimulus-specific brain regions. *Journal of Cognitive Neuroscience* **12**（6）, 1013-1023.
Pylyshyn, Z. W. 1981 The imagery debate: Analogue media versus tacit knowledge. *Psychological Review*, **87**, 16-45.
Radoslaw M. Cichy, R. M., Heinzle, J., & Haynes, J. 2012 Imagery and perception share cortical representations of content and location. *Cerebral Cortex*, **22**, 372-380.
Rechtschaffen, A., & Buchignani, C. 1992 The visual appearance of dreams. In J. S. Antrobus & M. Bertini（eds.）*The neuropsychology of sleep and dreaming.* Hillsdale, NJ : Erlbaum Associates, 143-155.
Reddy, L., Tsuchiya, N., & Serre, T. 2010 Reading the mind's eye: Decoding category information during mental imagery. *NeuroImage*, **50**（2）, 818-825.
リチャードソン, A. 1969 鬼澤 貞・滝浦静雄（訳） 心像 紀伊国屋書店
Richardson, A., & Patterson,Y., 1986 An evaluation of three procedures for increasing imagery vividness. In A. A. Sheikh（ed.）, *International review of mental imagery 2*, New York: Human Science Press, 166-191.
Segal, S. J., & Fusella, S. 1970 Influence of imaged pictures and sounds on detection of visual and auditory signals. *Journal of Experimental Psychology*, **83**, 458-464.
Shepard, R. N. 1984 Ecological constraints on internal representation: Resonant kinematics of perceiving, imagining, thinking, and dreaming. *Psychological Review*, **91**（4）, 417-447.
Shepard, R. N., & Metzler, J. 1971 Mental rotation of three-dimensional objects. *Science*, **191**, 701-703.
Shepard, R. N. 1978 Externalization of mental images of the act of creation. In Randhawa, B. S., & Coffman, W. E.（Eds.）*Visual Learning, Thinking, and Communication.* New York: Academic Press.
Shuttleworth, E. C., Syring, V., & Allen, N. 1982 Further obserbations on the nature of prosopagnosia. *Brain and Cognition*, **1**, 302-332.

■トピックス5
徳永幹雄 1991 イメージトレーニングの方法 箱田裕司（編著） イメージング──表象・創造・技能 サイエンス社, 55-74.
徳永幹雄 1995 集中力とメンタルトレーニング スマッシュ, **22**（4）.
徳永幹雄 1997 スポーツ選手のメンタルトレーニング・カード（MTCA. 2） トーヨーフィジカル

■6章
Alexander, G. E, DeLong, M. R., & Strick, P. L. 1986 Parallel organization of functionally segregated circuits linking basal ganglia and cortex., *Annual Review of Neuroscience*, **9**, 357-381.
バッドリー, A. 記憶力──そのしくみとはたらき, 川幡政道（訳）, 誠信書房, 1988.
Biederman, I. 1973 Mental set and mental arithmetic. *Memory & Cognition*, **1**, 383-386.

Broadbent, D. E. 1958 *Perception and Communication*, Pergamon, Oxford.
Chun, M. M., Golomb, J. D., Turk-Browne, N. B. 2011 A taxonomy of external and internal attention. *Annual Review of Psychology*, 62, 73-101.
Corbetta, M., Miezin, F. M., Dobmeyer, S., Shulman, G. L., Petersen, S. E. 1990 Attentional Modulation of Neural Processing of Shape, Color, and Velocity in Humans., *Science*, 248, 1556-1559.
Corbetta M. & Shulman G. L. 2002 Control of goal-directed and stimulus-driven attention in the brain., *Nature Reviews Neuroscience*, 3, 201-215.
Desimone, R., Wessinger, M., Thomas, L. & Schneider, W. 1990 Attentional control of visual perception: Cortical and subcortical mechanisms., *Cold Spring Harbor Symposia on Quantitative Biology*, 55, 963-971.
Deutsch, J. A. & Deutsch, D. 1963 Attention: Some theoretical considerations., *Psychological Review*, 70, 80-90.
Eriksen, B. A. and Eriksen, C. W. 1974 Effects of noise letters upon the identification of a target letter in a nonsearch task., *Perception & Psychophysics*, 16, 143-149.
Eriksen, C. W. & Hoffman, J. E. 1972 Temporal and spatial characteristics of selective encoding from visual displays, *Perception & Psychophysics.*, 12, 201-204.
Gu, B. M., Park, J. Y., Kang, D. H., Lee, S. J., Yoo, S. Y., Jo, H. J., Choi, C. H., Lee, J. M., & Kwon, J. S. 2008 Neural correlates of cognitive inflexibility during task-switching in obsessive-compulsive disorder., *Brain*, 131, 155-164.
James, W. 1950 *The principles of psychology*, Dover Publications.
Jonides, J. & Mack, R. 1984 On the cost and benefit of cost and benefit., *Psychological Bulletin*, 96, 29-44.
Kahneman, D. & Treisman, A. 1984 Chaniging views of attention and automaticity. In Parasuraman, R. & Davies, D. R. (eds.) *Varieties of attention.* Academic, New York, pp. 29-61.
Klein, R. M. 2000 Inhibition of return., *Trends in Cognitive Sciences*, 4, 138-147.
LaBerge, D. L. 1990 Attention., *Psychological Science*, 1, 156-162.
Lambert, A. J. 1985 Selectivity and stages of processing-An enduring controversy in attentional theory: A review., *Current Psychological Research & Reviews*, 4, 239-256.
Lavie, N. 1995 Perceptual load as a necessary condition for selective attention., *Journal of Experimental Psychology: Human Perception & Performance*, 21, 451-468.
Mackworth, J. F. 1968 Vigilance, arousal, and habituation. *Psychological Review*, 75, 308-322.
MacLeod, C. M. 1991 Half a century of research on the Stroop effect: An integrative review., *Psychological Bulletin*, 109, 163-203.
Milner, A. D. & McIntosh, R. 2005 The neurobiological basis of visual neglect. *Current Opinion in Neurology*, 18, 748-753.
Monsell, S. 2003 Task switching., *Trends in Cognitive Sciences*, 7, 134-140.
Moray, N. 1969 *Listening and Attention*, Penguin Books, Harmondsworth.
Posner, M. I. 1978 *Chronometric Exploration of Mind*, LEA: HillsDale, NJ.
Posner, M. I. 1980 Orienting of attention., *Quarterly Journal of Experimental Psychology*, 32, 3-25.
Posner, M. I. & Cohen, Y. 1984 Components of visual orienting., *Attention and Performance X.* Herman Bouma & Don G. Bouwhuis (eds.), 531-556, Lawrence Earlbaum: New Jersey.
Posner, M. I. & Petersen, S.E. 1990 The attention system of the human brain., *Annual Review of Neuroscience*, 13, 25-42.
Posner, M. I., Petersen, S. E., Fox, S. T., & Raichle, M. E. 1988 Localization of cognitive operations in the human brain., *Science*, 240, 1627-1631.
Posner, M. I., Walker, J. A., Friedrich, F. J., & Rafal, R. D. 1984 Effects of parietal injury on covert orienting of attention., *Journal of Neuroscience*, 4, 1863-1874.
Shulman, G. L., Astafiev, S. V., McAvoy, M. P., d'Avossa, G., & Corbetta, M. 2007 Right TPJ deactivation during visual search: Functional significance and support for a filter hypothesis., *Cerebral Cortex*, 17, 2625-2633.
Shulman, G. L., Corbetta, M., Buckner, R. L., Raichle, M. E., Fiez, J. A., Miezin, F. M., & Petersen, S.

E. 1997 Top-down modulation of early sensory cortex., *Cerebral Cortex*, 7, 193-206.
Simon, J. R. 1990 The effects of an irrelevant directional cue on human information processing., Stimulus-response compatibility, R.W. Proctor and Reeve, T.G. (eds.), Elsevier Science Publishers: North Holland, 31-86.
Sohn, M.- H., Ursu, S., Anderson, J. R., Stenger, V. A., & Carter, C. S. 2000 The role of prefrontal cortex and posterior parietal cortex in task switching., *Proceedings of the National Academy of Sciences of the United States of America*, 97, 13448-13453.
Stroop, 1935, Studies of interference in serial verbal reactions., *Journal of Experimental Psychology*, 18, 643-662. (*Journal of Experimental Psychology: General*, 1992, 121, 15-23 に再掲載)
スクワイアー, L. R. 1989 記憶と脳——心理学と神経科学の統合, 河内十郎（訳）, 医学書院.
Treisman, A. 1986 Features and objects in visual processing., *Scientific American*, 254, 114-124.
Treisman, A. 1988 Features and objects: The fourteenth Bartlett memorial lecture., *Quarterly Journal of Experimental Psychology*, 40A, 201-237.
Wager, T. D., Jonides, J., & Reading, S. 2004 Neuroimaging studies of shifting attention: a meta-analysis., *NeuroImage*, 22, 1679-1693.
Warner, C. B., Juola, J. F., & Koshino, H. 1990 Voluntary allocation versus automatic capture of visual attention., *Perception & Psychophysics*, 48, 243-251.

■トピックス 6 ─────────────
Bálint, R. 1909 Seelenlähmung des Schauens, optishe Ataxie, räumliche Strörung der Aufmerksamkeit. *Mschr Psychiat Neurol*. 25, 51-81.（森岩　基, 石黒健夫訳. 1977　精神医学　19, 743-755, 977-985.）
Grefkes, C. & Fink, G. R. 2005 The functional organization of the intraparietal sulcus in humans and monkeys. *J Anat*. 207, 3-17.
Holmes, G. & Horrax, G. 1919 Disturbance of spatial orientation and visual attention with loss of stereoscopic visuin. *Arch Neurol Psychiatry*. 1, 385-407.
Jax, S. A., Buxbaum, L. J., Lie, E. 2009 More than (where the target) meet the eyes: disrupted visuomotor transformation in optic axaxia. *Neuropsychologia*. 47, 230-238.
Luria, A. R. 1959 Disorders of 'simultaneous perception' in a case of bilateral occipito-parietal brain injury. *Brain*. 83, 437-49.
Rizzolatti, G. & Matelli, M. 2003 Two different streams from the dorsal visual system: anatomy and functions. *Exp Brain Res*. 153, 146-57.

■7 章 ─────────────
Anderson, J. R. & Bower, G. H. 1972 Recognition and retrieval processes in free recall. *Psychological Review*, 79, 97-123.
バッドリー, A. D. 1982　川端政道（訳）　1988　記憶力——そのしくみとはたらき　誠信書房
Baddeley, A. D. 1986 *Working memory*. Oxford University Press.
バートレット, F. C. 1938　宇津木保（訳）　1983　想起の心理学　誠信書房
ブラウン, K., デフェンバッハー, K. & スターギル, W. 1977　顔の記憶と遭遇状況の記憶　ナイサー, U.（編）富田達彦（訳）　1987　観察された記憶（上）　誠信書房
Carmichael, L., Hogan, H. P. & Walter, A. A. 1932 An experimental study of the effect of language on the reproduction of visually perceived form. *Journal of Experimental Psychology*, 15, 73-83.
Collins, A. M. & Loftus, E. F. 1975 A spreading-activation theory of semantic processing. *Psychological Review*, 82, 407-728.
Collins, A. M. & Quillian, M. R. 1969 Retrieval time from semantic memory. *Journal of Verbal Learning and Verbal Behavior*, 8, 240-247.
Craik, F. I. M. & Lockhart, R. S. 1972 Levels of processing: A framework for memory research. *Journal of Verbal Learning and Verbal Behavior*, 11, 671-684.
エビングハウス, H. 1885　宇津木保（訳）　1978　記憶について　誠信書房

Graf, P. & Schacter, D. L. 1985 Implicit and explicit memory for new associations in normal and amnesic subjects. *Journal of Experimental Psychology: Learning, Memory, Cognition*. 13, 45-53.

Kintsch, W. 1970 Models for free recall and recognition. In D. A. Norman (Ed.), *Models of human memory*. Academic Press.

ラックマン, G. R., ラックマン, J. L. & バターフィールド, E. C. 1979 箱田裕司・鈴木光太郎(監訳) 1988 認知心理学と人間の情報処理 II サイエンス社

Meacham, J. A. & Singer, J. 1977 Incentive effects in prospective remembering. *Journal of Psychology*, 97, 191-197.

ナイサー, U. 1967 大羽蓁(訳) 1981 認知心理学 誠信書房

大橋靖史 1993 想起の時間モデル 佐々木正人(編) エコロジカル・マインド (現代のエスプリ 298) 至文堂

太田信夫 1986 エピソード記憶論 誠信書房

佐々木正人 1984 空書行動の発達——その出現年齢と機能の分化 教育心理学研究, 32, 34-43.

Sperling, G. 1960 The information available in brief visual presentation. *Psychological Monographs*, 74 (11 whole No.498).

Squire, L. R. 2004 Memory systems of the brain : A brief history and current perspective. *Neurobiology of Learning and Memory*, 82, 171-777.

Smith, E. E., Shoben, E. J., & Rips, L. J. 1974 Structure and process in semantic memory: A featural model for semantic decisions. *Psychological Review*, 81, 214-241.

Thomson, D. M. & Tulving, E. 1970 Associative encoding and retrieval: Weak and strong cues. *Journal of Experimental Psychology*, 86, 255-262.

戸沼幸市 1978 人間尺度論 彰国社

Tulving, E. 1972 Episodic and semantic memory. In E. Tulving & W. Donaldson (Eds.), *Organization of memory*. Academic Press.

Tulving, E. & Thomson, D. M. 1973 Encoding specificity and retrieval processes in episodic memory. *Psychological Review*, 80, 352-373.

■トピックス7

西山めぐみ・寺澤孝文 2013 偶発学習事態における未知顔の潜在記憶 心理学研究, 83, 526-535.

寺澤孝文 1997 再認メカニズムと記憶の永続性 風間書房

寺澤孝文 2001 記憶と意識——どんな経験も影響はずっと残る 森敏昭(編) 認知心理学を語る①：おもしろ記憶のラボラトリー 北大路書房, 101-124.

寺澤孝文・辻村誠一・松田憲 1997 人は無意味なパターン情報を2カ月間保持できるか 日本心理学会第61回大会発表論文集, 828.

上田紋佳・寺澤孝文 2008 聴覚刺激の偶発学習が長期インターバル後の再認実験の成績に及ぼす影響 認知心理学研究, 6, 35-45.

上田紋佳・寺澤孝文 2010 間接再認手続きによる言語的符号化困難な音列の潜在記憶の検出 心理学研究, 81, 413-419.

■8章

Bekerian, D. A. & Bowers, J. M. 1983 Eyewitness testimony: Were we misled? Journal of Experimental Psychology: Learning, *Memory, & Cognition*, 9, 139-145.

Cutler, B. J., Penrod, S. D., & Martens, T. D. 1987 The reliability of eyewitness identification : The role of system and estimator variables. *Law and Human Behavior*, 11, 233-258.

Einstein, G. O. & McDaniel, M. A. 1990 Normal aging and propective memory. *Journal of Experimental Psychology: Learning, Memory, and Cognition*, 16, 717-726.

Linton, M. 1975 Memory for real-world events. In D.A. Norman & D. E. Rumelhart (Eds), *Explorations in cognition*. W.H. Freeman.

Loftus, E. F., Greene, E. L., & Doyle, J. M. 1989 The psychology of eyewitness testimony. Raskin, David C (Ed). *Psychological methods in criminal investigation and evidence*. (pp. 3-45).

Springer Publishing Co.
Loftus, G. R., & Loftus, E. F. 1976 *Human memory: The processing of information.* Lawrence Erlbaum Associates.
Loftus, E. F., Loftus, G. R., & Messo, J. 1987 Some facts about "weapon focus". *Law and Human Behavior*, 11, 55-62.
Loftus, E. F., & Palmer, J. C. 1974 Reconstruction of automobile destruction: An example of the interaction between language and memory. *Journal of Verbal Learning and Verbal Behavior*, 13, 585-589.
McCloskey, M., & Zaragoza, M. 1985 Misleading postevent information and memory for events: Argument and evidence against memory impairment hypothesis. *Journal of Experimental Psychology: General*, 114, 1-16.
Meacham, J. A., & Leiman, B. 1982 Remembering to perform future actions. In U. Neisser (Ed.), *Memory observed: Remembering in natural contexts* (pp. 327-336). Freeman.
Moscovitch, M. 1982 A neuropsychological approach to perception and memory in normal and pathological aging. In F. I. M. Craik, & S. Trehub (Eds.), *Aging and cognitive processes.* Plenum Press.
Neisser, U. 1978 Memory: What are the important questions? In M. M. Gruneberg, P. E. Morris, & R. N. Sykes (Eds.), *Practical aspects of memory.* Academic Press. 3-24.
Nickerson, R. S., & Adams, M. J. 1979 Long-term memory for a common object. *Cognitive Psychology*, 11, 287-307.
大村賢悟 1996 日常生活のなかの記憶 齊藤 勇（監修） 箱田裕司（編） 認知心理学重要研究集（記憶認知） 誠信書房
Rubin, D. C., Rahhal, T. A., & Poon, L. W. 1998 Things learned in early adulthood are remembered best. *Memory & Cognition*, 26, 3-19.
Sporer, S. L., Malpass, R. S., & Koehnken, G. 1996 *Psychological issues in eyewitness identification.* Lawrence Erlbaum Associates.
高良加代子・箱田裕司 2008 見慣れた日常物体の記憶における誤情報効果――新千円札の記憶による検討 信学技法 IEICE Technical Report HIP2007-162（2008-3） 19-24.
Wagenaar, W. A. 1986 My memory: A study of autobiographical memory over six years. *Cognitive Psychology*, 18, 225-252.
Wells, G. L. 1978 Applied eyewitness-testimony research: System variables and estimator variables. *Journal of Personality and Social Psychology*, 36, 1546-1557.
Wells, G. L., & Luus, C. A. E. 1990 Police lineups as experiments: Social methodology as a framework for properly conducted lineups. *Personality and Social Psychology Bulletin*, 16, 106-117.

■トピックス8
北神慎司 2000 言語陰蔽効果研究に関する展望 京都大学大学院教育学研究科紀要, 46, 209-221.
北神慎司 2001 非言語情報の記憶・認知における言語的符号化の妨害効果――広義における言語陰蔽効果研究の展望 京都大学大学院教育学研究科紀要, 47, 403-413.
Kitagami, S., Sato, W., & Yoshikawa, S. 2002 The influence of test-set similarity in verbal overshadowing. *Applied Cognitive Psychology*, 16 (8), 963-972.
Schooler, J. W. 2002 Verbalization produces a transfer inappropriate processing shift. *Applied Cognitive Psychology*, 16 (8), 989-997.
Schooler, J. W. & Engstler-Schooler, T. Y. 1990 Verbal overshadowing of visual memories: Some things are better left unsaid. *Cognitive Psychology*, 22 (1), 36-71.

■9章
American Psychiatric Association 2002 Diagnostic and statistical manual of mental disorders. Fourth Edition, Text revision. 高橋三郎・大野 裕・染矢俊幸（訳）DSM-IV-TR 精神疾患の診断・統計マニュアル（新訂版） 医学書院
Cannon, W. B. 1927 The James-Lange Theory of Emotions: A Critical Examination and an Al-

ternative theory. *American Journal of Psychology*, 39, 106-124.（宇津木成介（訳）2008 ジェームズ・ランゲの情動理論――その検証と代替理論 「近代」第100号 43-70, 神戸大学「近代」発行会）

Damasio, A. R. 2003 Looking for Spinoza.（田中三彦（訳）2005 感じる脳――情動と感情の脳科学 よみがえるスピノザ ダイヤモンド社）

エクマン, P. &フリーセン, W. V. 1975 工藤 力（訳編）1994 表情分析入門――表情に隠された意味をさぐる 誠信書房

Ekman, P., Levenson, R. W., Friesen, W. V. 1983 Autonomic nervous system activity distinguishes among emotions. *Science*, 221, 1208-1210

福田恭介 2011 ペアレントトレーニング実践ガイドブック――きっとうまくいく子どもの発達支援 あいり出版

平 伸二・中山 誠・桐生正幸・足立浩平（編著）2000 ウソ発見 北大路書房

LeDoux, J. E. 1998 情動・記憶と脳 日経サイエンス別冊123：心のミステリー 日経サイエンス社

Nomura, M., Ohira, H., Haneda, K., Iidaka, T., Sadato, N., Okada, T., Yonekura, Y. 2004 Functional association of the amygdala and ventral prefrontal cortex during cognitive evaluation of facial expressions primed by masked angry faces: An event-related fMRI study. *NeuroImage*. 21 (1), 352-63.

Ohira, H. 1995 Analysis of eyeblink activity during self-referent information processing in mild depression. *Perceptual Motor Skills*, 81(3), 1219-29.

大平英樹 2010 感情心理学入門 有斐閣アルマ

Ohman, A., Soares, J. J. 1998 Emotional conditioning to masked stimuli: Expectancies for aversive outcomes following nonrecognized fear-relevant stimuli. *Journal of Experimental Psychology : General*, 127(1), 69-82.

Omori, Y. & Miyata, Y. 2001 Estimates of impressions based on frequency of blinking. *Social Behavior and Personality*, 29 (2), 159-168.

Schachter, S. 1971 *Emotion, obesity, and crime*. Academic Press.

Tecce, J. J. 2008 Eye Movements and U.S. Presidential Elections. *International Journal of Psychophysiology*, 32, 192.

宇津木成介 1987 ノンバーバル・コミュニケーションとは何か 春木 豊（編著）心理臨床のノンバーバル・コミュニケーション 川島書店 21-43.

宇津木成介 ウィリアム・ジェームズと反射 国際文化学研究：神戸大学大学院国際文化学研究科紀要, 30, 31-57.

Van-Horn, J. D., Irimia, A., Torgerson, C. M., Chambers, M. C., Kikinis, R., & Toga, A. W. 2012 Mapping Connectivity Damage in the Case of Phineas Gage. *PLoS ONE*, 7 (5), e37454.

■トピックス9

畑山俊輝 1991 精神生理学的測定法 佐藤昭夫・朝長正徳（編）ストレスの仕組みと積極的対応 藤田企画出版, 73-79.

畑山俊輝・Antonides, G.・松岡和生・丸山欣哉 1994 アラウザルチェックリスト（GACL）から見た顔のマッサージの心理的緊張低減効果 応用心理学研究, 19, 11-19.

マンドラー, G. 1987 田中正敏・津田 彰（監訳）情動とストレス 誠信書房 (Mandlar, G., 1984 *Mind and body: Psychology of Emotion and Stress*)

大上 渉・箱田裕司・大沼夏子・守川伸一 2002 不快な情動が目撃者の認知に及ぼす影響 心理学研究, 73, 391-398.

大平英樹 2002 感情の生理的指標 高橋雅延・谷口高士（編者）感情と心理学 北大路書房, 41-65.

Philippot, P. 1993 Inducing and assessing differentiated emotion-feeling states in the laboratory. *Cognition and Emotion*, 7, 171-193.

白澤早苗・石田多由美・箱田裕司・原口雅浩 1999 記憶検索に及ぼすエネルギー覚醒の効果 基礎心理学研究, 17, 93-99.

鈴木まや・平尾直靖・寺下裕美・織田弥生・八木昭宏 1999 一過的な作業負荷によるストレス評

価質問紙の項目と利用方法の検討　人間工学, 35, 259-270.
高澤則美・廣田昭久　2004　ポリグラフ検査　高取建彦（編）　捜査のための法科学〈第一部の法生物学・法心理学・文書鑑識〉　令文社, 171-189.
八木昭宏　1998　生理心理学研究の産業場面における問題　柿木昇治・山崎勝男・藤澤清（編）　新生理心理学 3　北大路出版, 92-97.
山田冨美男　1998　免疫系・内分泌系指標　柿木昇治・山崎勝男・藤澤清（編）　新生理心理学 1　北大路出版, 280-289.

■10章

秋田　清　1980　50 のカテゴリーに属する語の出現頻度表　人文学, 135, 42-87.
Armstrong, S. L., Gleitman, L. R. & Gleitman, H.　1983　What some concepts might not be. *Cognition*, 13, 263-308.
Barsalou, L. W.　1985　Ideals, central tendency, and frequency of instantiation as determinants of graded structure in categories. *Journal of Experimental Psychology : Learning, Memory, and Cognition*, 11, 629-654.
Bassok, M. & Trope, Y.　1984　People's strategies for testing hypotheses about another's personality : Confirmatory or diagnostic? *Social Cognition*, 2, 199-216.
Bower, G. H., Black, J. B. & Turner, T. J.　1979　Scripts in memory for text. *Cognitive Psychology*, 11, 177-220.
Burnett, Russell C.; Medin, Douglas L.; Ross, Norbert O.; Blok, Sergey V.　2005　Ideal is typical. *Canadian Journal of Experimental Psychology*, 3-10.
Cheng, P. W. & Holyoak, K. J.　1985　Pragmatic reasoning schemas. *Cognitive Psychology*, 17, 391-416.
Ennis, R. H.　1987　A taxonomy of critical thinking dispositions and abilities. In J. B. Baron & R. J. Sternberg（Eds）Teaching critical thinking in psychology : A handbook of best practices. West Sussex, UK : Wiley-Blackwell. 35-48.
Friedman, R. & Forster, J.　2000　The effect of approach and avoidance motor actions on the elements of creative insight. *Journal of Personality and Social Psychology*, 79, 477-492.
Gick, M. L. & Holyoak, K. J.　1980　Analogical problem solving. *Cognitive Psychology*, 12, 306-355.
Griggs, R. A. & Cox, J. R.　1982　The elusive thematic-materials effect in Wason's selection. *British Journal of Psychology*, 73, 407-420.
市川伸一　1993　学習を支える認知カウンセリング――心理学と教育の新たな接点　ブレーン出版
生田久美子　1987　「わざ」から知る　東京大学出版会
楠見　孝　2010　6 章批判的思考と高次リテラシー　現代の認知心理学 3 思考と言語　134-160　北大路書房
Lave, J.　1988　無藤　隆ほか（訳）　1995　日常生活の認知行動　新曜社
Lave, J. & Wenger, E.　1991　Situated learning : Legitimate peripheral participation. Cambridge University Press. 佐伯胖（訳）　1993　状況に埋め込まれた学習――正統的周辺参加　産業図書.
Medin, D. L. & Schaffer, M. M.　1978　Context thory of classification learning. *Psychological Review*, 85, 207-238.
Murphy, G. L.　2002　The big book of concepts. Cambridge, MA : MIT Press.
Polanyi, M.　1966　The tacit dimension. Routledge & Kagan Paul. 佐藤敬三（訳）　1980　暗黙知の次元．紀伊國屋書店．
Rips, L. J.　1989　Similarity, typicality, and categorization. In S. Vosniadou & A. Ortony（Eds.），*Similarity and analogical reasoning*. Cambridge University Press.
Rosch, E. & Mervis, C. B.　1975　Family resemblances : Studies in the internal structure of categories. *Cognitive Psychology*, 7, 573-605.
Rosch, E.　1975　Cognitive representations of semantic categories. *Journal of Experimental Psychology : General*, 104, 192-233.
ロス, A. 1986　認知科学研究会（訳）　1989　概念的カテゴリー　（認知心理学講座 2：知覚と表象）

海文堂
佐々木正人　1984　「空書」行動の発達——その出現年齢と機能の分化　教育心理学研究，32, 34-43.
Tversky, A. & Kahneman, D.　1982　Judgment of and by representativeness. In D. Kahneman, P. Slovic & A. Trersky (Eds.), *Judgment under uncertainty : Heuristics and biases*. Cambridge University Press.
Wason, P. C.　1966　Reasoning. In B. M. Foss (Ed.), *New horizons in psychology*. Penguin.
山　祐嗣　1994　問題解決と知能　多鹿秀継（編）認知と思考——認知心理学の最前線　サイエンス社

■トピックス10

Caramazza, A., Hills, A., Leek, E. C. & Miozzo, M.　1994　The organization of lexical knowledge in the brain : Evidence from category and modality-specific deficits. In L. A. Hirschfeld & S. A. Gelman (Eds.), *Mapping the mind*. Cambridge University Press.
Werrington, E. K. & Shallice, T.　1984　Category-specific semantic impairments. *Brain*, 107, 829-853.
吉野文浩・加藤元一郎・三上　将・斉藤文恵・吉益晴夫・鹿島晴雄・浅井昌弘　1995　野菜，果物，加工食品に特異的な意味記号障害を呈したヘルペス脳炎後遺症の一例　第19回日本神経心理学会総会予稿集，99.

■11章

阿部純一・桃内佳雄・金子康朗・李光五　1994　人間の言語情報処理——言語理解の認知科学　サイエンス社
Chomsky, N.　1959　Review of Skinner's verbal behavior, *Language*, 35, 26-58.
Chomsky, N.　1965　安井　稔（訳）1970　文法理論の諸相　研究社
Curtiss, S.　1977　Genie : A Psycholinguistic Study of a Modern-Day "Wild Child".
Elman, J. L. *et al*.　1996　乾　敏郎ほか（訳）1998　認知発達と生得性　共立出版
Fodor, J. A.　1983　*The modularity of mind*. MIT Press.
Gopnik, M.　1990　Feature-blind grammar and dysphasia. *Nature*, 344, 715.
Grosjean, F.　1982　*Life with two languages : An introduction to bilingualism*. Harvard University Press.
群司隆男・坂本　勉　1999　言語学の方法（現代言語学入門1）岩波書店
萩原裕子　1998　脳にいどむ言語学（岩波科学ライブラリー59）岩波書店
神尾昭雄・外池滋生　1979　言い間違いの言語学　今井邦彦（編）言語障害と言語理論　大修館書店
河上誓作（編著）　1996　認知言語学の基礎　研究社出版
Lenneberg, E. H.　1967　佐藤方哉・神尾昭雄（訳）1974　言語の生物学的基礎　大修館書店
Curtiss, S.　久保田競・藤永安生（訳）1992　ことばを知らなかった少女ジーニー——精神言語学研究の記録　築地書館
松沢哲郎　1995　チンパンジーはちんぱんじん　岩波ジュニア新書
Malson, L.　1964　中野善達・南　直樹（訳）1977　野生児　福村出版
Minsky, M.　1986　安西祐一郎（訳）1990　心の社会　産業図書
中井　悟　2008　言語の生得性とモジュール性　昭和堂
二瀬由理・織田潤里・榊　祐子・坂本　勉・行場次朗　1998　両耳分離聴法による空主語判定プロセスの分析（2）——語順の効果　認知科学，5 (1), 82-88.
織田潤里・二瀬由理・榊祐子・行場次朗・坂本　勉　1997　両耳分離聴法による空主語判定プロセスの分析　認知科学，4 (2), 58-63.
岡田伸夫　1998　言語理論と言語教育　大津由紀夫・坂本　勉・乾　敏郎・西光義弘・岡田伸夫（共著）言語科学と関連領域（岩波講座言語の科学11）岩波書店，130-178.
苧阪直行　1999　感性のことばを研究する　新潮社
坂本　勉　1995　構文解析における透明性の仮説——空主語を含む文の処理に関して　認知科学，2 (2), 77-90.

坂本　勉　1998　人間の言語情報処理　大津由紀夫・坂本　勉・乾　敏郎・西光義弘・岡田伸夫（共著）言語科学と関連領域（岩波講座　言語の科学11）岩波書店，1-55.
佐野洋子・加藤正弘　1998　脳が言葉を取り戻すとき　NHKブックス
Saussure, F. de　1916　小林英夫（訳）1949，1972（改訂版）一般言語学講義　岩波書店
Savage-Rumbaugh, S. 1993　古市剛史（監修）加地永都子（訳）1993　カンジ——言葉を持った天才ザル　NHK出版
Singh, J. A. L.　1934　中野善達ほか（訳）1977　狼に育てられた子　福村出版
Smith, N. & Tsimpli I-M.　1995　毛塚恵美子ほか（訳）1999　ある言語天才の頭脳　新曜社
寺尾　康　1992　言語産出　安西祐一郎ほか（編）認知科学ハンドブック　共立出版
山鳥　重　1998　ヒトはなぜことばを使えるか　講談社現代新書

■トピックス 11

Dryer, M. S.　2005　Order of subject, object, and verb. In M. Haspelmath et al. (Eds.), *The world atlas of language structures.* Oxford University Press. 330-333.
Gibson, E., Brink, K., Piantadosi, S., & Saxe, R.　2011　Cognitive pressures explain the dominant word orders in language. The 24th annual CUNY conference on human sentence processing.
Goldin-Meadow, S., So, W. C., Özyürek, A., & Mylander, C.　2008　The natural order of events: How speakers of different languages represent events nonverbally. *Proceedings of the National Academy of Sciences,* 105 (27), 9163-9168.
Kiyama, S., Tamaoka, K., Kim, J., & Koizumi, M.　2013　Effect of animacy on word order processing in Kaqchikel Maya. *Open Journal of Modern Linguistics,* 3 (3).
Koizumi, M.　2013　Experimental syntax: Word order in sentence processing. In M. Nakayama (Ed.), *Handbook of Japanese Psycholinguistics.* Mouton.
Koizumi, M., Yasugi, Y., Tamaoka, K., Kiyama, S., Kim, J., Ajsivinac Sian, J. E., Garcia Mátzar, P. O.　2014　On the (non-) universality of the preference for subject-object word order in sentence comprehension : A sentence processing study in Kaqchikel Maya. To appear in *Language.*
Kubo, T., Ono, H., Tanaka, M., Koizumi, M., & Sakai, H.　2012　How does animacy affect word order in a VOS language? The 25th annual CUNY conference on human sentence processing.
Lewis, M. P., Simons, G. F. & Fennig, C. D. (Eds.) 2013　*Ethnologue: Languages of the World, 17th edition.* Dallas: SIL International. http://www.ethnologue.com
Sakai, H., Kubo, T., Ono, H., Sato, M., & Koizumi, M.　2012　Does word order influence non-verbal event description by speakers of OS language? The 34th Annual Meetings of the Cognitive Science Society.
Slobin, D. I.　1996　From "thought and language" to "thinking for speaking". *Rethinking linguistic relativity,* 17, 70-96.

■12章

Asch, S. E.　1946　Forming impressions of personality. *Journal of Abnormal and Social Psychology,* 41, 258-290.
Bruner. J. S. & Goodman, C. C.　1947　Value and need as organizing factors in perception. *Journal of Abnormal and Social Psychology,* 42, 33-44.
Carpenter, S. L.　1988　Self-relevance and goal-directed processing in the recall and weighting of information about others. *Journal of Experimental Social Psychology,* 24, 310-332.
Darley, J. M. & Gross, P. H.　1983　A hypothesis confirming bias in labeling effects. *Journal of Personality and Social Psychology,* 44, 20-33.
Fiske, S. T. & Neuberg, S, L.　1990　A continuum of impression formation from category-based to individuating processes: Influences of information and motivation on attention and interpretation. In M. P. Zanna (Eds.) *Advances in experimental social psychology,* 23, 1-74. Academic Press.
Forgas, J. P. & Bower, G. H.　1987　Mood effects on person-perception judgements. *Journal of Personality and Social Psychology,* 53, 53-60.
藤岡喜愛　1993　生物世界における人間の位置を考える——共存の視点から　村山正治（編）ヒ

ューマニティー——新たな深まりと広がりを求めて　九州大学出版会, 1-34.
Jones, E. E. & Nisbett, R. E.　1972　The actor and the observer : Divergent perceptions of the causes of behavior. In E. E. Jones, D. K. Kanouse, H. H. Kelley, R. E. Nisbett, S. Valins & Weiner (Eds.), Attribution: Perceiving the causes of behavior. General Learning Press.
松本卓三　1995　社会的認知　小川一夫（監修）　社会心理学用語辞典　北大路書房
沼崎　誠　1998　自己に関わる情報処理　山本眞理子・外山みどり（編）　社会的認知（対人行動学研究シリーズ8）　誠信書房
Rothbart, M., Fulero, S., Jensen, C., Howard. J., & Birrel, B.　1978　From individual to group impression: Advailability heuristics in stereotype formation. *Journal of Experimental Social Psychology*, 14, 237-255.
Snyder, M.　1984　When belief creates reality. In L. Berkowitz (Ed.), *Advances in experimental social psychology*, 18, 247-305. Orlando, FL: Academic Press.
Weiner, B., Frieze. I., Kukla, A. Reed, L., Rest, S., Rosenbaum, R. M.　1972　Perceiving the causes of success and failure. In E. E. Jones. D. E. Kaunouse. H. H. Kelley, R. E. Nisbett, S. Valins & B. Weiner (Eds.), Attribution, Perceiving the causes of behavior. General Learning Press. 95-120.

■トピックス 12

萩原　滋　1990　弁解行為の日米比較——予備調査結果の報告　慶應義塾大学新聞研究所年報, 36, 157-179.
Schoenbach, P.　1990　*Account episodes: The management or escalation of conflict*. Cambridge University Press.
Wagatsuma, H. & Rosett, A.　1986　The implication of apology: Law and culture in Japan and the United States. *Law and Society Review*, 20, 461-507.

■13 章

Adams, R. J.　1989　Newborn's discrimination among mid-and long-wavelength stimuli. *Journal of Experimental Child Psychology*, 47, 130-141.
Benessse 教育研究開発センター・朝日新聞共同調査　2012　学校教育に対する保護者の意識調査　Benesse 教育研究開発センター
Bornstein, M. H.　1975　Qualities of color vision in infancy. *Journal of Experimental Child Psychology*, 19, 401-419.
Bushnell, I. W. R.　1979　Modification of the externality effect in young infants. *Journal of Experimental Child Psychology*, 28, 211-229.
コックス, M. V.　1992　子安増生（訳）　1999　子どもの絵と心の発達　有斐閣選書
Flavell, J. H., Beach, D. H. & Chinsky, J. M.　1966　Spontaneous verbal rehearsal in a memory task as function of age. *Child Development*, 37, 283-299.
布施英利　1999　課外授業へようこそ先輩——ダビンチ先生の美術解剖学教室　NHK 1999年5月2日放映
Hargreaves, D. J.　1986　*The developmental psychology of music*. Cambridge University Press.
伊藤隆二　1981　知性　宮城音弥ほか（編）　心理学事典　平凡社
Kail, R. V.　1993　The information-processing approach to cognitive development. In R. V. Kail & R. Wicks-Nelson (Eds.), *Developmental psychology, 5th ed.* Prentice-Hall.
Kessen, W., Levine, J. & Wendrich, K. A.　1979　The imitation of pitch in infants. *Infant Behavior and Development*, 2, 91-99.
菊谷倫彦　2012　3・11以後のあたらしい"感性"の時代へ．朝日新聞 DIGITALWEBRONZA (http://astand.asahi.com/magazine/wrculture/special/2012061800007.html?iref=webronza)
Leeds, A., Dirlam, D. & Brannignan, G.　1983　The development of spatial representation in children from five to thirteen years of age. *Genetic Psychology Monographs*, 108, 135-165.
Lemire, R. J., Loeser, J. D., Leech, R. W. & Alvord, E. C.　1975　*Normal and abnormal development of the human nervous system*. Harper & Row.
リュケ, G. H.　1927　須賀哲夫（監訳）　1979　子どもの絵　金子書房
松山隆司　1996　感性情報処理のパラダイム　辻　三郎（編著）　感性の科学　サイエンス社

McCall, R. B. & Carriger, M. S. 1993 A meta-analysis of infant habituation and recognition memory performance as predictors of later IQ. *Child Development,* **64,** 57-79.
Moog, H. 1976 *The musical experience of the pre-school child.* Translated by C. Clarke. Schott.
岡田 猛 2013 芸術表現の捉え方についての一考察──「芸術の認知科学」特集号の序に代えて. *Cognitive Sciences,* **20,** 10-18.
Piaget, J. & Inhelder, B. 1956 *The children's conception of space.* Routledge & Kagan Paul.
Piaget, J. & Inhelder, B. 1969 *The psychology of the child.* Routledge & Kagan Paul.
Rose, S. A. & Feldman, J. F. 1995 Prediction of IQ and specific cognitive abilities at 11 years from infancy measures. *Developmental Psychology,* **31,** 685-696.
Serafine, M. L. 1988 Music as cognition: *The development of thought in sound.* Columbia University Press.
Shuter-Dyson, R. & Gabriel, C. 1981 *The psychology of musical ability, 2nd ed.* Methuen.
Teller, D. Y. & Bornstein, M. H. 1987 Infant color vision and color perception, In P. Salapatek & L. Cohen (Eds.), *Handbook of infant perception,* vol.1. Academic Press.
Trehub, S. E. 1993 The music listening skills of infants and young children. In T. J. Tighe & W. J. Dowling (Eds.), *Psychology and music: The understanding of melody and rhythm.* Lawrence Erlbaum Associates.
Trehub, S. E., Bull, D. & Thorpe, L. A. 1984 Infants' perception of melodies: The role of melodic contour. *Child Development,* **55,** 821-830.
Trehub, S. E., Thrope, L. A. & Trainor, L. J. 1990 Infants' Perception of good and bad melodies. *Psychomusicology,* **9,** 5-15.
梅本堯夫 1999 子どもと音楽(シリーズ人間の発達11) 東京大学出版会

■トピックス 13

Bar-On, R. 1997 *Bar-On Emotional Quotient Inventory (EQ-i): Technical Manual.* Tronto: Multi-Health Systems.
Dunning, D., Johnson, K., Ehrlinger, J., & Kruger, J. 2003 Why people fail to recognize their own incompetence. *American Psychological Society,* **12,** 83-87.
Fellner, A. N., Matthews, G., Funke, G., Emo, A., Perez, J. C., Zeidner, M., & Roberts, R. D. 2007 The effects of emotional intelligence on visual search of emotional stimuli and emotional identification. *Proceedings of the Human Factors & Ergonomics Society 51st Annual Meeting.* Santa Monica, CA: Human Factors and Ergonomics Society. 845-849.
Goleman, D. (1995). *Emotional intelligence: Why it can matter more than IQ.* New York: Bantam Books.
ゴールマン, D. 土屋京子(訳) 1996 EQ──こころの知能指数 講談社
Mayer, J. D., Salovey, P., & Caruso, D. R. 2002 *The Mayer-Salovey-Caruso Emotional Intelligence Test (MSCEIT): User's manual.* Toronto, Canada: Multi-Health Systems.
O'Connor Jr., R. M., & Little, I. S. 2003 Revisiting the predictive validity of emotional intelligence: self-report versus ability-based measures. *Personality and Individual Differences,* **35,** 1893-1902.
Salovey, P., & Mayer, J. D. 1990 Emotional intelligence. *Imagination, Cognition and Personality,* **9,** 185-211.
Warwick, J., & Nettelbeck, T. 2004 Emotional intelligence is …? *Personality and Individual Differences,* **37,** 1091-1100.

■14章

Arsalidou, M. & Taylor, M. J. 2011 Is 2+2=4? Meta-analyses of brain areas needed for numbers and calculations. *Neuroimage,* **54,** 2382-2393.
Bauer, R. M. 1982 Visual hypoemotionality as a symptom of visual-limbic disconnection in man. *Archives of Neurology,* **39,** 702-708.
Blood, A. J. & Zatorre, R. J. 2001 Intensely pleasurable responses to music correlate with activity in brain regions implicated in reward and emotion. *Proceedings of the National Academy of*

Sciences, USA, **98**, 11818-11823.
Blood, A. J., Zatorre, R. J., Bermudez, P., & Evans, A. C. 1999 Emotional responses to pleasant and unpleasant music correlate with activity in paralimbic brain regions. *Nature Neuroscience*, **2**, 382-387.
Cela-Conde, C. J., Marty, G., Maestú, F., Ortiz, T., Munar, E., Fernández, A., Roca, M., Rosselló, J., & Quesney, F. 2004 Activation of the prefrontal cortex in the human visual aesthetic perception. *Proceedings of the National Academy of Sciences of the United States of America*, **106**, 3847-3852.
Cohen, L. & Dehaene, S. 2004 Specialization within the ventral stream: The case for the visual word form area. *NeuroImage*, **22**, 466-476.
Gardner, H. 1983 *Frames of mind: The theory of multiple intelligences*. New York : Basic Books.
ガードナー, H. 1999 松村暢隆 (訳) 2000 MI ──個性を生かす多重知能の理論　新曜社
Gaser, C. & Schlaug, G. 2003 Brain structures differ between musicians and non-musicians. *Journal of Neuroscience*, **23**, 9240-9245.
Giles, J. 2004 Change of mind. *Nature*, **430**, 14.
Ishizu, T. & Zeki, S. 2011 Toward a brain-based theory of beauty. *PLoS ONE*, **6**, e21852.
Habib, M. 1986 Visual hypoemotionality and prosopagnosia associated with right temporal lobe isolation. *Neuropsychologia*, **24**, 577-582.
Kawabata, H. & Zeki, S. 2004 Neural correlates of beauty. *Journal of Neurophysiology*, **91**, 1699-1705.
Kawachi, Y., Kawabata, H., Kitamura, M. S., Shibata, M., Imaizumi, O., & Gyoba, J. 2011 Topographic distribution of brain activities corresponding to psychological structures underlying affective meanings: An fMRI study. *Japanese Psychological Research*, **53**, 361-371.
河村　満　2012　音楽する脳──楽譜を扱う脳　岩田　誠・河村　満（編）脳とアート──感覚と表現の脳科学　医学書院
子安増生　2005　芸術心理学の新しいかたち──多重知能理論の展開　子安増生（編著）芸術心理学の新しいかたち　誠信書房
Kowatari, Y., Lee, S., Yamamura, H., Nagamori, Y., Levy, P., Yamane, S., & Yamamoto, M. 2009 Neural networks involved in artistic creativity. *Human Brain Mapping*, **30**, 1678-1690.
Krawczyk, D. C. 2002 Contributions of the prefrontal cortex to the neural basis of human decision making. *Neuroscience & Biobehavioral Review*, **26**, 631-664.
Lahav, A., Saltzman, E., & Schlaug, G. 2007 Action representation of sound: Audiomotor recognition network while listening to newly acquired actions. *Journal of Neuroscience*, **27**, 308-314.
Liberman, M. D. 2007 Social cognitive Neuroscience: A review of core processes. *Annual Review of Psychology*, **58**, 259-289.
Lythgoe, M. F. X., Pollak, T. A., Kalmus, M., de Haan, M., & Khean Chong, W. 2005 Obsessive, prolific artistic output following subarachnoid hemorrhage. *Neurology*, **64**, 397-398.
Nadal, M., Munar, E., Capó, M. A., Rosselló, J., & Cela-Conde, C. J. 2008 Towards a framework for the study of the neural correlates of aesthetic preference. *Spatial Vision*, **21**, 379-396.
Osgood, C. E. 1960 The cross-cultural generality of visual-verbal synesthetic tendencies. *Behavioral Science*, **5**, 146-169.
Salimpoor, V. N., Benovoy, M., Larcher, K., Dagher, A., & Zatorre, R. J. 2011 Anatomically distinct dopamine release during anticipation and experience of peak emotion to music. *Nature Neuroscience*, **14**, 257-262.
Sellal, F., Andriantseheno, M., Vercueil, L., Hirsch, E., Kahane, P., & Pellat, J. 2003 Dramatic changes in artistic preference after left temporal lobectomy. *Epilepsy & Behavior*, **4**, 449-450.
Solso, R. L. 2001 Brain activities in a skilled versus a novice artist: An fMRI study. *Leonardo*, **34**, 31-34.
Vartanian, O. & Goel, V. 2004 Neuroanatomical correlates of aesthetic preference for paintings. *Neuroreport*, **15**, 893-897.
Zatorre, R. J., Chen, J. L., & Penhune, V. B. 2007 When the brain plays music: Auditory-motor interactions in music perception and production. *Nature Review Neuroscience*, **8**, 547-558.

■トピックス14
Brehm, J. W. 1956 Postdecision changes in the desirability of alternatives. *Journal of abnormal psychology*, 52, 384-389.
Festinger, L. 1957 *A theory of cognitive dissonance*. Stanford, Stanford University Press.
Hall, L., Johansson, P., Tärning, B., Sikström, S., & Deutgen, T. 2010 Magic at the marketplace: Choice blindness for the taste of jam and the smell of tea. *Cognition*, 117, 54-61.
Johansson, P., Hall, L., Sikstrom, S., & Olsson, A. 2005 Failure to detect mismatches between intention and outcome in a simple decision task. *Science*, 310, 116-119.
Lieberman, M. D., Ochsner, K. N., Gilbert, D. T., & Schacter, D. L. 2001 Do Amnesics Exhibit Cognitive Dissonance Reduction? The Role of Explicit Memory and Attention in Attitude Change. *Psychological Science*, 12, 135-140.
Nakamura, K. & Kawabata, H. 2013 I Choose, Therefore I Like: Preference for Faces Induced by Arbitrary Choice. *PLoS ONE*, 8, e72071.
Sharot, T., Velasquez, C. M., & Dolan, R. J. 2010 Do decisions shape preference? Evidence from blind choice. *Psychological science*, 21, 1231-1235.
Shimojo, S., Simion, C., Shimojo, E., & Scheier, C. 2003 Gaze bias both reflects and influences preference. *Nature Neuroscience*, 6, 1317-1322.
Simion, C. & Shimojo S. 2006 Early interactions between orienting, visual sampling and decision making in facial preference. *Vision Research*, 46, 3331-3335.

■15章
井上正明・小林利宜 1985 日本におけるSD法による研究分野とその形容詞対尺度構成の概観 教育心理学研究, 33, 253-260.
犬飼幸男・中村和男・篠原正美 1977 顔面表情図形の非類似性判断の多次元尺度解析 製品科学研究所研究報告, 81, 21-30.
クラスカル, J. B. & ウイッシュ, M. 1978 高根芳雄（訳）1980 多次元尺度法 朝倉書店
松尾太加志・中村知靖 2002 誰も教えてくれなかった因子分析 北大路書房
長町三生 1995 感性工学のおはなし 日本規格協会
中村知靖・光藤崇子 2011 項目反応理論から見た認知の個人差 箱田裕司（編）現代の認知心理学7 認知の個人差 253-278.
Osgood, C. E. 1952 The nature and measurement of meaning. *Psychological Bulletin*, 49, 197-237.
Osgood, C. E., Suci, G. J. & Tannenbaum, P. H. 1957 *The measurement of meaning*. University of Illinois Press.
岡本安晴 2006 計量心理学――心の科学的表現をめざして 培風館
大山 正 2005 セマンテック・ディファレンシャル法（SD法）大山 正・岩脇三良・宮埜壽夫 心理学研究法――データ収集・分析から論文作成まで サイエンス社 65-78.
齊藤崇子 1999 日本人における情動カテゴリーの階層構造 九州大学文学部卒業論文（未公刊）
Spearman, C. 1904 "General intelligence", objectively determined and measured. *American Journal of Psychology*, 15, 201-293.
高根芳雄 1980 多次元尺度法 東京大学出版会
土屋隆裕 1996 質的な3相データのための項目分類による尺度構成法 教育心理学研究, 44, 425-434.
Torgerson, W. S. 1958 *Theory and methods of scaling*. John Wiley & Sons.

■トピックス15
Hersh, H. M. & Caramazza, A. 1976 A fuzzy set approach to modifiers and vagueness in natural language. *Journal of Experimental Psychology: General*, 105 (3), 254-276.
Pawlak, Z. 1982 Rough sets. *International Journal of Information and Computer Sciences*, 11 (5), 341-356.
Pawlak, Z. 1991 *Rough Sets: Theoretical Aspects of Reasoning about Data*. Dordrecht: Kluwer Academic Publishers.

Rosch, E. H. 1973 On the internal structure of perceptual and semantic categories. In T.E. Moore (Ed.), *Cognitive Development and the Acquisition of Language*, New York: Academic Press. 111-144.
Rosch, E. 1975 Cognitive representations of semantic categories. *Journal of Experimental Psychology: General,* **104** (3), 192-233.
山下利之　1992a　ファジィ・サイコロジーのすすめ——あいまいだからよくわかる　ブレーン出版
山下利之　1992b　ファジィ——心理学への展開　垣内出版
山下利之　1994　あいまいの心理を科学する　福村出版
山下利之　1997　ファジィ推論の心理学における適用可能性について　基礎心理学研究，**16** (1), 21-31.
山下利之　2013　ブール代数アプローチとラフ集合分析によるルール抽出　心理学評論，**56** (1), 86-98.
Zadeh, L. A. 1965 Fuzzy sets. *Information and Control,* **8**, 338-353.
Zadeh, L. A. 1995 ソフト・コンピューティング　日本ファジィ学会誌，**7** (2), 262-269.

■ 16章
デッカー，S.　2006　小松原明哲・十亀　洋（監訳）　2010　ヒューマンエラーを理解する　海文堂出版
ホルナゲル，E.　2004　小松原明哲（監訳）　2006　ヒューマンファクターと事故防止　海文堂出版
Hutchins, E. L., Hollan, J. D., & Norman, D. A. 1986 Direct manipulation interfaces. In D. A. Norman & S. W. Draper (Eds.), *User Centered System Design: New Perspectives on Human-Computer Interaction.* Lawrence Erlbaum Associates. 87-124.
海保博之・田辺文也　1996　ヒューマン・エラー——誤りからみる人と社会の深層　新曜社
海保博之・原田悦子・黒須正明　1991　認知的インタフェース——コンピュータとの知的つきあい方　新曜社
松尾太加志　1999　コミュニケーションの心理学——認知心理学・社会心理学・認知工学からのアプローチ　ナカニシヤ出版
松尾太加志　2003　外的手掛かりによるヒューマンエラー防止のための動機づけモデル　ヒューマンインタフェース学会誌，**5**, 75-84.
松尾太加志　2007　ヒューマンエラーと安全文化　原子力 eye, **53**, 16-17.
Norman, D. A. 1981 Categorization of action slips. *Psychological Review,* **88**, 1-15.
Norman, D. A. 1983 Some observations on mental models. In D. Gentner & A. L. Stevens (Eds.), *Mental Models.* Lawrence Erlbaum Associates. 7-14.
Norman, D. A. 1986 Cognitive engineering. In D. A. Norman & S. W. Draper (Eds.), *User Centered System Design: New Perspectives on Human-Computer Interaction.* Lawrence Erlbaum Associates. 31-61.
ノーマン，D. A.　2010　伊賀聡一郎・岡本　明・安村通晃（訳）　2011　複雑さと共に暮らす——デザインの挑戦　新曜社
ラスムッセン，J.　1986　海保博之・加藤　隆・赤井真喜・田辺文也（訳）　1990　インタフェースの認知工学——人と機械の知的かかわりの科学　啓学出版
リーソン，J.　1990　林　喜男（監訳）　1994　ヒューマンエラー——認知科学的アプローチ　海文堂出版
佐伯　胖　1988　インタフェースの認知科学　数理科学，1988年3月号，No. 297, 5-9.

■ トピックス 16
ラスムッセン，J.　1986　海保博之・加藤　隆・赤井真喜・田辺文也（訳）　1990　インタフェースの認知工学——人と機械の知的かかわりの科学　啓学出版
リーズン，J.　1997　塩見　弘（監訳）　1999　組織事故　日科技連出版社
佐々木めぐみ・箱田裕司　1991　大規模プラントにおけるストレスと情報処理　現代のエスプリ 290号「ストレスと過労死」至文堂，60-74
Sheridan, T. B. 1997 supervisory control. In G. Salvendy (Ed.), *Handbook of human factors and*

ergonomics. John Wiley & Sons. 1295-1317.
渡辺めぐみ・志井田孝　2003　手段――目的階層に基づくヒューマンエラーの分類　日本情報ディレクトリ学会誌，Vol.1, 41-46.
行待武生・飛岡利明　1982　人的過誤評価のための分類とその応用（1）安全，33巻，1号

■終章

Kosslyn, S. M., Thompson, W. L., Kim, I. J. & Alpert, N. M.　1995　Topographical representations of mental images in primary visual cortex. *Nature*, 378, 496-498.
リンゼイ，P. H. & ノーマン，D. A. 1972/1977　中溝幸夫・箱田裕司・近藤倫明（訳）　1983-1985　情報処理心理学入門Ⅰ～Ⅲ　サイエンス社
Murphy, G.　1969　Psychology in the year 2000. *American Psychologist*, 24, 523-530.
中村敏枝　1996　音楽・スピーチにおける"間"　松田文子ほか（編著）心理的時間――その広くて深いなぞ　北大路書房
ナイサー，U．1967　大羽　蓁（訳）　1981　認知心理学　誠信書房

人名索引

ア 行

アイゼンク（Eysenck, H. J.）　75
アダムス（Adams, M. J.）　140, 142
アッシュ（Asch, S. E.）　207
アトニーヴ（Attneave, F.）　73
アンダーソン（Anderson, J.R.）　15
一川　誠　75
犬飼幸男　262
今井四郎　74
イングストラー・スクーラー（Engstler-Schooler, T. Y.）　150
ヴァレラ（Varela, F. J.）　21
ヴァレンタイン（Valentine, T.）　47
ウイッシュ（Wish, M.）　260
ウィノグラード（Winograd, T.）　14
ウエイソン（Wason, P. C.）　175
ウェーバー（Weber, E. H.）　31
ウェゲナー（Wagenaar, W. A.）　143
上田紋佳　134
ウェルニッケ（Wernicke, C.）　188
ヴェルフリン（Wölfflin, H.）　71
ウォーカー（Walker, E. L.）　74
宇津木成介　161
ヴント（Wundt, W.）　10, 25, 74
エイベルソン（Abelson, R. P.）　14
エーデルマン（Edelman, S.）　45
エクマン（Ekman, P.）　161, 164
エビングハウス（Ebbinghaus, H.）　123, 124
エルマン（Elman, J. L.）　200
大上　渉　167
太田信夫　127
大森慈子　161
大山　正　73
岡田　猛　233
オクラバン（O'Craven, K. M.）　91
オズグッド（Osgood, C. E.）　252

カ 行

ガードナー（Gardner, B. T.）　195
ガードナー（Gardner, H.）　239
ガードナー（Gardner, R. A.）　195
ガーナー（Garner, W. R.）　73
カーペンター（Carpenter, S. L.）　209
カニッツァ（Kanizsa, K）　40
ガフリエルソン（Gabrielsson, A.）　60
ガフロン（Gaffron, M.）　71
カラトラバ（Calatrava, S.）　78
カラマッツア（Caramazza, A.）　183, 265
河内十郎　65
川畑秀明　247
カンウィッシャー（Kanwisher, N.）　91
カント（Kant, I.）　25
菊谷倫彦　221
北神慎司　150
ギブソン（Gibson, J. J.）　20
キャノン（Cannon, W. B.）　155
行場次朗　45
キリアン（Quillian, M. R.）　14, 130
グッドマン（Goodman, C. C.）　205
クラスカル（Kruskal, J. B.）　260
クリック（Crick, F.）　285
クレイク（Craik, F. I. M.）　125
ケイル（Kail, R. V.）　225
ゲージ（Gage, P.）　152
コーエン（Cohen, H.）　64
ゴールデンメドウ（Goldin-Meadow, S.）　203
ゴールマン（Goleman, D.）　19, 235
コスリン（Kosslyn, S. M.）　83, 85, 87, 90, 93, 283
児玉優子　75
子安増生　240
コリンズ（Collins, A. M.）　130

サ 行

齊藤崇子　261
サイモン（Simon, H. A.）　11
佐伯　胖　271
佐々木隆之　60
佐々木健一　65
ザデー（Zadeh, L. A.）　265
ザトーレ（Zatorre, R. J.）　241
サロベイ（Salovey, P.）　235
シーガル（Segal, S. J.）　86
ジェームズ（James, W.）　100, 155
シェパード（Shepard, R. N.）　58, 83, 84
下條信輔　40, 249
シャクター（Schachter, S.）　158
シャクター（Schacter, D. L.）　128
シャリス（Shallice, T.）　183
シャンク（Schank, R. C.）　14
ショーンバック（Schoenbach, P.）　219
シンガー（Singer, J）　122
ズーコフスキー（Zukofsky, P.）　60
スキナー（Skinner, B. F.）　10, 197

スクーラー（Schooler, J. W.） 150
スクワイアー（Squire, L. R.） 127
スタンバーグ（Sternberg, S.） 60
スティーブンス（Stevens, S.S.） 31
スパーリング（Sperling, G.） 124
スピアマン（Spearman, C.） 253
鷲見成正 67
スミス（Smith, E. E.） 130
ゼキ（Zeki, S.） 247
セクラー（Sekuler, R.） 36
セラファイン（Serafine, M. L.） 231
セルフリッジ（Selfridge, O.G.） 42
ソシュール（Saussure, F.de） 186
ソンタグ（Sontag, S.） 65

タ 行

ター（Tarr, J.M.） 45
ダーリー（Darley, J. M.） 210
タイラー（Taylor,R. P.） 74
高根芳雄 261, 262
高良加代子 141
ダマジオ（Damasio, A. R.） 20, 153, 157
チューリング（Turing, A. M.） 16
チョムスキー（Chomsky, N.） 11, 186
辻村誠一 134
土屋隆裕 262
寺澤孝文 134
テン・ホーペン（ten Hoopen, G.） 60
トエッツ（Tecce, J. J.） 161
トーガソン（Torgerson, W. S.） 258
徳永幹雄 97
トリースマン（Treisman, A.） 102

ナ 行

ナイサー（Neisser, U.） 12, 125, 281, 286
中嶋 優 75
ナカジマ（Nakajima, Y.） 60
仲谷洋平 75
中村知靖 255
ナカヤマ（Nakayama, K.） 40
西山めぐみ 134
ニッカーソン（Nickerson, R. S.） 140, 142
ニューエル（Newell, A.） 11
沼崎 誠 209
ノーマン（Norman, D. A.） 12, 272, 274, 281
ノル（Knoll, R. L.） 60

ハ 行

ハーシュ（Hersh, H. M.） 265
バートン（Burton, A.M.） 47
バーライン（Berlyne, D. E.） 74
バーリント（Bálint, R.） 118

ハイゼ（Heise, G. A.） 53
パヴラック（Pawlak, Z.） 266
萩原 滋 220
箱田裕司 141
バッデリー（Baddeley, A. D.） 115, 126
パペッツ（Papez, J.W.） 155
パルマー（Palmer, J. C.） 138
ピアジェ（Piaget, J.） 222
ビーダーマン（Biederman, I.） 44, 109
久野節二 65
ビジアキ（Bisiach, E.） 89
ビュルトフ（Bülthoff, H.H.） 45
ピンカー（Pinker, S.） 85
ファラー（Farah, M.J.） 46
ファン・ノールデン（van Noorden, L. P. A. S.） 53
フィンケ（Finke, R. A.） 85, 93
フェヒナー（Fechner, G. T.） 10, 31, 75
フォーガス（Forgas, J. P.） 213
フォーダー（Fodor, J. A.） 201
フォリー（Foley, M.A.） 41
藤井佑美 50
藤本浩一 75
布施英利 232
フッセラ（Fusella, S.） 86
プラトン（Plato） 25
フリーセン（Friesen, W. V,） 161
ブルース（Bruce, V.） 46
ブルーナー（Bruner, J. S.） 12, 205
古澤照幸 75
ブルックス（Brooks, L. R.） 86
ブレーム（Brehm, J. W.） 249
ブレグマン（Bregman, A.S.） 52
フロイト（Freud, S.） 282
ブローカ（Broca, P.） 187
ブロードベント（Broadbent, D. E.） 110
ヘイズ（Hayes, C.） 195
ヘイズ（Hayes, K. J.） 195
ペイビオ（Paivio, A.） 83
ヘッブ（Hebb, D. O.） 282
ベルク（Berque, A.） 64
ヘルムホルツ（Helmholtz, H.L.F.von） 10
ペンフィールド（Penfield, W. G.） 282
ホームズ（Holmes, E. A.） 94, 95
ポズナー（Posner, M.I.） 101
ホリカワ（Horikawa, T） 91

マ 行

マー（Marr, D.） 43
マービス（Mervis, C. B.） 170
マーフィー（Murphy, G.） 281
マガーク（McGurk, H.） 36

松尾太加志　255
松下戦具　50
松田 憲　134
マンデルブロー（Mandelbrot, B. B.）　73
ミーチャム（Meacham, J. A.）　122, 147
三浦佳世　65, 75
ミウラ（Miura, T.）　72
宮田 洋　161
ミュラー（Müller. J.）　26
ミラー（Miller, G. A.）　12, 53
ミンスキー（Minsky, M.）　17, 198
メイヤー（Mayer, J. D.）　235
メッツラー（Metzler, J.）　84
モーツァルト（Mozart, W. A.）　62
モスコビッチ（Moscovitch, M.）　146
森川和則　50
モルナール（Molnar, F.）　71

ヤ 行

山下利之　75
ヤング（Young, A. W.）　46
吉野文浩　183
ヨハンソン（Johansson, P.）　249

ラ 行

ライマン（Leiman, B.）　147
ラザッティ（Luzzatti, C.）　89
ラスムッセン（Rasmussen, J.）　270, 279
ラビィー（Lavie, N.）　111
ランゲ（Lange, C.）　155
ランボー（Rumbaugh, D. M.）　195
ランボー（Rumbaugh, E. S.）　195
リーソン（Reason, J.）　275
リッツォラッティ（Rizzolatti, G.）　21
リンゼイ（Lindsay, P. H.）　281
リントン（Linton, M.）　143
ルドー（LeDoux, J. E.）　156
レヴィティン（Levitin, D.）　51
レオナルド・ダビンチ（Leonard da Vinci）　70
レネバーグ（Lenneberg, E. H.）　196
ローズ（Rhodes, G.）　47
ローズ（Rose, S. A.）　226
ロスバート（Rothbart, M.）　215
ロック（Locke, J.）　25
ロックハート（Lockhart, R. S.）　125
ロッシュ（Rosch, E.）　170, 265
ロフタス（Loftus, E. F.）　130, 137, 138
ロルタージャコブ（Lortat-Jacob, B.）　51

ワ 行

ワイナー（Weiner, B.）　216
ワトソン（Watson, J. B.）　10, 281
ワトソン（Watson, J.）　285
ワリントン（Warrington, E. K.）　183

事項索引

ア 行

アイコニック・メモリー　125
アウラ　77
アフォーダンス　20, 272
網目細工　56
アルファ係数　254
暗順応　33
安全色　69
暗黙知　77
暗黙裡のパーソナリティ理論　210
言い間違い　191
鋳型　42
鋳型照合モデル　42
一連性　53
一過型チャンネル　39
一般円筒　43
一般像抽出原則　40
意味記憶　125
意味的ネットワーク　183
意味ネットワークモデル　130
意味ネットワーク理論　134
意味プライミング　130
イメージ　81
イメージトレーニング　97
イメージ論争　83, 87
色の様相　69
陰影による形状知覚　70
因子パターン　254
因子負荷量　254
因子分析　253
印象形成　207
ウィリアムズ症候群　199
ウェーバー・フェヒナーの法則　31
ウェーバーの法則　31
ウェルニッケ領域　188
ウソ発見　163
運動性失語　188
エージェント　17, 268
エカマックス　254
エキスパートシステム　15
エコイック・メモリー　125

エネルギー覚醒　167
エピソード記憶　125, 132
演繹的推論　174, 224
遠隔プロセス制御　279
黄金比　75
お札の記憶　141
オペラント条件づけ　11
オペレータ　176
音位転換　191
音象徴　201
音脈　53
音脈分疑　52

カ 行

絵画的手掛かり　70
回帰像　81
外集団　214
外集団均質化効果　214
階層ネットワーク　14
外の手掛かり　277
外的に焦点化された認知　244
概念　169
概念駆動型処理　14
概念接近可能性　203
海馬　155
外発的　105
海馬傍回場所領域　91
快不快　18
顔　284
顔順応効果　48
顔認知　46
可逆性　224
角回　188
学習　10
確証バイアス　176
覚醒ポテンシャル　74
カクチケル語　204
カクテルパーティ効果　101
隠れた秩序　73
隠れた注意　103
過去経験　209
重なり　71
可視光線　30
仮想現実　36
家族性文法障害　199
家族的類似　170

課題の切り替え　100
可聴範囲　30
活性化拡散モデル　130
活動性　252
活動性因子　256
カテゴリー　169
カテゴリー特有の障害　183
可変部　197
構え　109
カラーモード　69
感覚　26
感覚運動期　224
感覚記憶　124
感覚記憶の永続性　134
感覚受容器　26
感覚情報貯蔵　13
感覚性失語　188
感覚モダリティ　36
感覚様相（モダリティ）　26, 31
関係　193
感受性　227
干渉　102, 128
感情　153
感情増幅器　94
感性　9, 227, 284
感性工学　18
間接再認課題　133
桿体　28
官能検査　18
記憶　203
記憶イメージ　81
記憶痕跡消衰説　124
記憶術　122
記憶の方略　226
記憶変容説　140
疑似ポリフォニー　53
記述エラー　275
帰属　216
期待の自己成就過程　212
機能　222
機能局在　239
機能的─意味的（言語的）サブシステム　184
機能的イメージング　101
機能的磁気共鳴画像　102, 237

事項索引　313

帰納的推論　174, 224
気分依存効果　19
基本語順　203
記銘　124
きめの勾配　70
キャノン・バード説　155
弓状束　188
凶器注目効果　137
共存説　140
共通因子　254
強迫性障害　115
共分散構造分析　262
局所的合理性　268
巨大技術システム　279
拒否　219
均衡化　223
緊張覚醒　167
空間イメージ　89
空間的注意　100
空間特性処理　88
空想・白昼夢　81
具体的操作期　224
グランスカーブ　71
クリスプ集合　265
経験主義　198
経験説　25
経済性と安全性のトレードオフ　280
形式的操作期　224
計量的多次元尺度法　260
系列位置曲線　125
ゲシュタルト　52
ゲシュタルト心理学　39
ケチャ　57
結晶化した動き　78
幻覚　81
言語陰蔽効果　150
言語化　150
言語学　11
言語獲得　186, 195
言語獲得装置　197
言語産出　186, 191
言語使用　186
言語相対性仮説　151
言語聴覚士　189
言語能力　186
言語理解　186, 193
検索失敗説　122
現実シミュレーション原理　93
原理　197
語彙システム　41

行為者・対象・行為　203
硬貨の記憶　140
後期選択説　110
恒常性　70
構成概念　253
構造　222
構造記述　44
構造記述モデル　43
構造物力動性認知モデル　78
構造方程式モデリング　262
行動　10
行動主義　10
行動に表れた注意　102
項目反応理論　262
合理主義　198
合理性　18
コーティマックス　254
コーピング　159
心の知能指数　19, 235
心の理論　244
個人差　75
悟性　18
コネクショニスト・アプローチ　200
コネクショニズム　16
固有値　254
コンピューターシミュレーション　13

サ 行

裁決項目　163
再生　121
彩度　69
再認　121
サイバネティクス　11
サイモン効果　107
最尤推定法　263
作業記憶　115, 126
作業メモリー　13
錯語　188
錯視　49
錯聴　51
サッチャー錯視　49
サヴァン症候群　133
産出頻度　204
残像　81
三半規管　29
ジェームズ・ランゲ説　154
ジェスチャー　203

ジオン　44
視覚失調　118
視覚性感情欠乏症　238
視覚性注意障害　118
視覚探索　68, 99, 105
視覚的一意味的サブシステム　184
視覚的リアリズム　229
視覚パターン認知　38
視覚バッファ　87, 88
視覚優位　34
時間縮小錯覚　60
時間ベース　148
色相　68
識別性　68
シグニファイア　272
刺激閾　31
刺激頂　31
刺激の貧困　196
思考　203
思考イメージ　81
思考の順序　204
事後情報効果　138, 137, 142
自己像　208
自己中心性　224
事象関連電位　168, 189
視床前核　155
事象ベース　148
視神経　28
自人種優位効果　47
視線のカスケード現象　249
持続型チャンネル　39
失音楽　242
実験美学　75
執行機能　99
失語症　186
失読症　46
失認症　45
失文法失語　188
質問紙　167
実用的推論スキーマ　175
視点　95
視点依存アプローチ　45
自伝的記憶　135, 143
視点不変性　43
シナプスウェイト　17
視認性　68
シミュレーション機能　80
斜交因子モデル　254
斜交回転　254

シャドーイング　110
遮蔽　40, 71
周波数　30
周辺手掛かり　105
周辺特性　208
主観的輪郭　67
主語　203
主語指向文　193
馴化法　226
循環反応　224
順応　33
条件づけ　10
照合・決定過程　38
冗長度　73
情動　153, 167
情動回路説　155
情動知能　159
情動的ストレス　138
譲歩　219
情報科学　11
情報源誤帰属説　140
情報検索　88
情報処理的アプローチ　225
書字スリップ　275
初頭効果　125, 208
処理資源の増加　225
処理資源の割り当て　13
処理水準説　125
処理スピードの増大　225
処理の自動化　225
処理負荷　204
処理流暢性　75
自律神経系　168
事例　169
新近性効果　125
新近性の方略　193
神経回路網　16
神経細胞　237
神経心理学　102, 237
神経美学　246
信号検出理論　32
人工知能　11
進出色　69
心像　81
心臓血管系　168
新造語　188
身体化された認知　21
身体性　9
身体知　181
身体特異性仮説　72
心的イメージ　81

心的回転　84
心的辞書　191
心的走査　85
心拍　168
人物画知能検査　231
信頼性　255
信頼性係数　256
心理学　9
心理言語学　186
図　39, 66
錐体　28
推移律　224
スキーマ　14, 75, 173
スキル・ベース　270
スクリプト　14, 173
素性比較モデル　130
図地分化　39
ステレオタイプ　210
ストループ効果　107
ストレス 1　260
スリップ　275
制御のインタフェース　271
精神性注視麻痺　118
精神物理学　10, 31
生成―再認説　121
生成文法　12, 197
正当化　219
正統的周辺参加　178
生得説　25, 198
生命感　244
生理的指標　163, 167
絶対閾　31
セマンティック・ディファレンシャル法　252
セルフスキーマ　208
セレモニー　98
線遠近法　70
宣言的知識　14
選好　249
潜在的記憶　284
前操作期　224
全体処理　46, 49
全体的処理　151
選択　249
選択制限違反　189
選択的注意　100
選択による好みの変化　250
選択盲　249
前頭前野の背外側部　116
前部帯状回　114

想起　124
早期選択説　110
走査経路　71
操作のインタフェース　271
想像イメージ　81
創造的発見　93
創発特性　18
相貌失認　45, 89
側性化　187
ソフトコンピューティング　265
ソマティック・マーカー　20, 157, 168
空主語　193
損益分析法　102, 103

タ　行

大気遠近法　70
潜在変数　254
帯状回　155
大脳辺縁系　155, 164
対比　33
対比効果　68
ダイレクトマニピュレーション　274
多感覚統合　36
多次元顔空間モデル　47
多次元尺度法　258
多次元展開法　262
多重人格障害　284
多重知能理論　239
多変量データ解析法　251
段階　223
短期記憶　13, 115, 124
探索的因子分析　253
探索の効率性　106
探索の非対称性　106
単純構造　254, 255
単純接触効果　76
地　39, 66
知覚　26
知識ベース　271
知性　9, 222
知的リアリズム　229
知能　222
チャンク　12
チャンク化　125
注意　99
注意ウィンドウ　88
注意欠如多動性障害　159
注意シフト　88

事 項 索 引

注意の捕捉　100, 105
中央系　201
中耳　29
注視時間　72
中心窩　28
中心特性　208
中枢系　168
チューリングマシン　16
聴覚神経　29
長期記憶　13, 124
長期視覚記憶　87
調節　223
直接プライミング　132
直列探索　106
直観像　81
直交因子モデル　254
直交回転　254
定義的属性　170
体制化　223
データ駆動エラー　275
データ駆動型処理　14
適応　223
適刺激　27
手続き的記憶　127
手続き的知識　14
デフォルト・モード・ネットワーク　248
デルブーフ（同心円）錯視　50
テレイグジスタンス　37
テレプレゼンス　37
転移不適切処理シフト　151
電気ショック　164
典型性　170
典型的景観　45, 75
伝導失語　188
展望記憶　122
展望的記憶　135, 146
電報文　188
電話課題　146
同化　223
投函課題　147
等輝度刺激　68
道具型システム　274
統語の基本語順　204
統語表象　204
動詞　203
同時失認　113, 113
頭頂間溝　113
頭頂葉　104
特異性言語障害　199

特異性効果　47
独自因子　254
特殊神経エネルギー説　26
特徴の処理　151
特徴分析モデル　42
トップダウン　14, 43, 113, 193
ドパミン　242
囚われエラー　275
トリル閾　53

ナ 行

内観主義心理学　10
内観法　10
内耳（蝸牛）　29
内集団　214
内的に焦点化された認知　244
内的表現　81
内発的　105
内部動特性　279
内分泌系　168
内面世界　283
なぐりがき　229
二重課題　116
二重コード化説　83
2段階説　121
日常記憶　135
日常的事物の記憶　135
日常的認知研究　286
入・出眠時像　81
乳頭体　155
入力過程　38
ニューロン　16
二要因情動理論　158
認識論　25
認知カウンセリング　180
認知科学　12
認知革命　12, 281
認知言語学　200
認知工学　269
認知神経科学　87, 89
認知心理学　9
認知的ワクチン　95
ノイマン型　15
脳機能画像　90, 237
脳神経デコーディング　91
脳波　204, 237
ノンバーバル・コミュニケーション　161

ハ 行

ハードコンピューティング　265
バーリント症候群　118
バイオロジカル・モーション　244
配置処理　49
波及効果　142
場所法　122
話すための思考　204
パニック障害　158
パラダイム　12
バリア　277
バリマックス回転　254, 255
パロール　186
半側空間無視　89, 113
パンデモニアムモデル　42
反応時間　204
反応バイアス　138
反復経頭蓋磁気刺激　90
範例モデル　172
非感覚的補完　40
非計量的多次元尺度法　260
非言語的思考　203
非裁決項目　163
秘書型システム　272
ビジランス　100
非対称多次元尺度法　263
否定証拠の欠如　197
批判的思考　179
皮膚電気活動　168
皮膚伝導　164
ヒューマンインタフェース　269
ヒューマンエラー　267, 279
ヒューリスティック　77
評価　252
評価性因子　73, 256
表象　81
表面情報　41
非流暢性失語　188
非類似性データ　258
非類似性　258
ファジィ集合　265
ファジィ理論　265
フォールス・アラーム　32
不可能図形　71
複雑性　279

符号化　121
符号化特定性原理　121
復帰抑制　105
物体イメージ　89
物体恒常性　43
物体失認症　45
物体中心座標系　43
物体特性処理　88
普遍文法　197
ブラウン管　87
フラクタル理論　73
ブラックボックス　13
フラッシュバルブ記憶　126
プラトンの問題　197
フランカー効果　107
フレーム　14
プレグナンツ　67
ブローカ失語　188
ブローカ領域　187
プロクラステス回転　254
プロダクションシステム　14
プロトコル分析法　13
プロトタイプ　78
プロトタイプ理論　265
プロマックス回転　254
分散化された認知　17
文産出　204
文脈依存効果　120
文理解　204
分裂　53
平衡感覚　29
並列探索　106
並列分散処理　16
ペグワード法　122
弁解　219
変換　223
扁桃体　164
扁桃体説　156
弁別閾　31
包括的エラーシステム　276
報酬系　241
紡錘状回顔領域　91
ホーミー　54
補完　40
補間　45
ぼけ　71
ホケット　56
母語話者　186
保持　124

ポジトロンエミッショントモグラフィー　102
保存　222
ポップアウト　68
ボトムアップ　14, 43, 113, 193

マ 行

間　285
マグニチュード推定法　31
マスキング　34
まばたき（瞬目）　161
マヤ諸語　204
未完の完　67
ミステイク　275
未統合　229
脈波　168
ミラーニューロン　21
未来記憶　122
無意識　282
無意識的推論　70
無意味綴り　124
無限音階　58
無生物　203
明順応　33
明度　69
メタ認知　180, 244, 277
メタファー　270, 274
メタファーモデル　87
メタメモリー　123
メロディ　228
メンタライジング　21
メンタルモデル　269
網膜　28
モード・エラー　275
目撃者の記憶　135
目的語　203
目的語指向文　193
目標志向カテゴリー　172
モジュール　17, 68, 198
問題解決　176

ヤ 行

有効視野　71, 138
ユーザビリティ　269
有生物　203
誘目性　68
夢　81
よさ　73
4枚カード問題　175

ラ 行

ラテラリティ　72
ラフ集合　266
ラプス　275
ラング　186
力量性　252, 256
リハーサル　97, 226
流暢性失語　188
領域固有性　17
利用可能性ヒューリスティクス　176
両耳分離聴　100
両耳分離聴法　187
臨界期　196
輪郭　41
類似性　258
類推　177
ルール・ベース　270
レスポンデント条件づけ　11
レミニセンスバンプ　145
連合記憶　88
連想活性化エラー　275
連続　193
連続体モデル　213

ワ 行

わざ　181

A-Z

AD/HD　159
ALSCAL　260
ATS理論　275
D/H　66
disengagement　104
DSM-IV-TR　158
d プライム　32
EDA　168
EI　235
engagement　104
EQ　235
ERP　163
FFA　91
fMRI　91, 164, 168
GACL　167
GPS　11
HCI　272
HMD　36
IACモデル　47
invalid　103
JUMACL　167

LAD　　197
OS言語　　203
OS語順　　203
PET　　90, 164
pop-out　　106
PPA　　91
PTSD　　94
rTMS　　90
SD法　　73, 245, 252
shift　　104
singleton　　106
SOA　　105
SO言語　　203
SO語順　　203
TIPS　　151
TPJ　　113
Two minds　　15
UG　　197
valid　　103
WHAT経路　　88
WHERE経路　　88

編　者

行場　次朗（ぎょうば　じろう）　　東北大学名誉教授
箱田　裕司（はこだ　ゆうじ）　　元九州大学名誉教授

執筆者（執筆順）

行場　次朗（序章）　　東北大学名誉教授
渡邊　洋一（わたなべ　よういち）（1章）　　羽陽学園短期大学
真覚　健（まさめ　けん）（2章）　　仙台青葉学院大学
佐々木　隆之（ささき　たかゆき）（3章）　　宮城学院女子大学名誉教授
三浦　佳世（みうら　かよ）（4章）　　九州大学名誉教授
松岡　和生（まつおか　かずお）（5章）　　長崎総合科学大学
岩崎　祥一（いわさき　しょういち）（6章）　　東北大学名誉教授
中村　奈良江（なかむら　ならえ）（7章）　　西南学院大学
箱田　裕司（はこだ　ゆうじ）（8章・終章・トピックス10）　　元九州大学名誉教授
福田　恭介（ふくだ　きょうすけ）（9章）　　福岡県立大学名誉教授
改田　明子（かいだ　あきこ）（10章）　　二松学舎大学
坂本　勉（さかもと　つとむ）（11章）　　元九州大学
吉武　久美子（よしたけ　くみこ）（12章）　　長崎純心大学
足立　智昭（あだち　ともあき）（13章）　　宮城学院女子大学名誉教授
川畑　秀明（かわばた　ひであき）（14章・トピックス14）　　慶應義塾大学
中村　知靖（なかむら　ともやす）（15章）　　九州大学
松尾　太加志（まつお　たかし）（16章）　　北九州市立大学
櫻井　研三（さくらい　けんぞう）（トピックス1）　　東北学院大学
森川　和則（もりかわ　かずのり）（トピックス2）　　大阪大学名誉教授
宮崎　謙一（みやざき　けんいち）（トピックス3）　　新潟大学名誉教授
石井　信行（いしい　のぶゆき）（トピックス4）　　山梨大学
徳永　幹雄（とくなが　みきお）（トピックス5）　　九州大学名誉教授
平山　和美（ひらやま　かずみ）（トピックス6）　　山形県立保健医療大学名誉教授
寺澤　孝文（てらさわ　たかふみ）（トピックス7）　　岡山大学
北神　慎司（きたがみ　しんじ）（トピックス8）　　名古屋大学
大上　渉（おおうえ　わたる）（トピックス9）　　福岡大学
小泉　政利（こいずみ　まさとし）（トピックス11）　　東北大学
萩原　滋（はぎわら　しげる）（トピックス12）　　慶應義塾大学名誉教授
小松　佐穂子（こまつ　さほこ）（トピックス13）　　桃山学院大学
山下　利之（やました　としゆき）（トピックス15）　　東京都立大学名誉教授
渡辺　めぐみ（わたなべ　めぐみ）（トピックス16）　　常磐大学

新・知性と感性の心理
―認知心理学最前線―

2014年3月15日　初版第 1 刷発行
2025年3月15日　　　　第12刷発行

編著者　　行場次朗
　　　　　箱田裕司
発行者　　宮下基幸
発行所　　福村出版株式会社
　〒104-0045　東京都中央区築地 4 - 12 - 2
　電話 03 - 6278 - 8508　FAX 03 - 6278 - 8323
　　　　https://www.fukumura.co.jp
印　刷　モリモト印刷株式会社
製　本　協栄製本株式会社

©J. Gyoba, Y. Hakoda　2014
Printed in Japan
ISBN978-4-571-21041-9 C3011
定価はカバーに表示してあります。
乱丁本・落丁本はお取り替えいたします。

福村出版◆好評図書

二宮克美・山本ちか・太幡直也・松岡弥玲・菅さやか・塚本早織 著
エッセンシャルズ 心理学〔第2版〕
●心理学的素養の学び

◎2,600円　ISBN978-4-571-20086-1　C3011

豊富な図表，明解な解説，章末コラムで，楽しく読んで心理学の基礎を身につけられる初学者用テキスト改訂版。

松井 豊・宮本聡介 編
新しい社会心理学のエッセンス
●心が解き明かす個人と社会・集団・家族のかかわり

◎2,800円　ISBN978-4-571-25055-2　C3011

社会心理学のオーソドックスな構成は崩さず，最新のトピックと公認心理師カリキュラムに必要な内容を網羅。

E. H. マーギュリス 著／二宮克美 訳
音楽心理学ことはじめ
●音楽とこころの科学

◎2,400円　ISBN978-4-571-21042-6　C3011

専門家から一般の読者まで，皆が抱く音楽に関する疑問を解明する音楽心理学の最新の研究成果と方法を紹介。

A. ガザレイ・L.D. ローゼン／河西哲子 監訳／成田啓行 訳
私たちはなぜスマホを手放せないのか
●「気が散る」仕組みの心理学・神経科学

◎3,500円　ISBN978-4-571-21046-4　C0011

最新の心理学と神経科学の研究成果から，スマホやSNSにハマる仕組みとその影響を和らげる処方箋を紹介。

C. ホデント 著／山根信二 監訳／成田啓行 訳
はじめて学ぶ ビデオゲームの心理学
●脳のはたらきとユーザー体験（UX）

◎2,200円　ISBN978-4-571-21045-7　C3011

長年ゲームの開発に携わってきた心理学の専門家が，ゲームのおもしろさと心理学の関係をわかりやすく解説。

高橋英之 著
人に優しいロボットのデザイン
●「なんもしない」の心の科学

◎2,400円　ISBN978-4-571-21044-0　C3011

人を癒やし，勇気づけるロボットを創るには？　心理学・脳科学・哲学を用いて「何もしないロボット」を考える。

谷 淳 著／山形浩生 翻訳協力
ロボットに心は生まれるか
●自己組織化する動的現象としての行動・シンボル・意識

◎7,200円　ISBN978-4-571-21043-3　C3011

心はいかに生まれるのか？　諸学の知見を基にロボット実験を行い，意識の萌芽の発生を確認する。

◎価格は本体価格です。